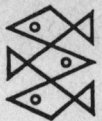

Über dieses Buch

Neue Namen, neue Formen, neue Richtungen: In den siebziger Jahren hat sich das internationale Kino verändert, ist riskanter und persönlicher geworden. Das trifft auf die reichen amerikanischen Produktionen eines Francis Coppola (»Apocalypse Now«) oder Robert Altman (»Eine Hochzeit«) ebenso zu wie auf die asketischen Vexierspiele des Franzosen Jacques Rivette (»Duell«) oder auf die Schmalfilm-Experimente des Hamburgers Hellmuth Costard (»Der kleine Godard«).

Dieses Buch stellt viele der wichtigen Filmemacher und Genres der letzten Jahre vor: von den konservativen Rebellen des »New Hollywood« und den Stars des Neuen Deutschen Kinos (Fassbinder, Herzog, Wenders) bis hin zum Werk des polnischen Meisterregisseurs Andrzej Wajda (»Der Mann aus Marmor«). Untersucht werden neuere Entwicklungen in der Arbeit von so etablierten Größen wie Fellini und Bergman, doch das besondere Interesse des Autors gilt auch umstrittenen Außenseitern wie Niklaus Schilling oder John Carpenter.

Der Band enthält 72 Texte, die Hans C. Blumenberg zwischen 1976 und 1980 für die ZEIT geschrieben hat: keine repräsentative, gar »ausgewogene« Übersicht über das internationale Kino, sondern Aufsätze und Kritiken, die nicht zuletzt sehr subjektive Vorlieben und Antipathien widerspiegeln. Dazu, als Einleitung, der Werkstatt-Bericht eines Filmkritikers.

Der Autor

Hans C. Blumenberg, geboren 1947 in Lychen. Studium der Geschichte und der Germanistik. Von 1966 bis 1976 Filmkritiker beim »Kölner Stadt-Anzeiger«. Autor und Regisseur von 22 Dokumentarfilmen. Seit 1976 Feuilleton-Redakteur und Filmkritiker bei der ZEIT. Publikationen u. a.: »Film positiv« (Düsseldorf, 1968), »Wanted« (Düsseldorf, 1969), »Die Kamera in Augenhöhe – Begegnungen mit Howard Hawks« (DuMont, Köln, 1979).

Hans C. Blumenberg

Kinozeit

Aufsätze und Kritiken
zum modernen Film 1976–1980

Für Benjamin Henrichs
und für die Gründungsmitglieder der Cinemathek Köln

Dank an Anne Frederiksen und Sybill Lohse
für die Hilfe bei der Fertigstellung
des Manuskripts

Lektorat: Ingeborg Mues

Originalausgabe
Fischer Taschenbuch Verlag
September 1980
Umschlagentwurf: Jan Buchholz/Reni Hinsch
Foto: Sammlung Menningen
Fischer Taschenbuch Verlag GmbH, Frankfurt am Main
© Fischer Taschenbuch Verlag GmbH, Frankfurt am Main 1980
Gesamtherstellung: Clausen & Bosse, Leck
Printed in Germany
1280-ISBN-3-596-23664-9

Inhalt

Vorbemerkung 9

Satirische Geschichtslektion
Robert Altmans »Buffalo Bill und die Indianer« 13
Kalte ferne schöne Welt
Stanley Kubricks »Barry Lyndon« 16
Phantom über Paris
Jacques Rivette und »Unsterbliches Duell« 20
Schreie und Flüstern
Neues von und über Rainer Werner Fassbinder:
Zwischenbilanz nach 28 Filmen 27
Trotzköpfchen als Terroristin
Volker Schlöndorffs »Fangschuß« 34
Linke Träume von Hollywood
Italiens Kino in der Krise:
Neue Filme von Bertolucci, Bellocchio und Lina Wertmüller . 37
Begegnung am Ussuri
Akira Kurosawas »Uzala, der Kirgise« 45
Hinter dem Horizont
Werner Herzogs »Herz aus Glas« 48
Chronik der toten Gefühle
»Mado« von Claude Sautet 51
Das große Bang-Bang
Sam Peckinpahs »Steiner«
und »Der Adler ist gelandet« von John Sturges 53
Cazzomàs auf dem Planet der Frauen
Die Welt des Federico Fellini 57
Die Lehrjahre des Werner W.
Erwin Keuschs »Das Brot des Bäckers« 62
Liebe, kälter als der Tod
Luchino Viscontis »Die Unschuld« 64
Zurück nach Babylon
Elia Kazan und »Der letzte Tycoon« 66
Ein amerikanisches Märchen
»Rocky« von John G. Avildsen 72
Hommage à Hitchcock
Drei Filme von Brian De Palma 75

Bruno gegen Amerika
»Stroszek« von Werner Herzog 78
Clown ohne Maske
»Der Stadtneurotiker« von Woody Allen 81
Ripley in den Städten
»Der amerikanische Freund« von Wim Wenders 84
Die kleinen Propheten
»Jonas« von Alain Tanner 88
Duell der Götter und Piraten
»Nordwestwind« von Jacques Rivette 91
Träume eines Spielers
Robert Altmans »Drei Frauen«
und Robert Bentons »The Late Show« 95
Kino der tausend Tricks
»Die Vertreibung aus dem Paradies«
von Niklaus Schilling 100
Holzweg zur Hölle
Ingmar Bergman und »Das Schlangenei« 104
Eine Karriere
Theodor Kotullas »Aus einem deutschen Leben« 109
Kostümfest ohne Ende
Bernhard Sinkels »Taugenichts«,
Wolf Gremms »Tod oder Freiheit« 112
Ein Philippino in Paris
»Der parfümierte Alptraum« von Kidlat Tahimik 115
Die große Leere
»Krieg der Sterne« von George Lucas 117
Wenn Teenager träumen
Walter Bockmayers »Flammende Herzen«,
Hark Bohms »Moritz, lieber Moritz« 119
Lage der Nation
»Deutschland im Herbst«
von Kluge, Fassbinder, Schlöndorff und anderen 121
Handstand
»halbe-halbe« von Uwe Brandner 126
Zweimal Isabelle
Neues Schweizer Kino 128
Zehn Jahre zu spät
Hal Ashbys »Coming Home« 129
Die Stärke alltäglicher Situationen
Paul Mazurskys »Eine entheiratete Frau« 131
Kino der dritten Art
Hellmuth Costard und »Der kleine Godard« 133

Träume in Trümmern
Hans-Jürgen Syberbergs »Hitler« 139
Neandertal USA
»Convoy« von Sam Peckinpah 142
Lehrjahre der Korruption
Über Louis Malle und »Pretty Baby« 145
Unheimliche Heimat
Das Kino des Niklaus Schilling 150
Katzenjammer
Ingmar Bergmans »Herbstsonate« 154
Angst in der Stadt
Rainer Werner Fassbinders »In einem Jahr mit 13 Monden« . . 157
Frau und Hampelmann
Luis Buñuels »Das obskure Objekt der Begierde« 160
Clown wird tragisch
Woody Allens »Innenleben« 163
Zeit der Vampire
Werner Herzogs »Nosferatu« 166
Schere im Kopf
Reinhard Hauffs »Messer im Kopf« 170
Das Kino lernt fliegen
Robert Altmans »Eine Hochzeit«,
Richard Donners »Superman« 173
Bürgerlicher Mord
Claude Chabrols »Violette Nozière« 179
Das Gleichgewicht der Welt
Über Jean Renoir 181
Kino ist Reisen, Reisen ist Kino
Eine Bilanz nach den Berliner Filmfestspielen 1979 186
Amerika ist tot, es lebe Amerika
Michael Ciminos »Die durch die Hölle gehen« 192
Die langen Nächte des Terrors
John Carpenters »Assault« und »Halloween« 196
Alle Träume werden wahr
Der Filmemacher Klaus Lemke 200
Das war der wilde Osten
»Die Blechtrommel« von Volker Schlöndorff 204
Leben im Eis
»Woyzeck« von Werner Herzog 208
Kleine Flucht
Adolf Winkelmanns »Die Abfahrer« 210
Ein Mann der Wildnis
Zum Tode von John Wayne 212

Vom Terror der Liebe
Alan Rudolphs »Du wirst noch an mich denken!« 216
Archipel Hitchcock
Über die dunklen Phantasien eines kleinen fetten Mannes . . . 218
Die Kamera lügt
Andrzej Wajda und »Der Mann aus Marmor« 224
Ein geisteskrankes Märchen
Rainer Werner Fassbinders »Die dritte Generation« 231
Kino der Freibeuter
Alexander Kluges »Die Patriotin« 235
Reise in die Finsternis
»Apocalypse Now« von Francis Coppola 238
Winterreise durch den Sommer
Über Alain Tanner und »Messidor« 244
Ewig grasen die Kühe
»Tess« von Roman Polanski 249
Dreckige kleine Filme
Eine neue Richtung im deutschen Kino 250
Spiel der Verlierer
»Ein perfektes Paar« von Robert Altman 256
Stunde der schwachen Männer
Der neue Narzißmus: Hollywoods Wechseljahre 257
Ein Knecht lernt fliegen
»Kleine Fluchten« von Yves Yersin 263
Die erdabgewandte Seite des Mondes
Bernardo Bertoluccis »La Luna« 265
Widerstand gegen den Alltag
»Solo Sunny« von Konrad Wolf und Wolfgang Kohlhaase . . . 269
Willkommen auf der Plastik-Party
Das Kino des Blake Edwards und sein neuer Film
»Die Traumfrau« 272
Deutsche Ängste, deutsche Bilder
»Der Kandidat« von Kluge, Schlöndorff und anderen 277

Verzeichnis der Regisseure 284
Bildnachweis 287

Vorbemerkung

»... Doch jeder auf dieser Welt hat jemanden, auf den er herabschauen kann, und ich muß sagen, aus Erfahrung in beiden Gewerben, daß der Buchkritiker besser dran ist als der Filmkritiker. Der kann seine Arbeit nicht einmal zuhause tun, sondern muß, um elf Uhr morgens, Spezial-Vorführungen besuchen. Und von ihm wird, mit wenigen bemerkenswerten Ausnahmen, erwartet, daß er seine Ehre für ein Glas minderwertigen Sherry verkauft.«

George Orwell, Mai 1946

Nein, ein ordentlicher Beruf ist das wirklich nicht, eher eine Art von Leidenschaft. Filmkritiker, auch solche, die es ernst meinen, sind Autodidakten und Liebhaber: berufsmäßige Amateure. Die Lust am Schreiben über Filme entwickelt sich, fast immer, aus der Lust am Filme-Sehen, an Erfahrungen, genußvollen, lehrreichen, rätselhaften, ärgerlichen, in dunklen Sälen. Darüber zu schreiben heißt: über eine Liebe zu schreiben, manchmal auch: über eine unglückliche Liebe. Im Seminar kann man das nicht lernen; nur im Kino.
Der erste Film, über den ich, im Dezember 1966, eine bezahlte Kritik (Honorar: 20 Mark) für den »*Kölner Stadt-Anzeiger*« schrieb, hieß »Das Geheimnis der roten Blume«, inszeniert von einem gewissen Osvaldo Civirani: einer jener italienischen Antik-Filme (im Jargon der Branche auch »Sandalen-Filme« genannt), die Mitte der sechziger Jahre noch populär waren. »Das Geheimnis der roten Blume« (im Original: »Kindar L'Invulnerabile«) lief im »Olympia« am Eigelstein, einem ziemlich großen Kino im kleinbürgerlichen Huren-Viertel in der Nähe des Kölner Hauptbahnhofs. Das »Olympia« war spezialisiert auf Antik-Filme. Etwas später erlebte es noch den Italo-Western-Boom, dann mußte es einem Supermarkt weichen.
Ich ging gerne in Kinos wie das »Olympia« oder das »City« in der Ehrenstraße: nicht weil die Filme, die dort liefen, von erheblicher Qualität waren, sondern weil sie meinen Blick schärften für bestimmte populäre Erzähltechniken und industrielle Herstellungs-Methoden. Wer aufmerksam zwanzig Filme des Herkules- und Maciste-Genres anschaut, merkt rasch, mit welchen Tricks und Versatzstücken da gearbeitet wird, und kann gelegentlich sogar entzückt ein Ausmaß an Sorgfalt und Kino-Verstand entdecken, das der akade-

mische Betrachter (dessen Interesse an Filmen sich auf Bergman und Antonioni beschränkt) nicht wahrnimmt.
Das Publikum der Sandalen-Filme war kennerisch. Es mochte zwar den Unterschied zwischen einem Film von Civirani (über den es nichts zu sagen gibt) und solchen von Cottafavi oder Freda (den Meistern der Gattung) nicht definieren können, aber eine gelungene, vielleicht sogar überraschende Sequenz nahm es so befriedigt auf wie eine der meisterhaften Kombinationen zwischen Hennes Löhr und Wolfgang Overath. Ich habe viel gelernt in diesen Filmen (und fand es zugleich richtig, den Lesern meiner Zehn-Zeilen-Kritiken Namen wie Cottafavi und Freda zuzumuten). Zur gleichen Zeit saß ich an der Kölner Universität in einem germanistischen Proseminar über »erzählerische Möglichkeiten der Rahmennovelle«. Dem »Olympia« am Eigelstein fühlte ich mich näher.

*

Soll das heißen, daß Filmkritiker Leute mit abseitigen Neigungen zum reichlich Trivialen sind, pubertäre Analphabeten ohne Bildung und »Geschmack«? Der ideale Kritiker wäre wohl einer, der die Novellen von Fontane so genau kennt wie die Filmographie von Freda, der sich auf sozialpsychologische Analysen so gut versteht wie auf die Beschreibung einer Kran-Bewegung im dritten Akt des Western »Der letzte Wagen« von Delmer Daves, dem Freud so vertraut ist wie Mizoguchi, der Eisensteins Montage-Theorie so selbstverständlich beherrscht wie die Bauformen des Nouveau Roman.
In Wirklichkeit ist man ja schon froh, wenn einer, der sich gerne mit Novalis-Zitaten schmückt, den Unterschied zwischen einer Kamerafahrt und einem Zoom erkennt, und, umgekehrt, wenn einer, der alles über Horror-Filme weiß, auch noch wahrnimmt, welcher reale Horror ihn umgibt, vielleicht sogar darüber nachdenkt, was das eine mit dem anderen zu tun haben könnte.
Von Filmkritikern wird vieles erwartet: am wenigsten allerdings, daß sie ihre Ehre für ein Glas Sherry verkaufen; eher vielleicht für ein kleines Stückchen Macht in einem Gremium (aber das ist eine ganz andere Geschichte ...).
Viele Filmemacher betrachten Kritiker als nützliche Idioten, von denen man erwarten kann, daß sie als verlängerter Arm der Werbung funktionieren (und wehe, wenn nicht).
Viele Feuilletonchefs betrachten Filmkritiker als notwendige Übel, von denen man erwarten kann, daß sie nicht ungebührlich viel Platz für Wichtigeres wegnehmen.
Viele Leser betrachten Filmkritiker als Warentester, von denen man erwarten kann, daß sie ohne Umschweife zur Sache kommen und

übersichtliche Zensuren verteilen (Fassbinder, diesmal zweiminus, setzen!).
Viele Filmkritiker betrachten sich ebenfalls als Warentester.

*

Ob es da Regeln gibt? Und nach welchen Kriterien...? Manche Kritiker haben auf diese Frage noch immer ein Diktum von Siegfried Kracauer aus dem Jahre 1932 parat: »Kurzum, der Filmkritiker von Rang ist nur als Gesellschaftskritiker denkbar. Seine Mission ist: die in den Durchschnittsfilmen versteckten sozialen Vorstellungen und Ideologien zu enthüllen und durch diese Enthüllungen den Einfluß der Filme selber überall dort, wo es nottut, zu brechen.«
Der erste Satz ist natürlich immer noch richtig. Fragwürdig, falsch wird er erst, wenn man ihn als Aufforderung mißversteht, Film-Kritik gänzlich durch Gesellschafts-Kritik zu ersetzen: eine Mission, die, ohne jede intellektuelle Anstrengung, geradewegs auf den Trampelpfad bloßer Inhalts- und Ideologie-Kritik führt, ohne die filmischen Mittel eines einzigen Blickes zu würdigen, ohne also die Widersprüche zwischen offensichtlichen Bedeutungen und gegenläufigen, widerspenstig sich behauptenden Bildern und Tönen zur Kenntnis zu nehmen. Niemand ist langweiliger als der »progressive« Filmkritiker, der alles versteht, aber nichts sieht, der nicht über seine eigenen Erfahrungen mit einem Werk schreibt, sondern nur vorformulierte Flugblatt-Texte reproduziert. Die Blindheit des bloßen Ideologie-Kritikers scheint mir nicht weniger verächtlich als der blinde Konsumismus des Warentesters.
Regeln also? Hätte ich welche, auf die ich mich verlassen könnte, würde ich einen Computer mit ihnen füttern und meine Texte über Filme maschinell herstellen lassen. Die (unerreichbare) Idealvorstellung hat Pauline Kael (in ihrem Buch *»I Lost It at the Movies«*) formuliert: »Kritik ist eine Kunst, keine Wissenschaft, und ein Kritiker, der Regeln folgt, wird in einer seiner wichtigsten Funktionen versagen: zu begreifen, was originell und wichtig in einer *neuen* Arbeit ist und anderen zu helfen, das zu sehen.«
Dazu bedürfte es, mit Kael, folgender, in der Addition absolut einschüchternder Eigenschaften: »... intelligence, knowledge, experience, sensitivity, perceptions, fervor, imagination, dedication, lucidity...« Drei oder vier davon würden mir schon reichen.

*

Die folgenden 72 Texte sind zwischen September 1976 und April 1980 in der ZEIT erschienen: Beobachtungen über Filmemacher und Filme in einem knappen halben Jahrzehnt, die sich, obwohl einige wichtige Namen fehlen (Cassavetes etwa und Ermanno Olmi), vielleicht zu einer Chronik der laufenden Kino-Ereignisse fügen könnten. Sie handeln von der Überwältigungs-Dramaturgie des New Hollywood (von »Star Wars« bis »1941«) ebenso wie von dem neuen, offenen Kino der Tanner, Rivette, Altman, Kluge, Wenders. Sie versuchen, die Entwicklungen im deutschen Film zu beschreiben: den Überlebenskampf des Kinos gegen die Fernseh-Ästhetik, den sterilen Klassizismus der Literaturverfilmungen, die neuen Straßen-Filme, die Karrieren von Filmemachern wie Fassbinder, Herzog, Schilling, Costard und Lemke.

Die Chronik der laufenden Ereignisse, zu denen auch (und nicht zuletzt) Filme älterer Regisseure wie Fellini, Kurosawa und Bunuel gehören, ist drei Mal unterbrochen: durch Aufsätze zum 80. Geburtstag von Alfred Hitchcock und zum Tode von Jean Renoir und John Wayne – drei Figuren der Filmgeschichte, ohne die es, auf sehr unterschiedliche Weise, das moderne, das neue Kino nicht geben würde.

Auf dem Umschlag dieses Buches ist Stanley Kubrick zu sehen, ein Regisseur, der wie kein anderer die Widersprüche im modernen Film verkörpert: zwischen Industrie (von der er sich finanzieren läßt) und persönlicher Vision (die er radikal durchsetzt), zwischen dem Erzähl-Kino (dessen Formen er aufnimmt) und dem Experiment (das jeden seiner Filme auszeichnet), zwischen Hollywood (dem er den Rücken gekehrt hat) und Europa (wo er, in England, lebt und arbeitet). Das Kino, kann man bei Kubrick sehen, hat viele Möglichkeiten.

Alle Texte sind, wie immer, ohne Gewähr.

Robert Altmans »Buffalo Bill und die Indianer«
Satirische Geschichtslektion

Stolz weht die amerikanische Flagge über dem weiten Land. Tapfere Siedler widerstehen den blutrünstigen Attacken tückischer Rothäute. Ein heroisches Spektakel scheint sich anzubahnen, doch schnell enthüllt sich die romantische, in die warmen Braun- und Gelbtöne der klassischen Westernmaler getauchte Szenerie als bloße Attrappe. Hier findet nicht Geschichte statt, hier wird sie inszeniert, nach den Regeln des Showbusiness bearbeitet, umgeschrieben und den Erwartungen des zahlenden Publikums angepaßt.
Einziger Schauplatz von Robert Altmans jüngstem Film »Buffalo Bill und die Indianer«, der den ironischen Untertitel »Sitting Bulls Geschichtsunterricht« trägt, ist das Hauptquartier eines historischen Zirkusunternehmens, jener »Buffalo Bill Wild West Show« eines gewissen William Frederick Cody und seiner Manager, die auszogen, Amerika eine Legende zu verkaufen. »Buffalo Bill Cody«, sagte Altman in einem langen »Playboy«- Interview (August 1976), »war gewissermaßen der erste Filmstar, der erste total künstlich hergestellte amerikanische Held.«
Tatsächlich hatte der Armee-Scout und Büffeljäger Cody keineswegs mit irgendwelchen bedeutenden Heldentaten von sich reden gemacht, als er im Herbst 1869 von dem Groschenromanautor Ned Buntline in Fort McPherson (Nebraska) »entdeckt« wurde. Für seine »Dime Novels«, die entscheidend dazu beitrugen, den Mythos des Wilden Westens zumal an der von leichtgläubigen Immigranten bevölkerten Ostküste populär zu machen, suchte Buntline gerade einen neuen Fortsetzungshelden mit halbwegs authentischem Hintergrund. Cody, der sich unversehens als »Buffalo Bill, King of the Border Men« verewigt sah, fand rasch Gefallen an seiner neuen Rolle als literarischer Supermann. Mit einer Fülle von Heften und Theaterstücken avancierte er in den siebziger Jahren zum Idol der Nation und ließ sich schließlich von seinem Manager Buntline dazu überreden, sich selber auf der Bühne darzustellen.
In seinem Film, der übrigens vage inspiriert ist von Arthur Kopits Bühnenstück »Indianer«, spart Altman diese Entwicklung aus. Ihm geht es nicht allein um die – allzu billige – Zerstörung der Legende von Buffalo Bill, dem in vielen Hollywood-Filmen verklärten Helden der »Frontier«, sondern primär um das Verhältnis zwischen populärer amerikanischer Mythologie und aktueller amerikanischer Realität, um das vielfach verschlungene Wechselspiel von Showbusi-

ness und Politik. Insofern schließt »Buffalo Bill und die Indianer« direkt an die modernisierte Chandler-Version »The Long Goodbye«, den Spielerfilm »California Split« und zumal an »Nashville« an.
Die Handlung spielt 1885, auf dem Höhepunkt von Codys Ruhm. Ned Buntline (Burt Lancaster), der eigentliche Erfinder des Markenzeichens Buffalo Bill, ist längst ausgebootet und fristet ein kümmerliches Dasein am Rande der großen Schau, als ungebetener Gast die Wahrheit verkündend und kaum noch geduldet. Cody (Paul Newman), ein monströs eitler Selbstdarsteller mit einer langen, blonden Lockenperücke und einer ausgeprägten Vorliebe für Opernsängerinnen, glaubt längst selber an seine glorreichen Taten. Seine Entourage besteht aus ausgekochten Showbusiness-Profis, einem servilen Neffen und den von ihm abhängigen Mitgliedern der Zirkustruppe, darunter die berühmte Kunstschützin Annie Oakley (Geraldine Chaplin) und ihr furchtsam zitternder Partner Frank Butler (John Considine), der in der ständigen Angst lebt, Annie könnte ihm seine Amouren mit einem gezielten Fehlschuß vergelten.
In diesen hektisch wimmelnden Jahrmarkt der Eitelkeiten, Intrigen und patriotischen Phrasen (»Mein Star, unser Star, Amerikas Star«, protzt der Manager Nate Salsbury) geraten leibhaftige Indianer: der einst gefürchtete Sioux-Häuptling Sitting Bull (Frank Kaquitts), einer der Sieger jener Schlacht am Little Big Horn, bei der die Armee des Generals Custer vernichtet wurde, sein Adjutant und Dolmetscher Halsey (Will Sampson, der stumme Indianer-Riese aus Formans »Kuckucksnest«) und die Reste ihres Stammes. Die roten Krieger sind Realisten. Sie wollen sich lieber im Zirkus produzieren, als langsam in ihren winzigen Reservaten zugrunde zu gehen. Cody, der sich vor dem Spiegel immer wieder einbläut, er sei »generös und flexibel«, macht die Honneurs: »Willkommen beim Showbusiness. Es unterscheidet sich nicht sehr vom wirklichen Leben.«
Buffalo Bills Geschichtsunterricht oder Wie das Showbusiness mit der Wirklichkeit umgeht. Natürlich dürfen die Indianer ihre Geschichte nicht so darstellen, wie sie sie erlebt haben. Die Wirklichkeit ist die Wirklichkeit der Manipulateure, dafür lassen diese sich widerstrebend von den Statisten Wolldecken und das Copyright an ihren Bildern abhandeln. Altman zeichnet die Zeltstadt des William F. Cody als Modell von Hollywood. So werden im Vorspann die Figuren nicht mit ihren Namen, sondern mit ihren Funktionen eingeführt: Der Star, der Produzent, der Publizist – Archetypen eines Gewerbes, das letztlich ebenso in der Politik seine Erfüllung findet wie im Showgeschäft. Politiker lassen sich verkaufen wie Filmstars, Stars machen Politik.
Einer mit einem so synthetischen Charisma wie Jimmy Carter wirkt wie erfunden von Hollywood, und ein Ronald Reagan mit etlichen

Jahren Training bei den Warner Brothers auf dem Buckel hätte sicher einen überzeugenden Präsidenten-Darsteller abgegeben. Personen sind nichts, Verpackungen alles – wenn man nur beiläufig die verwegenen Image-Korrekturen verfolgt, die unsere Kanzlerkandidaten über sich ergehen lassen, spürt man den Terror der Medien schon sehr deutlich. Von dieser durchaus erschreckenden Identität zwischen Politik und Show-Gewerbe handelt »Buffalo Bill und die Indianer« wie zuletzt »Nashville«.

»Jeder, der eine öffentliche, vorfabrizierte Persönlichkeit entwickelt, ist unglücklicherweise genau wie ein Filmstar. Diese Leute können überhaupt nicht mehr wirklich und normal sein«, sagt Altman und bezieht sich auf Ted Kennedy und Jerry Brown. In »Buffalo Bill und die Indianer« macht er die Probe aufs Exempel und konfrontiert zwei Stars aus der Retorte: William F. Cody Superstar und Grover Cleveland Superstar, den Präsidenten der Vereinigten Staaten, beide dumm, eitel und opportunistisch, Charaktermasken ohne Substanz. Die Galavorstellung für den Präsidenten, die Buffalo Bill mit einer stotternden, von Klischees strotzenden Rede einleitet, welche wiederum dem Adressaten tiefe Bewunderung abringt, ist Altman zu einem satirischen Glanzstück geraten. So könnte wohl auch eine Begegnung zwischen Bing Crosby und Gerald Ford aussehen.

Mit bewundernswerter Selbstironie trägt Paul Newman sein Superstar-Image zu Markte; Joel Grey, der Conferencier aus »Cabaret«, trifft als Manager überzeugend einen Tonfall auftrumpfender Unverbindlichkeit, während der alte Burt Lancaster als abgehalfterter Mythenmacher rührend verwitterte Ehrlichkeit aus besseren Tagen verkörpert. Außer ihm wirken nur die Indianer in diesem grellen Spektakel normal. Mit wortkarger List sorgen sie ständig für Irritationen, lassen die Stars und Manager vollends als überdrehte Hampelmänner erscheinen.

Wie in »Nashville« führt Altman eine offene, episodisch aufgesplitterte Erzählstruktur vor. Ohne lineare Ordnung springt der Film von Figur zu Figur, von Situation zu Situation. In »Nashville« führte dieses Prinzip dazu, daß die Geschichten der 24 Figuren gleichwertig erschienen, daß ihre Zuordnung und Bewertung dem Betrachter überlassen blieb, der damit zum Mitautor des Films wurde. »Buffalo Bill und die Indianer« ist dagegen eindimensionaler, zu stark auf die Titelfigur konzentriert, der Altman gegen Ende eine Alptraumsequenz – eine Begegnung mit dem toten Sitting Bull – beschert, die wie ein mißglückter Shakespeare-Auftritt aussieht.

Die Tugenden des Filmemachers Altman, die ihn zum wichtigsten amerikanischen Cineasten dieses Jahrzehnts gemacht haben, bergen doch erhebliche Gefahren: Seine Lust an der Improvisation, an der spontanen Erfindung stößt hier gelegentlich ins Leere, weil die Zielscheibe seiner Satire ein allzu starr konstruierter Popanz bleibt. Altman prügelt seinen Kasper, der ganz am Schluß reduziert ist auf seine strahlend weißen Zähne und seine unwahrscheinlich blauen Augen, in einer extremen Großaufnahme zusammenschrumpft auf Reklame-Attribute, mit wütender Energie. Doch schließlich variieren fast alle Gags von der mißglückten Indianerjagd bis zur dissonant geplärrten Nationalhymne immer wieder den gleichen Punkt. So stellt sich bei allem erfinderischen Detailreichtum eine gewisse Monotonie ein. Aber vielleicht besteht auch darin eine Ähnlichkeit zwischen dem Showbusiness und dem wirklichen Leben.

Nr. 38 vom 10. 9. 1976

Stanley Kubricks »Barry Lyndon«
Kalte ferne schöne Welt

Dunkle Hose, weißes Hemd, schwarze Schuhe: Stanley Kubricks immergleiche, entschieden spartanische Gewandung, die im Lauf von 23 Jahren, zehn Filmen und ständig steigenden Einkünften nie auch nur um einen einzigen Farbtupfer bereichert wurde, läßt deutlich werden, daß hier einer am Werk ist, der viel zu sehr seinem Metier verfallen ist, um sich um irgendwelchen privaten Firlefanz zu kümmern. »Er braucht nicht mehr als eine Hose und acht Kassettenrecorder zum Glücklichsein«, verriet seine Frau vor Jahren dem Magazin »Rolling Stone«.

Radikaler als alle anderen Regisseure des kommerziellen Kinos hält Stanley Kubrick Distanz: zur Filmindustrie, von der er sich finanzieren läßt, deren Agenten aber seine Arbeiten erst sehen dürfen, wenn sie fertig sind; zur überdrehten gesellschaftlichen Betriebsamkeit von Hollywood, vor der er sich seit 1961, sei »Lolita«, auf einem Landsitz in der Nähe von London verbirgt; zur Kritik, die kaum je brauchbare Auskünfte über seine Intentionen bekommt. Kubrick verabscheut Interviews und das Marktgeschrei von Festivals, er läßt seine Filme ohne griffige Gebrauchsanweisungen für sich selbst sprechen.

So darf jetzt darüber gerätselt werden, was diesen seltsamen Kino-Eremiten, der mit vierzehn Jahren seine ersten Photos an die Illustrierte »Look« verkaufte, der seinen ersten Spielfilm »Fear and Desire« (1953) mit Gewinnen aus Schachturnieren und diversen Gelegenheitsarbeiten unabhängig produzierte, ausgerechnet an dem selbst Anglisten kaum bekannten Debutroman »The Luck of Barry Lyndon« (1844) von William Makepeace Thackeray so sehr reizte, daß er diesem Unternehmen drei Jahre seines Lebens und elf Millionen Dollar der Warner Brothers opferte. »Der Roman hat mir gefallen. Das ist alles, was ich sagen kann«, beschied Kubrick kürzlich in einem seiner raren Interviews den Pariser »L'Express«, weitere Auskünfte zu dieser Frage seien so unmöglich wie die Erklärung, warum man eine Frau attraktiv findet und dann eine andere heiratet. Außerdem erwähnte Kubrick eher beiläufig die »interessanten visuellen Möglichkeiten« des Buches.

Wer den 184 Minuten und vier Sekunden langen Film »Barry Lyndon« gesehen hat, muß diese Bemerkung für das Understatement des Jahres, wenn nicht des Jahrzehnts halten. Denn was Kubrick schlicht die »interessanten visuellen Möglichkeiten« der Vorlage von Thackeray nennt, geriet ihm zu einem epischen Panorama visueller Prachtentfaltung, das selbst den delirischen Trip zu den Sternen in »2001: Odyssee im Weltraum« in den Schatten stellt.

Die Gegenwart, so scheint es, ist zu klein und unbedeutend für Kubricks Entwürfe. Nach drei Expeditionen in die Zukunft, der apokalyptischen Satire »Dr. Seltsam oder Wie ich lernte, die Bombe zu lieben« (1964), der mystischen »Odyssee im Weltraum« (1968) und dem stilisierten Horror-Kaleidoskop »Uhrwerk Orange« (1971) nun also eine Zeitreise in die umgekehrte Richtung, zurück ins Irland des Jahres 1760, wo ein junger Mann von zweifelhafter Geburt auszieht, sein Glück zu machen.

Diesem Redmond Barry, der nur auf den allererrsten Blick eine gewisse Ähnlichkeit mit Fieldings prallem »Tom Jones« besitzt, wird von Anfang an übel mitgespielt. Sein vermeintlicher Aufstieg zum reichen Barry Lyndon birgt schon den Niedergang in sich, und Kubrick, der mit Bedacht Thackerays bramarbasierenden Ich-Erzähler durch einen allwissenden Kommentator ersetzt hat, läßt nie einen Zweifel daran, daß es mit seinem Helden böse enden wird. Schon als sich die Tradition des Schelmenromans noch zu behaupten scheint, signalisiert der unsichtbare Erzähler kommendes Unheil: »Das Schicksal hatte Barry beschieden, daß er arm und einsam sterben würde.«

So verdunkelt eine Aura von Vergeblichkeit alle Anstrengungen von Barry Lyndon. Den ganzen Film über bleibt er ein Getriebener, der immer nur defensiv auf die höchst wechselvollen Zeitläufte reagieren kann, wie ein Boxer, der so sehr damit beschäftigt ist, den Schlägen seines Gegners auszuweichen, daß er nie dazu kommt, einen wirkungsvollen Gegenangriff zu starten. Kubrick hat zwei Boxer-Filme

gemacht, einen kurzen, »Day of the Fight« (1950), und einen langen, »Killer's Kiss« (1955), und einen über Gladiatoren, »Spartacus« (1960): Filme über Verlierer.
Gleich in der ersten Einstellung fällt Barrys Vater im Duell. Wenig später sieht sich auch der Junge in einen Ehrenhandel verwickelt. Im Duell erschießt er den Nebenbuhler um die Gunst seiner Kusine, einen englischen Offizier, und muß nach Dublin fliehen, um dem Galgen zu entgehen. Später stellt sich heraus, daß Barrys habgierige Verwandtschaft den Tod seines Gegners nur vorgetäuscht hat, um den ungeliebten Störenfried loszuwerden. Auf dem Weg nach Dublin fällt Barry unter die Räuber und muß sich bald darauf mangels hinreichender Barschaft von der englischen Armee anwerben lassen. Das vermeintlich »ritterliche Zeitalter« des Siebenjährigen Krieges erlebt unser Held auf den Schlachtfeldern des Kontinents als endlose Kette sinnloser Metzeleien, bei denen farbenprächtig kostümierte Zinnsoldaten mit der Sturheit von Lemmingen in das Feuer der anderen Seite laufen. »Barry Lyndon« ist, nach »Fear and Desire« und »Wege zum Ruhm« (1957), Kubricks dritter Film über die Perversität des staatlich sanktionierten Mordens.
Auch als Deserteur bleibt Barry glücklos. Nach einem kurzem Zwischenspiel mit einer blonden deutschen Soldatenfrau sieht er sich gezwungen, den roten Rock der englischen Armee gegen den blauen des Preußenkönigs Friedrich Zwo einzutauschen. In Berlin muß er dem Hauptmann Potzdorf gar als Spion dienen, und erst eine Begegnung mit einem irischen Landsmann, dem Chevalier de Balibari, verheißt einen Ausweg aus seiner Misere. Unter der Anleitung des Chevaliers wird Barry ein geschickter Glücksspieler, der mit seinem Mentor von Hof zu Hof zieht. Barry gewinnt die Gunst der blassen, schönen Lady Lyndon, heiratet sie und lebt in Saus und Braus. Seine Versuche, sich selbst einen Adelstitel zu verschaffen, scheitern trotz riesiger Korruptionssummen. Bei einem Unfall kommt Barrys einziges Kind zu Tode. Der gehaßte Stiefsohn taucht wieder auf, verwundet Barry in einem Duell, dem letzten dieses Films, so schwer, daß er ein Bein verliert. Der Emporkömmling wird mit einer bescheidenen Rente ins Ausland abgeschoben. In der letzten Sequenz sieht man die apathische Lady Lyndon, ihren Sohn und die beiden Berater der Familie. Barry ist vergessen, das Leben geht weiter, Lady Lyndon unterschreibt Schecks. Man sieht auf einem die Jahreszahl 1789.
Im wesentlichen folgt Kubrick getreulich der Vorlage von Thackeray. Doch über die Veränderung der Erzähl-Perspektive hinaus gibt es einige signifikante Veränderungen. Das finale Duell zwischen Barry Lyndon und Lord Bullington, seinem Stiefsohn, findet im Ro-

man nicht statt. Bei Thackeray endet Barry, ganz prosaisch, im Schuldturm. Kubrick hat statt dessen ein sechs Minuten langes, sich bis zur Unerträglichkeit steigerndes Crescendo der Angst erfunden, begleitet und kommentiert von einer Sarabande Händels: ein Duell bar jeder chevaleresken Eleganz, ein dumpfer, haßerfüllter Schußwechsel voll von schwitzender und kotzender Todesfurcht. Ein in unzähligen Romanen und Filmen romantisch verklärtes Ritual wird reduziert auf einen erbärmlichen physischen Zustand.
Diese Horror-Szene und noch ein paar andere, ähnlich unvermutete Ausbrüche nackter, mit einer wilden Handkamera aufgenommener Gewalttätigkeit stehen in krassem Kontrast zur ebenso erlesenen wie distanzierten Schönheit des übrigen Films, für den Kubrick Bilder erfunden hat, wie man sie noch nie im Kino gesehen hat: Tableaus, die aussehen wie gemalt von Gainsborough, Reynolds oder Chardin; Landschaften mit einem Licht und einer Tiefe, daß einem der Atem stockt; Interieurs, deren einzige Lichtquelle ein paar Kerzen sind, aufgenommen mit einer für die Nasa entwickelten Linse der Firma Carl Zeiss.
Kubrick, der Präzisionsfanatiker, hat mit monomanischer Besessenheit eine Epoche rekonstruiert; alles ist echt, von den Möbeln über die Kostüme bis zur letzten Gürtelschnalle, selbst eben das Licht in den Nachtszenen, das völlig ohne künstliche, moderne Beleuchtungsmöglichkeiten hergestellt wurde. Um so schmerzlicher, befremdlicher wirkt angesichts dieser nur unzulänglich verbalisierbaren ästhetischen Perfektion die Invasion von Terror. Diese kalte, ferne, unglaublich schöne Welt, so unerreichbar und letztlich unfaßbar für uns wie die von Wiener Walzern durchflutete Galaxis in »2001«, erweist sich denn auch nicht als Fluchtpunkt, auf den sich unsere konservativen Träume von einer besseren Vergangenheit zurückziehen können, sondern als Reservat bitterer Melancholie und jäher Unmenschlichkeit. Dies ist die Welt, in der der Astronaut in »2001« am Ende landet: kein verlorenes Paradies, sondern nur eine andere Verkleidung der Hölle, in der Kubrick seine Protagonisten sich stets verlaufen läßt, die tragischen Gangster in »The Killing« (1956) ebenso wie Alex, den letzten Rocker, in »Uhrwerk Orange«, dem der Wohlfahrtsstaat die Identität demontiert.
Die beherrschende Stilfigur in dem eisigen Kostümfilm »Barry Lyndon«, in dem die Figuren wie verlorene Marionetten agieren und konsequent von statischen Nicht-Schauspielern wie Ryan O'Neal (Barry) und Marisa Berenson (Lady Lyndon) dargestellt werden, drückt denn auch Entfremdung aus: Immer wieder Rückfahrten der Kamera, ein sich öffnender Blick, der die Figuren von ihrer Umgebung isoliert, Perspektiven, die eine Kommunikation zwischen

Mensch und Natur unmöglich erscheinen lassen. Immer wieder jene hermetische Dialektik zwischen Aufbruch (Öffnung) und Tod (Isolation), die sich sonst in dieser Schärfe nur noch in den Filmen von Werner Herzog findet, einem Cineasten, der viel mit Kubrick gemein hat. Beide suchen nach neuen, unverbrauchten Bildern für das Kino, am Amazonas, wie Herzog in »Aguirre, der Zorn Gottes«, oder im All, wie Kubrick in »2001«, im Biedermeier, wie Herzog in »Jeder für sich und Gott gegen alle«, oder einige Jahrzehnte früher, wie Kubrick in »Barry Lyndon«.

Beide machen Filme, in denen jede Geste von Vergeblichkeit geprägt ist, in denen alles Handeln zum Verhängnis führt. Die Kreisbewegungen Herzogs finden ihre Entsprechung in den Rückfahrten Kubricks: Hier wie dort dominiert ein ungeheuer intensives Todesgefühl. Bis in biographische und filmographische Details lassen sich seltsame Parallelen zwischen diesen beiden großen Außenseitern des modernen Kinos aufspüren: beide sind Autodidakten, fingen schon als Halbwüchsige an, unabhängig künstlerisch zu arbeiten. Kubrick hat einen Dokumentarfilm gemacht über einen fliegenden Priester (»Flying Padre«, 1951), Herzog einen über »Die fliegenden Ärzte von Ostafrika«. Angst vorm Fliegen? Stanley Kubricks »Barry Lyndon«, ein historischer Film, wie es noch nie einen gegeben hat, steht in der Filmlandschaft der siebziger Jahre wie der Monolith in »2001«. Warten wir jetzt auf Herzogs Film über das Land der Pharaonen!

Nr. 39 vom 17. 9. 1976

Jacques Rivette und »Unsterbliches Duell«

Phantom über Paris

Donnerstag, der 23. September, 16 Uhr. Paris. Jacques Rivette ist verschwunden. Wir hatten uns im Büro seines Produzenten Stephane Tchalgadjieff in der Avenue Pierre Premier de Serbie verabredet, um über Rivettes neuen Film »Duelle« zu reden, der eine Woche zuvor in acht Pariser Kinos angelaufen war und Anfang Oktober unter dem Titel »Unsterbliches Duell« auch in Deutschland herausgebracht wird. Rivette, sonst für seine Pünktlichkeit bekannt, läßt sich nicht blicken. Niemand weiß, wo er ist, auch Tchalgadjieff nicht, der das Interview arrangiert hat. Mit französischen Journalisten will Rivette überhaupt nicht reden, vielleicht macht sie der ehemalige

Jacques Rivette

Chefredakteur der berühmten Filmzeitschrift »Cahiers du Cinéma« mitverantwortlich für das kommerzielle Desaster, das sich mit »Duelle« abzeichnet. Eine Woche nach dem Start läuft Rivettes sechster Film seit »Paris gehört uns« (1958 – 1960) nur noch in vier Kinos, die ersten Abrechnungen auf Tchalgadjieffs Schreibtisch sind niederschmetternd.

»Duelle«, der erste Film der erst zur Hälfte gedrehten Tetralogie »Scènes de la vie parallèle«, – der zweite, »Noroît«, befindet sich gerade im Kopierwerk –, sollte für Rivette endlich den kommerziellen Durchbruch bringen. Gaumont, Frankreichs größter Kino-Konzern, hat den Verleih übernommen, doch die Gaumont-Leute wissen offenbar wenig mit der Arbeit des besessenen Cinéasten von »L'amour fou«, »Out 1« und »Céline und Julie fahren Boot« anzufangen. Am gleichen Tag wie »Duelle« brachte die Gaumont mit riesigem Reklameaufwand die Komödie »Dracula, Père et fils« von Edouard Molinaro heraus und tat kaum etwas für Rivettes Film. Auch bei der Verteilung der Pariser Gaumont-Kinos zog Rivette den kürzeren und mußte sich mit ungünstig gelegenen Theatern zufrieden geben. Zudem konkurriert »Duelle«, nicht eben ein einfacher Film, mitten im heißen Kino-Herbst mit Pakulas Watergate-Krimi, mit Hitchcock, Kubrick, Bertolucci, Risi und diversen neuen französischen Konsum-Spektakeln. Eine hoffnungslose Situation, die, nicht nur für

Frankreich typisch, deutlich macht, wie brutal und gedankenlos die Verleihbranche Filme sterben läßt, die nicht in ihr auf glatten Ex- und-Hopp-Konsum ausgerichtetes Vermarktungskonzept passen. Dennoch kümmerte sich Rivette persönlich um jedes Detail des Kino-Starts, sprach mit jedem einzelnen Vorführer, gab genaue Anweisungen, wie der Film projiziert, wie der Ton gesteuert werden müsse. Kaum ein anderer Regisseur, nicht einmal Stanley Kubrick, gibt sich solche Mühe wie der 48jährige Kino-Fanatiker Rivette, doch alle Sorgfalt war vergebens. »Duelle« geriet in die Mühlen des Filmverwertungsbetriebs, ging unter. Rivette, müde und deprimiert, zog sich zurück, wahrscheinlich ins Kino, dem er auch als Zuschauer seine ganze Energie opfert. Der Legende nach blieb er, als einst Jean Renoirs »Die goldene Karosse« in Paris anlief, den ganzen Tag über im Kino sitzen und sah sich den Film sechsmal hintereinander an. Zwar kursieren ähnliche Geschichten auch über seine Freunde und ehemaligen »Nouvelle Vague«-Mitstreiter Godard, Truffaut, Rohmer, Chabrol und Doniol-Valcroze, doch keiner von ihnen hat seine Existenz so extrem dem Kino gewidmet wie Rivette, der auch heute noch, zwanzig Jahre danach, selbst während Dreharbeiten jeden Abend in den dunklen Sälen des Quartier Latin verbringt und erst lange nach Mitternacht in sein karges Zimmer am Boulevard de la Bastille zurückkehrt.

»Scènes de la vie parallèle«, das jüngste Projekt dieses fast schon mönchischen Kino-Sektierers Jacques Rivette, liegt wie alle seine Filme seit »L'amour fou« (1967 – 1968) außerhalb der Vorstellungen und Regeln des konventionellen Filmbetriebs, den Rivette immer wieder schockiert hat: zum Beispiel mit extremen Überlängen, wobei die 252 Minuten von »L'amour fou« und die 192 Minuten von »Céline und Julie fahren Boot« (1973 – 1974) noch bescheiden wirken angesichts der 760 Minuten (12 Stunden, 40 Minuten) langen Originalfassung von »Out 1« (1970), die nur ein einziges Mal, am 9. und 10. September 1971, im Maison de la culture in Le Havre öffentlich aufgeführt worden ist. Selbst der aus dem gleichen Ausgangsmaterial hergestellte Film »Out 1 – Spectre« dauert noch 260 Minuten. Bei uns war er in den dritten Fernsehprogrammen zu sehen.

In »L'amour fou« und zumal in »Out 1«, die beide im Theatermilieu situiert sind und ausführliche Probensequenzen von Racine- und Aischylos-Stücken enthalten, wird die Länge des Films zu seinem eigentlichen Thema. Bereits 1950 hat der junge Filmkritiker Rivette in dem Aufsatz »Wir sind nicht mehr unschuldig« sein Verhältnis zur filmischen Realität definiert. Dem konventionellen Kino der Symbole, Suggestionen und Ellipsen (räumliche wie zeitliche Auslassungen) wirft er eine »fatale und hartnäckige Austrocknung des Realen«

vor: »Der filmische Raum wird, ›zerschnitten‹, zerstückelt, in einer Anhäufung von seltenen und divergierenden Schrägeinstellungen und Kamerafahrten aus den Fugen gebracht und verliert so jede Realität, selbst jede Existenz; es entsteht ein reines Zeit-Kino, in dem nichts als die Dauer der aufeinanderfolgenden Akte ohne Dichte und Realität existiert; es entsteht die gefährliche und überflüssige Vorstellung von Rhythmus und Geschwindigkeit, die versucht, Existenz und Präsenz durch Anhäufung zu ersetzen, in der Hoffnung, aus der rasenden Vervielfältigung fliehender Schatten eine Beute zu schaffen: ein Kino der rhetorischen Gebärde, wo sich alles den üblichen, für jeden Gebrauch stereotypierten Formeln beugen muß. Das Universum wird in einem Netz formaler Konventionen eingefangen und zerstört.«
Diesen formalen Konventionen tritt Rivette in seinen Filmen mit Phantasie und Improvisation entgegen: seine »Geschichten«, soweit sie überhaupt noch so benannt werden können, existieren ohne ordentlichen Anfang, Mittelteil und Schluß, bestehen aus einem Dickicht filmischer wie literarischer Anspielungen, Zitate und Versatzstücke von Hollywood bis Henry James und Lewis Carroll, aus merkwürdigen mythischen Formeln und paranoid zugespitzten Kriminal-Intrigen, durch die sich der Zuschauer als Komplize und Vollender der Slalomfahrt zwischen Realität und Imagination einen Weg bahnen muß. Meist geht es dem Betrachter wie Jean-Pierre Léaud, der in »Out 1« Spuren von Balzacs Geheimbund der Dreizehn aus »L'histoire des Treize« zu entdecken glaubt und doch nie eindeutige Beweise findet, oder wie Céline und Julie, die mit Hilfe von magischem Naschwerk in eine seltsame Gespensterwelt eintauchen, die, im Blick »through the looking-glass«, in einem fragilen Schwebezustand zwischen konkreter Wahrnehmung und poetischem Traum existiert.

*

17 Uhr. Es erscheint Céline: Juliet Berto, die einst Jean-Luc Godards »La Chinoise« war und seit »Out 1« zur *»bande à Rivette«* gehört, zu jenem kleinen Kreis von Vertrauten und Mitarbeitern, mit denen Rivette seinen Traum von einer offenen Gruppenarbeit zu verwirklichen sucht. Céline, die Zauberin, trägt an diesem Nachmittag einen leicht zerknitterten, olivfarbenen Overall. Auch sie kann Rivette seit Tagen nicht erreichen, macht sich offensichtlich Sorgen um den sensiblen Freund. Etwas später erzählt sie von der Arbeit mit Rivette, die bei jedem Film völlig unterschiedlich verlief: *»work in progress«* als einziges Leitmotiv.
»Out 1« entstand im Geist totaler Improvisation. Niemand, auch Rivette nicht, wußte, in welche Richtung sich die Geschichte entwickeln würde, als deren einzige Fixpunkte die bei der Arbeit beobach-

teten Theater-Gruppen von Jean-Pierre Kalfon und Michel Lonsdale und Jean-Pierre Léauds Suche nach Balzacs Dreizehn feststanden. Jenseits dieser Vorgabe entwickelten die Darsteller die verschiedenen Handlungsstränge selber, erfanden immer labyrinthischere Wendungen. Wenn morgens Jacques Doniol-Valcroze seiner Partnerin Juliet Berto vorhielt, sie habe ihm Briefe gestohlen, drehte Rivette nachmittags die Szene des Diebstahls. So entstand ein gigantisches Puzzle, das Rivette erst am Schneidetisch zusammenfügte, ohne daß es vollends aufging: die Dokumentation einer Gruppenarbeit, bei der der Regisseur nicht als Dressurmeister, sondern als Anstifter und Koordinator fungierte, wie später Robert Altman bei »Nashville«; das Dokument einer intellektuellen Krise nach dem Mai '68, das die Anstrengung spontaner Erfindung sinnlich erfahrbar machte; das Manifest einer utopischen Hoffnung auf eine Gesellschaft, in der es Muße geben wird, sich Filme anzuschauen, die zwölf Stunden und vierzig Minuten dauern.

Ganz anders entstand »Céline und Julie fahren Boot«. Nachdem ein anderes Projekt geplatzt war, hatte Rivette Lust, einen Film mit Juliet Berto und Dominique Labourier zu machen. Das Drehbuch schrieben sich die beiden Darstellerinnen von Tag zu Tag, meist wenige Stunden vor Drehbeginn, selber, machten Rivette eine Fülle von Handlungs- und Spielangeboten, die der Regisseur und sein Szenarist Edouardo de Gregorio mit der parallel sich entwickelnden Geschichte eines Gespensterhauses koordinierten. Rivette, der auch als Regisseur am liebsten in der reflektierenden Passivität des Kritikers verharrt, ließ sich von einzelnen Sequenzen Dutzende von Versionen vortragen, forderte die Phantasie seiner Komplizinnen bis zum äußersten heraus. Beim Drehen wurde nicht mehr improvisiert.

In »Duelle« ist aus der Zauberin Céline eine Göttin geworden. Alle Filme der Tetralogie »Scènes de la vie parallèle«, die ursprünglich »Les filles du feu« heißen sollte, spielen während der Karnevalszeit zwischen dem letzten Neumond des Winters und dem ersten Vollmond des Frühlings. Nur in dieser vierzig Tage langen Periode dürfen die unsterblichen Töchter der Sonne (Feen) und des Mondes (Gespenster) die Erde betreten. Juliet Berto ist Leni, eine Mondgöttin, die mit der Sonnengöttin Viva (Bulle Ogier) um den Besitz eines magischen Diamanten kämpft. Beide haben irdische Hilfstruppen, überwiegend weibliche. Männer spielen, wie schon in »Céline und Julie fahren Boot«, kaum noch eine Rolle. »Ich war nur eine Figur im Spiel der Königinnen«, erkennt Pierrot (Jean Babilée), während er in der verlassenen Métrostation Gambetta auf den Tod wartet. »Frauen«, sagt Juliet Berto, »inspirieren, beunruhigen, faszinieren Jacques viel mehr als Männer.«

»Duelle«, vormals »L'Œil froid«, dann »Viva« betitelt, läßt in Umrissen bereits erkennen, welche Dimensionen Rivette seinen »Scènes de la vie parallèle« vermitteln will. Hier entsteht, inspiriert von den unterschiedlichsten Einflüssen, eine ganz neue Mythen-Welt, ein phantastischer, spielerischer Kosmos von einer schöpferischen Imagination, die an Isaac Asimovs Weltraum-Trilogie oder Tolkiens »Der Herr der Ringe« erinnert: eine Welt magischer Verwandlungen, Verdoppelungen, Revenants und Rêverien, die nur im Kino existieren kann.

In »Duelle«, erzählt Juliet Berto, hatten die Darsteller mit vorgegebenen Rollen zu tun. Wieder einmal hat Rivette, der erfindungsreichste aller Cinéasten, seine Arbeitsmethode verändert, das für ihn so wichtige Element der Improvisation weitgehend in die Musik verlagert. Am Klavier improvisierte Jean Wiener während der Dreharbeiten *live* zum Spiel der Akteure und ist dabei oft im Bild zu sehen: eine anregende Irritation für den Zuschauer, der inmitten mysteriöser Intrigen zwischen Göttern und Menschen einen alten Pianisten irgendwo im Hintergrund ungerührt und unbeteiligt klimpern sieht.

Offen gegenüber Improvisationen dürfte auf jeden Fall die Gesamtstruktur der Tetralogie sein, worauf schon die vielen Titeländerungen hindeuten. Der zweite Film der »Scènes de la vie parallèle«, eine vage von Tourneur inspirierte elisabethanische Tragödie unter weiblichen Seeräubern, hieß zunächst »Le Vengeur«, dann »La Vengeresse«, jetzt »Noroît«: so nennt man den Nordwest-Wind. In »Duelle« findet die finale Auseinandersetzung zwischen Göttern und Menschen unter dem »arbre de Noroît« statt. Vollends aufschlüsseln wird man die mannigfaltigen Beziehungen und Querverbindungen innerhalb Rivettes Mythen-Welt erst können, wenn alle vier Filme vorliegen: Nummer drei (ein Gespenster-Musical) und Nummer vier (eine Liebesgeschichte zwischen einer Göttin und einem Sterblichen) sollen 1977 gedreht werden.

Juliet Berto weiß noch nicht, ob sie den beiden letzten Filmen der Tetralogie vorkommen wird. Rivette, wo immer er sein mag, weiß es vermutlich auch nicht. Zu seinem Traum vom »multiplen Film«, der immer wieder veränderbar, umkonstruierbar ist, gehört es auch, »nach und nach, bei den Dreharbeiten, die Entwicklung der Figuren und der Ereignisse anzupassen«.

*

Freitag, der 24. September, 20 Uhr. Paris. Jacques Rivette bleibt verschwunden. Juliet Berto hat ihn den ganzen Tag über gesucht, gelegentliche Kontrollanrufe bei Tchalgadjieffs »Sunchild Production« ergeben nichts Neues. Vor dem Kino-Center in der Rue Hautefeuille im Quartier Latin stehen die Leute Schlange. In zwei der Hautefeuille-Kinos läuft »Barry Lyndon«, im dritten der erste Teil von Bertoluccis »1900«, im vierten, dem kleinsten natürlich, »Duelle« von Jacques Rivette. Irgendwie habe ich die vage Hoffnung, daß Rivette hier auftauchen könnte, wie eins jener Phantome, die es so oft in seinen Filmen gibt.

Ich sehe, zum drittenmal, »Duelle«. Im Kino sitzen etwa 30 Leute: der harte Kern. Von Mal zu Mal wird der Film schöner und geheimnisvoller. Es ist kaum zu begreifen, wie Rivette es geschafft hat, den gesamten Bildvorrat der Filmgeschichte zu einer neuen Einheit zu verschmelzen, wie Doktor Mabuses Spielhölle, die langen Korridore von Feuillade, das tödliche Licht aus Aldrichs »Kiss me, Deadly«, die Kamerafahrten von Ophüls und das riesige Aquarium der Lady aus Shanghai sich zu einem Traum-Paris verdichten, in dem die größte Verschwörung aller Zeiten stattfindet.

Rivette hat überall in Paris gedreht, im Jardin des Plantes, im ehrwürdigen Hotel Meurice, in der Métro, im Gare d'Austerlitz, auf der Rennbahn von Vincennes, in düsteren Außenbezirken und schäbigen Absteigen, im Parc Montsouris und in einem »Dancing«. Kein einziges Motiv wurde im Studio gebaut: seit »Paris gehört uns« versteht es Rivette genial, vertrauten Schauplätzen mit den einfachsten und zugleich kompliziertesten Mitteln des Kinos eine Aura des Unheimlichen und Fremden zu verleihen, wie es sonst nur Godard in »Alphaville« gelungen ist. Das Wechselspiel von blendendem Licht, das die Figuren wie ein mythisches Schild umfließt, und schwarzen Schatten, aus denen sich grauenhafte Chimären lösen und in die sie dann wieder eintauchen, schafft eine ambivalente Atmosphäre der Bedrohung.

Was beginnt wie eine klassische Detektivgeschichte, weitet sich aus zu einem labyrinthischen Reigen, in dem nichts feststeht, in dem jede der komplexen Kamerabewegungen neue Aspekte in den Beziehungen der Figuren enthüllt, in dem das Geheimnis dieses schillernden Karnevals zwischen den Töchtern des Feuers und den Töchtern von Paris nie enträtselt wird. Rivettes Universum, die schönste Kino-Welt, die es heute in Europa gibt, bleibt vieldeutig bis zum Schluß, wenn Lucie (Hermine Karagheuz) unter dem Baum des Nordwest-Windes, den Stein der Götter umklammernd, den letzten Satz flüstert: »*Deux et deux ne font plus quatre, tous les murs peuvent s'abattre*« – Zwei und zwei sind nicht mehr vier, alle Mauern stürzen ein.

Als ich aus dem Kino komme, begegnet mir niemand, der aussieht wie Jacques Rivette. Aber die Mauern von Paris stehen noch.

Nr. 41 vom 1. 10. 1976

Neues von und über Rainer Werner Fassbinder:
Zwischenbilanz nach 28 Filmen

Schreie und Flüstern

Vor mir liegt, prall gefüllt, ein Aktenordner der Firma Leitz. Er enthält, von peniblen Archivaren gesammelt, vieles, wenn auch längst nicht alles, was in den letzten sieben Jahren über Rainer Werner Fassbinder geschrieben worden ist: Rezensionen, enthusiastische und vernichtende, aber kaum welche dazwischen; Porträts, die die hochdramatischen Aufschwünge und Abstürze eines deutschen Künstlerschicksals zu packenden »Human-Interest«- Storys verdichten. »Er brennt wie eine große Wunderkerze«, »Bühnen-Schreck mit schnellen Schlitten«, »Der Boß und sein Team«, »Säufer und Genie«, »Das Naturtalent aus der Marktlücke«, »Mal aus Liebe, mal aus Zorn«, »Müder Wunderknabe«.
Kursnotierungen von der Kulturbörse, Trendmeldungen, Wetterberichte: »Fassbinder sinkt in den Bodensee«. »Fassbinder boykottiert die Kammerspiele«. »Fassbinder in London«. »Fassbinder steigt in Bochum aus«. »Fassbinder beim New York Festival«. »Was ist mit Fassbinder?« »Fassbinder scheitert an Tschechow«. »Fassbinder und die Mitbestimmung«. »Fassbinder stellt Ultimatum«. »Fassbinder schmeißt den Krempel hin«. »Fassbinder sucht einen Spielplatz«. »Typ Fassbinder auf der Flucht«. »Was ist los mit Fassbinder?« »Kraftwerk RWF«. »Fassbinder, monstre dévoré«. »Müllkutscher Fassbinder«. »Fassbinder, ein linker Faschist?« »DGB-Jugendzeitschrift ›ran‹ schlachtet Fassbinder«.
Dazu Dutzende von Interviews, Polemiken, Analysen, Offenen Briefen, Diskussionen, Gegendarstellungen, Gegen-Gegendarstellungen. Und so weiter. Fassbinder hier, Fassbinder dort, Fassbinder überall: als Genie und als Scharlatan, als bajuwarischer Kraftprotz und als sensible Seele, als Erneuerer und als Faschist.
Beim Versuch, das alles zu lesen, packt einen rasch ein profunder handkescher Benennungs-Ekel; dazu aber überfällt einen auch eine starke Neugier: Was ist eigentlich dran an diesem Typ Fassbinder, daß sich alle Welt so ausdauernd und laut über ihn aufregt, ihn mit Zuckerbrot und Peitsche traktiert, je nachdem? Sie küssen und schlagen ihn mit einer Inbrunst, als ginge es um den Fortbestand der abendländischen Kultur, sie stilisieren ihn zum Ungeheuer von Loch Ness der Feuilletons: Wenn auch sonst nichts passiert, Fassbinder ist immer für eine Meldung gut. Bei anhaltender Produktivität könnte er wohl mindestens einen Journalisten, der sich ausschließlich als

»Fassbinder-Watcher« betätigt und über die entsprechenden Kontakte in den Medien verfügt, problemlos ernähren.
Nun hat Fassbinder diese schillernde Position eines Günter Netzer des Kulturbetriebs durchaus gesucht. Noch im März dieses Jahres vertraute er in einem der zahllosen Interviews über »seine nächsten Pläne« der Boulevardzeitung »tz« an: »Ich habe dafür gekämpft, daß man mich kennt.« Jetzt ist er dreißig, und man kennt ihn, aus der Froschperspektive der Bewunderer und aus den Haßtiraden der Verächter, bis zum Überdruß. Letzte Woche noch im »Spiegel«: »Keine Feier für den Buhmann des Kulturbetriebs«.
Nein, das nicht, ganz sicher. Aber auch keinen Vernichtungsfeldzug gegen einen, den man schon mal, wie die Zeitschrift »ran«, publizistisch »schlachten« wollte. Was die Leute so aufbringt gegen Fassbinder, ist, neben seiner wirklich unheimlichen Produktivität, die er selber nur mit vager Ironie zu kommentieren weiß, vor allem die exhibitionistische Privatheit seines Werkes, die egozentrische Maßlosigkeit, mit der er seine intimsten Frustrationen und Ängste, seine psychischen Defekte und sexuellen Obsessionen öffentlich macht. Seit der klassizistisch kühlen, mit ungewohnter Einhelligkeit bejubelten »Effi Briest« von 1974 gleichen seine Filme zunehmend überaus persönlichen, von Geschmacksrücksichten und taktischem Kalkül kaum noch gezügelten Tagebuchnotizen.
So etwas sieht man nicht ohne eine gewisse Scheu und peinliche Berührtheit, man sieht sich gedrängt in die Rolle des unfreiwilligen Voyeurs, den der Exhibitionist durch seinen bloßen Anblick zur Weißglut treibt. Denn jene voyeuristischen Lüste, die wir alle so nett verdrängt haben, jene verschrobenen Geilheiten, die wir uns mit puritanischer Disziplin ausgetrieben haben, sollen doch, bitte, bleiben, wo sie sind: tief drinnen, wo sie der allgemeinen gesellschaftlichen Funktionstüchtigkeit nicht in die Quere kommen können. Und genau darauf nimmt Fassbinder keine Rücksicht; er behelligt uns mit psychosomatischen Qualen, homosexuellen Phantasien, sadomasochistischen Exzessen und sozialer Verantwortungslosigkeit.
Und er filmt das auch so, daß der Betrachter seine Position als Voyeur nie vergessen kann: immer wieder der neugierige Blick durch Fenster und Türen, der Menschen aufspürt, die versteckt sind zwischen dschungelartig zugewachsenen Interieurs, eine Schlüsselloch-Perspektive, die klebrige Heimlichkeiten annonciert. Denn Fassbinder ist keineswegs ein Tabu-Zertrümmerer, der sich lässig von allen bürgerlichen Verklemmungen losgesagt hat. Er ist nur tollkühn genug, um über seine *hang-ups* zu reden. Die Filme seit »Effi Briest« – »Faustrecht der Freiheit«, »Angst vor der Angst«, »Mutter Küsters Fahrt zum Himmel«, »Satansbraten«, »Chinesisches Roulet-

te«, weniger der ausschließlich fürs Fernsehen konzipierte »Ich will doch nur, daß ihr mich liebt« – besitzen die Qualität von therapeutischen Konfessionen.

Da versucht einer, sich seinen psychischen Problemen filmend zu nähern, vielleicht auch, sie sich exorzistisch von der Seele zu filmen, auch wenn Fassbinders Werke, jedenfalls vor »Satansbraten«, kaum eine befreiende Wirkung zeigen, eher eine larmoyante Insistenz auf den Verhältnissen, die nun mal sind, wie sie sind: Der proletarische Homosexuelle Franz Biberkopf in »Faustrecht der Freiheit« bringt sich mit Valium um, »Angst vor der Angst« endet mit dem Tod des psychisch gestörten Nachbarn der gerade noch in ein unwirkliches Happy-End geretteten Heldin, »Ich will doch nur, daß ihr mich liebt« läuft aus in einer mörderischen Verzweiflungstat, und die arglose »Mutter Küster« kommt unter Polizistenkugeln ums Leben.

Fassbinders hemmungsloser Pessimismus in bezug auf die *condition humaine* erklärt wohl letztlich auch seine Produktivität: Solange er arbeitet, existiert er, schafft sich Zeugnisse seiner Existenz, die ihm unerträglich wird, wenn er, ohne die Spannung der Arbeit, ganz allein mit sich selber bleibt. Kino statt Psychoanalyse oder, mit Fassbinderscher Melodramatik formuliert: Kino statt Selbstmord.

Wie wichtig die kreative Spannung für diesen Cinéasten ist, belegt eine Angewohnheit Fassbinders, für die es im modernen Kino keine Parallele gibt: Fassbinder haßt es, vor Beginn der Dreharbeiten die Schauplätze zu besichtigen. Er sucht die spontane Auseinandersetzung mit den Räumen, den Motiven, die ihm andere ausgesucht haben, fühlt sich wohl, wenn es Widerstände, Diskrepanzen zwischen seiner Phantasie und der konkreten Realität zu überwinden gibt.

Mit vielen Beispielen wird diese ebenso einzigartige wie bezeichnende Methode in einem neuen Fassbinder-Buch dokumentiert, dem zweiten schon nach der Monographie, mit der vor zwei Jahren die »Reihe Film« bei Hanser eröffnet wurde. Geschrieben hat es der Münchner Filmjournalist Hans Günther Pflaum, es heißt »Das bißchen Realität, das ich brauche« und hat den Untertitel »Wie Filme entstehen«.

Pflaum protokolliert, von der Idee bis zur Endfertigung, die Entstehung der Filme »Ich will doch nur, daß ihr mich liebt«, »Satansbraten« und »Chinesisches Roulette«. Er verfolgt alle Phasen der Produktion, läßt Fassbinder selber und seine Mitarbeiter Auskunft geben über Funktion und Konzeption von Kamera, Licht und Farbe, Schauspielerführung, Ton, Musik, Schnitt und Montage, untersucht auch an Hand von Statements und eigenen Beobachtungen Fassbinders Verhältnis zur Gruppe, über das noch immer die wildesten Gerüchte kursieren: »Fassbinder arbeitet als Filmemacher viel zu be-

wußt und kalkuliert, er tritt mit viel zu präzisen Vorstellungen von ihren späteren Wirkungen an eine Szene heran, als daß man ihm mit einer Stilisierung zum Hexer mit der Kamera näherkommen könnte ... An all den Klischeevorstellungen über Fassbinder scheint zumindest ein Quentchen Wahrheit zu haften, wenn auch jede für sich genommen nur unzutreffend und verleumderisch ist. Er hat ebensoviel vom hemdsärmeligen bayerischen Kraftburschen wie vom verletzbaren, liebebedürftigen Wunderkind ...«
Pflaum gibt nicht vor, Fassbinders aus einem Bündel der widersprüchlichsten Eigenschaften bestehende Natur quasi »enträtseln« zu wollen. Dafür liefert er, angenehm bescheiden, reiches Material zu seinen Methoden. Fassbinder übrigens, der – eine ärgerliche Spekulation des Hanser Verlags – als Co-Autor genannt wird, nur weil er zusammen mit Pflaum die generelle Konzeption des Buches entworfen hat, zeigte sich betroffen, als er las, welche fast schon religiöse Inbrunst etliche Mitglieder seiner Truppe bei der Beschreibung des Verhältnisses zwischen Regisseur und Team an den Tag legen. Er selber, sagt er, sieht das viel pragmatischer. »Ich bin kein Dompteur«: das ist eine Feststellung, die er gern wiederholt, und wer ihn in seiner riesigen Münchner Altbauwohnung erlebt, umgeben von Mitgliedern seines Clans, mit dem er auch und gerade intensiven privaten Umgang pflegt, mag die Geschichten über seine sinistren diktatorischen Umtriebe kaum glauben. Fassbinder strahlt eine merkwürdige Milde, eine melancholische Abgeklärtheit aus, eine verständliche Erschöpfung wohl auch nach nunmehr 28 Filmen. Im »Spiegel«-Stil hieße das vermutlich: dreißig Jahre und ein bißchen weise.
Geblieben aus den wilden Jahren sind die Stiefel, die schwarze Lederjacke und die Arbeitswut. Als ich Fassbinder vor sechs Wochen in Hamburg traf, hatte er gerade eine Inszenierung am Deutschen Schauspielhaus (»Frauen in New York«) hinter sich und erzählte von einem Film, den er anschließend in Italien mit Claudia Cardinale drehen wollte. Zwei Wochen später, in München, war das Cardinale-Projekt vorerst geplatzt; statt dessen entwarfen Fassbinder und sein Produktionsleiter Christian Hohoff gerade am Küchentisch den Drehplan für eine Taubstummengeschichte mit dem Titel »One Way to Hell«, in der Fassbinders Freund Armin Meier nach etlichen kleineren endlich seine erste Hauptrolle spielen sollte. In der darauffolgenden Woche schon sollten, von Fassbinder mit einem Budget von 100000 Mark ausgestattet, die Dreharbeiten beginnen, aber auch »One Way to Hell« kam vorerst nicht zustande, angeblich, weil Fassbinders Kameramann Michael Ballhaus keine Lust hatte, schon wieder einen Film zu machen: Ende Oktober wird er mit Fassbinder die

für das Fernsehen vorgesehene Verfilmung von Oskar Maria Grafs »Bolwieser« drehen.

Dieses scheinbar ziellos kreative Chaos, in dessen Zentrum sich Fassbinder mit erstaunlicher Sanftmut bewegt, wird bei näherem Hinsehen durchschaubar als Ergebnis äußerster Konzentration und Disziplin. Davon nicht zuletzt handelt auch Pflaums Buch, das deutlich macht, wie bewußt Fassbinder seine Mittel einsetzt, wie überlegen er die Anarchie organisiert.

Pflaums Buch »Das bißchen Realität, das ich brauche« kann dazu beitragen, die vom Kulturbetrieb vernebelte Figur Fassbinder zu entmystifizieren. Insofern kommt das Buch gerade zur rechten Zeit, denn schon stehen mit »Satansbraten«, der jetzt in den Kinos anläuft, und »Chinesisches Roulette«, der ebenfalls fertiggestellt ist, aber erst bei der Berlinale im März 1977 uraufgeführt werden soll, die Fassbinder-Filme Nummer 27 und Nummer 28 ins Haus.

Zumal »Satansbraten«, der radikalste aller Fassbinder-Filme, wird wieder die hitzigsten Kontroversen auslösen, wie schon bei der Premiere letzte Woche beim Festival in Mannheim deutlich wurde. »Weder Fassbinder noch ich haben jemals so eine aggressive und hysterische Diskussion erlebt«, kabelte nicht ohne Stolz ein Herr vom Filmverleih der Autoren von der Walstatt.

Über diese Wirkung wird sich Fassbinder gefreut haben, denn »Satansbraten« ist, wie kein anderer seiner Filme, darauf angelegt, das Publikum zu provozieren. Glichen seine letzten Filme endlosen Schluchzern über die Schlechtigkeit der Welt, so kommt dieser daher mit der auftrumpfenden Stärke eines höhnischen, bösartigen Wutgebrülls. Endlich weint Fassbinder nicht mehr, sondern fängt an zu schreien, durchdringend genug, daß die Nachbarn gegen die Wände klopfen und sich Ruhe ausbitten. Mit »Satansbraten«, so scheint es, hat sich Fassbinder befreit aus seiner fatalistischen Lethargie, holt er aus zu einem Rundschlag gegen alle Gebote des guten Geschmacks. »Satansbraten« ist seine erste Komödie, eine ungemein schrille, unberechenbare Horror-Farce mit Anleihen beim Slapstick und bei den Marx Brothers, bei Luis Buñuel und Antonin Artaud: ein entschieden grausamer, gnadenloser Film, dessen Brutalität man freilich nicht mißverstehen darf. So wenig Fassbinder sich als Antisemit ausweist, wenn er, in seinem Theaterstück »Der Müll, die Stadt und der Tod«, einen kriminellen Juden zeigt, so wenig präsentiert er sich hier als Unmensch, wenn er den Horror einer zwischen alltäglichem Faschismus und hehrem Künstlertum genüßlich pendelnden Bürgerexistenz beschreibt.

So stelle ich mir Ekel Alfred vor, wenn ihn nicht der Vielschreiber Menge, sondern Tomi Ungerer erfunden hätte: ein perverses Monster, das mit dem Feingefühl eines KZ-Kommandanten auftritt; ein entfesselter Kleinbürger, der vor keiner noch so abstrusen Schändlichkeit zurückschreckt und sich wohl fühlt dabei. Das ist Walter Kranz (Kurt Raab in einer Glanzrolle), deutscher Patriarch und deutscher Dichter, ein völlig hemmungsloser, infantil-regressiver Typ, dem Fassbinder eine Galerie ähnlich kaputter Horrorfiguren beigestellt hat: ein keifendes, fettes Mutter-Tier (Helen Vita), einen fröhlich debilen Bruder (Volker Spengler), der tote Fliegen sammelt und in der Tradition des großen Harpo Marx fremde Damen überfallartig von hinten in die Brustwarzen kneipt, einen Kriminalkommissar (Ulli Lommel), der mit dem Hauptverdächtigen eines Lustmords erst einmal ein gemeinsames Fußbad nimmt, eine verschrobene, grotesk häßliche Dame aus der literarischen Provinz (Margit Carstensen), die den angebeteten Dichter mit hemmungslosem Masochismus verfolgt.

Charaktere aus dem Schreckenskabinett, dominiert eben von jenem Walter Kranz, der in dem Wahn lebt, Stefan George zu sein: ein vampiristischer Parvenu, der sich seine Gemeinde vom Schwulenstrich engagiert, ein total überdrehter Gelegenheitsfaschist, der seine Triebe rücksichtslos auslebt. Seinem Verleger, der ihm keinen neuen Vorschuß bewilligt, pinkelt er kurzerhand in den Autotank, in der nächsten Szene erschießt er, nach kurzem sadomasochistischem Rausch, eine reiche Verehrerin, quält seine Frau, die dann auch stirbt, und seine Jüngerin, die er, im Kohlenkeller, dem schwachsinnigen Bruder überläßt, betrügt seine armen, alten Eltern um ihr Sterbegeld und erpreßt eine junge Hure, über die er vorher gelegentlich hergefallen war, bis ihn der Verdacht übermannt, eigentlich könnte er homosexuell sein.

Die Stützen der Gesellschaft – ein Bankdirektor, ein Arzt – betrachten die Exzesse dieses »Künstlers« mit verständnisvoller Nachsicht: So sind sie eben, die Genialen, solange sie unterhaltsam bleiben, darf man ihnen nicht böse sein. Hier betreibt Fassbinder, ganz offensichtlich eigene Erfahrungen aus den frühen siebziger Jahren verarbeitend, eine ebenso zynische wie genaue Abrechnung mit den Vermarktungsmechanismen der Kulturindustrie.

Vorangestellt hat Fassbinder seinem »Satansbraten«, der ursprünglich »Keine Feier für den toten Hund des Führers« heißen sollte, ein Zitat von Antonin Artaud. Dessen Entwurf eines Theaters der Grausamkeit leiht denn auch dieser mit wahnwitzigem Tempo inszenierten Groteske ihre Sprengkraft. Wohl von Buñuel stammt die Idee, immer wieder unvermittelt Figuren in die Handlung einzuführen, die mit dem Geschehen nichts zu tun haben und auch sofort wieder verschwinden: ein besoffener Herrenschneider stellt sich als

»verzweifelter Europäer« vor, eine Talent-Agentin (Christiane Maybach) knöpft sich erst einmal die Bluse auf.

Ein Drahtseilakt zwischen hämischem Pennälerulk und verzweifelter Satire: das ist »Satansbraten«, ein Film, zum Kotzen komisch, der Höhepunkt wohl von Fassbinders derzeitiger »Krise« (aber Krisen hat er ja wohl immer) und zugleich deren mit karnevalistischem Krach vollzogene Austreibung. Man muß das nicht unbedingt gut finden, aber spannend ist es sicher, zumal in einem Land, dessen Filmemacher sich zunehmend hinter ehrenwerten Absichten und gesicherten Vorlagen verstecken.

Nach dem Schrei dann das Flüstern: »Chinesisches Roulette«, im Gegensatz zu dem mit Bedacht überaus kunstlos, geradezu grob inszenierten »Satansbraten« mit artifizieller Perfektion ausgestattet: ein bis ins kleinste szenische Detail durchkomponiertes Kammerspiel, Fassbinders ausgeklügeltste Inszenierung seit den »Bitteren Tränen der Petra von Kant«, ein ganz leiser, intimistischer, aber überhaupt nicht larmoyanter Film, der seine ungemein intensive innere Spannung aus der Konfrontation von acht Figuren innerhalb eines geschlossenen Interieurs bezieht.

Ein Wochenende auf dem Lande: Der Ehemann kommt mit seiner französischen Geliebten (Anna Karina), die Ehefrau mit ihrem heimlichen Hausfreund, dazu ein böses, verkrüppeltes Kind, das das peinliche Zusammentreffen arrangiert hat, seine stumme Erzieherin (Macha Méril), die verkniffene Haushälterin und ihr Sohn, ein verquälter Poet. Nach dem Abendessen wird chinesisches Roulette gespielt, ein Wahrheitsspiel, dessen Teilnehmer sich gefährlich entblößen.

Dieses wiederum stark voyeuristisch geprägte Spiel bildet die thematische Klammer zwischen »Satansbraten« und »Chinesisches Roulette«: Noch einmal beweist sich Fassbinders Neigung, seine Figuren bis zum Äußersten bloßzustellen, eine Radikalität, die hier freilich gefiltert ist durch eine strenge Inszenierung: Ständige, oft kaum merkliche Kamerabewegungen von bewundernswerter Präzision definieren das Verhältnis der Figuren untereinander, schaffen immer wieder neue Konstellationen, bis eigentlich jede Entwicklung möglich erscheint. Fassbinders Schauspieler – neben den französischen »Gästen« Karina und Méril hier Margit Carstensen, Brigitte Mira, Alexander Allerson, Volker Spengler und Ulli Lommel –, die, bis auf Allerson, alle auch in »Satansbraten« vorkamen, agieren diesmal überaus konzentriert und zurückhaltend: ein stärkerer Gegensatz als zwischen »Satansbraten« und »Chinesisches Roulette« erscheint kaum denkbar.

Aber Fassbinder, der nichts mehr liebt als seine eigenen Widersprü-

che, schafft auch das: ein übergangsloses Nacheinander von übertourter Groteske und gläsernem Salonstück.
Zwei Filme, endlich, ohne Tränen und Rührseligkeit, zwei Filme eines dreißigjährigen Cinéasten, der sein Tagebuch gerade erst begonnen hat.

Nr. 43 vom 15. 10. 1976

Volker Schlöndorffs »Fangschuß«
Trotzköpfchen als Terroristin

Man muß es Volker Schlöndorff hoch anrechnen, daß er sich von seiner erfolgreichen »Katharina Blum« nicht dazu verführen ließ, den Weg des geringsten Widerstandes zu wählen. Allzu leicht hätte er sich als deutscher Costa-Gavras etablieren können, als Spezialist für oberflächlich-aktuelles, redlich-engagiertes Schlagzeilen-Kino. Die grobe, mit den einfältigsten visuellen Klischees operierende Inszenierung der »Katharina Blum«, die nun wirklich mehr mit dem Stil von »Z« oder »Der unsichtbare Aufstand« zu tun hatte als mit der Vorlage von Heinrich Böll, ließ für die Zukunft des Cinéasten Schlöndorff Schlimmes befürchten.
Nun aber gibt es den »Fangschuß«: wiederum eine Literaturverfilmung, wiederum eine Frauengeschichte, wiederum ein Emanzipationsstück. Doch damit enden bereits die Ähnlichkeiten zwischen Schlöndorffs zehntem und seinem elften Film. Bei der Suche nach einem halbwegs treffenden Vergleich muß man zurückgehen bis ins Jahr 1965, als Schlöndorff mit der kühlen Adaption von Robert Musils »Die Verwirrungen des Zöglings Törless« sein Debüt gab. Wie »Der junge Törless« ist »Der Fangschuß« in Schwarzweiß gedreht, wie damals entstanden die Außenaufnahmen im winterlich öden Burgenland, das hier die melancholischen Weiten des Baltikums zu vertreten hat, und mit Mathieu Carrière, der 1965 den Törless spielte, ist sogar einer der damaligen Hauptdarsteller mit dabei.
Doch die Gemeinsamkeiten gehen über filmographische Details hinaus. Schlöndorff nähert sich Marguerite Yourcenars Roman »Le Coup de Grâce« mit dem gleichen Respekt wie einst Musils »Törless«, verzichtet auf modische Schnörkel und versucht eine auf atmosphärische Valeurs konzentrierte Inszenierung, die mitunter ein wenig an die Schwarzweißfilme seines ersten Lehrmeisters Jean-Pierre Melville erinnert, dem »Der Fangschuß« gewidmet ist.

Baltikum, 1919. Zwei Jahre nach der Revolution in Rußland stemmen sich Freikorps-Verbände in einem blutigen Bürgerkrieg dem Unabhängigkeitskampf der Esten und Letten entgegen. Das überalterte Feudalsystem wird von Söldnern aus allen Teilen Europas verteidigt. Auch auf dem verfallenden Schloß Kratovice haben sich Freikorps-Kämpfer eingenistet. Konrad von Reval, der Schloßherr, beherbergt eine Truppe idealistisch-romantischer Abenteurer, die von Manneszucht und Stahlgewittern träumen, während die Geschichte sie längst schon überholt hat.
Inmitten dieser Landsknechtstruppe lebt eine Frau: Sophie von Reval, Konrads Schwester, die von der Vergeblichkeit des Kampfes überzeugt ist, freundschaftlichen Umgang mit den Rebellen pflegt und doch die Kraft nicht findet, sich aus ihrem Milieu zu lösen.
Als Konrad eines Tages seinen Freund Erich von Lhomond mitbringt, ist es um Sophie geschehen. Rasch verliebt sie sich in den schneidigen Krieger. Der freilich hat mit Frauen wenig im Sinn, dafür aber viel mit Bruder Konrad, mit dem ihn offenbar mehr verbindet als eine reine Seelenfreundschaft. Sophie merkt das nicht. Erich weist sie immer barscher zurück, bis sie sich diversen anderen Kämpfern an den Hals wirft, was wiederum Erich empört und zu einer gewissen Eifersucht veranlaßt. Sophie, die vorher »schwankte wie unter einem Faustschlag« (Drehbuch), wenn Erich ihre Avancen mit Hohn bedachte, stellt ihn nun zur Rede: »Wie ihr mich alle anekelt! Mit eurem Krieg, eurer Ehre und eurer Männerfreundschaft! Widerlich und verlogen! Den Krieg brauchen Sie, um sich auszuleben. Wenn Sie solche Gelüste haben, dann nehmen Sie einen Stallburschen und befriedigen Sie sich. Aber nehmen Sie nicht mich als Alibi...«
Sophie wechselt die Fronten und schließt sich den roten Rebellen an. Sie wird gefangen und erschossen. Die Exekution nimmt, auf Sophies Wunsch, Erich selber vor: ein letzter, der einzige Liebesakt, zugleich auch die Rache der Frau, die den Mann dazu zwingt, seine private wie seine historische Schuld bis zur härtesten Konsequenz anzuerkennen.
Eine hochdramatische Affäre also, für Schlöndorff »die Geschichte einer Demütigung, die mit einer Revolte endet«: Die verletzten Gefühle der Sophie von Reval, keineswegs politische Einsichten, treiben sie auf die andere, die »richtige« Seite. Schlöndorffs Ehefrau, Hauptdarstellerin und Drehbuchautorin Margarethe von Trotta entwirft, wie schon im »Strohfeuer« (1972), Frauengestalten, die, allein geleitet von einem vagen ewig-weiblichen Instinkt, immer das Richtige tun: Wenn Trotzköpfchen nicht geliebt wird, wird Trotzköpfchen eben Terroristin. So ist das Leben. Wenn Erich nicht so ver-

klemmt gewesen wäre, hätte sich sicher alles noch zum Guten gewendet.
Daß Schlöndorff und Margarethe von Trotta auf explizite politische Motivationen ihrer Hauptfigur verzichten, hätte zwei Möglichkeiten offengelassen: entweder die genaue Beschreibung der Unterdrückung von Frauen in einer von militaristischem Wahn entstellten Männergesellschaft, aus der ein emanzipatorischer Haß hätte reifen können, oder aber ein großes Melodrama mit rauschhaften Emotionen und tragisch-trivialen Zuspitzungen. Schlöndorff indessen realisiert weder das eine noch das andere. Den ganzen Film hindurch bleibt Sophie von Reval eine reichlich schemenhafte, konturlose Figur. Noch in den dramatischsten Momenten stellt Margarethe von Trotta einen burschikosen Biedersinn aus, der immer rührend, aber nie erhellend wirkt. Wenn Erich einen mit latenter Gewalt aufgeladenen Auftritt mit seinem Nebenbuhler Volkmar (Mathieu Carrière) hat, sitzt Sophie/Margarethe im Hintergrund auf einem Sofa und lächelt lieb. Sie scheint überhaupt nicht zu begreifen, worum es bei der Auseinandersetzung geht.
Margarethe von Trotta ist ihrer Rolle nie gewachsen, und da auch Mathias Habich, der Fernseh-»Trenck«, als Erich von Lhomond zwar eine attraktive Erscheinung besitzt, aber gleichfalls merkwürdig blaß bleibt, fehlt der Inszenierung ein überzeugendes Zentrum. Die seltsame Haß-Liebe-Beziehung zwischen den beiden Protagonisten wirkt so nicht komplex und spannungsreich, sondern nur lahm.
Wie schwach die beiden Hauptdarsteller sind, merkt man besonders deutlich, wenn Schauspieler mit einem intensiven persönlichen Stil auftreten: der hochfahrend elegante Mathieu Carrière und zumal Valeska Gert als zerstreute Patriarchin: ein Fossil aus glücklicheren Tagen, eine sanfte Tyrannin zwischen senilem Starrsinn und plötzlicher Vitalität.
Trotz der wenig überzeugenden Schauspielerführung besitzt »Der Fangschuß« dennoch beachtliche Qualitäten. Was das Drehbuch und die Schauspieler kaum je schaffen, gelingt Schlöndorff und seinem hervorragenden Kameramann Igor Luther in schwermütigen Schwarzweißkompositionen, aus denen jede Hoffnung verbannt scheint. Die abweisende Landschaft mit ihrem kalten Licht und die nobel-verkommenen Interieurs, in denen gar nicht noble Untergänge stattfinden, werden zu den eigentlichen Hauptfiguren von »Fangschuß«. Hier beweist Schlöndorff ein sensibles Gespür für abgründige Stimmungen, das wohl auch Ingmar Bergman gefallen hat. Der gratulierte herzlich zum Film.

Nr. 44 vom 22. 10. 1976

Italiens Kino in der Krise: Neue Filme von
Bertolucci, Bellocchio und Lina Wertmüller
Linke Träume von Hollywood

Italiens Filmindustrie steckt – wieder einmal – in einer schweren Krise. Rund 30 Prozent ihrer Besucher haben die neuntausend italienischen Kinos binnen eines einzigen Jahres eingebüßt, und auch die Zahl der in den Studios in und um Rom produzierten Filme nimmt drastisch ab: 1974 wurden noch 240 Filme hergestellt, 1975 waren es nurmehr 179.
Um Erklärungen für diese Baisse ist die Kinobranche, in Italien nicht minder als bei uns, keineswegs verlegen. Da gibt es die Kreditrestriktionen der staatlichen Filmbank, der etliche Projekte zum Opfer gefallen sind. Da wirkt sich verhängnisvoll ein in diesem Jahr erlassenes Rauchverbot in allen italienischen Kinos aus, das manchen Stammbesucher veranlaßt haben mag, sich doch lieber dem noch immer langweiligsten Fernsehprogramm Europas auszusetzen. Da haben sich, innerhalb von drei Jahren, die Herstellungskosten fast verdoppelt, auf durchschnittlich 1,8 Millionen Mark pro Film, nicht zuletzt deshalb, weil die wenigen einheimischen Superstars inflationäre Gagen verlangen und auch bekommen.
Auf diesen Zustand bezieht sich auch die jüngste Krisenmeldung aus Rom: Die acht größten Filmfirmen des Landes, darunter die »Titanus« und die »Cineriz«, haben sich zu einer kartellartigen Notgemeinschaft zur Abwehr von überhöhten Gagenforderungen zusammengeschlossen. Ob sich allerdings die populären Schauspieler von der Statur eines Vittorio Gassman (»Der Duft der Frauen«) oder einer Laura Antonelli (»Malizia«), die allein mit ihrem Namen einen gewissen kommerziellen Erfolg verbürgen, von diesem Schritt ernsthaft beeindrucken lassen, erscheint fraglich.
Und dann gibt es in Italien natürlich noch jenes Problem, das nicht nur den kämpferischen Regisseur Bernardo Bertolucci an die Emigration denken läßt: In keinem anderen westeuropäischen Land wütet die Filmzensur so hemmungslos und unberechenbar wie in Italien. Auf Grund eines Gesetzes, das noch aus der Zeit der faschistischen Diktatur stammt, kann jeder Richter und Staatsanwalt Filme kurzerhand verbieten, die das »allgemeine Schamgefühl« verletzen. Manche Justiz-Herren gehen mit diesem Privileg sehr freizügig um. Eine gewisse Berühmtheit erlangte der Generalstaatsanwalt von Kalabrien, der innerhalb von sieben Monaten fünfzehn Filme verbot, was dazu geführt hat, daß heute in einer Stadt wie Catanzaro viele

neue Produktionen überhaupt nicht mehr gestartet werden, um so der Beschlagnahmung vorzubeugen. Wenn sich ein Mafioso in Palermo von Francesco Rosis Anti-Mafia-Film »Lucky Luciano« verunglimpft fühlt, reicht das dem zuständigen Staatsanwalt schon für eine Konfiskation. Kein einziger der wichtigen Regisseure des italienischen Kinos, die sich fast ausnahmslos als Linke bezeichnen, ist ohne Blessuren davongekommen, auch wenn es nur wenigen so schlimm erging wie Bertolucci, dem für fünf Jahre das Wahlrecht entzogen wurde.

Der ökonomische Niedergang und die grotesken Probleme mit einer reaktionären Justiz gehen Hand in Hand mit einer profunden künstlerischen Krise. Vier der wichtigsten italienischen Cinéasten sind innerhalb kurzer Zeit gestorben: Luchino Visconti, Vittorio de Sica, Pier Paolo Pasolini und Pietro Germi. Doch nicht nur dieser Verlust, der selbst eine an großen Traditionen und Talenten so reiche Kinematographie wie die italienische erheblich schwächen mußte, hat die Krise bewirkt, sondern auch und zumal die Stagnation in der Entwicklung der Altmeister und der Mangel an unverbrauchtem Nachwuchs.

Keine neuen Namen

Was ist aus jenen Regisseuren geworden, die nach dem Zweiten Weltkrieg dem italienischen Kino neue Weltgeltung verschafften? Federico Fellini, auf dessen »Casanova« wir noch immer warten, hat sich in seinen letzten Filmen (»Roma«, »Die Clowns«, »Amarcord«) immer narzißtischer in barocken autobiographischen Phantasien versponnen, die allmählich ein wenig steril werden. Michelangelo Antonioni, seiner italienischen Heimat längst entfremdet, sucht, ruhelos wie der »Passenger« seines letzten Films, als intellektueller Globetrotter neue Reize zwischen »Zabriskie Point« und Peking, zuletzt in Australien, wo ein für diesen Sommer geplantes Projekt dann doch nicht zustande kam. Roberto Rossellini, der lange Zeit Dokumentarfilme für das italienische Fernsehen drehte, bekam für seine in der Bundesrepublik noch unbekannten Comeback-Versuche »Anno Uno« – über Alcide de Gasperi und die ersten Nachkriegsjahre – und »Messias« überwiegend vernichtende Kritiken.

Und die Jungen? Seit Italiens Nouvelle Vague Mitte der sechziger Jahre, seit dem Aufstieg zumal von Marco Bellocchio (Jahrgang 1939) mit »Die Fäuste in der Tasche« (1965) und »China ist nahe« (1967) und von Bernardo Bertolucci (Jahrgang 1941) mit »Vor der Revolution« (1964) und »Partner« (1968), sucht man vergebens nach neuen Namen. Manche Exponenten dieser Neuen Welle sind inzwischen ins Kommerzlager abgewandert, darunter Tinto Brass (»Wer arbeitet, ist verloren«) mit dem Nazi-Dekadenz-Porno »Salon Kitty« und Gianfranco Mingozzi (»Trio«) mit dem Nonnen-Vergewaltigungs-Drama »Castigata – Die Gezüchtigte«. Andere konnten überhaupt nur einen oder zwei Filme realisieren und verschwanden danach völlig von der Bildfläche, so Romano Scavolini (»Blinde Kuh«, 1966) oder Giovanni Vento (»Il Nero«, 1966).

Übriggeblieben vom großen Aufbruch sind eigentlich nur Bertolucci, Bellocchio und die Brüder Paolo und Vittorio Taviani (»I Sovversivi«, 1967), deren Werk, wie lange auch das von Bertolucci, immer wieder die Frage nach der revolutionären Veränderbarkeit bürgerlicher Gesellschaftsstrukturen umkreist. Zuletzt war von ihnen im deutschen Fernsehen »Allonsanfan« zu sehen, eine stilistisch unebene, mit melodramatischen, opernhaften Elementen verputzte Parabel über den Untergang einer Gruppe von Anarchisten im Italien des neunzehnten Jahrhunderts. Marcello Mastroianni, einer jener Stars, die den jungen Regisseuren der sechziger Jahre total suspekt waren, spielt einen dieser »sublimen Brüder«, den einzigen, der das zwangsläufige Scheitern der Revolutionäre in einer Epoche restaurativer Verhärtung durchschaut. Am Ende werden die romantischen Schwärmer ausgerechnet von den Bauern erschlagen, die sie eigentlich befreien wollten.

Der politische Kostümfilm »Allonsanfan« steht beispielhaft für die Richtung, in die sich das neue italienische Kino in den letzten Jahren entwickelt hat: weg von den subtilen Introspektionen und den im Ansatz experimentellen Erzählformen von früher, hin zu einem populären, mit Stars und schauprächtigem Produktionsaufwand garnierten Erzählkino, das, entschlossen volkstümlich, um die Gunst eines breiten Publikums buhlt: Hinaus aus dem Kunst-Getto, hinein in die Erstaufführungs-Paläste, nicht zuletzt unter einem enormen ökonomischen Druck, der kaum noch individualistische Extravaganzen zuläßt.

Bernardo Bertoluccis Epos »1900«

Am weitesten hat sich Bertolucci von seinen früheren Positionen entfernt. Er, der sich in den sechziger Jahren von Stendhal (»Vor der Revolution«), Dostojewskij (»Partner«) und Borges (»Strategie der Spinne«) inspirieren ließ, der ein sehr leises, sehr literarisches, sehr komplexes Kino über die Widersprüche zwischen großbürgerlichen Traditionen und sozialrevolutionären Ansprüchen schuf, will das alles nicht mehr wahrhaben. 1968 schrieb er über seinen Film »Partner«: »Der zentrale Gedanke des Films ist die Unmöglichkeit, daß ein europäischer Intellektueller eine Kulturrevolution durchführt. Mein Film ist die Geschichte eines Theaterprofessors, der, unter einer Neurose leidend und von seinem intellektuellen Versagen verfolgt, eine phantastische Projektion verwirklicht: Er verschafft sich ein zweites Ich.«

Bernardo Bertoluccis lange erwartetes, wirkliches monumentales Epos »1900« ist die Geschichte eines Filmregisseurs, der, unter einer Neurose leidend und von seinem vermeintlichen intellektuellen Versagen verfolgt, eine phantastische Projektion verwirklicht: Er verschafft sich ein zweites Ich. Das heißt: er schafft sich ab als Intellektueller, schafft sich neu als pathetischer Volkstribun. Vergessen sind alle Zweifel. Schon während der Dreharbeiten meinte der neue, vom Welterfolg seines »Tango«-Films noch berauschte Regisseur: »Seit zehn Jahren haben wir nichts anderes getan als uns zu beklagen. Jetzt ist Schluß damit. Die Probleme müssen gelöst werden. Die Welt ist verändert: Auch ins Kino gehen heute mehr bewußte Menschen als früher. Der große Unterschied zwischen diesem Kino der Tränen, dem der sechziger Jahre, und dem heutigen Kino ist der Zuschauer ... Mit größeren Mitteln kann ich heute viel mehr denkende Menschen erreichen. Andererseits muß ich die Sprache dieser Menschen sprechen, ich kann keine elitären Filme machen.«

Daraus ergibt sich, nicht nur für Bertolucci, die Frage: »Kann man sich die schöpferische Freiheit bewahren und dennoch volkstümliche Filme machen?« Zu fragen bleibt aber auch, wieder einmal: Wie tümlich ist es eigentlich, dieses »Volk«, welche Sprache spricht es, welche versteht es?

Im ersten Teil von »1900«, der gerade in unseren Kinos angelaufen ist – der zweite soll Anfang 1977 folgen – hat Bertolucci dieses Problem für sich mit grandioser Schlichtheit gelöst. Die zwanzig Millionen Mark, die zwei Jahre Vorbereitungs-, Dreh- und Schnittzeit, die ihm drei große Hollywood-Firmen nach dem »Tango« bewilligten, diese für einen Filmregisseur einmalige kreative Unabhängigkeit benutzte er, um den längsten, den prächtigsten, den perfektesten Hollywood-Film aller Zeiten zu drehen. Jeder einzelnen Einstellung in dieser Chronik eines Jahrhunderts sieht man an, wieviel Geld und wieviel Arbeit sie gekostet hat. Jede Spontaneität, jede Vitalität ist aus den Bildern von »1900« gebannt; jede Geste, jeder Auftritt, jede Kamerabewegung ist auf die Überwältigung, schlimmer noch: die Vergewaltigung des Betrachters angelegt. Und aus jedem Bild spricht die verzweifelte Sehnsucht eines frustrierten Intellektuellen, um nahezu jeden Preis volkstümlich zu sein, Schauwerte auszubreiten, die »Doktor Schiwago« wie einen Acht-Millimeter-Amateurfilm aussehen lassen.

Inhaltliche Differenzierungen und Nuancen mutet Bertolucci seinem Volk nicht mehr zu. Die Handlung, die am Todestag Giuseppe Verdis im Jahre 1900 beginnt und den Lebensweg des Grundbesitzer-Sohnes Alfredo (Robert De Niro) und des Landarbeiter-Sohnes Olmo (Gérard Dépardieu) bis zur Befreiung vom Faschismus 1945 verfolgt, arbeitet mit holzschnittartigen Antagonismen, reduziert den Konflikt zwischen Kapital und Arbeit auf griffige Konstellationen. Schon der kleine Alfredo ist feige, anfällig und ekelt sich vor Fröschen, während Olmo, ein kräftiger, agrarischer Naturbursche, sinnlichen Vitalismus ausströmt und buchstäblich mit der guten Erde der Heimat koitiert. Da schafft sich Bertolucci, in Sequenzen, deren rauschhafter Lyrismus viel zu pompös und kalkuliert ist, um wirklich überzeugend zu sein, einen verqueren linken Blut-und-Boden-Mythos aus Sperma, Milch und Scheiße, ein rustikales Idyll, bevölkert von derb-sinnlichen, aufrecht-schlichten Landarbeitern aus dem Museum seines Sozialistischen Realismus, den man längst gestorben wähnte.

Zumal die beiden knorrigen Alten, der Padrone und sein Vorarbeiter, hinreißend gespielt von Burt Lancaster und Sterling Hayden, wirken wie die Folgen einer hektischen Liebesnacht zwischen dem sowjetischen Kinoklassiker Alexander Dowshenko (»Erde«) und der alten Hure Hollywood: rührende Mißgeburten einer durch und durch künstlichen Sehnsucht nach Einfachheit, die nie gefühlt, sondern immer ausgedacht bleibt. »1900« ist fast so kalt und kalkuliert wie Kubricks »Barry Lyndon«, mit dem Unterschied, daß Kubrick einen kalten, kalkulierten Film machen wollte, während Bertolucci von der Verbrüderung mit den Massen träumt.

Bertolucci erliegt letztlich dem Dilemma, daß man linke Filme mit den Mitteln Hollywoods nicht herstellen kann. Jean-Luc Godard hat das als einziger erkannt und arbeitet inzwischen, fern von der Vergnügungsindustrie, mit Videobändern an neuen Vermittlungsformen politischer Inhalte: ohne Massenwirksamkeit, fast ohne Öffentlichkeit, aber auch ohne sich korrumpieren zu lassen. Der Weg, den er, den auch Alexander Kluge und Jean-Marie Straub gehen, ist lang, mühsam und kompliziert, doch ohne artistische Verrenkungen, wenn auch zum Beispiel Kluges »Starker Ferdinand« im Ansatz eine ähnliche Popularität sucht wie »1900«.

Bertoluccis kommunistisches Über-Hollywood, eine Mischung aus MGM, Giuseppe Verdi und, im zweiten Teil, Peking-Oper, ist ein einziger überdimensionaler Widerspruch in sich selbst und als solcher durchaus faszinierend und, trotz allem, frei von spekulativem Zynismus, denn Bertolucci glaubt wirklich an das, was er da versucht. So könnte »1900« in die Filmgeschichte eingehen als Dokument einer nachrevolutionären Verwirrung, einer ins Maßlose entglittenen Suche nach Möglichkeiten der Befreiung aus intellektueller Isolation. Mitsamt seinen Peinlichkeiten, zu denen auch die Zeichnung der italienischen Faschisten als monströse, und damit harmlose, Theaterschurken gehört, bleibt »1900« ein zwar mißlungener, aber wichtiger Film.

Bellocchios Widersprüche

Bertolucci arbeitet mit stilistischen Mitteln, die in ihrer Häufung ein ausbeuterisches Verhältnis zu den Figuren offenbaren. Zumal die vielen, meist ohne dramaturgischen Sinn eingesetzten Kranfahrten, bei denen sich die Kamera hoch über die Figuren erhebt, sie zu sorgfältig arrangierten Statisten einer Opernszenerie degradiert, vermitteln gewisse voyeuristische Neigungen, die dem Intellektuellen im Umgang mit dem »Volk« wohl fast zwangsläufig unterlaufen. Auch Marco Bellocchio, zwei Jahre älter als Bertolucci, wie jener Mitglied der Kommunistischen Partei Italiens, das zweite einstige »Wunderkind« des italienischen Kinos, hat Schwierigkeiten beim Vermitteln politischer Inhalte. Sie sind ähnlich aufschlußreich: Bellocchios neuer Film »Triumphmarsch«, der jetzt ebenfalls in unseren Kinos anläuft, verstrickt sich in die gleichen Widersprüche wie der von Bertolucci: zwischen politischen Intentionen und kommerziellen Zwängen, zwischen individualistischem Autoren-Kino und geplanter Popularität.

Nur hat Bellocchio dieses Dilemma klar erkannt und formuliert. »Triumphmarsch«, eine mittelgroße kommerzielle Produktion mit den Stars Franco Nero, Miou Miou und Patrick Dewaere, ist für Bellocchio erklärtermaßen nur eine Zwischenstation. Davor hat er, in einer Kollektivarbeit, den Dokumentarfilm »Matti da slegare« gedreht, einen Bericht über die Zustände in psychiatrischen Kliniken: »Ich weiß nicht, wie weit man vorwärtskommt, wenn man einerseits einen Film wie ›Matti da slegare‹ macht und dann wieder einen Film innerhalb dieses Systems: einen Film außerhalb und einen Film innerhalb dieses Systems ... Indessen treiben die bestehenden filmwirtschaftlichen Strukturen den Regisseur dahin, sich immer größer, immer anspruchsvoller, immer geldgieriger und immer titanischer vorzukommen. Fellini ist das verwirrendste Beispiel dieser Entwicklung, wie sie die Produktion auch den jungen Regisseuren vorschreiben will, die ihren ersten Film realisieren. Dagegen sträube ich mich mit meiner Art Filme zu machen, auch wenn sie widersprüchlich sein und wenn sie mich zur Konfrontation mit der Wirklichkeit zwingen sollte: das arme Kino, die kollektive Arbeit, das ist wie freies Atmen, das solchen Zwängen nicht unterliegt.«

Der Regisseur von »Die Fäuste in der Tasche« und »China ist nahe« läßt sich also mit offenen Augen auf die Spielregeln der Industrie ein, bekennt sich zu seinen und zu deren Widersprüchen.
Davon allerdings ist kaum etwas in den »Triumphmarsch« eingegangen. Bellocchios Film spielt in einer modernen Kaserne, erzählt die Geschichte eines Hauptmanns (Franco Nero), der seine Männer erbarmungslos schleift. Zu Hause freilich, im Bett bei seiner blonden Frau (Miou Miou), versagt er total. Dieser Offizier nimmt sich einen jungen sensiblen Rekruten vor, einen Literaturstudenten, der dem Barras dadurch zu entkommen hofft, daß er sich mit Kaffee und Tabletten dienstunfähig macht. Hauptmann Asciutto verwandelt den zarten Jungen in einen »richtigen Mann«: mit Prügeln und Demütigungen. Und der Rekrut findet Gefallen an dem brutalen Spiel, erliegt der Faszination der Gewalt, wird vom renitenten Verweigerer zum Musterschüler, der bald alle Tricks des Schinders adaptiert.
Auch Bellocchio, der wie in seinen früheren Filmen »Die Fäuste in der Tasche« (über den Zusammenbruch der Kleinfamilie), »China ist nahe« (über das italienische Parteiensystem) und »Im Namen des Vaters« (über das Schulsystem) hierarchisch-autoritäre Strukturen untersucht, operiert hier mit auffällig vielen Vergröberungen und Vereinfachungen. Der im Ansatz realistische Erzählstil sieht sich immer wieder desavouiert durch knallige Konstruktionen: Der Hauptmann muß, weil sadistisch, auch sexuell impotent sein, der Rekrut ausgerechnet ein Literaturstudent, die Frau ein blondes Biest. Bellocchio entwirft nicht Menschen, sondern Karikaturen, richtet sich ein in einer naturalistisch verbrämten Horrorwelt, die in ihrer Grobheit an das Repertoire der Italo-Western erinnert. So schlägt die beabsichtigte Aufklärung um in ein zwar rasantes, doch letztlich unverbindliches Melodram, das sich weit entfernt hat von der neugierigen Ambivalenz der Filme aus den sechziger Jahren.
Das drückt wohl auch Verzweiflung aus: daß da einer, der früher mit feinen Schnitten gesellschaftliche Schadstellen aufdeckte, nun den Hammer schwingt. Der Glaube an die Wirksamkeit eines Kinos der Reflexion, der analytischen Präzision weicht zusehends der Anbiederung an marktkonforme Präsentationsmethoden, als sei das die einzige Möglichkeit, noch ein Publikum zu erreichen. Es bleibt abzuwarten, ob die neuen deutschen Regisseure auf die Dauer einen ähnlichen Weg gehen (gehen müssen?) oder ob sie die Geduld aufbringen werden, ihren persönlichen Stil durchzusetzen. Die künstlerische Stagnation des italienischen Kinos jedenfalls hängt direkt mit der Neigung seiner Regisseure zusammen, sich auf einen historischen Kompromiß einzulassen zwischen Individualität und Industrie.

Lina Wertmüllers Scherbenwelt

Der bislang einzige neue italienische Cinéast, der sich in den siebziger Jahren international durchsetzen konnte, ist eine Frau: Lina Wertmüller, einst Federico Fellinis Assistentin bei »Achteinhalb«, debütierte schon 1963 mit der deutlich von Fellini beeinflußten Müßiggängerballade »Die Basilisken« und hat, nach etlichen Fernseharbeiten, seit 1972 eine Serie von fünf Filmen gedreht, die ihr, zumal von der amerikanischen Kritik, einen Sack voll Superlative einbrachten: »Für mich steht fest, daß man Lina Wertmüller nicht nur als den weltbesten weiblichen Regisseur, sondern uneingeschränkt als einen der besten Regisseure der Welt bezeichnen muß«, schrieb etwa Ernest Callenbach in der angesehenen Zeitschrift »Film Quarterly«. Auch Vincent Canby, in der »New York Times«, zeigte sich höchst angetan von den Talenten der Lina Wertmüller, das Magazin »New York« widmete ihr eine Titelgeschichte.

In der Bundesrepublik sind Lina Wertmüllers Filme bislang unbekannt geblieben. Weder »Mimi Metallurgico, ferito nell'onore«, für den sie 1972 in Cannes den Regie-Preis erhielt, noch »Film d'amore e di anarchia« (1973) oder »Travolti da un insolito destino nell'azurro mare d'agosto« (1975) fanden den Weg in unsere Kinos. Jetzt immerhin hat die Arbeitsgemeinschaft Kino den 1974 entstandenen Film »Tutto a posto e niente in ordine« unter dem Titel »Operation gelungen – Patient tot« herausgebracht. Auch die »Erbin Fellinis« (»Newsweek«), »eine der größten Filmbegabungen unserer Tage« (»New York Times«), hält sich für eine linke Filmemacherin: »Ich arbeite nicht für eine elitäre Minderheit. Ich widme meine Filme den Massen. Sie müssen sich beeilen, um die Probleme dieser Welt zu verstehen – oder die Welt ist am Ende.«

Die 1930 geborene Regisseurin mit dem gefürchteten Temperament, die sich bei allen Gelegenheiten hinter einer riesigen Sonnenbrille mit weißem Rahmen verbirgt, bevorzugt in ihren Filmen ein schier hemmungsloses Chaos, eine exaltierte Stillage irgendwo zwischen dem frühen Richard Lester und dem späten Ken Russell: einen manischen Eklektizismus, der von Höhepunkt zu Höhepunkt tobt, der den Betrachter mit einer überbordenden Fülle von optischen und akustischen Sensationen anfällt. In »Operation gelungen – Patient tot« kommt eine Gruppe von Sizilianern nach Mailand, geht unter im hektischen Treiben der fremden Metropole: ein Film, in dem Vergewaltigungen und Abtreibungen, Mafiosi und Faschisten, Hausbesetzungen und Kommunen, Gangster und Nutten, Streiks und Polizei-Brutalität vorkommen. Jedes nur erdenkliche Problem der italienischen Gegenwartsgesellschaft wird kurz angetippt, hin-

eingezogen in einen Strudel sich überschlagender Ereignisse, die mit einer Fülle von rasend schnellen Zooms und Schwenks über die Leinwand jagen.
Lina Wertmüller zeigt die Welt als Scherbenhaufen, aufbereitet mit einem »radical chic«, der weder »links« noch »rechts«, sondern einfach nur modisch ist. In Amerika wirkt solch mediterrane Kraftmeierei sicher exotisch, in Italien, auf Italien bezogen, signalisiert sie die Perversion des politischen Kinos, das hier nur noch mit grellen Parolen daherkommt, ohne auch nur andeutungsweise nach den Ursachen der Misere zu fahnden.
Taviani, Bertolucci, Bellocchio, Wertmüller: die Krise der italienischen Gesellschaft spiegelt sich im italienischen Kino. Die Heimsuchungen der ökonomischen Baisse und einer selbstherrlichen Zensur geben den Hintergrund ab für die Identitätsprobleme der Regisseure: Das Kino der Linken sucht den Anschluß an die Massen und kommt dabei seinen eigenen Intentionen in die Quere.
Noch ist kein Ausweg in Sicht, und nur ein einziger italienischer Cineast scheint unberührt von dieser Krise: Francesco Rosi, dessen kühle analytische Enquête-Filme (zuletzt »Die Macht und ihr Preis«) intellektuelle Redlichkeit und Publikumswirksamkeit perfekt miteinander verbinden.

Nr.45 vom 29. 10. 1976

Akira Kurosawas »Uzala, der Kirgise«

Begegnung am Ussuri

Im Jahre 1902 bricht der russische Forschungsreisende und Schriftsteller Vladimir Arseniev mit einer kleinen Gruppe Soldaten zu einer Expedition nach Osten auf. Im Auftrag der Petersburger Regierung soll er die weite, menschenleere Gegend am Ussuri-Fluß erkunden und vermessen. Immer weiter stößt der Capitan, der abends am Lagerfeuer Tagebuch führt, in die Taiga vor. Eines Nachts stellt sich unverhoffter Besuch ein. Der alte verwitterte kirgisische Jäger und Fährtensucher Dersu Uzala schließt sich den Reisenden an, führt sie sicher durch die Wildnis: über Berge und durch Ebenen, in die sich kaum je Menschen verirrt haben, über zugefrorene Seen und durch verwunschene Nebel- und Regenwälder am Ende der Welt.
Beim Sehen von Akira Kurosawas neuem Film »Uzala, der Kirgise« fielen mir plötzlich Kindheitserfahrungen ein: die fiebrige Abenteu-

ersehnsucht, die mich beim Lesen von Coopers »Lederstrumpf«-Büchern überkam, die ängstliche Erwartung beim heimlichen Verschlingen von Expeditionsberichten. Scott, Amundsen und Sven Hedin, die tragischen und die strahlenden Helden von Pol und Wüste. Die Begegnungen von Menschen und Natur, das ewige Duell zwischen der Entschlossenheit der Reisenden und den Fährnissen der Wildnis. Die magische Aura eines Satzes wie: »Und eines Tages fiel der erste Schnee.« Die schicksalsschweren Tagebucheintragungen: »Damals wußte ich noch nicht, daß dieser Vorfall tragische Ereignisse ankündigen sollte.«

Akira Kurosawa, der große alte Mann des japanischen Kinos, der weltweit gefeierte Regisseur von »Rashomon«, »Die sieben Samurai« und »Das Schloß im Spinnwebwald« (Macbeth), Idol von so unterschiedlichen Cinéasten wie Sam Peckinpah, Sergio Leone und Werner Herzog – dieser Mann, den sie in den Filmstudios von Tokio den »Tenno« nennen, hat mit »Dersu Uzala« einen Traum realisiert. Nach fünf Jahren des Schweigens, die mit einem Selbstmordversuch begannen, folgte Kurosawa mit seinem russisch-japanischen Team den Spuren des Capitan Vladimir Arseniev, auf der Suche nach unzerstörten Landschaften und menschenwürdigen Lebensbedingun-

Akira Kurosawa

gen. Er, der sein Werk unter das Motto gestellt hat, der Mensch habe das Recht, glücklicher zu sein, als er ist, sucht einen Fluchtweg aus den Umweltkatastrophen der Gegenwart: »Man hat vergessen, daß der Mensch ein Teil der Natur ist und daß man sie habgierig schändet. Die Luft ist kaum noch zu atmen, und in zwanzig Jahren wird Japan, wenn die Entwicklung so weitergeht, nicht mehr bewohnbar sein. Der Abgrund muß uns verschlingen. Das sollte man von jedem Dach, aus jedem Loch schreien. Deshalb versuche ich, einen Menschen in diesem Film zu zeigen, der mit der Natur im Einklang lebt.«

»Uzala, der Kirgise«, Kurosawas 26. Film, ist eine konservative Utopie, deren Ernsthaftigkeit, deren Noblesse und deren völliger Mangel an Sentimentalität viel zu tun hat mit einigen der schönsten Western des klassischen Hollywood: mit »The Big Sky« von Howard Hawks, mit »Across the Wide Missouri« von William A. Wellman und mit »Wagonmaster« von John Ford. Aufbruchsfilme, Reisefilme über die Verheißung ferner Horizonte. In Amerika müßte Kurosawas Film heißen: »Across the Wide Ussuri«.

Am Ussuri, wo sich der kirgisische Jäger und der russische Reisende treffen, findet Kurosawa einen Schnittpunkt zwischen Natur und Zivilisation. Zwar endet der Film mit dem Tod des alten Jägers, aber noch ist die Zeit nicht gekommen, in der keine Verständigung mehr möglich sein wird. Uzala, der Kirgise, ein Mann der Wälder, lehrt die Fremden Respekt vor der Natur, zeigt ihnen, wie man überleben kann, ohne das Gleichgewicht der Natur zu zerstören. Kurosawas wortkarger Film, das Tagebuch von zwei Expeditionen (1902 und 1907) und ein trauriger Epilog, kommt mit einem Minimum an spektakulärer Aktion aus. Breit und ruhig fließt die Erzählung dahin, geprägt von der bewegenden Einsamkeit nie gesehener Gegenden, dazu von der selbstverständlichen Solidarität der Menschen. Lange verweilt Kurosawas Kamera auf dieser historischen Harmonie, doch jeder einzelne Schnitt vermittelt das schmerzliche Bewußtsein, daß sich dem heutigen Betrachter hier nur noch ein schöner, längst nicht mehr realisierbarer Traum entfaltet.

Kurosawas Meditation über ein verlorenes Paradies enthält Sequenzen und einzelne Einstellungen von einer kaum beschreibbaren sinnlichen Kraft, einer Faszination, wie sie nur das Kino zu vermitteln in der Lage ist. Einmal verirren sich Arseniev und Uzala auf einem zugefrorenen See, geraten in einen Schneesturm. Sie retten sich, indem sie einen Berg aus Reisig zusammentragen und sich darin verschanzen. Kurosawa zeigt das als einen bis zur totalen physischen Erschöpfung ausgetragenen Wettlauf mit dem Tod. Wer sich in die Natur begibt, kommt leicht in ihr um, und selbst noch ein in Abendrot getauchtes Taiga-Idyll mit zwei winzigen Figuren zwischen untergehender Sonne und aufgehendem Mond gerät nicht zum romantischen Tableau, sondern läßt kommende Gefahren schon ahnen. Den ganzen Film durchzieht eine dialektische Spannung zwischen Sehnsucht und Untergang. Manchmal singen die Soldaten abends am Feuer. Kurosawa liebt das Kino von John Ford, und John Ford hätte diesen Film geliebt.

Nr. 48 vom 19. 11. 1976

Werner Herzogs »Herz aus Glas«
Hinter dem Horizont

Selbst die Pariser Presse, dem neuen deutschen Kino seit Jahren liebevoll zugetan, fand diesmal keine starken Worte. Nach der Uraufführung von Werner Herzogs »Herz aus Glas« zur Eröffnung des Pariser Filmfestivals Anfang November zeigte sich der Kritiker von »Le Monde« eher »verwirrt« denn entzückt, und der Kollege vom »Figaro« konstatierte gar eine »Enttäuschung«. Der kollektive Jubel, mit dem Herzogs Conquistadoren-Odyssee »Aguirre, der Zorn Gottes« und auch der Kaspar-Hauser-Film »Jeder für sich und Gott gegen alle« von den französischen Cinephilen begrüßt worden waren, wich einem nicht minder kollektiven Befremden angesichts der traumverlorenen, träge um sich selber kreisenden Untergangsvisionen des neuen Films.

Dabei setzt Herzog eigentlich nur konsequent fort, was er vor fast zehn Jahren in »Lebenszeichen« und »Fata Morgana« begonnen hat: eine Suche nach neuen, unverbrauchten Kino-Bildern und Kino-Erfahrungen, durchaus nicht imaginäre Expeditionen in psychische Zustände und bizarre Topographien am Rande der Welt, Beschreibungen von Existenzen außerhalb der vermeintlichen Normalität – von den rebellischen Zwergen in »Auch Zwerge haben klein angefangen« über Taubblinde in »Land des Schweigens und der Dunkelheit« bis zur »Großen Ekstase des Bildschnitzers Steiner« –, stets stimuliert von einer fast messianisch anmutenden Sehnsucht nach einem neuen Land hinter dem Horizont, dessen Beschaffenheit Herzog freilich weder beschreiben will noch beschreiben kann.

Diesen Regisseur fasziniert nur das Außergewöhnliche, extreme Zustände, extreme Deformationen, extreme Stilisierungen. »Der

Film«, schreibt Herzog in einer Vorbemerkung zum Drehbuch von »Herz aus Glas«, »soll eine Atmosphäre von Halluzination, Prophetie, Visionärem und kollektivem Wahnsinn haben, die sich gegen Ende zu noch etwas verdichtet.« Um dieses Klima herzustellen, läßt Herzog seine Akteure, fast ausnahmslos Laien, unter Hypnose spielen. Von der ersten bis zur letzten Szene bewegen sich die Figuren in einer lethargischen Trance, alle Bewegungen sind exzessiv langsam und leise, und mitunter argwöhnt man, gleich werde das Bild völlig zum Stillstand kommen. Wenn im Wirtshaus zwei dumpfe Zecher aneinander geraten und der eine dem anderen einen Bierkrug über den Schädel schlägt, geschieht das im Zeitlupen-Tempo: wie ein »instant replay« beim Fernseh-Fußball.

Herzog selber möchte die Hypnose allenfalls als Hilfsmittel zur Stilisierung verstanden sehen, »der Zuschauer braucht das gar nicht zu wissen«, doch das vermeintlich Nebensächliche verselbständigt sich bald zum prägenden Stilprinzip, vermittelt jeder, auch der beiläufigsten Aktion, einen Anschein von ritueller Feierlichkeit, die spätestens nach einer halben Stunde sich einpendelt auf einer Ebene schwerblütiger Monotonie. Das sind zwar, ganz nach Herzogs Willen, »Menschen, wie man sie noch nie vorher im Kino gesehen hat«, das sieht auch »oft sehr merkwürdig und irreal aus«, erschöpft sich aber völlig in einem pittoresken Reiz, der sich nie auf jene »neue Perspektive« hin erweitert, die Herzog mit der Hypnose erreichen wollte. »Einblicke in unseren eigenen inneren Zustand« sollte das Verfahren ermöglichen, doch die Schnittpunkte zwischen der Geschichte vom Untergang einer Glashütte im Bayerischen Wald irgendwann im späten 18. Jahrhundert und unserer Wirklichkeit verschwimmen in einem mystischen Nebel vom großen »Weltabräumen«. Herzogs Endzeit-Visionen voller Krankheit, Wahnsinn und Todesfurcht, in »Aguirre« und »Kaspar Hauser« noch ausgelöst von konkreten Zuständen, verkommen hier zu einem diffusen apokalyptischen Raunen. Hias heißt der Hirte und Seher, der, hoch über der Stadt, einsam pathetisch auf die Menschen herabsehend, das Unglück voraussieht und deshalb von den ignoranten Dörflern für alle Schrecknisse – Glashüttenbrand, Ritualmord an einer minderjährigen Magd – verantwortlich gemacht wird. Auf wundersame Weise entweicht er aus seinem Kerker und kehrt zurück in die Einsamkeit.

Man darf befürchten, daß diese Figur für Herzog mehr bedeutet als nur Medium der semiabstrakten, mystisch verschleierten Visions-Sequenzen, die in »Herz aus Glas« erheblich weniger eindrucksvoll sind als in »Kaspar Hauser«: bereicherten sie dort den Film um eine neue poetische Dimension, dienen sie hier überwiegend nur zur Illustration der Wahrsagungen von Hias. Herzog, der sich selber gerne als einsamer Rufer in der Kino-Wüste sieht, scheint diesen Hias als eine Art *alter ego* zu betrachten. Diesen Eindruck gewinnt man zumindest, wenn man das Buch zum Film liest, eine zum Teil sehr überschwengliche, lyristische Schilderung der Dreharbeiten, aufgefüllt mit Auszügen aus dem Drehbuch von Herzog und Herbert Achternbusch, in dessen Roman »Die Stunde des Todes« (1975) die Kernszenen des Films bereits enthalten sind. Der Band des jungen Amerikaners Alan Greenberg heißt »Heart of Glass« (Skellig Edition, München, 1976): die Herzensergießungen eines fanatischen Herzog-Jüngers, der dem Meister bemerkenswerte Weisheiten ablauscht. »Äußerlich werden wir aussehen wie Gangster, im Inneren aber werden wir die Gewänder von Priestern tragen«, bescheidet die Kultfigur Herzog vor Beginn der Dreharbeiten den atemlosen Zeugen. Später teilt Greenberg nicht ohne eine gewisse Bewunderung mit, Herzog habe sein Script-Girl mitten im Winter zu Fuß von Wien nach München laufen lassen, um einen Beweis für die Ernsthaftigkeit ihres Willens zu bekommen, für ihn zu arbeiten. Man kann nur hoffen, daß das nicht stimmt.

Unterdessen hat Herzog im amerikanischen Wisconsin mit den Dreharbeiten zu seinem neuen Film »Stroszek« begonnen, in dem neben Eva Mattes und Burkhardt Driest auch der ehemalige Skandal-Boxer Norbert Grupe alias Prinz von Homburg mitspielt. Die Projektkommission der Filmförderungsanstalt, in der sich die Fronten zusehends verhärten, verweigerte ihm jede Unterstützung. Wen aber wollen die Herren in Berlin eigentlich fördern, wenn sie Herzog, wie zuletzt auch Fassbinder, boykottieren? Solche Entscheidungen sind in jedem Fall ein filmpolitischer Skandal erster Güte, denn trotz »Herz aus Glas« bleibt Herzog einer der wichtigsten und besten deutschen Regisseure. Nicht einmal Renoir oder Hawks haben Meisterwerke am laufenden Band gedreht. Beim Pariser Festival kündigte Herzog schon an, wenn es so weitergehe mit der deutschen Filmförderungs-Misere, würde er auswandern. Nach Irland, dem Land der Poeten. Dort hat man Sonderlinge wie Herzog schon immer mehr geliebt als hierzulande.

Nr. 52 vom 17. 12. 1976

»Mado« von Claude Sautet
Chronik der toten Gefühle

Wenn es ihn nun wirklich gäbe, den diskreten Charme der Bourgeoisie, Claude Sautet wäre sein Prophet. Nicht Buñuel, der noch in den heitersten seiner späten Zauberpossen die bösartigsten antibürgerlichen Affekte versteckt, auch nicht Chabrol, dessen eigentümlich zerrissenes Verhältnis zu seiner eigenen Kaste sich in melodramatischen Stilisierungen und zunehmend ausufernder Larmoyanz entlädt, schon gar nicht Lelouch, der von den wonnevollen Abgründen der bürgerlichen Existenz kaum mehr zeigt als ein paar Konsumreize voll von parfümierter Melancholie.
Also Sautet. Einer seiner erfolgreichsten Filme heißt, schön trivial, »Die Dinge des Lebens«. Um nichts anderes geht es: essen, trinken, reden, spielen, Auto fahren, Liebe machen. Sautets Figuren aus der kultivierten französischen »*upper middle class*« sind geradezu beängstigend normal, neigen weder – außer in »Das Mädchen und der Kommissar«, der im Original »Max und die Schrotthändler« heißt – zu so mörderischen Leidenschaften wie die Bürger des Claude Chabrol noch zu so heftigen romantischen Anstrengungen wie die von Lelouch. »César und Rosalie«, »Vincent, François, Paul und die anderen« – schon die Titel der Filme sind fast provozierend unaufgeregt – tragen ihre moralischen Defekte und ökonomischen Rückschläge mit freundlichem Fatalismus. Sie haben gelernt, Haltung zu bewahren. Auf jede Katastrophe folgt wieder ein Fest. Ihre Ehrbarkeit ist ein wenig schäbig, aber sie besitzen noch genug Skrupel, um ihre eigenen miesen Geschäfte nicht ohne schlechtes Gewissen abwickeln zu können. Ihre Emotionen sind nicht mehr spontan, sondern von den Konventionen ihrer Umwelt programmiert. Freundschaft ertragen sie nur noch auf der Ebene pubertärer Kumpanei. Frauen sind ihnen unheimlich. Sie sind um die fünfzig und haben nicht mehr viel vor. Ihre Vitalität ist gespielt.
Der Bauunternehmer Simon ist einer von ihnen. Die Geschäfte gehen nicht besonders gut, der Kompagnon ruiniert durch eigenmächtige Spekulationen die Firma, Hélène, die Gefährtin von früher, dämmert als Alkoholikerin vor sich hin, die Liebe betreibt Simon nur noch funktional: mit dem Mädchen Mado, das gelegentlich für Geld mit Männern schläft. Die bitter-süße Romanze, die ein Lelouch sich kaum versagt hatte, findet bei Sautet nicht statt. Zwar begreift Simon allmählich, daß menschliche Beziehungen von einer anderen, zärtlicheren Art für ihn wichtig wären, aber bei dieser Er-

kenntnis bleibt es auch. Kein zweiter Frühling für Simon: eine Verständigung zwischen Mado und ihm kommt nur in kurzen Momenten zustande. Der Film endet mit einer hilflosen Geste. Simon, der alle Zuwendung mobilisiert hat, zu der er noch fähig ist, liefert Hélène in der Trinkerheilanstalt ab.
Claude Sautet liebt seine Figuren. Und nur er bringt es fertig, eine solche Geschichte, die ganz leicht ein fürchterliches Rührstück hätte werden können, ohne auch nur einen Anflug von Peinlichkeit zu erzählen. »Mado«, diese Chronik der toten Gefühle, bezieht ihre Qualität aus der freundschaftlichen Genauigkeit, mit der Sautet seine Protagonisten beobachtet. Es gibt keine einzige Einstellung, in der er sie diffamiert, in der er mit dem Finger auf sie zeigt. Aber gerade weil er sie mag und ihre Defekte nicht, wie Chabrol, ins Groteske, ins Überlebensgroße verzerrt, werden die Risse in ihrer Existenz um so sichtbarer: Ihre Fähigkeit, es sich in jeder Katastrophe gemütlich machen zu können, bekommt unversehens einen unheimlichen Zug, ebenso wie die einander bedingenden Spielarten privater und öffentlicher Käuflichkeit. Allein eine völlig selbstverständlich praktizierte Korruption hält das System am Leben.
In der besten Sequenz von »Mado« unternehmen Simon und seine Freunde eine Landpartie. Von einem Unwetter überrascht, geraten sie in eine Bauernhochzeit, feiern und tanzen mit hektischer Fröhlichkeit mit. Das Idyll, nach dem sie sich alle sehnen, glückt für ein paar kurze Stunden, aber schon auf der Weiterfahrt werden sie von der Realität eingeholt. Die Gesellschaft bleibt im Schlamm stecken, verdreckt und verwahrlost, doch wiederum macht man das Beste daraus: Lagerfeuerromatik angegrauter Verlierer, eine Illusion von Solidarität. Und dann der Katzenjammer am nächsten Morgen. Meisterhaft, mit einem sehr subtilen Impressionismus, registriert Sautet die ständigen Stimmungsumschwünge. Auch sein Umgang mit Schauspielern ist ganz auf leise Töne abgestimmt: Michel Piccoli, seit »Die Dinge des Lebens« Sautets Lieblingsschauspieler, spielt den Simon ohne Larmoyanz und Pathos, mit jener kühlen Intelligenz, die den ganzen Film auszeichnet.

Nr. 2 vom 31. 12. 1976

Sam Peckinpahs »Steiner« und
»Der Adler ist gelandet« von John Sturges
Das große Bang-Bang

Name: Steiner. Vorname: Rolf. Dienstrang: Feldwebel. Auftrag: Stoßtruppunternehmen am Kuban-Brückenkopf, Rußland 1943.
Name: Steiner. Vorname: Kurt. Dienstrang: Oberstleutnant. Auftrag: die Entführung von Winston Churchill, England 1943.
Die beiden Steiners bilden, um im militärischen Jargon zu bleiben, die Vorhut einer ganzen Staffel von aufwendigen Schlachtengemälden, die demnächst in unsere Kinos kommen sollen. Das kleidsame Grau der großdeutschen Wehrmachtsuniformen könnte zur Modefarbe der Saison werden, nach langer Abstinenz setzt die internationale Filmindustrie wieder auf das Kriegsfilmgenre. Der Produzent Carl Foreman, der seinen »Kanonen von Navarone« (1961) jetzt eine Fortsetzung folgen lassen will, sieht den Trend mit entwaffnender Schlichtheit: »Es geht nichts über eine Uniform. Ich glaube, die Leute wollen diese Bang-Bangs einfach sehen.« Das amerikanische Showbusiness-Blatt »Variety« gab die Parole aus: »Back to the Trenches« – Zurück in die Schützengräben.
Die Spekulation erscheint eindeutig: Nachdem die zivilen Desaster, vom »Flammenden Inferno« bis zum »Erdbeben«, allmählich an kommerzieller Zugkraft verloren haben, lockt die Produzenten das Spiel mit der größten, der blutigsten, der spektakulärsten aller Katastrophen: dem Krieg. Solange die Amerikaner noch in Vietnam kämpften und das höchst banale, alltägliche Grauen des Dschungelkriegs allabendlich im Fernsehen zu besichtigen war, galten Kriegsfilme als geschäftlich zu riskant. Nun, da der Krieg vorbei und das Trauma von Vietnam zumindest oberflächlich verdrängt ist, geht der Kino-Krieg los.
Zunächst also die beiden Steiners: Der Feldwebel tritt an für den deutschen Produzenten Wolf C. Hartwig und den amerikanischen Regisseur Sam Peckinpah in dem Fünfzehn-Millionen-Mark-Ding »Steiner – Das eiserne Kreuz«; der Oberstleutnant kämpft für den britischen Produzenten Sir Lew Grade und den amerikanischen Regisseur John Sturges in »Der Adler ist gelandet«. »*Ugly Germans*« sind sie beide nicht, eher rebellische Außenseiter und Nonkonformisten, die sich nur widerwillig der Armeedisziplin fügen. Ihren Vorgesetzten begegnen sie mit kaum verhohlener Verachtung, der patriotische Dreiklang Volk-Reich-Führer nötigt ihnen allenfalls ein müdes Lächeln ab. Mit den Protagonisten früherer Kriegsfilme haben

sie kaum etwas zu tun, dafür viel mit den von Typen wie Clint Eastwood und Charles Bronson geprägten synthetischen Heldenbildern der siebziger Jahre: lakonischer *machismo* an der Ostfront und in England. Nicht zufällig legt John Sturges Wert darauf, daß »Der Adler ist gelandet« eigentlich überhaupt kein Kriegsfilm ist, daß der Krieg nur als beliebiger Hintergrund für »Spannung, Abenteuer, Gewalttätigkeit, Konflikte« dient.

So geht es denn, wenn nicht gerade Donald Pleasence als Heinrich Himmler eine brillante Kabarettnummer zelebriert, betont unsoldatisch zu. Michael Caine als Oberstleutnant Kurt Steiner, der den Kriegspremier Winston Churchill nach bester Skorzeny-Manier im Handstreich heim ins Reich entführen soll, agiert mit nonchalantem Understatement, geht mit seiner Fallschirmjägertruppe um wie mit einer Riege hochkarätiger Bankräuber vor dem großen Coup: Profis unter sich. Die deutsche Realität jener Jahre kommt allenfalls als ridiküler Horrorcomic vor: Tollkühn versucht der garantiert unpolitische Haudegen Steiner, einem jüdischen Mädchen zur Flucht aus dem Transportzug nach Auschwitz zu verhelfen. Mit gezückten Maschinenpistolen stehen sich Wehrmacht und SS auf dem Bahndamm gegenüber, wie weiße Pioniere und tückische Comanchen, die sich um eine schöne Siedlerin streiten. Steiner zieht den kürzeren und wird zum Himmelfahrtskommando abgestellt. Dabei kommen Sturges seine Erfahrungen als Western-Regisseur zugute: Steiner und seine Männer gehen ins letzte Gefecht wie einst »Die glorreichen Sieben«. Den Heldentod nehmen sie eher beiläufig in Kauf. »Es war ein Privileg, mit euch zusammen gedient zu haben«, bemerkt der stoppelbärtige Ritterkreuzträger und läßt seine Getreuen von einer alliierten Übermacht zusammenschießen. Zwischendurch geht es auch mal lustig und amourös zu. So unterhaltsam wie »Die Höllenfahrt der Poseidon« war er lange, der große Krieg.

Das plakativ inszenierte Räuber-und-Gendarm-Spiel »Der Adler ist gelandet« nach dem ungemein törichten Bestseller von Jack Higgins reduziert den Krieg auf eine sportive Affäre, die von sympathischen Spezialisten auf allen Seiten ausgetragen wird. Analytische Anstrengungen in bezug auf historische, ideologische und sozialpsychologische Voraussetzungen, Motive und Strategien des Krieges dürfen nicht vorkommen, weil sie das kommerzielle Kalkül gefährden würden. Den Konsumenten wird höchstens pyrotechnisch perfekter Aktionismus zugemutet, wobei der Anlaß letztlich beliebig bleibt.

Mehr als von Sturges, der seine besseren Filme (»Zwei rechnen ab«, »Der Schatz des Gehenkten«) allesamt in den fünfziger Jahren drehte, durfte man von Sam Peckinpah erwarten, der sich ebenfalls als Western-Regisseur, mehr noch, als Erneuerer und Vollender des

Genres, einen Namen machte. Peckinpahs bizarre Ästhetik der Gewalt, seine anarchische Lust an blutigen Götterdämmerungen, deren Protagonisten ausnahmslos mit dem Bewußtsein ihres Untergangs leben, bewährte sich in Filmen wie »The Wild Bunch« und »Pat Garrett jagt Billy the Kid«.

James Coburn, der vor fünf Jahren Peckinpahs Sheriff Pat Garrett spielte, bringt auch als Feldwebel Rolf Steiner in der Verfilmung des Romans »Das geduldige Fleisch« von Willi Heinrich die Präsenz eines amerikanischen Westernstars in seine Rolle ein. Die Uniform trägt er so lässig wie ein Cowboykostüm, und wenn er sich hinter den feindlichen Linien, mit dem Messer in der Hand, an russische Posten anschleicht, erinnern seine Bewegungen an die eines Westerners, der ein Indianerlager ausspäht. Und konsequent endet »Steiner – Das eiserne Kreuz« auch mit einer puren Western-Sequenz. Statt seinen Widersacher, den skrupellosen, ruhmsüchtigen Hauptmann Stransky (Maximilian Schell), der Steiners Zug mit Absicht in das Feuer der eigenen Leute laufen ließ, einfach abzuknallen, gibt er ihm die Chance zu einem fairen Duell.

Doch bevor es zu diesem Showdown kommt, ist der Film schon zu Ende. Mitten in der Aktion läßt Peckinpah seine Figuren zu Standphotos einfrieren, gönnt dem Betrachter nun doch nicht die heroische Geste, traktiert ihn statt dessen mit einer letzten Irritation: einem höhnischen Gelächter aus dem Off, das signalisiert, daß der Krieg zwischen den Steiners und den Stranskys das Ende des Krieges überleben wird. Der *»Universal Soldier«*, der weiß, daß er immer nur verlieren kann, und der Opportunist, der immer davonkommt, kämpfen weiter: in Korea, in Biafra, in Vietnam. Die Nachspannphotos zeigen die Kriegsschauplätze der letzten dreißig Jahre, unterlegt mit einem deutschen Volkslied: Hänschen klein – ging allein – in den dunklen Wald hinein.

Peckinpahs Ambition, an Hand archetypischer Konstellationen den Untergang der deutschen Wehrmacht an der Ostfront zu einer verbindlichen Allegorie menschlichen Scheiterns zu stilisieren, entfernt sich in den besten Momenten des Films weit von den planen Klischees der üblichen Landserdramen. Zumal im letzten Teil, in dem Steiner mit seinen Leuten wahnwitzig stur in die MG-Garben der eigenen Stellungen marschiert, entfaltet Peckinpah eine seltsam todessehnsüchtige, rauschhaft exzessive Vernichtungsorgie, die seine nihilistische Philosophie sinnlich erfahrbar macht. Von hier ist es nicht mehr weit bis zum »Wild Bunch« und den desillusionierten Profis der »Killer-Elite«.

Peckinpahs Figuren, die die Welt als Folge von Niederlagen erleben, wirken in einem Kriegsfilm wie Fossile aus einer Zeit, in der individuelle Rebellion noch möglich schien. Hier wird sie überrollt von einer Mechanik, für deren Funktionieren mehr die Stranskys gebraucht werden als die Steiners. Die Kameraderie in den Unterständen, das unterkühlte Pathos wortkarger Männerfreundschaften sind nur noch Verzweiflungsakte. »Steiner, das ist ein Mythos«, sagt ganz zu Anfang der Hauptmann Kiesel (David Warner), der zusammen mit seinem Vorgesetzten, dem Oberst Brandt (James Mason) – in Heinrichs Buch hieß diese Figur übrigens Strauß – das allgemeine Chaos zu verwalten sucht.

Aus der Konfrontation von anachronistischer Western-Ethik und der mit 300000 Schuß Munition und fünf Hektolitern Filmblut rekonstruierten Ostfrontrealität gewinnt Peckinpah einige hervorragende Szenen, die die Absurdität des martialischen Spektakels überzeugend demonstrieren. Die großen Schlachtszenen zum Beispiel, von den besten Feuerwerkern gestaltet, erlauben dem Betrachter nie eine Orientierung. Ihre destruktive Wucht überrollt Freund und Feind. Wer da gerade gegen wen vorrückt, ist nicht mehr auszumachen. Nur die mit quälenden Zeitlupenstudien noch verlängerte Monotonie eines anonymen Schlachtfests bleibt übrig.

Bei Peckinpah freilich bedeutet der Untergang der Mythen zugleich auch immer deren Verklärung. Neben äußerst intensiven Alptraumbildern – seinen kurzen Aufenthalt im Lazarett erlebt Steiner als wirren Horrortrip – stehen konventionelle Kriegsfilmsequenzen, die bis zu schwer erträglichem Landserkitsch reichen, so Steiners Abschied von einem russischen Jungen, der ihm eine Mundharmonika schenkt und kurz darauf erschossen wird.

Dennoch dürfte »Steiner – Das eiserne Kreuz« mitsamt seinen Brüchen, kalkulierten wie zufälligen Irritationen, seiner konsequent disharmonischen Erzählweise zu den interessantesten Werken der sich ankündigenden Kriegsfilmschwemme gehören. Demnächst treffen sich die Kombattanten an der »Brücke von Arnheim«: Michael Caine, der Steiner aus »Der Adler ist gelandet«, ebenso wie Maximilian Schell, Peckinpahs Hauptmann Stransky, der um jeden Preis das eiserne Kreuz erringen will. Dazu Robert Redford, Liv Ullmann, James Caan, Elliott Gould, Laurence Olivier, Sean Connery, Gene Hackman und Ryan O'Neil. Daß dieser vermutlich teuerste Film aller Zeiten keine »Botschaft« haben wird, hat der Produzent Joseph E. Levine schon während der Dreharbeiten verkündet: »Leute, die Filme mit ›Botschaften‹ machen, gehen pleite.« Und dann könnte der Kinokrieg ja nicht weitergehen.

Nr. 7 vom 4. 2. 1977

Die Welt des Federico Fellini
Cazzomàs auf dem Planet der Frauen

Nachts in einem alten flämischen Bauernhaus. In der großen Halle wartet eine Gruppe von Frauen auf die Rückkehr ihres Herrn und Meisters. Es ist ein seltsamer Harem, der da kocht und flickt, den Boden scheuert und sich herausputzt: eine schöne junge Orientalin und ein riesenhaftes, verkommenes Zottelweib, eine Tänzerin und eine Nonne, eine alternde, grell geschminkte Soubrette und Luisa, die Frau des Hausherrn, eine leicht verhärmte Intellektuelle. Aus dem Schnee herein tritt Guido Anselmi, ein eleganter, graumelierter Vierziger, mit breiter dunkler Hornbrille und einem verwegenen schwarzen Hut, der ihm einen Anschein von Jugendlichkeit vermittelt. Die Frauen stürzen auf ihn zu, umarmen, küssen und streicheln ihn, drängen sich ihm mit lüsterner Bewunderung auf. Guido verteilt Geschenke, läßt sich die Schmeicheleien hoheitsvoll gefallen, verbannt die Soubrette, die ihm nun doch zu alt geworden ist, in das obere Stockwerk. Sie wehrt sich weinend und schreiend, fleht um eine Gnadenfrist, aber nichts hilft: der Pascha hat gesprochen. Allmählich schlägt die Stimmung um in fiebrige Hysterie und Aggression. Die Frauen, eben noch devot, drängen Guido in die Ecke, greifen ihn an, wollen ihn zerfleischen. Er wehrt sich mit einer überdimensionalen Peitsche, scheucht sie weg wie bösartige Raubtiere.
Dieser Wunsch- und Alptraum eines verwirrten Phallokraten kommt vor in einem Film, den Federico Fellini vor 15 Jahren gedreht hat. Es ist bis heute sein schönster, geheimnisvollster Film geblieben, ein autobiographischer Befreiungsversuch über die künstlerischen und privaten Krisensymptome des Filmregisseurs Guido Anselmi (Marcello Mastroianni), der nicht nur Fellinis berühmten schwarzen Hut trägt, sondern auch und zumal dessen intimste Obsessionen ausstellt: die vom Katholizismus inspirierte Sehnsucht nach einer Reinheit, die nicht von dieser Welt ist, so wie sie Giulietta Masina in Fellinis frühen Filmen »La Strada« und »Die Nächte der Cabiria« dargestellt hat, die sich in der kleinen Kellnerin am Ende von »La dolce vita« ebenso materialisierte wie in Claudia Cardinales Brunnen-Verkäuferin aus »Achteinhalb«.
Doch wer von der lächelnden Keuschheit jungfräulicher Madonnen träumt, den unschuldigen Müttern und idealen Geliebten, der sehnt sich heimlich um so heftiger nach verbotenen Ausschweifungen, entfesselten Orgien und sündigen Fleischbergen, dem geht es so wie dem verklemmten Moralapostel Doktor Antonio in Fellinis Episode

aus »Boccaccio 70«, den nachts Visionen der ausladenden Sexgöttin Anita Ekberg heimsuchen oder eben wie dem Regisseur Guido Anselmi aus »Achteinhalb«, der in seiner Phantasie zum Haremsherrscher aufsteigt und doch seiner Lüste nicht froh wird.
Fellini und die Frauen: »Ich habe noch nicht so recht verstanden, welche Beziehung ich zur Frau, zu ihrem Körper und seinen Rundungen habe, die solch sagenhafte Dimensionen annehmen können, daß sie zum Mond, einem Gebirge oder einem geheimnisvollen fremden Planeten werden ...« Diesen Satz hat Fellinis langjährige Assistentin Liliana Betti in ihrem Buch »Fellini« notiert, einem liebevollen, wenn auch nicht völlig unkritischen Porträt ihres Arbeitgebers, das in der großen Fellini-Edition des Diogenes-Verlags erschienen ist. Sozusagen aus der Dienstbotenperspektive, die ja immer aufschlußreicher und entlarvender ist als offiziöse Biographien, zeichnet Liliana Betti den Regisseur als »ein ganz besonderes, sogar leicht monströses Exemplar Mensch«, als unsteten Egozentriker und Kind-Mann, der alle seine Wünsche sofort erfüllt haben will, der im Restaurant Berge von Vorspeisen ißt, weil das Hauptgericht nie schnell genug auf den Tisch kommt, der seine Mitarbeiter mitten in der Nacht aus dem Bett holt, wenn ihm eine Inspiration zugeflogen ist: ein charmanter Chaot, der irgendwie nie ganz aufgehört hat, ein »vitellone«, ein großes Kalb aus der Provinz von Rimini zu sein, wo er 1920 geboren wurde.
Von Fellinis »vampirischer Sucht nach weiblichem Plasma« schreibt Liliana Betti, einer Sucht, die zugleich von tiefen Schuldkomplexen begleitet ist. Wie kein anderer Cineást beschreibt Fellini die schon von Ovid und anderen Poeten der Antike besungene Zerrissenheit des Mannes zwischen Agape und Eros, zwischen Anbetung und Sexus. In der magischen Topographie seiner inzwischen 15¾ Filme – wenn man seine eigene Werkdatierung mit »Achteinhalb« und den als Viertel-Filmen mitgezählten Episoden übernimmt – nehmen Gotteshäuser und Freudenhäuser eine zentrale Stellung ein. »Ich will eine Frau«, schreit der verrückte alte Mann, der sich in »Amarcord« auf einen Baum geflüchtet hat. Aber was würde er mit ihr anfangen? Würde er nicht nur versuchen, ihr den Arm zu brechen, wie Harpo Marx, an den sich Fellini erinnerte, als er die Szenenentwürfe für »Satyricon« zeichnete?
Fellinis Reisen auf den »fremden Planeten« der Frauen, auf dem wollüstige Riesinnen von der schon bedrohlichen Fülligkeit der Anita Ekberg und Sandra Milo herrschen, auf dem jeder Bordelleingang nicht nur die Pforte zum Paradies, sondern auch das Tor zur Hölle bedeutet – diese Expeditionen drücken eine tiefe Angst vor Frauen aus. In dem schönen Diogenes-Band »Fellinis Zeichnungen«, der

Federico Fellini

180 Entwürfe für Figuren, Dekorationen und Kostüme seiner letzten fünf Filme enthält, aber auch einige beiläufige Graffiti und Telephonkritzeleien, findet man eine offenbar schnell hingestrichelte, mit Telephonnummern und einer kurzen Verabredungs-Notiz garnierte Karikatur, auf der ein hockendes Riesenweib mit wild wallendem Haar, mächtigen Brüsten und suggestiv geöffneten Schenkeln

zu sehen ist. Vor diesem phantastischen Monstrum paradieren, winzig klein, mickrige Strich-Männchen, die so aussehen, als würden sie im nächsten Augenblick in dem gigantischen Schoß verschwinden. Mit einer anderen Zeichnung macht sich Fellini wieder Mut, porträtiert sich als pornographischen Supermann »Cazzomàs«: »Ich bin Cazzomàs, der vielgesuchte Cazzomàs, der in jede Öffnung eindringt.« Das Wort Cazzomàs ist eine Kombination aus Cazzo (= Schwanz) und Fantômas, Louis Feuillades legendärem Stummfilmhelden.

Dieser Cazzomàs, ein ziemlich trauriges Geschöpf mit verzerrten Zügen, einem schlitzäugigen Verführerblick und blaurotem Pfauenschmuck, wirkt in seiner stilisierten Häßlichkeit fast schon wie eine Vorstudie zu Fellinis »Casanova«: ein aufgeblasener Geck, der seine Männlichkeit zu Markte trägt.

Casanova – das ist die Hinrichtung nicht nur einer Figur, sondern eines Mythos. Den Inbegriff männlicher Verführungskünste läßt Fellini von Donald Sutherland als tragischen Hampelmann spielen, als sexuellen Hochleistungssportler, der sich vor dem Koitus tatsächlich mit Liegestützen fitmacht, der bei seinen athletischen Übungen stöhnt und keucht und das gepuderte Gesicht zu verquälten Grimassen verzieht wie ein Marathonläufer auf den letzten hundert Metern vor dem Ziel. Zärtlichkeit kommt nicht vor. Schon in der ersten Episode des zweieinhalb Stunden langen Films macht sich Casanova mit allem mechanischen Geschick über die als Nonne verkleidete Geliebte des französischen Botschafters in Venedig her, der das Schauspiel durch ein silbernes Fischauge beobachtet. Anschließend gratuliert die Exzellenz dem erschöpften Kämpfer zu einer »reifen Leistung«, rügt aber auch Schwächen in der »Rückenlage«. Vergeblich preist Casanova dem unsichtbaren Punktrichter seine sonstigen Qualitäten an, empfiehlt sich als Künstler, Diplomat und Wissenschaftler. Doch der Botschafter ist längst verschwunden.

In zahlreichen Interviews hat Fellini seinen geradezu pathologischen Haß gegenüber diesem Giacomo Casanova ausgedrückt (»er ist platzraubend wie ein Pferd im Wohnzimmer, er hat eine Gesundheit wie ein Pferd, er ist ein Pferd«), seine Verachtung für die Memoiren (»diese Art Telephonbuch voller künstlerisch inexistenter und deshalb ungeheuer langweiliger Begebnisse«). Warum also dann ein Film über Casanova? Fellini beteuert, der Film sei nur deshalb zustandegekommen, weil er nun mal einen Vertrag unterschrieben habe. Wer sich mit dieser Version zufrieden gibt, macht es sich allzu einfach, denn unterschriebene Verträge haben einen Federico Fellini noch nie daran gehindert, Projekte platzen zu lassen. Das berühmteste Beispiel dafür ist die geheimnisumwitterte »Reise des

G. Mastorna«, für die bereits teure Bauten, darunter eine riesige Attrappe des Kölner Doms, errichtet waren, als Fellini den Film absagte.
Wenn er sich also schon die Mühe gemacht hat, für zwanzig Millionen Mark einen Mythos zu demontieren und dafür drei Jahre seines Lebens zu opfern, so wird das nur verständlich aus einer sehr persönlichen Betroffenheit, die ihren Ausdruck in einer exorzistischen Besessenheit findet. Wie alle Filme Fellinis ist auch dieser autobiographisch, nicht mehr, aber auch nicht weniger als »Achteinhalb«, »Roma« oder »Amarcord«. Fellini selber ist in die Seidenmaske des Giacomo Casanova geschlüpft, er handelt von seinen eigenen Ängsten und Obsessionen.
Und die haben sich von Film zu Film gesteigert. Endete »La dolce vita« noch mit dem Erlösung verheißenden Lächeln eines »unschuldigen« Mädchens, brach Anselmi-Fellini in »Achteinhalb« aus seinen Alpträumen noch in einen zirzensischen Reigen aus, so findet Casanova/Fellini Frieden erst im Augenblick des Todes. In der letzten Sequenz träumt der alte, vollends lächerlich gewordene Frauenheld, der auf einem Schloß im unwirtlichen Böhmen vergebens nach seinen Makkaroni greint, noch einmal von Venedig. Während der Papst und seine Mutter – Standardfiguren in Fellinis katholischem Universum – ihm aus einer goldenen Kutsche zuwinken, tanzt er, zum erstenmal zärtlich und sinnlich, mit der perfekten Partnerin: einer lebensgroßen mechanischen Puppe, die jene »fremde, gläserne Starre« besitzt, die seiner eigenen Disposition so total entspricht.
Fellinis »Casanova« ist ein Film über die Unfähigkeit, zu lieben, sein mit barockem Glanz im Atelier gezaubertes Settecento ist eine Epoche, »wo es keine Ermutigung mehr gibt«, durchaus vergleichbar Kubricks »Barry Lyndon«, der einen ähnlich profunden Pessimismus besitzt. Was Fellini über »Casanova« gesagt hat, könnte auch von Kubrick stammen: »Ich meinte, eine sehr gegenwartsnahe Einstellung zum Dasein zu bemerken in diesem gläsernen Auge, das die Realität bloß überfliegt – um sich von ihr überholen und auslöschen zu lassen – ohne durch ein Urteil einzugreifen, ohne sie in einem Gefühl zu verarbeiten. Es ist das Nicht-Leben mit seinen leeren Formen, die sich bilden und zerfallen, ein Aquariumszauber ...«
Aber was für ein Aquarium! Wo Kubrick das achtzehnte Jahrhundert mit der Besessenheit eines großen Historikers rekonstruiert, erfindet sich Fellini, der nie das Atelier verlassen hat, bizarre Traumlandschaften. Wie die Gefühle des Protagonisten sind die Dekors aus Plastik, selbst die Meereswellen bestehen aus – von Windmaschinen bewegten – Plastikplanen. Casanova irrt durch einen Planeten der Frauen, die allein die Lust zu genießen verstehen, wie durch ein

Horror-Labyrinth voll von Nebelschwaden und Düsternis, zeremoniellen Geilheiten, weiblichen Walen, in deren Bäuchen die Männer verschwinden, einer 2,40 Meter großen Zirkusriesin, verzweifelten Orgien und hektischen Leibesübungen.
Manchmal gerät er ganz an den Rand des Geschehens, scheint erdrückt zu werden von Fellinis Imagination, deren erlesene Künstlichkeit hier Triumphe feiert wie schon seit »Julia und die Geister« nicht mehr. Aber es ist eine kalte Pracht, die Fellini in »Casanova« entfaltet, am schönsten und sinnfälligsten in einer Sequenz im Dresdner Theater, wo 25 riesige Lüster mit Tausenden von Kerzen herabgesenkt und von einer schwarzgekleideten Männertruppe gelöscht werden.
Casanova oder Wie eine Liebesmaschine kaputtgeht. Für Fellini bedeutet dieser Film den Versuch, sich aus seinem eigenen Männlichkeitswahn zu befreien, ohne Mitleid für sich und seinen Protagonisten. Aber wie es weitergehen soll, wenn die Mütter und die Huren nicht mehr da sind, sondern nur noch eine Puppe, die tanzen kann, das weiß Fellini auch nicht. Fürs erste bleibt Cazzomàs nur die Melancholie.

Nr. 10 vom 25. 2. 1977

Erwin Keuschs »Das Brot des Bäckers«
Die Lehrjahre des Werner W.

Ganz zu Anfang fährt Werner Wild, ungefähr 16 Jahre alt, ein scheuer, verschlossener Junge, mit dem Zug zu seiner ersten Lehrstelle in der mittelfränkischen Kleinstadt Hersbruck. Warum er Bäcker werden will, fragt ihn die Verkäuferin: »Ich eß' gern gutes Brot.« Das geschieht im Herbst 1971, und die erste von sieben Kapitelüberschriften dieses Films heißt: Goldener Boden.
Das letzte Kapitel endet im Frühjahr 1975 auf dem Bahnhof von Hersbruck. Werner, die Ausbildung zum Gesellen, zwei Liebesgeschichten und Erfahrungen in der Großstadt hinter sich, wird in Hersbruck bleiben und der Bäckerfamilie Baum helfen, ihre privaten und beruflichen Schwierigkeiten zu überwinden. Das letzte Kapitel heißt lakonisch: Das Brot backt der Bäcker.
An diesem Punkt, nach 117 Filmminuten, ist längst klar, wie wenig selbstverständlich eine solche Feststellung in Wirklichkeit ist. Das Brot backt nicht der Bäcker, das Brot backen Maschinen, die Sem-

melstraßen und so ähnlich heißen, die so teuer sind, daß immer neue Expansionen und Investitionen notwendig werden, bis schließlich das Kleingewerbe kapituliert. Eines Nachts demoliert Meister Baum, der früher sein Brot selber gebacken hat, betrunken die Brotabteilung des Supermarkts: ein anachronistischer Maschinenstürmer, längst von der Entwicklung auf dem »freien« Markt überholt. Aus Handwerkern sind Handlanger geworden, die Formel vom »goldenen Boden« reicht kaum noch für Verbandstagungen der Bäckerinnung.
Ganz sicher wollte der 1946 in Zürich geborene Münchner Filmemacher Erwin Keusch in seinem ersten Spielfilm »Das Brot des Bäkkers« keineswegs nur eine elegische Hommage an das kränkelnde Kleingewerbe schaffen. Am Schluß steht denn auch kein Nachruf, sondern die Hoffnung auf neue Produktionsformen. Vielleicht kommt eine Genossenschaft zustande. Man fängt an, aus den Fehlern der Vergangenheit zu lernen, ergibt sich nur für einen Moment in Resignation.
»Das Brot des Bäckers« ist keiner jener bis zur Leblosigkeit ideologisch ausgetüftelten Filme aus der neueren Berliner Arbeiterfilm-Schule. Als liebevolles, genau beobachtetes Porträt einer Kleinstadt und ihrer Jugend erinnert er oft an Peter Bogdanovichs »Die letzte Vorstellung – The Last Picture Show«, in seiner epischen Ruhe manchmal auch an Filme von Wim Wenders, was nicht zuletzt mit der Musik der Gruppe »Condor« zu tun hat, die unter ihrem früheren Namen »Improved Sound Limited« in Wenders' »Im Lauf der Zeit« zu hören war. Aber während das Kino von Wenders schon immer sehr spröde war, bereichert Erwin Keusch den Entwicklungsprozeß des Lehrlings Werner Wild mit Momenten einer sanften Komik, worauf nicht zuletzt Kapitelüberschriften wie »Brot und Liebe« und »Gärzeiten« hinweisen.
Dabei geht der leise Humor des Films nie auf Kosten der Figuren, sondern entsteht häufig aus der Gegenüberstellung traditioneller Handwerker-Mentalität und industrieller Über- und Ausschuß-Produktion: so in der Sequenz, in der Werner und die beiden Bäckersöhne die schlechten Drei-Pfennig-Brötchen des Supermarkts aufkaufen und mit schlechtem Gewissen im eigenen Laden verkaufen.
Mädchengeschichten mit der karrierebewußten Margot, die es in die große Stadt zieht, und mit der stillen Gisela, die unter ihrer Liebe leiden muß; Kinobesuche und Picknicks im Grünen; Arbeiten in der Backstube, manchmal verdrossen, manchmal hysterisch-heiter bis zur Tortenschlacht. Nichts Aufregendes, viele kleine Gesten und Blicke, Leben zwischen Volksfest und Bäckerausflug. Keusch be-

gegnet seinen Figuren mit viel Zuneigung, läßt ihnen genug Raum, sich zu verwirklichen und zu entwickeln: jenseits der Karikaturen deutscher Provinzfilme von Ulrich Schamonis »Alle Jahre wieder« bis zu Peter Fleischmanns »Das Unheil«. Einfache, klare Einstellungen ohne kunstgewerbliche Ambitionen – das Kino eines jungen Cinéasten, der sich selber als Handwerker versteht. Dazu Schauspieler, die ihren Beruf ernst genug nehmen, um sich nicht in aufwendige Schauspielerei zu flüchten. Bernd Tauber, der Darsteller des Lehrlings Werner, den wir schon in der Fernsehserie »Block 7« gesehen hatten, besitzt den Charme der Ernsthaftigkeit.
Als »Das Brot des Bäckers« im letzten Herbst bei den Hofer Filmtagen uraufgeführt wurde, gingen die meist jugendlichen Zuschauer begeistert mit. Und wenn die deutsche Kinolandschaft noch nicht völlig kaputt ist, müßte dieses schönste Debüt seit Jahren auch ein kommerzieller Erfolg werden. Erwin Keusch, sein Co-Autor Karl Saurer, der Kameramann Dietrich Lohmann und die anderen Teammitglieder, die das Kunststück fertigbrachten, in nur 28 Drehtagen einen mitsamt kleinen Fehlern so angenehmen Film zu produzieren, haben diesen Erfolg verdient.

Nr. 11 vom 4. 3. 1977

Luchino Viscontis »Die Unschuld«
Liebe, kälter als der Tod

Der Vorspann: Eine greise, arthritisch verkrüppelte Hand blättert langsam die Seiten eines kostbaren alten Buches um. Es handelt sich um Gabriele D'Annunzios 1892 erschienenen Roman »L'innocente«, eine jener überhitzten Liebes-Tragödien, deren stilistisches Raffinement den Ruhm des extravaganten Fin-de-siècle-Poeten begründete. Die Hand gehört Luchino Visconti, der seine Verfilmung von »L'innocente« vom Rollstuhl aus inszenieren mußte. Das Ende der Dreharbeiten hat er nur um wenige Wochen überlebt, er starb am 17. März 1976. Die Uraufführung fand posthum während der Filmfestspiele in Cannes statt.
Luchino Viscontis Abschied vom Kino, das Werk eines todkranken Mannes, der genau wußte, daß seine Tage buchstäblich gezählt waren, der mit großer Disziplin einen Wettlauf mit der Zeit aufnahm und durchstand, ist trotz der makabren Produktionsbedingungen kein Film geworden, dem man mit Nachsicht begegnen muß. Noch einmal entfaltet der Regisseur von »Senso«, »Der Leopard« und »Die Verdamm-

ten« seine in prachtvollen Formen und Farben oszillierende Ästhetik des Verfalls, konfrontiert den sinnlichen Reichtum einer Epoche mit den Indizien ihres historisch-politisch notwendigen Untergangs.
Mussolini und die Faschisten feierten D'Annunzio als einen ihrer wichtigsten ideologischen Wegbereiter. Sie liebten seinen an Nietzsche geschulten Kult des Übermenschen, seine Vergötzung der Schönheit des Grausamen, seine parfümierte Virilität. Der Dichter ließ sich diese Verehrung gerne gefallen, diente bis zu seinem Tod 1938 als literarisches Aushängeschild der Schwarzhemden. Eine brillante Parodie auf den immer noch virulenten »D'Annunzianismus« in Italien lieferte Luigi Comencini in seinem 1975 gedrehten Film »Mein Gott, wie tief bin ich gesunken«, in dem Laura Antonelli – jetzt auch Viscontis Hauptdarstellerin – eine Pilgerfahrt zum Schloß des von hysterischen Verehrerinnen umgebenen Dichter-Fürsten unternimmt.
»L'innocente« – die korrekte Übersetzung wäre »Der Unschuldige«, keineswegs »Die Unschuld«, wie es der deutsche Verleihtitel will – handelt von der maßlosen, schließlich zerstörerischen Liebe zwischen dem Aristokraten Tullio (Giancarlo Giannini) und seiner Frau Giuliana (Laura Antonelli). Tullio hängt romantischen Männlichkeits-Idealen nach, findet Selbstbestätigung nicht nur auf dem Fechtboden, sondern auch und zumal in der lustvoll-quälerischen Erniedrigung seiner Frau, die er öffentlich demütigt. Eine pathetische Leidenschaft – nackte Leiber auf kostbaren Fellen, illuminiert von den Flammen eines offenen Kamins – verbindet ihn mit der schönen Teresa Raffo (Jennifer O'Neill).
Erst als Giuliana eine Affäre mit dem jungen Dichter Filippo (Marc Porel) beginnt, findet Tullio zu ihr zurück. Filippo stirbt, Giuliana bringt sein Kind zur Welt. Tullio, der Übermensch von eigenen Gnaden, vermag die Situation nicht mehr zu ertragen. In der Weihnachtsnacht tötet er das Kind, indem er es der eisigen Kälte aussetzt. Für ihn bedeutet dieser Mord einen Akt höchster Reinheit, Giuliana verläßt ihn entsetzt: »Ich werde dich immer hassen.« Nach einem letzten Gespräch mit seiner Geliebten Teresa vollendet Tullio seinen Wahnsinn. Im Wintergarten schießt er sich lakonisch eine Kugel durch den Kopf. Teresa flieht.
Wenn es das *Smell-O-Vision*-Verfahren, das Kino der Gerüche, schon gäbe, dann müßte über diesem Film ein schwerer Fliederduft liegen. Visconti dämpft D'Annunzios rauschhaftes Melodram durch eine träge Erzählweise, führt die Verwirrung der Gefühle wie in Trance vor, bis zum vollständigen Stillstand. Je rasender Tullio sich seinen Obsessionen hingibt, desto kühler und distanzierter reagiert Viscontis Inszenierung. Dieser Regisseur, der seine emotional defekten Figuren schon immer in Schönheit sterben ließ, war selten radikaler als hier.

Der Abstand zwischen Geschichte und Erzählhaltung, zwischen Feuer und Eis, gibt den Blick frei auf die ideologischen Mechanismen des D'Annunzio-Romans, auf seine Inhumanität und seine Menschenverachtung, die inmitten einer harmonisch komponierten Symphonie aus Samt, Brokat und Marmor besonders erschreckend wirkt.

Dabei arbeitet Visconti nie mit aufgesetzten Bedeutungen, sondern entwickelt Tullios präfaschistische Mentalität direkt aus seinem Erzählmaterial. Oft separiert er die Figuren durch Schnitte im Raum, isoliert sie voneinander, schenkt ihnen nur selten verbindende Kamerabewegungen durch die Dekors, die die absolute Distanz aufheben könnten. Geschickt setzt er die Signalfarben Rot, Schwarz und Weiß gegeneinander, schafft durch Farbkompositionen psychologische Nuancen, die keiner Verbalisierung mehr bedürfen. Tullio, kurz vor seinem Selbstmord, eingerahmt (oder besser: erdrückt) von weißen Blumen und roten Vorhängen – eine Einstellung, die sehr sinnlich den tödlichen Konflikt zwischen utopischer Reinheit und infantiler Leidenschaft ausdrückt.

Die unendlich perfekt kalkulierte Kälte der Inszenierung macht dem Zuschauer einen emotionalen Einstieg in den Film fast unmöglich. Anders als etwa in »Der Leopard«, »Die Verdammten« oder zuletzt »Gewalt und Leidenschaft« bleiben die Figuren blasse Schemen: Insekten auf dem Seziertisch eines Naturwissenschaftlers, der mit den delikatesten Instrumenten operiert. Dieser Eindruck mag nicht zuletzt mit Besetzungsproblemen zu tun haben. Giancarlo Giannini, bei Lina Wertmüller und anderen ein sehr vitaler Schauspieler, muß hier gegen sein eigenes Temperament anspielen. Laura Antonelli, Italiens regierende Sex-Göttin (»Malizia«), scheint von ihrer Rolle überfordert, bleibt selbst dann noch ein schönes Kammerkätzchen, wenn sie eine tragisch Liebende sein müßte. Man könnte sich »L'innocente« sehr gut mit Helmut Berger und Charlotte Rampling vorstellen, zwei ausgewachsenen Visconti-Monstern, die sich in D'Annunzios großbürgerlichem Horror-Roman sicher wohler gefühlt hätten.

Nr. 11 vom 4. 3. 1977

Elia Kazan und »Der letzte Tycoon«
Zurück nach Babylon

»Er hatte sich, als er noch jung war, auf starken Flügeln hoch hinaufgeschwungen, um sich umzuschauen. Und während er dort oben war, hatte er mit jener Art von Augen, die geradewegs in die Sonne

blicken können, alle Königreiche überschaut. Indem er ausdauernd und schließlich wie wahnwitzig mit den Flügeln schlug und immer weiter flügelschlug, hatte er sich da oben länger gehalten als die meisten von uns, und dann hatte er sich, eingedenk alles dessen, was er aus seiner großen Höhe vom Stand der Dinge gesehen hatte, allmählich zur Erde herabgelassen.«
Mit diesen Sätzen hat F. Scott Fitzgerald seinen »Letzten Tycoon« beschrieben, den tragischen Helden Hollywoods, einen Frühvollendeten, der, kaum über zwanzig, von Erfolg zu Erfolg eilte und seiner eigenen Legende nachlief, bis ihn die Realität schließlich einholte. Es war kein sanfter Fall, eher eine Agonie in Zeitlupe, ein langsamer peinvoller Prozeß mit ungewissem Ausgang. Fitzgerald hat die Geschichte von Monroe Stahr, »The Last Tycoon«, nicht mehr beenden können, der Roman bricht mitten im sechsten Kapitel ab und die nach Fitzgeralds Tod im Dezember 1940 gefundenen Notizen erlauben keine definitiven Schlüsse über den Fortgang der Handlung. Harold Pinter (Drehbuch) und Elia Kazan (Regie), die das Wagnis unternommen haben, Fitzgeralds Fragment zu verfilmen, lassen sich auf keine Zettelkasten-Spekulation ein. In der letzten Einstellung sieht man Monroe Stahr, den gescheiterten »*Boy Wonder*«, im Dunkel einer riesigen Atelier-Halle verschwinden, buchstäblich aufgesogen von jener Traum-Fabrik, deren Schemen und illusionistische Zaubereien er besser beherrschte als den Umgang mit der Realität jenseits der Studio-Tore: eine Kino-Figur, die sich nach einem kurzen unglücklichen Aufenthalt auf der Erde wieder in eine Kino-Welt zurückbegibt.
Fitzgerald, mit der entschieden unglamourösen Wirklichkeit Hollywoods intim vertraut, seit er in den dreißiger Jahren als Lohn-Schreiber bei Metro-Goldwyn-Mayer arbeitete und sogar kurzfristig mit dem Skript zu »Vom Winde verweht« befaßt war, hat nie einen Zweifel daran gelassen, wer mit »The Last Tycoon« gemeint sei: Irving Thalberg, der 1936 im Alter von 37 Jahren gestorbene Produktionschef der MGM, ein rastlos kreativer Alleskönner, der die Produktionen des Studios bis zum letzten Detail überwachte und beeinflußte, der mit einer seltsamen Mischung aus präzisem Geschäftssinn und künstlerischer Inspiration den Ruhm der MGM begründete. Thalberg, ein Mann von schwächlicher Konstitution, war ein Qualitäts-Fanatiker, der, oft ohne Rücksicht auf zusätzliche Kosten, ganze Szenen nach- oder neudrehen ließ, bis ihn das Ergebnis endlich befriedigte. In Hollywood kursierte der Spruch: »*Thalberg doesn't make pictures, he remakes them.*« Bei den Studio-Bossen war der sensible Einzelgänger trotz seiner Erfolge nicht eben beliebt, gelegentliche Machtkämpfe mit dem MGM-

Präsidenten Louis B. Mayer zehrten zusätzlich an seiner fragilen Gesundheit.

Fitzgerald hatte Thalberg schon 1927 flüchtig kennengelernt und war sofort von ihm fasziniert. In dem melancholischen Charme des jugendlichen Selfmademan aus Brooklyn spürte er eine Nähe zu seinen eigenen Figuren, den gefährdeten Träumern, die, wie Jay Gatsby, an einer Welt zugrunde gehen, die zu häßlich ist für ihre Grandeur. 1932 stellte er Thalberg in den Mittelpunkt seiner Kurzgeschichte »Crazy Sunday«, später, nach Thalbergs Tod, schrieb er während der Arbeit an »The Last Tycoon« an einen Redakteur von »Collier's«: »Thalberg hat mich immer fasziniert: sein besonderer Charme, sein außergewöhnlich gutes Aussehen, sein freigebiger Erfolg, das tragische Ende seines großen Abenteuers. Die Ereignisse, die ich um ihn herum gebaut habe, sind Fiktion, aber sie alle hätten sehr wohl wirklich geschehen können, und ich bin ganz sicher, daß ich tief genug in den Charakter dieses Mannes geschaut habe, damit seine Reaktionen authentisch so sind, wie sie im Leben gewesen wären.«

Der Entschluß von Elia Kazan, vier Jahre nach seinem letzten, unabhängig produzierten Film »The Visitors« und sechs Jahre nach seiner letzten großen Hollywood-Produktion »The Arrangement« seine neue künstlerische Existenz als Schriftsteller zu unterbrechen und ein Kino-Comeback zu unternehmen, hat mit den historisch-biographischen Aspekten von »The Last Tycoon« kaum etwas zu tun. Anders als Fitzgerald hat ihn das klassische Hollywood nie sonderlich fasziniert, Thalbergs Produktionen und das melodramatische Air des Kinos der dreißiger Jahre, das er in kurzen Film-im-Film-Sequenzen bis an den Rand der höhnischen Satire paraphrasiert, findet er eher töricht und die derzeit im Überfluß entstehenden narzißtischen Selbstfeiern der amerikanischen Filmindustrie – von Peter Bogdanovichs »Nickelodeon« bis zu Ken Russells »Valentino« – interessieren ihn überhaupt nicht. Als prominentester amerikanischer Bühnen-Regisseur der vierziger und fünfziger Jahre, als einflußreicher Geburtshelfer vieler wichtiger Stücke von Freunden wie Tennessee Williams und Arthur Miller, als Mitbegründer des New Yorker »Actors' Studio« ist er in Hollywood ohnehin nie recht heimisch geworden, blieb immer, fast so wie Fitzgerald, ein distanzierter Betrachter am Rande der Szene.

Zumal seine Erfahrungen bei der MGM, für die er 1947 als seinen zweiten Spielfilm »Sea of Grass« mit Spencer Tracy und Katharine Hepburn drehte, waren einigermaßen desaströs. Viele seiner besten und berühmtesten Filme entstanden, weit von Hollywood, *on location*: »On the Waterfront« (Die Faust im Nacken) in New York,

»Wild River« (»Wilder Strom«) in Tennessee, das große autobiographische Epos »America America« in seiner anatolischen Heimat, die seine Eltern 1913 in Richtung Amerika verließen.
Warum also jetzt eine Studio-Produktion, noch dazu ein Hollywood-Film über das ungeliebte Hollywood? In dem Drehbuch von Pinter, das ursprünglich von Mike Nichols mit Dustin Hoffman als Monroe Stahr verfilmt werden sollte und das Kazan ohne Änderungen übernahm, entdeckte er einen Aspekt, der viele seiner Filme geprägt hat: die emotionale Unreife des amerikanischen Mannes, der zwar gelernt hat, in seinem Beruf perfekt zu funktionieren, doch in seinen privaten Beziehungen eine klägliche Hilflosigkeit offenbart, den die Jagd nach dem Erfolg, der allein das Glück bedeuten soll, seelisch erstarren läßt und in schwere Neurosen treibt. Kazans Filme sind voll von Figuren, die eine allgemeine gesellschaftliche Krankheit in individuelle psychische Defekte übersetzen, die verzweifelt gegen ihre emotionalen Verkrüppelungen aufbegehren: Vivien Leigh und Marlon Brando in »A Streetcar Named Desire« (Endstation Sehn-

Elia Kazan

sucht), Julie Harris und James Dean in »East of Eden« (Jenseits von Eden), Natalie Wood und Warren Beatty in »Splendor in the Grass« (Fieber im Blut), Faye Dunaway und Kirk Douglas in »The Arrangement«. Dabei sind es besonders die Männerfiguren, deren neurotische Disposition Kazan mit dem geduldigen Scharfsinn eines Psychoanalytikers bloßlegt, die im Gedächtnis bleiben: eine Galerie verwundeter Kindmänner, die nie erwachsen werden, Rebellen ohne Sache und ohne Zukunft, zumal Brando und Dean. Verloren in Amerika.

Die einfühlsame Genauigkeit, mit der Kazan dieses Dilemma einer materialistischen Gesellschaft und ihrer beschädigten Menschen zu beschreiben weiß, liegt nicht zuletzt an seiner eigenen Fremdheit gegenüber dieser Gesellschaft, die ihn zugleich fasziniert und abstößt. Er hat nie das »anatolische Lächeln« – so sollte »America America« ursprünglich heißen – seiner Jugend verloren, seine Sehnsucht nach familiärer Geborgenheit (»In der Türkei habe ich das Gefühl, daß jeder mein Cousin ist«), und andererseits hat er exemplarisch erlebt, was es heißen kann, Amerikaner zu sein: die Traum-Karriere vom armen Einwanderer-Sohn zum Star-Regisseur, eine Karriere fast so glanzvoll wie die von Monroe Stahr und Irving Thalberg, Geld, Macht, dann der Verlust der Würde in der McCarthy-Zeit, als er vor dem Ausschuß für unamerikanische Umtriebe seine Freunde verriet, das Gefühl moralischen Versagens, wieder neue Karrieren, der Kampf gegen den Krieg in Vietnam, der Triumph, als erster, schon 1971, einen Film über die Calleys und Medinas gemacht zu haben, die verlorenen, pervertierten Söhne Amerikas und die Zerstörungen, die sie aus My Lai zurücktrugen: »The Visitors«.

Monroe Stahr, der Tycoon der dreißiger Jahre, erscheint wie ein historischer Vorläufer der Figuren, in denen Kazan seine Haß-Liebe zu Amerika ausgedrückt hat. Robert De Niro, in dem Kazan die gleichen Qualitäten tiefer Verwundbarkeit und Verstörung entdeckt wie einst bei Montgomery Clift, Marlon Brando, James Dean und Warren Beatty, stellt ihn dar als einen Mann, der allmählich an seiner Zerrissenheit zugrunde geht. Prononcierter noch als Fitzgerald, dessen Vorlage Pinters Drehbuch trotz einiger Veränderungen und Raffungen im wesentlichen genau folgt, konfrontiert Kazan Monroe Stahrs kühle professionelle Kompetenz mit seinen unerfüllten romantischen Sehnsüchten.

Er wird eingeführt in einer Sequenz im Projektionsraum des Studios, wo er nach einer Mustervorführung kurze, präzise Anweisungen für Änderungen und Verbesserungen gibt. Man sieht nur seinen Hinterkopf. Er strahlt eine unzerbrechliche Autorität aus. Er richtet einen alternden Star mit Potenz-Problemen auf, er belehrt einen aufsässigen englischen Drehbuchautor, er entläßt mit beiläufiger Grausamkeit einen Regisseur, er läßt sich die Aufmerksamkeiten der Tochter des Studio-Chefs gefallen, er behauptet sich lässig im Kreis der Mächtigen Hollywoods, die ihn für einen »gottverdammten Vine-Street-Jesus« halten. Alles scheint diesem Monroe Stahr mit großer Leichtigkeit von der Hand zu gehen, bis auf die wenigen unbeobachteten Momente der Einsamkeit, in denen er sich in sein Büro verkriecht.

Bei einem Erdbeben sieht er zum erstenmal Kathleen. Sie erscheint ihm wie eine Traumvision, in das Wasserbecken des Studios geschwemmt auf dem goldenen Papp-Kopf einer indischen Göttin, einem Accessoire für die nächste Monumental-Phantasie von Cecil B. DeMille. In dieses Mädchen projiziert der große Monroe Stahr seine verschütteten Leidenschaften, für wenige Tage legt er seine Maske ab. Doch die Affäre verdämmert sanft im milchigen Licht kalifornischer Nachmittage, Kathleen liebt einen anderen, die vermeintliche Göttin ist von durchaus diesseitiger Beschaffenheit. Monroe Stahr hat sie zur Hauptdarstellerin seines eigenen privaten Liebesfilms gemacht, aber angesichts der Wirklichkeit versagen seine Inszenierungskünste. Schmerzlich erfährt er den Bruch zwischen Kino und Leben. Seine Reaktionen auf den Verlust sind panisch, selbstzerstörerisch. Seine vermeintliche Sicherheit bröckelt ab.

»Babylon revisited« heißt eine der berühmtesten Kurzgeschichten von Fitzgerald, und so könnte auch dieser Film heißen, den Kazan mit Bedacht sehr altmodisch, gegen alle Strömungen des modernen amerikanischen Kinos, inszeniert hat. Selbst in Momenten äußerster Emotionalität bleibt der Film beherrscht und distanziert, nähert sich seinen Figuren nur so weit, um ihre Erregung mitzuteilen, aber nie, um sie zum identifikatorischen Mitvollzug preiszugeben. Man wird eingeladen, den Untergang eines Mannes aus der Ferne zu beobachten. Eine Tragödie indessen ohne Tränen: die Heimkehr in dieses seltsame Babylon vollzieht sich mit der gleichen kühlen Eleganz, die den Ton von Fitzgeralds Prosa bestimmt.

Wie alle Filme von Elia Kazan ist auch »Der letzte Tycoon« ein Schauspieler-Film. Um Robert De Niro hat der Regisseur ein Ensemble gruppiert, wie man es selten im Kino zu sehen bekommt. Selbst kleine Rollen (Dana Andrews als Regisseur Red Ridingwood, Donald Pleasence als Drehbuchautor Boxley, John Carradine als Fremdenführer) sind perfekt besetzt. Die mörderische Gelassenheit grau gewordener Hollywood-Veteranen (Robert Mitchum als Studio-Chef Pat Brady, Ray Milland als Firmen-Anwalt Fleishacker) kontrastiert wirkungsvoll zu den exhibitionistischen Übungen von Tony

Curtis und Jeanne Moreau, die Kazan nicht ohne Ironie als alternde Super-Stars einsetzt. Doch die schaupielerische Flamboyanz der Kazan-Filme aus den fünfziger Jahren, als Darsteller wie Karl Malden, Rod Steiger, Lee J. Cobb und Eli Wallach mit exhibitionistischer Inbrunst ihre Neurosen von der Leinwand schleuderten, ist hier einer eisigen Ruhe gewichen. Gefühle werden nur noch zitiert, zumal die Kasino-Sequenzen mit Mitchum und Milland, in denen ein einziges leises Wort die Vernichtung einer Existenz bedeuten kann, beziehen ihre atmosphärische Spannung aus knappen Andeutungen. Als wesentliche Schwäche des Films erweist sich dagegen die Besetzung der Debütantin Ingrid Boulting als Kathleen Moore, die bisweilen so indifferent wirkt, daß man Stahrs Interesse an ihr nur schwer verstehen kann.

Im September wird Elia Kazan, der nie vergessen hat, daß er einmal Kazanjoglou hieß, 68 Jahre alt. Seine Suche nach dem ambivalenten »American Character«, jener Mélange aus hochfliegenden Träumen und qualvollen Stürzen, die auch und gerade in »The Last Tycoon« ihren Ausdruck findet, wird er demnächst mit einer Fortsetzung von »America America« weiterführen. Was wohl geworden sein mag aus dem Jungen mit dem anatolischen Lächeln? Vielleicht hat er sein Glück gemacht – in Hollywood.

Nr. 13 vom 18. 3. 1977

»Rocky« von John G. Avildsen
Ein amerikanisches Märchen

Vor zwei Jahren noch fragten die Leute ungläubig »Jimmy Who?«, inzwischen ist der Mann Präsident der Vereinigten Staaten. Im unaufhaltsamen Aufstieg des Jimmy Carter aus Georgia vollzog sich exemplarisch der alte »*American Dream*«, der längst totgesagte Mythos vom Land der unbegrenzten Möglichkeiten, in dem es jeder zu etwas bringen kann, vorausgesetzt, daß er sich nur energisch genug darum bemüht. Jimmy Carter glaubt an diesen Mythos, schließlich hat er ihn selber gelebt. »Ich habe keinen neuen Traum«, sagte der 39. Präsident der USA bei seiner Amtsübernahme im Januar, »wir brauchen dringend einen frischen Glauben an den alten Traum.« Im Amerika des Jimmy Carter grassiert ein kollektiver Optimismus, dessen populistische Wurzeln nicht von ungefähr an Franklin Delano Roosevelts »New Deal« der dreißiger Jahre erinnern. Vietnam und

Watergate scheinen fast schon vergessen, und die alten Träume verkaufen sich besser denn je.
Der erste große Kinoerfolg der Ära Carter reflektiert sehr anschaulich die gewandelte Stimmung im Lande: »Rocky«, die simple Geschichte eines Niemand, der ein Jemand wird, ein billig produzierter Außenseiterfilm mit einem völlig unbekannten Hauptdarsteller und Drehbuchautor namens Sylvester Stallone, wird nach vorsichtigen Schätzungen rund vierzig Millionen Dollar einspielen; er wurde soeben als »bester Film des Jahres« ausgezeichnet, und Regisseur Avildsen erhielt den »Oscar«. Und was Jimmy Carter im großen gelang, machte Sylvester Stallone auf Hollywoodniveau nach: den gewaltigen Sprung *»from rags to riches«* oder, wenn man es klassisch will, »per aspera ad astra«, vom obskuren Kleindarsteller zum Superstar, der sich vor Angeboten der großen Studios kaum noch retten kann. Sylvester Stallone und »Rocky« – ein amerikanisches Märchen, Cinderella 1977, sentimental und romantisch.
Stallone, geboren und aufgewachsen in einem New Yorker Slumviertel, besitzt den muskulösen Leib eines Body-Building-Adepten und die unendlich traurigen Augen eines herrenlosen Bernhardiners. Er ist kein sonderlich subtiler Schauspieler, kein neuer Brando oder Dean, aber der brennenden Intensität, mit der er in »Rocky« die Leinwand beherrscht, merkt man an, daß hier einer buchstäblich um seine Existenz spielt. Ursprünglich sollte ein etablierter Star vom Kaliber eines Burt Reynolds oder James Caan die Rolle des kleinen Boxers spielen, der unverhofft die Chance zu einem Weltmeisterschaftskampf mit dem Champion aller Klassen bekommt, doch der Drehbuchautor Stallone verkaufte sein Skript nur unter der Bedingung, daß er sein eigener »Rocky« sein durfte. Er mußte es schaffen, mußte gut sein, sonst wäre der Traum von der großen Karriere schon im ersten Anlauf unwiderruflich dahin gewesen. So vermittelt die Übereinstimmung zwischen Biographie und Fiktion dem Film seine eigentümliche Überzeugungskraft, die auch noch die märchenhaftesten Züge dieser Boxerballade realistisch erscheinen läßt. Wenn Rocky beim Training im Kühlhaus eines Schlachthofs wie besessen auf blutige Rinderhälften eindrischt, erscheinen der mörderische Elan der Figur und des Schauspielers deckungsgleich, auswechselbar. Die Redensart »Sichdurchboxen« bekommt eine unmittelbar sinnliche Dimension.
Im klassischen Hollywoodkino war der Boxkampf stets auch eine Metapher für den Lebenskampf. Paul Newman brachte das als Rokky Graziano in »Somebody Up There Likes Me« (Die Hölle ist in mir, 1956) von Robert Wise auf die bündige Formel: »Wo sonst als beim Boxen kann ein Typ wie ich etwas werden? Was ist besser?

Stehlen, Verhungern oder Boxen?« Wer nicht clever genug ist zum Stehlen, nicht apathisch genug zum Verhungern, dem wird das Boxen zu einer Chance, die fixierten Regeln des sozialen Aufstiegs mit Leberhaken zu unterlaufen. Das ist auch so im schönsten aller Boxerfilme, Robert Rossens »Body and Soul« (1947) mit John Garfield, das ist so in Mark Robsons »Champion« (1949) mit Kirk Douglas, und auch in Raoul Walshs »Gentleman Jim« (1942), wo Errol Flynn den graziösesten aller Faustkämpfer spielte. Audie Murphy spielte 1956 in einem Boxerfilm mit dem bezeichnenden Titel »World in my Corner«.

»Rocky«, ein Film, in dem es nur zwei Boxkämpfe zu sehen gibt – einen kurzen zu Beginn und einen langen, sehr brutalen am Ende –, schließt an diese Tradition an. Doch die sozialdarwinistischen Züge des Genres, früher meist beherrschend, reiben und brechen sich hier an einer rührenden Liebesgeschichte. Der bei aller Kraft doch recht melancholische Märchenprinz aus dem verkommensten Viertel von Philadelphia wirbt um seine Märchenprinzessin, eine Verkäuferin in einer Tierhandlung, die sich vom häßlichen Entlein mit struppigem Haarschopf und strenger Brille zu einer amerikanischen Schönheit wandelt. Zwischen den beiden Liebenden – Talia Shire spielt das Mädchen Adrian – gibt es einige sehr zärtliche, traumverlorene Szenen: ein abendlicher Ausflug in eine menschenleere Eislaufhalle, die erste Nacht in Rockys verwahrlostem Junggesellenzimmer. Aber Stallones Sentimentalität ist nie stickig und verlogen wie die der »Love Story«, sie spiegelt mit authentischer Naivität die utopischen Sehnsüchte des Helden und seines Erfinders, bis hin zum Ende, als Rocky nach dem großen Kampf die Reporter abwimmelt und nur noch Augen für sein Mädchen hat.

Über den Rummel um Sylvester Stallone vergißt man allzu leicht, daß nicht er »Rocky« inszeniert hat, sondern der in Deutschland bislang kaum bekannte John G. Avildsen, dessen Film »Save the Tiger« mit Jack Lemmon (der dafür einen »Oscar« gewann) vor einiger Zeit in unseren Programmkinos zirkulierte. In »Rocky« erweist sich Avildsen als aufmerksamer Schüler von Martin Scorsese, kopiert geschickt, wenn auch nicht sonderlich brillant, den nervösen, vitalen Stil von »Mean Streets« und »Taxi Driver«. Mit seiner beweglichen Kamera tastet er die triste Asphalt- und Neonwelt der Metropole Philadelphia ab und beweist doch genug Einfühlungsvermögen, um Stallones Entwurf eines modernen Märchens intakt zu lassen.

»Rocky«, so scheint es, wird eine ganze Welle von Sport- und Boxerfilmen aus Hollywood auslösen, die zusammen mit den vielen neuen Kriegsfilmen das Gesicht des amerikanischen Kinos 1977 prägen dürften. Mit Robert de Niro in der Hauptrolle bereitet Martin Scorsese den Boxerfilm »Raging Bull« vor, Martin Ritt dreht »Casey's Shadow« (Der Champion) mit Walter Matthau, und auch eine Komödie mit dem Arbeitstitel »Knockout« steht auf dem Programm. Muhammad Ali, noch einer, der den alten amerikanischen Traum erfüllt hat, porträtiert sich selber in »The Greatest« (Regie: Tom Gries) und auch andere Sportarten kommen nicht zu kurz: »Semi-Tough« mit Kris Kristofferson und Burt Reynolds beschäftigt sich mit American Football, um Eishockey geht es in »Slapshot« mit Paul Newman. Daß alle diese Filme im ersten Jahr der Präsidentschaft von Jimmy Carter aus Plains in Georgia gemacht werden, ist gewiß mehr als ein Zufall. Amerika faßt wieder Tritt, und in der Kommunion der Sportarenen, in denen sich Aufsteigerträume handgreiflicher erfüllen als irgendwo sonst, läßt sich optimistisch von einer besseren Zukunft träumen.

Nr. 15 vom 1. 4. 1977

Drei Filme von Brian De Palma
Hommage à Hitchcock

Vor neun Jahren, als er für ganze 43 000 Dollar den später bei der Berlinale preisgekrönten Film »Greetings« in den Straßen von New York drehte, träumte er davon, der amerikanische Godard zu werden. Vor sieben Jahren, als Hollywood ihn zum erstenmal engagierte, scheiterte er mit »Get to Know your Rabbit«. Kurz vor Ende der Dreharbeiten wurde ihm die Regie entzogen, der Film verschwand in den Archiven. Vor drei Jahren gelang ihm mit der Rock-Version von Gaston Leroux' klassischem Schauerroman »Das Phantom der Oper« ein beachtliches Comeback. In Paris avancierte »Phantom of the Paradise« zum Kultfilm. Seit einem Jahr gilt er als einer der »heißesten« neuen Regisseure Hollywoods. Sein moderner Horrorfilm »Carrie« gehört zu den größten geschäftlichen Erfolgen der Saison.
Brian De Palma, 1940 in Philadelphia geboren, hat lange gebraucht, um sich als Filmemacher durchzusetzen. Unter den Regisseuren des »Neuen Hollywood«, zu denen nicht zuletzt sein langjähriger Freund Martin Scorsese (»Mean Streets«, »Taxi Driver«) zählt, ist er einer der ältesten. Seine Karriere geht zurück bis ins Jahr 1960, als der junge Physikstudent der New Yorker Columbia-Universität mit einigen Freunden den experimentellen Kurzfilm »Icarus« drehte. Vier

Jahre später schon folgte der erste unabhängig produzierte Spielfilm »The Wedding Party« mit einem gerade 19jährigen Schauspielschüler namens Robert De Niro in einer der Hauptrollen. De Niro, damals noch völlig unbekannt, spielte auch in »Greetings« und der Fortsetzung »Son of Greetings«, die später in »Hi, Mom!« umgetitelt wurde: einen von voyeuristischen Phantasien heimgesuchten Vietnam-Heimkehrer in New York.

Ein amerikanischer Godard will Brian De Palma längst nicht mehr werden, eher ein neuer Hitchcock. Wo sich seine frühen, frei improvisierten und *»on location«* gedrehten politischen Satiren am unorthodoxen Stil der Pariser »Nouvelle Vague« orientierten, findet er heute seine Vorbilder in der Hollywood-Klassik: »Ich interessiere mich für reines Kino und möchte meine Filme eigentlich ausschließlich in Bildern erzählen. Die Einführung des Tonfilms hat das Kino nachteilig beeinflußt. Das visuelle Element ist gegenüber dem Wort, den Dialogen ins Hintertreffen geraten. Die meisten der großen Regisseure, die ich bewundere, haben noch beim Stummfilm angefangen: Alfred Hitchcock, John Ford, Howard Hawks. Und der absolute Meister dieses rein visuellen Geschichtenerzählens ist Hitchcock. Er hat uns das filmische Vokabular gegeben, das wir benutzen und erweitern müssen.«

So spricht ein Epigone, doch De Palma, ein breiter, bärtiger Typ, der noch immer wie ein Student aussieht, ist kein flinker Leichenfledderer wie Peter Bogdanovich, der sich in den letzten Jahren zunehmend darauf spezialisiert hat, den vergilbten Glamour des schönen alten Genre-Kinos auf neu zu schminken und zu vermarkten: der Regisseur als Kosmetiker. De Palma ist ehrlicher, er bekennt sich zu seinen Vorlieben bis hin zum offenen Plagiat, das freilich durch seinen äußerst exaltierten, emotional aufgeladenen Stil eine neue, überraschende Eigenständigkeit gewinnt. Gleich zwei der drei Filme von De Palma, die 1977 in unseren Kinos zu sehen sind, folgen offensichtlich Hitchcockschen Vorlagen, kopieren deren Handlungsmuster bis in einzelne Details.

In »Obsession« (Schwarzer Engel, 1975) erzählt De Palma die Geschichte eines Geschäftsmannes aus New Orleans, der während einer Europa-Reise in Florenz die Doppelgängerin seiner vor fünfzehn Jahren bei einer Kidnapping-Affäre ermordeten Frau entdeckt. Unversehens gerät seine geordnete Welt ins Wanken, er erliegt einer zügellosen Obsession, heiratet die junge Italienerin und gerät zum zweitenmal in ein mörderisches Komplott. Die vermeintliche Doppelgängerin erweist sich als seine eigene Tochter, dazu als williges Werkzeug einer wahrhaft diabolischen Intrige, die ausgerechnet sein bester Freund angezettelt hat. Der Film endet auf dem Flughafen von New Orleans. Minutenlang umkreist die Kamera in immer schnelleren Bewegungen die beiden Protagonisten, dazu braust ein symphonisches Gewitter des Hitchcock-Komponisten Bernard Herrmann, der u. a. die Musik zu »Der unsichtbare Dritte«, »Aus dem Reich der Toten« und »Psycho« schrieb.

Noch abstruser geht es in »Sisters« (Die Schwestern des Bösen, 1972) zu, einer Mord- und Horrorgeschichte, in der attraktive siamesische Zwillinge namens Danielle und Dominique eine zentrale Rolle spielen. Eine junge Reporterin beobachtet zufällig einen Mord im Haus gegenüber, doch niemand glaubt ihr, auch die Polizei nicht. Die Leiche ist im Sofa versteckt, die schöne Heldin kommt knapp mit dem Leben davon, der böse Zwilling wetzt die Messer, Blut fließt in Strömen: Grand Guignol in New York. Auch hier stammt die Musik von Bernard Herrmann, auch hier ist Hitchcock in jeder Szene präsent. De Palma kombiniert Elemente aus »Psycho«, »Das Fenster zum Hof« und »The Rope« zu einer Anthologie von Hitchcock-Situationen, zu einer blutroten, manchmal leicht ironischen Hommage an den Meister. »Obsession« – das Drehbuch stammt von Paul Schrader, dem Autor von »Taxi Driver« – ist dagegen nur von einem Hitchcock-Film, vielleicht seinem besten, inspiriert: »Vertigo« (Aus dem Reich der Toten).

Was sich bei Hitchcock nach den subtilen Regeln einer raffiniert verfeinerten »Suspense«-Dramaturgie vollzieht, gerät seinem Jünger Brian De Palma zu einer schier atemlosen filmischen Tour de force von Höhepunkt zu Höhepunkt. Der Zuschauer kommt nie zur Ruhe, wird bombardiert mit extremen optischen und musikalischen Sensationen, mit bizarren Einstellungs-Winkeln und aufpeitschenden Klängen. »Obsession« ist in diesem Zusammenhang ein bezeichnender Titel für De Palmas Kino der totalen Emotionalität, das immer an der Grenze zum Wahnsinn operiert. Dieses barocke Kino der Effekte besitzt eine sonderbare Faszination, die sich nicht, wie etwa fast immer in den Filmen von Ken Russell, in aufgeblähter kunstgewerblicher Ambition erschöpft. Durch die Kombination von irrwitzigen Geschichten, die jeder Plausibilität spotten, und der Wildheit der Inszenierung entsteht ein rauschhafter Sog, in dem sich die Figuren auflösen, in dem nur noch Farbe, Licht und Bewegung wichtig sind: »cinema pur« durchaus im Sinne von Hitchcock.

Dennoch erschöpft sich das Kino des Brian De Palma nicht in manieristischen Stilübungen. Während etwa ein Film wie William Friedkins »Der Exorzist« allein auf glatte äußere Handlungsspannung abzielt, so ist bei De Palma die inszenierte Außenwelt immer auch Widerspiegelung psychischer Vorgänge und die Gewalt Ausdruck seelischer Zwangssituationen. Dabei ist er – wie sein Meister Hitchcock – von religiösen Stimmungen fasziniert. Das Gefühl für Sünde, schlechtes Gewissen und Schuldkomplexe läßt seine Filme erst im Innersten funktionieren. Zum Beispiel »Carrie« (1976), De Palmas jüngster und mit Abstand bester Film, die Geschichte eines mit telekinetischen Kräften begabten Schulmädchens, das dem religiösen Wahn seiner Mutter und der Mißgunst seiner »normalen« Altersgenossen erliegt.

»Carrie« ist einerseits ein Horrorfilm mit einer telekinetischen Destruktionsorgie, in der De Palma von der »*Split-Screen*«-Technik der mehrfach unterteilten Leinwand über monochrome Bildeinfärbungen bis hin zur Zeitlupe alle technischen Mittel mobilisiert, andererseits aber auch das psychologisch präzise Porträt einer unglücklichen Pubertät. Carrie (Sissy Spacek), von ihrer Mutter fanatisch puritanisch erzogen, erlebt ihre erste Menstruation als tiefe, beinahe tödliche Verwundung. Den Schock dieses Augenblicks zeigt De Palma in einer sehr prägnanten Sequenz: Carrie steht unter der Dusche, wäscht sich nach einer Turnstunde, von sanfter Musik umschmeichelt wie in einem Deodorant-*Commercial*, und entdeckt plötzlich Blut an ihren Beinen. Unversehens löst sich das Idyll in schrille Panik auf, noch verstärkt durch die Reaktion der anderen Mädchen, die Carrie mit Tampons bewerfen.

»Carrie«, von der amerikanischen Kritik zum Teil überschwenglich gelobt, lebt von solch schroffen Kontrasten zwischen harmonischer Unschuld und Verstörung. Die finale Mordsequenz, in der sich Mutter und Tochter gegenseitig töten, stilisiert De Palma zu einer schwarzen Messe mit religiösen Symbolen. Motive der Kreuzigung, der sieben Wunden Christi und der Erlösung mischen sich zu einem Ausbruch extremer Verzweiflung.

Drei Filme von Brian De Palma, einem Regisseur, den zu entdecken es sich lohnt. Von »Sisters«, der bei uns im August anlaufen soll, über »Obsession« bis »Carrie« hat er sich zu einem der eigensinnigsten Filmemacher des Neuen Hollywood entwickelt.

Nr. 18 vom 22. 4. 1977

»Stroszek« von Werner Herzog

Bruno gegen Amerika

Eine Geschichte, so einfach und manchmal komisch wie eine jener tieftraurigen Hinterhof-Balladen, die der unvergleichliche Bruno S. zum Akkordeon singt. Nichts von der parfümierten Larmoyanz

leicht berechenbarer Sozial-Dramen, dafür der schroffe, dissonante Ton eines Liedes über die Zerstörung eines Traumes und die Verhinderung einer Existenz. Einer (Bruno) wird aus dem Gefängnis entlassen, bekommt gute Ratschläge mit auf den Weg und weiß schon, daß »sich alles im Kreise dreht«. Im »Bierhimmel«, einer ziemlich miesen Berliner Kneipe, trifft er die Hure Eva (Eva Mattes) wieder, die unter zwei rüden Zuhältern (Burkhard Driest und Norbert Grupe alias Prinz von Homburg) leidet. Die beiden prallen Kerle machen auch den Bruno fertig, schlagen und demütigen ihn. So wächst der Plan zur Flucht nach vorn: Bruno Stroszek, der Straßensänger aus Berlin, fährt nach Amerika, zusammen mit der Hure Eva und dem alten Herrn Scheitz (Clemens Scheitz), der einen Neffen in Wisconsin hat. *Wisconsin*: das ist ein Zauberwort wie *Carolina* für Jan Troells schwedische »Emigranten«.
Ein seltsameres Trio suchte noch nie sein Glück im *promised land*: Bruno, der schwerblütige, schwerfällige Träumer, der ganz selbstverständlich davon ausgeht, in Amerika »durch Arbeit schnell reich zu werden«; Herr Scheitz, der versponnene Greis, der hingebungsvoll an einer absonderlichen Theorie des »tierischen Magnetismus« arbeitet; Eva, halb Hure, halb Hausmütterchen, eine eher praktische Natur, die denn auch als einzige aus dem Wahnsinnsunternehmen aussteigt und sich mit ein paar lustigen *truckers* nach Kanada absetzt.
Für Bruno, für Herrn Scheitz und auch für den Zuschauer bleibt Amerika in »Stroszek« ein rätselhaftes, fremdes Land. Wie die zum Untergang bestimmten Conquistadores in »Aguirre, der Zorn Gottes«, mit dem dieser Film viele Ähnlichkeiten besitzt, reisen Bruno und der alte Mann geradewegs in die Katastrophe – aus einem touristischen Postkarten-Amerika (die schweigende Überwältigung auf dem Empire State Building, die langen Autofahrten, die Unendlichkeit suggerieren, das Abendrot am Ende der Highways) in eine menschenfeindliche Gegend mit undurchschaubaren Eingeborenen und ebensolchen Sitten und Gebräuchen. Vier Mörder gibt es in dem winzigen Nest Railroad Flats, erzählt der Neffe von Herrn Scheitz, ein Automechaniker, der in Deutschland bei der Army gedient hat und seitdem den Satz kennt: »Was ist los? Der Hund ist los.« Vielleicht sind es auch fünf, jeden Sonntag sucht der Neffe mit einem Metall-Detektor nach den Überresten der Opfer. Seit Jahren führen zwei Farmer einen Kleinkrieg um einen Streifen Land, umkreisen sich, mit dem Gewehr im Anschlag, auf ihren schweren Traktoren.
Von allen Filmen Werner Herzogs ist »Stroszek« der zugänglichste, nach den erratischen Visionen von »Herz aus Glas« wirkt er wie eine

Befreiung. Was in jenem Film unter einer Flut kostbarer Bilder zu ersticken drohte, Herzogs Liebe zu seinen Figuren und deren Mangel an bürgerlicher Normalität, macht die große Qualität von »Stroszek« aus. Die Abenteuer von Bruno und Herrn Scheitz in Amerika sind komisch und schrecklich zugleich, und Herzog läßt sich mit unverhofftem Witz auf die schönen Verrücktheiten seiner Helden ein, die Scheiternde sind wie alle Herzog-Figuren, aber keine maßlosen Titanen mehr.
Ihren Kampf gegen Amerika tragen Bruno und Herr Scheitz mit störrischer Würde und unbeirrt von allen Absurditäten und Fährnissen aus, mit einem Realitäts-Verständnis, das sich einerseits aus ihren allerprivatesten Obsessionen speist (Brunos Sehnsucht nach einer Behausung, nach einer »Existenz«, die mehr ist als »Leben«, der kosmische Wahn des Herrn Scheitz), andererseits aus einem Amerika-Bild, wie man es aus unzähligen Filmen kennt: die Aussicht auf raschen Wohlstand, die sich hier in einem fast zwanzig Meter langen, komplett eingerichteten *mobile home* manifestiert, das pompös ins Bild gefahren wird und schließlich wieder abgeholt, weil die Raten nicht mehr bezahlt werden können, aber auch die Gangster-Karriere, zu der sich unsere Helden gegen Ende entschließen. So entwickelt sich Komik, aber keine denunzierende, sondern eine befreiende, aus ständigen Kollisionen zwischen Wunschdenken und Wirklichkeit, zwischen irrealem Traum und realem Alptraum. Man muß Herrn Scheitz dafür lieben, wie er zwei verdutzte Provinzler bei einem Jagdausflug stellt, ihnen ganz ernsthaft den »tierischen Magnetismus« erklärt, auf Deutsch natürlich, von dem sie kein Wort verstehen, und umständlich »Messungen vornimmt«. Oder die gelassene Grandeur, mit der er die Polizisten nach dem tragikomisch mißglückten Überfall fragt: »Wer hat Sie geschickt?«, als seien sie kleine grüne Männer vom Mars.
Indem Herzog das Verhalten von Bruno und Herrn Scheitz als völlig normal und folgerichtig beschreibt und die Ballade vom amerikanischen Abenteuer aus ihrer Perspektive erzählt, entdeckt er nicht nur die Mut machende Kraft ihrer Phantasie, sondern auch ein Amerika, wie es noch kein anderer europäischer Regisseur gesehen hat: ein abgründiges Irrenhaus, dessen einzige zurechnungsfähige Insassen zwei Sonderlinge aus Berlin-Kreuzberg sind.
Diese beklemmende Vision endet für Bruno in einer Indianer-Reservation. Nach Art der Eingeborenen gekleidet, einen Cowboyhut auf dem Kopf, das Gewehr und einen tiefgekühlten Puter aus dem Supermarkt im Arm, setzt er einen Sessellift in Gang, fährt auf einen Berg. Und während im »Indian Museum« dressierte Hühner, Enten und Kaninchen immer hektischere Tänze aufführen, während Bru-

nos brennendes Auto führerlos im Kreise fährt, hört man aus der Ferne einen Schuß – das Ende einer Reise, hoch droben, *far from the madding crowd*.

Bruno S., Kaspar Hauser in »Jeder für sich und Gott gegen alle«, und Clemens Scheitz, der kleine Rollen im Kaspar-Hauser-Film und in »Herz aus Glas« hatte, sind keine Schauspieler. Sie spielen sich selber, entdecken sich, mit Herzogs behutsamer Hilfe, in jeder Szene neu, stellen Verwunderungen und Verletzungen aus, wie kein Profi das könnte. Sie in »Stroszek« zu erleben, ist eine ebenso verstörende wie wunderbare Erfahrung, voll von Momenten einer Schutzlosigkeit, wie sie manchmal Robert Bresson mit seinen Laien-Darstellern gelingen.

Werner Herzog hat vielleicht makellosere Filme gedreht als »Stroszek«, aber keinen schöneren als diese einfache Geschichte. Alle Elemente seiner privaten Mythologie – von den Kreisbewegungen, die Ausweglosigkeit signalisieren, über die Auktionatoren, die mit ihrem Zahlen-Singsang die Liturgie des Kapitalismus vollziehen, bis hin zu den Hühnern, für Herzog Inbegriff von Tücke und Dummheit – kommen in »Stroszek« vor, doch sie verselbständigen sich nie zu eitlen Selbst-Zitaten, sondern bleiben eingebunden in einen ruhigen, gelassenen Erzähl-Rhythmus. »Stroszek« – eine optimistische Tragödie, komisch und traurig, ein Abenteuer, wie man es selten im Kino erleben kann. Die Bundesfilmpreis-Richter, die das langweiligste, sterilste Kunstgewerbe auszeichneten und Herzog übergingen, sollten sich in Grund und Boden schämen.

Nr. 25 vom 10. 6. 1977

»Der Stadtneurotiker« von Woody Allen
Clown ohne Maske

Virgil Starkwell alias Fielding Mellish alias Allan Felix alias Miles Monroe alias Boris Grushenko steht vor einer bräunlich getönten Wand und hält Zwiesprache mit seinem Publikum. In einer unbewegten, halbnahen Einstellung von fast drei Minuten Länge, deren Klarheit nicht zufällig an Ingmar Bergmans »Von Angesicht zu Angesicht« erinnert, improvisiert der kleine schmächtige Mann mit den roten Haaren und der dunklen Brille eine intime Konfession. Er erzählt von seiner Angst vor dem Alter, von seinen Schwierigkeiten mit dem Mädchen Annie Hall, das ihn verlassen hat, er räsoniert und resümiert und macht sich Mut mit selbstironischen Witzen: »Ich möchte keinem Klub angehören, der Leute wie mich als Mitglieder aufnimmt.« Das Dilemma einer ganzen Existenz, in einer einzigen Pointe zusammengefaßt.

Mit diesem Monolog beginnt Woody Allens neuer Film »Annie Hall« (deutscher Titel: »Der Stadtneurotiker«), seine sechste Regie-Arbeit seit 1969, ein autobiographischer Versuch, der eine wichtige Entwicklung für den Komiker Allen bedeutet. Wo er früher den Kampf mit seinen Neurosen in phantastischen Niemandsländern austrug (als Fielding Mellish in »Bananas« in einer lateinamerikanischen Operetten-Republik, als Miles Monroe in »Sleeper« im übertechnisierten Amerika des Jahres 2174, als Boris Grushenko in »Love and Death« in einem mit Tolstoi-Klischees bevölkerten alten Rußland), wagt er sich in »Annie Hall« an eine konkrete, nachvollziehbare Realität: seine eigene.

Woody Allen ist Alvy Singer, ein berühmter amerikanischer Komiker, Jude und New Yorker, der seine Neurosen pflegt, zur Psychoanalyse geht (»aber erst seit 15 Jahren«) und sich mit Frauen notorisch schwertut (»Sex mit dir ist ein kafkaeskes Erlebnis«, kommentiert eine Reporterin von »Rolling Stone« nach einem mühsam vollzogenen Beischlaf). Seine Freundin ist Annie Hall (gespielt von Woody Allens ehemaliger Freundin Diane Keaton), ein großes, hellhaariges, fröhliches, konfuses, verklemmtes Geschöpf aus einer Familie von Juden-Hassern, der Inbegriff des *WASP Girl*: weiß, angelsächsisch, protestantisch und vom Lande. Das kann nicht gutgehen mit den beiden, der »Stadtneurotiker« Alvy Singer alias Woody Allen sieht sein Traummädchen Annie Hall alias Diane Keaton nach Kalifornien entschwinden, in jene irreale, ewig sonnige Gegend, »deren einziger kultureller Vorteil darin besteht, daß man bei Rot rechts abbiegen darf«.

Die Bekenntnisse eines Clowns ohne Maske: Für Woody Allen bedeutet »Annie Hall«, was »Limelight« und »A King in New York« für Chaplin bedeutet haben müssen: sich selber zu finden und zu definieren ohne Verkleidungen und Schminke. Die vielen Identitäten des Komikers Allen, vom glücklosen Bankräuber Virgil Starkwell in »Take the Money and Run« über den Filmfanatiker Allan Felix in »Play It Again, Sam« bis zum tapferen Strohmann Howard Prince in Martin Ritts »The Front« fließen zusammen zu einem einzigen Charakter: Alvy Singer alias Woody Allen, der den autobiographischen Bezug so weit treibt, daß er einen Ausschnitt aus einer Dick-Cavett-Talk-Show mit Woody Allen verwendet.

Natürlich ist der wirkliche Woody Allen nicht wie sein *alter ego* Alvy Singer in einem Holzhaus unter der Achterbahn des Vergnügungsparks von Coney Island aufgewachsen, natürlich hat er als Achtjähriger nicht gesagt: »Das Universum expandiert«, und weil das so ist, fliegt in zwei Millionen Jahren sowieso alles in die Luft, und warum soll man dann noch Schularbeiten machen?

Allen gelingt in »Annie Hall« eine meisterhafte Balance aus komischer Erfindung und biographischer Erfahrung, er bringt die irrsinnigsten Einfälle in den Zusammenhang einer durchaus nicht immer nur heiteren Selbstanalyse. Ein Mann von 42 Jahren zieht eine Zwischenbilanz und mischt sich unter die Gespenster der Vergangenheit: der erwachsene Woody sitzt unter den Kindern seiner alten Schulklasse, beobachtet sich selber als kleinen Jungen, besucht eine Familienfeier unter der Achterbahn, die 1942 stattgefunden hat. Er mischt sich ein, verlangt Auskünfte, läßt sich von Passanten auf der Straße in Liebesdingen beraten, pendelt pausenlos und unberechenbar zwischen der Gegenwart und verschiedenen Stadien seiner Vergangenheit, entwickelt den autobiographischen Versuch nicht linearchronologisch, sondern nach dem Prinzip der freien Assoziation: vom Elternhaus zum ersten Rendezvous mit Annie Hall, zurück zum Beginn seiner Karriere als anonymer Gag-Schreiber, auf eine Party mit seiner zweiten Frau, als Alleinunterhalter in einer Universitätsaula: disparate Fragmente einer Biographie, die sich zum Bild eines Mannes fügen, der mit spielerischem Ernst mit seinen Sexualneurosen, seinen Todesängsten und seinen semitischen Traumata hantiert. Kino als therapeutische Übung.

Und der Film eines genialen Komikers. Woody Allens Freiheit vom Zwang des Geschichtenerzählens, die immer wieder an den späten Buñuel erinnert, gestattet ihm die Erfindung von Gags, die noch kein anderer Komiker gewagt hat. Einen Dialog zwischen Alvy und Annie versieht er mit Untertiteln als innere Monologe: »Hoffentlich ist er kein Versager wie die anderen.« »Mein Gott, jetzt klinge ich wie das Dritte Programm.« Wenn Alvy feststellt, daß Annie im Bett »abwesend« ist, läßt Woody Allen sie mit Hilfe eines Kopiertricks tatsächlich abwesend sein und das hilflose erotische Gerangel aus sicherer Distanz beobachten. Oder die Auseinandersetzung mit einem pseudointellektuellen Schwätzer, der sich Alvy gegenüber auf Marshall MacLuhan beruft. Sofort steht der echte MacLuhan daneben und erklärt seinen Jünger für völlig inkompetent. »Ich wünschte, das Leben wäre immer so«, kommentiert Woody/Alvy. Alles geht in diesem Film. Das Universum expandiert. Es ist schön, daß es Woody Allen gibt. Vielleicht ist er nicht der amerikanische Ingmar Bergman, als den ihn der Kollege von der »New York Times« feiert, aber komischer ist er allemal.

Nr. 26 vom 17. 6. 1977

»Der amerikanische Freund« von Wim Wenders
Ripley in den Städten

Eine Häuserzeile am Hamburger Fischmarkt, Altbauten, noch nicht ganz zu Tode saniert, aber schon von der Zerstörung gezeichnet. Vor den Fenstern kreischen Möwen, auf die verwitterten Mauern sind Parolen gepinselt: »BRD Polizeistaat«, »Rache für Holger Meins«. In der Totale vom Hafen aus wirken diese düsteren Häuser wie eine unwirkliche Kulisse, wie gebaut für einen Horrorfilm. Hier wohnt der Bilderrahmer Jonathan Zimmermann. Gegen Ende, als schon alles zu spät ist für Jonathan, sieht man eine stumme, kreisende Luftaufnahme der Gegend am Fischmarkt: eine Mondlandschaft. Diese kurze Einstellung, die ohne Vorwarnung und scheinbar ohne Anlaß eine Szene in Jonathans fast lichtloser Wohnung unterbricht, kommt wie ein Schock.
Die Metro-Station »La Défense« in Paris. Endlose Gänge, Rolltreppen, knallrote Plastiksessel für die Wartenden, grünliches Neonlicht, ein gigantisches, menschenleeres Science-fiction-Dekor, überwacht von Fernsehkameras. Der Bilderrahmer Jonathan Zimmermann aus Hamburg, der an einer seltenen Blutkrankheit leidet und nicht mehr lange zu leben hat, erschießt in der Station »La Défense« einen Mann, den er nicht kennt. Er hetzt, von niemandem verfolgt, durch das unterirdische Labyrinth. Man sieht seine Flucht auf den Bildschirmen der Kontrollstation, die Kamera schwenkt von Monitor zu Monitor, keine Bewegung bleibt unbeobachtet. Etwas später kommt, beiläufig, eine bunte Reklame von Radio Luxemburg ins Bild: *Vous êtes jamais seul avec RTL*.
Eine Stadtautobahn in New York, schäbige Gegend, schmutzige Häuser, Verkehrslärm, im Hintergrund die Wolkenkratzer von Manhattan. Tom Ripley, der Amerikaner, der auch in Hamburg einen Cowboy-Hut trägt (*»What's wrong with a Cowboy in Hamburg?«*), redet mit einem alten, weißhaarigen Mann, der eine schwarze Augenklappe in seinem Raubvogelgesicht trägt. Tom Ripley murmelt: *»I'm confused.«* Der alte Mann sagt: *»A little older, a little more confused.«* Tom Ripley balanciert auf einer Mauer, in der nächsten Einstellung beobachtet ihn, von einem Fenster aus, ein jüngerer Mann – *»Watch your step, Cowboy«* –, die Kamera fährt weiter zurück in die Wohnung, ein anderer alter Mann mit einem Raubvogelgesicht kommt ins Bild, dann ein Mädchen im Morgenrock, dann ein improvisiertes Filmatelier im Hotelzimmer. Hier werden Pornos gedreht.

Irgendwann fährt Tom Ripley, der wie ein Cowboy aussieht, durch die nächtlichen Straßen von Hamburg, von der Kamera frontal durch die Windschutzscheibe beobachtet, von seltsamen farbigen Lichtreflexen umspielt, einen Kassettenrecorder an sein Ohr gepreßt. Er hört sich selber zu: »Ich weiß immer weniger, wer ich bin, oder wer irgend jemand anderer ist.« In dieser Sequenz sieht er aus wie der Bruder des »Taxi Driver« Travis Bickle, den Robert De Niro für Martin Scorsese gespielt hat. In Hamburg wohnt Tom Ripley in einer alten Villa an der Elbchaussee, in der nur ein Billardtisch, eine Juke Box aus den fünfziger Jahren und ein Coca-Cola-Automat stehen. Über dem Billardtisch hängt eine Neonreklame der Firma »Canada Dry«, die den Raum in ein fahles, giftig grünes Licht taucht.

Tom Ripley schläft in einem Bett, das mit roter Seidenwäsche bezogen ist. Dieses Rot, dunkel leuchtend, schillernd und ganz und gar künstlich, eine synthetische Kinofarbe, möglich nur durch die Meisterschaft von Kodak, erinnert an das Rot in den Filmen von Nicholas Ray: »Johnny Guitar«, »Rebel without a Cause«, »Party Girl«. In »Johnny Guitar«, dem Film mit den schönsten, weil unwirklichsten Farben der Filmgeschichte, hieß das Farbsystem *»Trucolor«*. Nicholas Ray spielt den alten Mann mit der Augenklappe in New York. Wim Wenders hat seinen Film »Der amerikanische Freund« auf dem modifizierten 35-mm-EASTMAN-Color-Negative-II-Film 5247 von Kodak gedreht. Das scheint das *»Trucolor«* der siebziger Jahre zu sein, jedenfalls wenn man einen Kameramann wie Robby Müller hat.

Tom Ripley ist »Der amerikanische Freund«. Von einer einzigen kurzen Bemerkung verletzt, schickt er Jonathan Zimmermann auf eine lange Reise, stellt ihm eine Falle, liefert den Sterbenden der Versuchung des großen Geldes aus. Jonathan, der bedächtige, unauffällige Durchschnittsbürger, gerät immer tiefer in mörderische Intrigen, die ein paar Nummern zu groß für ihn sind. Die Mafia kommt ins Spiel, Ripley ist verwirrt und macht sich zum Komplizen seines Opfers, das sich als bezahlter Killer verdingt hat, widerwillig, erschrocken und doch fasziniert. Als Ripley merkt, daß ihm seine Rolle als Fallensteller und Drahtzieher über den Kopf zu wachsen droht, mischt er sich ein, kommt Jonathan zu Hilfe.

Die Geschichte, ziemlich frei nach dem letzten Roman von Patricia Highsmith, »Ripley's Game«, den Wenders nur als Ausgangs- und Spielmaterial benutzt, spielt zwischen Hamburg, Paris und New York. Doch in Wirklichkeit gibt es nur eine einzige Stadt in dem Film »Der amerikanische Freund«, eine imaginäre Horror-Metropolis mit dem Namen *Hamburgparisnewyork*. Rasche Schnitte ver-

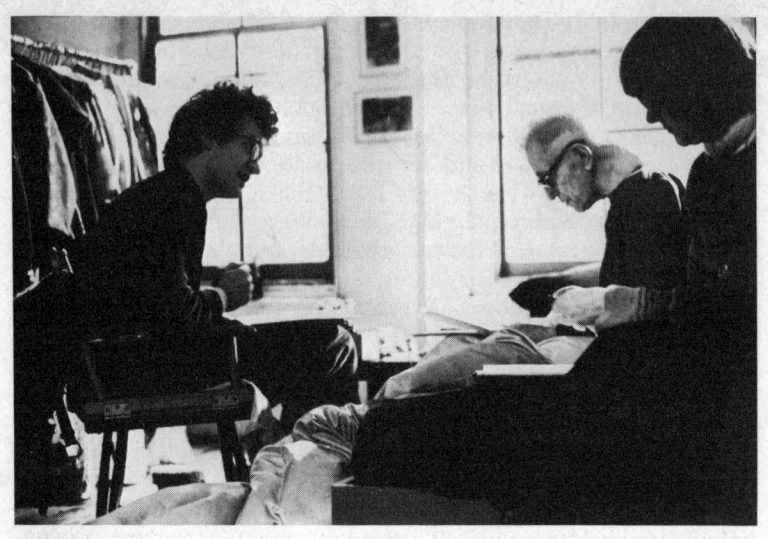

Wim Wenders *(links)* mit Nicholas Ray

klammern die Schauplätze zu einer unheimlichen Einheit, zu einem zerstörten, zerstörerischen Ort, in dessen Winkeln, Tunneln und Betonburgen alles, aber auch wirklich alles, möglich scheint. In dieser Super-City, in der selbst noch der Fernsehapparat im Hotelzimmer ein feindseliges Eigenleben entwickelt, werden die Menschen krank und zu Mördern. Wenders zeigt den urbanen Alptraum, wie man ihn noch nie in einem europäischen Film gesehen hat: halb als uraltes, verkommenes Abbruchviertel, halb als futuristische Schreckenslandschaft. In einer Einstellung kommen die beiden Elemente zusammen: die Totale einer alten Pariser Kneipe vor einem blutroten Horizont aus Hochhäusern, ein surreales Panorama, dessen Bedrohlichkeit nur Martin Scorseses Vision von New York in »Taxi Driver« vergleichbar ist.
Diese Stadt mit ihren unwirklichen Farben, bizarren Formen und falschen Bewegungen beherrscht den Film so stark, daß die absonderlichen, jeder Alltagslogik spottenden Aktionen der Figuren nicht nur plausibel, sondern sogar zwingend notwendig erscheinen. Jene kontemplative Ruhe, die die Reise-Trilogie von Wim Wenders prägte (»Alice in den Städten«, »Falsche Bewegung«, »Im Lauf der Zeit«), ist einer untergründigen, selbst in Momenten der Erstarrung immer vorhandenen neurotischen Spannung gewichen. Auch noch in seiner Wohnung, einer dunklen Höhle, findet Jonathan Zimmermann keine Ruhe, wälzt sich unruhig, mit schmerzverzerrtem Ge-

sicht im Schlaf; nur in seiner Werkstatt, von friedlichen Brauntönen umgeben, findet er für kurze Momente zu sich selber.
Die Geschichte des Bilderrahmers Jonathan Zimmermann, der unversehens aus seiner bürgerlichen Existenz gerissen wird und einen totalen Identitätsverlust erleidet, ist nicht nur eine Highsmith-, sondern auch und besonders eine Hitchcock-Geschichte. Es geht Jonathan wie Farley Granger in »Strangers on a Train« (auch nach einem Roman von Patricia Highsmith) oder Cary Grant in »North By Northwest«. Wenders ist sich dieser Analogie bewußt, aber er versteckt sich nicht hinter Hitchcock, sondern macht sich dessen Lehren zunutze. Von Hitchcock stammt nicht nur die Figurenkonstellation, sondern auch die Lust an einer totalen Künstlichkeit. Sogar die Außenaufnahmen sehen oft so aus, als seien sie im Studio gedreht worden, und die spektakulärste Sequenz des Films, ein Doppelmord im TEE zwischen München und Hamburg, ist tatsächlich im Atelier entstanden: mit einer Rückpro-Technik, wie sie nur Hitchcock so perfekt und spielerisch beherrscht. Auch die Montage scheint von Hitchcock beeinflußt: immer wieder schnelle, kurze Großaufnahmen von Objekten, schockartige Irritationen, die die Handlung akzentuieren und ein Klima der Unsicherheit schaffen – eine Taxiuhr, eine Anzeigentafel, eine Metro-Fahrkarte, eine rote Lampe. Immer wieder Rot, die Signalfarbe des Films, Chiffre für Gefahr. Dazu Jürgen Kniepers wunderbar reiche Hitchcock-Musik, die Wenders offenbar so gut gefallen hat, daß er sie für meinen Geschmack etwas allzu häufig einsetzt. Dennoch: der längst zu einer beliebigen Reklamefloskel verkommene Satz, dieser Film sei so spannend wie einer von Hitchcock, trifft auf den »Amerikanischen Freund« tatsächlich zu.
Könnte man mathematische Formeln auf das Kino anwenden, gäbe es einen neuen Lehrsatz: Hitchcock plus Ray plus Scorsese = Wenders. Die Einflüsse des amerikanischen Kinos bleiben keine isolierten Zitate, sondern verbinden sich mit der in den drei letzten Filmen von Wenders formulierten Weltsicht zu einer neuen Einheit. Das Kino der Dreißigjährigen, lakonischer Pessimismus, ziellose Fluchtbewegungen durch kaputte Gegenden, quälende Identitätskrisen, die Angst vor Frauen, der Mythos der Männerfreundschaft, hier vollendet von Dennis Hopper (Ripley) und Bruno Ganz (Jonathan), die sich mit unsicherer Zärtlichkeit begegnen, die aus der Kollision zweier Darstellungsstile – Hopper ganz lässig, spontan, Ganz sehr diszipliniert, zurückhaltend – eine Dimension weiterer Verstörung gewinnen: *A little older, a little more confused* ...

Mit dem »Amerikanischen Freund« ist Wenders eine Synthese gelungen, die das Neue deutsche Kino dringender braucht als irgend etwas sonst: die Verbindung einer zwingenden persönlichen Vision mit einem kinematographischen Vokabular, das nicht nur ein kleines Publikum von Spezialisten erreicht. Die große Faszination dieses Films hat direkt mit seiner Vielschichtigkeit zu tun. Man kann ihn als pessimistischen Kommentar zur nachrevolutionären Bewußtseinskrise der späten siebziger Jahre verstehen, aber auch als brillanten Kriminalfilm, man kann ihn als urbanen Alptraum von der Zerstörung der Städte bewundern, aber man kann ihn auch als poetische Ballade einer Freundschaft lieben. Sein Reichtum, der nicht ohne Gefahren ist, erlaubt bei jedem Sehen neue Abenteuer, neue Entdeckungen. Ich habe den Film »Der amerikanische Freund« dreimal gesehen. Ich werde ihn noch oft sehen.

Nr. 27 vom 24. 6. 1977

»Jonas« von Alain Tanner

Die kleinen Propheten

Max, Mathilde, Marco, Marie, Marcel, Marguerite, Mathieu, Madeleine: so heißen die acht Hauptfiguren des jüngsten Films von Alain Tanner, und so heißen sie nicht wegen eines beliebigen Wohlklangs. Der wichtigste Filmemacher des neuen Schweizer Kinos, das Ende der sechziger Jahre um die Genfer »Groupe Cinque« entstanden ist, hat sie so getauft nach dem *»joli mai«*, dem Pariser Mai des Jahres 1968, der eine Zeit der Veränderungen einzuleiten schien, aber doch nur in eine Epoche der Repression mündete. Damals, als alle Welt sich vorzustellen wagte, daß unter dem Pflaster tatsächlich der Strand liegen könnte, als die Parole von der Machtergreifung der Phantasie so phantastisch nicht erschien, machten auch Max, Mathilde, Marco und die anderen ihre zentralen politischen Erfahrungen. Acht Jahre danach leben sie, wie Tanner, in und um Genf, der Stadt Calvins, längst von einer dreisten Realität eingeholt und überholt, ein wenig angepaßt, aber nicht bis zur Bewußtlosigkeit, noch immer hoffend und träumend: nicht mehr von den großen gesellschaftlichen Veränderungen, sondern von den kleinen privaten. Man könnte sie Spinner, Käuze, Phantasten, Exzentriker nennen, für Tanner sind sie die »kleinen Propheten«. Und »Jonas, der im Jahr 2000 25 Jahre alt sein wird« ist ihrer aller Kind, die Projektion ihrer kollektiven Sehnsüchte.

Über die Folgen jenes Mais, über den nachrevolutionären Katzen-

Alain Tanner

jammer, hat es etliche europäische Filme gegeben in den siebziger Jahren, bei uns zum Beispiel von Wim Wenders (»Falsche Bewegung«) und Helma Sanders (»Unterm Pflaster ist der Strand«), in Frankreich von Jean Eustache (»Die Mama und die Hure«), in Italien von den Brüdern Taviani (»Allonsenfan«). Sie alle waren mehr oder weniger elegisch und pessimistisch, erfüllt von einem eigenartigen, durchaus nicht immer politischen Weltschmerz, aber kaum einer fragte danach, wie es denn nun weitergehen sollte. Diesem Kino der Entfremdung, der koketten bis verzweifelten Introspektion, setzt Alain Tanner in seinem fünften Film (der vierte war »Die Mitte der Welt«) den Entwurf einer konkreten Utopie entgegen.

Alle machen weiter, jeder wehrt sich, so gut er kann: Max, der einstige Aktivist, der in Nachtclubs Roulette spielt, indem er mit Hilfe der Sekretärin Madeleine eine großangelegte Bauland-Spekulation verhindert; Marco, der Lehrer, indem er seinen Schülern an Hand einer gigantischen Blutwurst einen dialektischen Geschichtsbegriff vermittelt; Marie, die als Kassiererin in einem Supermarkt arbeitet, indem sie den Alten unter ihren Kunden einen Teil der Waren nicht berechnet; Mathieu, der arbeitslose Drucker, indem er auf dem Lande eine zwangsfreie Alternativ-Schule einrichtet; Marcel und Marguerite, indem sie das Land um ihren Bauernhof nicht mit Kunstdünger, sondern mit natürlichem Kompost bestellen. Auf diesem

Hof treffen sich nach und nach die acht Figuren, die vorher in ihrer individuellen Entwicklung gezeigt wurden, hier kommt auch das Kind von Mathilde zur Welt: Jonas, der im Jahr 2000 25 Jahre alt sein wird, der nicht wird ausharren können im warmen Bauch des Walfischs, der lernen wird müssen, er selber zu werden. Der alte Charles, ein pensionierter Lokomotivführer, den Marie versorgt, erklärt den Unterschied, auf den es ankommt: »Wenn man Passagier ist, rast die Landschaft an einem vorbei. Wenn man auf der Lokomotive sitzt, fährt man immer in die Landschaft hinein, auf den Punkt zu, wo die Gleise sich zu treffen scheinen, aber sich doch wieder öffnen.«

Wenn ein anderer Regisseur als Tanner sich mit diesen Figuren und ihren Möglichkeiten beschäftigt hätte, wäre eine Katastrophe leicht, allzu leicht denkbar: planer linker Kitsch, trivialster Reformhaus-Sozialismus nach Illustrierten-Art. Doch Tanner, der »La Salamandre« und »Le Retour d'Afrique« gemacht hat, ist kein sich marxistisch gebärender Genfer Lelouch, sondern einer der talentiertesten Schüler von Jean-Luc Godard. Wie jener hat er den Unterschied begriffen zwischen »Politische Filme machen« und »Filme politisch machen«: »Wie soll man die Schweiz filmen? Zunächst scheint es unmöglich. Man muß zehn Vorhänge beiseite ziehen, hinter denen sich die Realität verbirgt. Das bloße Hinsehen genügt nicht. Die Psychologie auch nicht. Und keine Fahrten ins Innere der wahren Dinge: man fällt ins Leere ... Je wahrer es im Kino zugeht, desto mehr entfernt man sich von der Wahrheit. Vermischen wir also das Wahre und das Unwahre, die Genres, die Stimmungen. So kommt man einer Lösung näher, wie die Schweiz hinter ihren Vorhängen gefilmt werden kann.«

Konkret sieht das so aus, daß Tanner in seiner »didaktischen Komödie« auf die lineare Erzählstruktur des konventionellen Kinos verzichtet, seine Figuren in einer offenen, episodischen Form entwickelt, mal eine Weile Max folgt, dann wieder Marie, dann vielleicht Marco oder Mathieu: ohne den Zwang einer rigiden Dramaturgie, planvoll unökonomisch, scheinbar ganz zufällig und absichtslos. Wenn Tanner an einer Situation, etwa Marcos Geschichtsstunde, besonderen Gefallen findet, verweilt er es einfach, nimmt sich Zeit, erlaubt sich den Luxus, hinzusehen und hinzuhören, läßt Renato Bertas ruhige, genaue Kamera die redenden Figuren (es wird viel geredet in diesem Film, fast verzweifelt viel, Banales neben ausführlichen Zitaten von Rousseau bis Octavio Paz und Jean Piaget) langsam und geduldig umkreisen. Er verweigert sich den Zwängen erzählerischer Ökonomie, gestattet sich und seinen Figuren immer neue verbale Ab- und Ausschweifungen, konfrontiert in kurzen, manchmal schockartigen Schwarzweiß-Einsprengseln die Realität seiner Figuren mit ihrer

nationalen historischen Identität (ein von der Polizei zusammengeschossener Genfer Arbeiteraufstand 1932) und ihren individuellen Träumen: Die Anhalterin Marie stimmt im Fond eines Luxuswagens ein Kampflied an, ein Nachrichtensprecher im Fernsehen unterbricht seine offiziöse Litanei und wird unversehens persönlich.
Die Ticks und Defekte der Figuren, die alles andere sind als makellose Modellcharaktere, kommen mit einer schönen Ausführlichkeit vor, und die Schauspieler, unter ihnen Jean-Luc Bideau als Max, Dominique Labourier als Marguerite, besitzen bei Tanner eine Freiheit und unangestrengte Selbstverständlichkeit, wie man sie sonst fast nur aus Filmen von Robert Altman und Jacques Rivette kennt. Wenn Tanner und seine Schauspieler eine konkrete Utopie fordern, dann realisieren sie diese Utopie schon in der Art ihrer Arbeit: wie es ihnen gelingt, »Metaphern auf zwei Beinen« (Tanner) in Menschen zu verwandeln, wie sie verrückt und fröhlich und ernsthaft nach alternativen Möglichkeiten des Lebens und des Filmemachens suchen. »Jonas, der im Jahr 2000 25 Jahre alt sein wird« ist einer der ganz wenigen Filme, die ich in den letzten Jahren gesehen habe, die wirklich Mut machen: nicht mit falschen Tröstungen, sondern einem sehr realen Glücksverlangen, aus dem Aktionen entstehen, zum Beispiel eben die Erziehung eines Jonas, der im Jahr 2000 25 Jahre alt sein wird.
Illusionen allerdings macht sich Alain Tanner, dessen Filme der Schweizer Kritiker Martin Schaub »Phantasie-Maschinen« nannte, deshalb nicht. Am Schluß löst sich die ländliche Gemeinschaft auf, bleibt als archaisch anmutende Erinnerung nur noch in den ungelenken Wandzeichnungen der Kinder bestehen. Mathieu wird seine Schule schließen müssen, und Max steht in der letzten Einstellung des Films wieder in jenem Zigarettenladen, in dem er in der allerersten Einstellung seine »*Gauloises bleues*« gekauft hatte. Damals kosteten sie einssiebzig, jetzt, ein Jahr später, zweizwanzig: die Zeit, auf ihren kapitalistischen Begriff gebracht.

Nr. 38 vom 9. 9. 1977

»Nordwestwind« von Jacques Rivette
Duell der Götter und Piraten

Feuerwerk, Maskenball, magische Formeln: »*Soleil, orbite, midi.*« Die Piraten verwandeln sich in Götter, auf einer verfallenden Festung im Atlantik messen Giulia, die Tochter der Sonne, und Morag, die Tochter des Mondes, ihre Kräfte in einer letzten, wahnwitzigen Anstrengung. Während das Bild sich rot färbt und rasche, grobkörnige Schwarzweißeinstellungen das Geheimnis der Mondgöttin zugleich preisgeben und noch rätselhafter machen, führen im Schein vereinzelt flackernder Feuer grazile Gestalten in schwarzen und weißen Halbmasken rituelle Todestänze auf. Nur Giulia, angetan mit einem weißen Hosenanzug und einem ebensolchen Turban, und Morag, ganz in Schwarz, mit einem edelsteinbesetzten Kopfschmuck, überstehen das Gemetzel ihrer Vasallen. Schließlich rennen sie sich ihre langen Piratenmesser gegenseitig in den Leib. Mit einem Lachen, das nicht enden will, das nicht von dieser Welt ist, sinken sie zu Boden.

Diese grandiose Grand-Guignol-Sequenz, diese erschöpfende Raserei ohne Maß und ohne Beispiel, beendet nach 137 Minuten einen befremdlichen Spuk: einerseits eine Etüde über Cyrill Tourneurs elisabethanisches Drama »The Revenger's Tragedy« von 1608, andererseits eine Reise in das Bilder-Reich des amerikanischen Piratenkinos von Jacques Tourneurs »Anne of the Indies« bis Fritz Langs »Moonfleet«, zuerst aber ein weiterer Entwurf der um keine erzählerischen Konventionen sich scherenden Märchen- und Phantasiewelt des Filmemachers Jacques Rivette.

»Nordwestwind« (Noroît) ist der dritte Teil von Rivettes mythologischer Tetralogie »Scènes de la vie parallèle«, deren zweiten, »Duelle«, wir im letzten Jahr sehen konnten und deren erster, der ursprünglich »Marie et Julien« heißen sollte und von der Liebesgeschichte zwischen einem Sterblichen und einer Fee handelt, zur Zeit unter dem Titel »Merry-Go-Round« mit Maria Schneider und Joe Dallesandro für ein Mini-Budget von rund 300 000 Mark gedreht wird. Wann der letzte Teil des Werks, dem Rivette zuerst den Gesamttitel »Les filles du feu« (Die Töchter des Feuers) geben wollte, entstehen wird, steht noch nicht fest. Nach dem Plan müßte es ein Musical um eine Göttin und drei irdische Männer werden (»Carlotta«), aber Rivette liebt es viel zu sehr, sich selber und seine Zuschauer mit immer neuen Improvisationen und Veränderungen zu überraschen, als daß man jetzt schon dieser Konzeption sicher sein könnte.

Für alle Filme der Tetralogie soll eine gemeinsame Spielregel gelten: Sie alle handeln von der Begegnung zwischen Unsterblichen und Erdenmenschen, sie allen spielen in der vierzig Tage währenden Karnevalszeit zwischen dem letzten Neumond des Winters und dem ersten Vollmond des Frühlings, jener Zeitspanne, in der die Götter sich unter die Menschen mischen dürfen. In allen geht es um ein Duell zwischen den Gottheiten der Sonne und des Mondes, und alle Götter sind Frauen.

Dem Betrachter von »Nordwestwind« nützen diese Kenntnisse allerdings wenig. Denn »Noroît«, der dank der Initiative des kleinen Münchner »prokino«-Verleihs bei uns noch vor der Pariser Uraufführung anläuft, ist alles andere als eine Fortsetzung von »Duelle«. Hatte Rivette dort mit Hilfe seines genialen Kameramanns William Lubschansky das Paris des Jahres 1976 in ein unwirkliches Labyrinth dunkler Träume und bizarrer Begegnungen verwandelt, so zieht er sich hier vollends auf einen Spielort jenseits präzis definierbarer Zeiten und Räume zurück: auf eine Insel (angeblich im Atlantik, aber sie könnte auch irgendwo sonst sein), in ein verwegenes, kunterbuntes Niemandsland, in dem sich die unterschiedlichsten Stile, Formen und Moden mit märchenhafter Selbstverständlichkeit begegnen.

Manche der Piraten von Giulia und Morag tragen wilde, nach Hollywood-Art romantische Freibeuterkostüme, andere bevorzugen eher unauffällige, moderne Alltagssachen; die grausame Königin Giulia selber, gegen die Morag einen monströsen Rachefeldzug unternimmt, präsentiert sich in einem atemberaubend violetten Hosenanzug aus glänzendem Kunstleder, einer Kreation, die man kaum dem trunkensten Kreativitätswahn der Pariser Haute Couture zutrauen mag. Es dominieren leuchtende, bis zur Parodie ihrer selbst heftige Farben, so grüne Grüns und so blaue Blaus, wie sie sich unsere bescheidene Realität nur im Kino zu leisten versteht, was natürlich damit zusammenhängt, daß sich Rivette für nichts weniger interessiert als eine naturalistisch darstellbare »Wirklichkeit«, die ihren Mangel an Phantasie und spielerischer Lust hinter der Berufung auf scheinbar objektive Zwänge versteckt.

Rivettes Filme, schon seit »Paris gehört uns«, besonders »Céline und Julie fahren Boot«, sind immer riskante Unternehmungen gewesen, Grenzüberschreitungen, Reisen durch einen Spiegel, darin vergleichbar jenen von Cocteau, wenn auch ohne deren antikisierende Prätentionen. Rivette erfindet sich seine Welt selber, und er zeigt dem Zuschauer die Schönheit dieser Welt, indem er ihn zum Komplizen seiner Erfindungslust macht, ihn noch einmal in seinem Kopf die Schöpferarbeit neu vollziehen läßt. Kein Rivette-Film kann funktionieren ohne diese Bereitschaft des Betrachters, zum einen das künstliche Universum auf der Leinwand zu akzeptieren, dazu aber auch die unzähligen Brüche und Irritationen mit der eigenen Phantasie aufzufüllen. Das ist, wie das des späten Buñuel, ein Kino ohne Netz und symbolistische Krücken.

In »Nordwestwind« kommen dicke mittelalterliche Mörser neben modernen Maschinenpistolen vor, tuckern Fischkutter mit Piraten zum Entern ins Morgengrauen, stehen Momente archaischer Stilisierung neben solchen einer entfesselten Bewegungswut. Gelegentlich zitieren Morag und ihre Komplizin Erika – auf englisch in dem sonst in französischer Sprache gedrehten Film – aus dem Drama von Tourneur. Einmal, nach der wildesten Sequenz, einem Meuchelmord, dessen Waffen die vergifteten Lippen des toten Geliebten sind, führen sie in der riesigen, mit Strohballen und einem Perserteppich ausgestatteten Halle der Piratenkönigin eine Szene von Tourneur auf: als schrille, hemmungslose Schmiere. Ein Satz ist mir im Gedächtnis geblieben: »*When the bads bleed, than tragedy is good.*« Dann wieder Momente der Sammlung, der Kontemplation: weite Landschaftstotalen, das Meer, der Strand, an dem alles angefangen hat, an dem sich Morag in der ersten Einstellung über ihren toten, später auf wundersame Weise auferstandenen Bruder geworfen hat: »*Shane, mon frère...*«

In »Nordwestwind«, diesem Höhepunkt des phantastischen Kinos, geht es nur um eins: um die pure, von keinen narrativen Fesseln mehr gehaltene filmische Bewegung, um eine physische Realität jenseits und hinter der Alltagsrealität, um das Glänzen und Schimmern von Samt und Seide, um die biegsamen Bewegungen der Tänzer und um das irrisierende Licht in der Affenbucht, um das Schattenspiel an den Felsenwänden in der Piratenhöhle, um das milchige Licht eines Morgens und um die fremde, strenge Schönheit der Gesichter und Gesten von Geraldine Chaplin, Bernadette Lafont und Kika Markham. Denn wie alle Filme von Jacques Rivette ist auch dieser ein Frauenfilm. Männer kommen nur mehr vor als müßige Luxusgeschöpfe, derer man sich zur Nacht bedient, die sich ansonsten in martialischen, kindlichen Gebärden und Spielen erschöpfen. »Noroît« – eine Welt der Amazonen.

Entschlüsseln läßt sich das Geheimnis dieses Films und des Kinos von Jacques Rivette nicht, schon gar nicht, bevor der letzte Teil der »Scènes de la vie parallèle«, dieser grandiosen Gegenwelt, zu sehen sein wird. Was zunächst bleibt, ist eine Seh-Erfahrung, die im heutigen Kino ihresgleichen sucht: die Verbindung einer beinahe abstrakten visuellen Poesie mit einem sehr sinnlichen, physischen Märchen- und Mythenreich.

Nr. 39 vom 16. 9. 1977

Robert Altmans »Drei Frauen«
und Robert Bentons »The Late Show«
Träume eines Spielers

Robert Altman ist ein Spieler. Früher, als er noch nicht den Status einer Kultfigur erreicht hatte, neigte er dazu, in Vegas und Reno und anderswo mindestens seine materielle Existenz den Zufälligkeiten von Würfeln, Karten, Roulettkugeln und Pferdewetten auszusetzen. Und auch heute noch sagen ihm Freunde die ebenso kühle wie bis zum äußersten entschlossene Lebensart eines professionellen Spielers auf einem alten Mississippi-Dampfer nach, auch wenn sich seine privaten Wettgewohnheiten inzwischen erheblich weniger drastisch darstellen. Aber pro Football-Saison setzt er noch immer rund 25 000 Dollar aufs Spiel.
Dem Filmemacher Robert Altman geht es wie den beiden Hauptfiguren in seinem Spielerfilm »California Split«. Er setzt alles auf eine Karte, kein Risiko ist ihm zu unkalkulierbar, aber was letztlich allein zählt, ist nicht der Gewinn, sondern die Faszination des Spiels. Seit 1969, seit ihm mit der zynischen, schwarzen Lazarettkomödie »M.A.S.H.« der bösartigste Schlüsselfilm über das vietnamesische Abenteuer und zugleich ein unerwarteter persönlicher und kommerzieller Triumph gelang, hat er zehn Filme gedreht, mehr als irgendein anderer amerikanischer Regisseur von seinem Rang. Seine Filme versteht er als Versuche, als oft spontane Reaktionen auf die Veränderungen und Erschütterungen der amerikanischen Psyche, und die Möglichkeit des Scheiterns ist dabei immer eingeschlossen. Altmans ungewöhnliche Energie und Experimentierlust, die ihn mit 52 Jahren als den jüngsten aller amerikanischen Filmemacher ausweisen, zielen keinesfalls auf die Herstellung von bleibenden Meisterwerken. Sein Werk ist radikal persönlich, nicht zufällig basiert sein jüngster Film »Drei Frauen« auf nichts weiter als einem Traum.
Als Spieler nimmt Altman auch Pechsträhnen gelassen in Kauf. Seit »Nashville« (1975) hat er tatsächlich einiges Pech gehabt. Mit Dino De Laurentiis, der ihn für drei Filme unter Vertrag nahm, geriet er schon beim ersten, »Buffalo Bill und die Indianer«, so heftig aneinander, daß die beiden nächsten Projekte nicht mehr zustande kamen: Adaptionen von E. L. Doctorows Roman »Ragtime« über einen amerikanischen Michael Kohlhaas und Kurt Vonneguts vorletztem Buch »Breakfast for Champions«. Auch ein dritter Film blieb ungedreht, ein Originalstoff mit dem Titel »This Movie«, der laut Altman zeigen sollte, »wie angesehene Leute in Hollywood ver-

suchen, einen wahrhaft erotischen Hard-Core-Porno zu drehen, und warum das nicht geht«.
Wie alle richtigen Spieler versucht auch Altman, sein Risiko auf mehrere Chancen zu verteilen. Die chaotische Aktivität in seiner Produktionsfirma »Lion's Gate« am Sunset Boulevard in Hollywood richtet sich seit einem Jahr nicht mehr allein auf die Herstellung eigener Filme, sondern schließt auch die Produktion von Werken befreundeter Filmemacher ein. 1976 gab Altman seinem ehemaligen Assistenten und Drehbuch-Co-Autor Alan Rudolph (»Buffalo Bill und die Indianer«) die Chance, einen ersten eigenen Film zu realisieren: »Welcome to L.A.«, eine in ihrer offenen Erzählstruktur an »Nashville« orientierte melancholische Studie über das Lebensgefühl der *beautiful people* von Südkalifornien. Bei uns wird »Welcome to L.A.«, von »Newsweek« als »eins der vielversprechendsten Regiedebüts seit langem« gefeiert, wohl nur ins Fernsehen kommen.
Auch beim zweiten Film des Drehbuchautors Robert Benton, der zusammen mit David Newman unter anderem »Bonnie und Clyde« und »Is' was, Doc?« geschrieben hat, zeichnet Altman als Produzent verantwortlich. »The Late Show«, ganz offensichtlich beeinflußt von Altmans Chandler-Adaption »The Long Goodbye« mit Elliott Gould, aber doch alles andere als ein epigonales Werk, heißt hierzulande »Die Katze kennt den Mörder«, ein Titel, der so blödsinnig ist, daß ich ihn nicht verwenden werde. Wie in »Welcome to L.A.«, von Alan Rudolph überwiegend mit Schauspielern aus »Nashville« realisiert, kommen auch in »The Late Show« einige Mitglieder aus Altmans treuer *stock company* vor, die er von Film zu Film immer wieder einsetzt. Der Kameramann Chuck Rosher, der auch »Drei Frauen« drehte, und der Cutter Lou Lombardo, der inzwischen ebenfalls, wenn auch ohne Altman, einen eigenen Film (»Russisches Roulett«) realisierte, gehören ebenso zu dieser Truppe wie die Schauspieler Lily Tomlin (die Mutter der taubstummen Kinder in »Nashville«) und John Considine, den Altman jetzt zum Drehbuchautor seines neuen, gerade abgedrehten Films »A Wedding« beförderte: die Beschreibung eines gutbürgerlichen Hochzeitstages, »der Beginn«, sagt Altman, »einer langen Reise«, mit 48 Hauptrollen, doppelt so viele wie in »Nashville«.
Im kreativen Kreis um Altman, der sich mehr als Beweger und Koordinator versteht denn als Zuchtmeister, soll jeder alles machen können. Die Schauspieler sind nicht Erfüllungsgehilfen einer starren Konzeption, sondern schreiben selber an ihren Rollen mit, und wenn einer Autor oder Regisseur werden will in dieser Werkstatt, kümmert sich Altman um die Finanzierung.

Robert Altmans »Drei Frauen« und Robert Bentons Altman-Produktion »The Late Show« gelangen jetzt fast gleichzeitig in unsere Kinos. Beide handeln, wie vorher »The Long Goodbye«, »California Split« und »Welcome to L.A.«, vom Leben und Überleben im reichsten, kaputtesten Staat der USA: von einem Kalifornien, dessen ewige Sonne die Neurosen und Verstörungen seiner Bewohner in ein mildes, irrisierendes Zwielicht taucht. Die Figuren irren durch sonderbare, bei aller Helligkeit sinistre Traum- und Alptraumlandschaften, in »Drei Frauen« durch eine Plastikoase in der südkalifornischen Wüste, in »The Late Show« durch die reale Schäbigkeit des Ortes Hollywood, der allenfalls noch den Charme der Reeperbahn an einem regnerischen Vormittag besitzt.

»Drei Frauen«: ein Traum. Von der ersten Sequenz an, in der weißgekleidete junge Mädchen mit leerem Lächeln hilflose Greise und Greisinnen in einem Heilbad betreuen, schafft Altman eine irreale Atmosphäre. Immer wieder Wasser, das Gefühl, zu versinken ins Bodenlose, wie der Spielzeugtaucher aus Plastik im Aquarium in der bis zur Unerträglichkeit adretten Wohnung von Millie, einer der drei Frauen. Wie in allen Träumen bleibt vieles rätselhaft, unentschlüsselbar. Wenn sich am Ende die drei Frauen, die naive Pinky, die rührend patente Millie und die stumme, schwangere Willie zu einer archaischen Gemeinschaft als Großmutter, Mutter und Tochter finden, in einer Welt ohne Männer, haben sich der Traum und die Figuren schon verstörend oft verwandelt: Pinky ist Millie geworden und Millie Pinky und Willie ihre Tochter und Mutter zugleich; der Traum, der erst fremd und verstörend war und dann ein furioser Alptraum, in dem man zu ertrinken glaubt, wird am Ende freundlich, hell und dennoch sehr fern.

Pinky, das verspielte Mädchen aus Texas, und Millie, das perfekte Geschöpf einer Waren- und Werbewelt, das daran glaubt, daß »sauber sexy ist« und sich in einem aufgeräumten Disneyland en miniature eingerichtet hat, sind »austauschbare Teile der Maschine Amerika«, wie Kurt Vonnegut das in seinem neuen Roman »Slapstick« nennt. Sie sind ebenso rührende wie grausam zerstörte Opfer einer Zivilisation, in der Individualität längst zur Imitation vorfabrizierter Muster verkommen ist. Aber eben diese Austauschbarkeit, die sie auf unerklärliche, vampiristische Weise vollziehen, macht sie stark. Daß sie sich am Ende, nach der Kommunion mit der stummen Malerin Willie, deren bizarre Angstgemälde von wilden, obszönen Halbmenschen dem Film sein optisches Leitmotiv liefern, als neue, starke Gemeinschaft ausgerechnet in ein verfallenes Westerndorf zurückziehen, das Relikt einer toten Männergesellschaft, deren letzter Repräsentant einen seltsamen »Unfalltod« stirbt, deutet die Richtung von Altmans Traum an.

Doch bleibt dieser Traum, eine amerikanische Version von Ingmar Bergmans »Persona«, stets vieldeutig, seine zahlreichen symbolistischen Elemente lassen sich nicht so leicht dechiffrieren, wie man vielleicht befürchten müßte. Altmans intime Vision, nach den breit angelegten Panoramen von »Nashville« und »Buffalo Bill und die Indianer« fast unerwartet, lebt in erster Linie von ihrer suggestiven optischen Poesie, von bleichen, bräunlichen Wüstenbildern, von dem Kontrast zwischen der klinischen Sterilität im Altenpflegeheim, in dem Pinky und Millie arbeiten, und der giftigen Buntheit der chemieverseuchten Lebensmittel aus Dosen und Tuben, mit denen Millie eine Dinnerparty vorbereitet. Gegen Ende kommt, in einer sehr langen Einstellung, ein knallgelber Lastwagen durch die Wüste auf das Haus der drei Frauen zugefahren. Er sieht aus wie ein prähistorisches Monster.

Selbst in seinem Traum bleibt Altman ein präzis beobachtender Satiriker, der Pinkys und Millies von Modezeitschriften, Rezeptbüchern und Fernsehwerbespots gesteuertes Leben aus zweiter Hand, ihre pathetische Einsamkeit inmitten indifferenter Männer, mit bösem Witz beobachtet. Einer namens Tom hustet nur immer abweisend, wenn ihn Millie in ein Gespräch verwickeln will, diese ständig plappernde, aufreizend bewußtlose Plastikpuppe. Aber Altman macht sich über seine Figuren nicht lustig, was viel mit der Freiheit zu tun hat, die er seinen Schauspielerinnen Sissy Spacek (Pinky) und Shelley Duvall (Millie) einräumt. Sie statten ihre Rollen mit einer Grazie und unverletzbaren Würde aus, die sich jeder Karikatur widersetzen.

Shelley Duvall, seit »Brewster McCloud« (1970) Mitglied der Altman-Truppe, unvergeßlich als L.A. Joan in »Nashville«, gewann für »Drei Frauen« den Darstellerpreis in Cannes; Lily Tomlin, die jetzt wieder für Altman in »A Wedding« spielt, gewann den Darstellerpreis für Robert Bentons »The Late Show« in Berlin. Man könnte sich diese Lily Tomlin auch in »Drei Frauen« vorstellen. Auch sie ist ein Geschöpf der kalifornischen »*plastic society*«, rührend und hartnäckig allen Trends hinterherlaufend, die die Gurus der kommerziellen Subkultur anpreisen. Sie redet von Schwingungen und Karma, von Astrologie und Psychiatrie. Sie ist »*with it*« bis zur Selbstaufgabe, aber sie hat nichts begriffen. Sie dilettiert in vielen Berufen, als Schauspielerin, Agentin, Modeentwerferin, manchmal auch als Dealerin. Sie verkörpert das wahre Hollywood, das Hollywood der Verlierer, die Stadt von Nathaniel Wests »Tag der Heuschrecke«.

Und wie sein Produzent Altman besitzt auch Robert Benton ein Herz für diese »*born losers*«. In »The Late Show« gibt es gleich zwei

davon: eben jene immer leicht hysterische Margo (Tomlin), der irgendwie ihre Katze abhanden gekommen ist, und den alten Privatdetektiv Ira Wells (Art Carney), der sich widerwillig anheuern läßt, eben diese Katze zu suchen und so vollends in eine bis zum Schluß reichlich unübersichtliche Mordgeschichte in der besten Chandler-Tradition gerät, die für den Veteranen mit Hinkebein und Magengeschwür etliche Nummern zu groß ist.
Einst gehörte Ira Wells zu den Großen seiner Zunft, er war ein Kerl wie Philip Marlowe und Sam Spade. Jetzt ist er über siebzig und trinkt statt Bourbon Unmengen von Alka Seltzer, wohnt in einem bescheidenen Zimmer bei der netten Mrs. Schmidt zur Untermiete und fährt mit dem Bus zum Tatort. Er schreibt verschämt an einer Autobiographie (»Nackte Mädchen und Maschinenpistolen«), redet Frauen nach Art der vierziger Jahre keß mit »Puppe« an und wird selber von den Gangstern mitleidig »Pops« genannt.
Robert Benton leistet für den klassischen amerikanischen Detektivfilm, was Sam Peckinpah 1961 mit »Ride the High Country« für den Western einleitete: ein Requiem ohne billige Sentimentalität, das den Ehrencode von einst mit einer veränderten Realität konfrontiert. Wie Altman seinen Philip Marlowe in »The Long Goodbye« stellt Benton seinen Ira Wells in eine Welt, die nicht mehr die seine ist, eben in diese groteske südkalifornische Sumpflandschaft, in der selbst die Gangster als neurotische Clowns und verhinderte Hollywood-Chargen sich gerieren. Aber anders als Elliott Gould bei Altman setzt Ira Wells den Zuständen in dieser Welt aktiven Widerstand entgegen: mit störrischem Stolz hinkt er durch die fußgängerlosen Straßen, läßt sich nicht brechen und kommt schließlich wider alle Wahrscheinlichkeit sogar davon.
Wenn John Wayne diese Rolle gespielt hätte, bei einem Regisseur wie Andrew V. McLaglen, wäre »The Late Show« ein martialisch monumentaler Nachruf auf Amerikas letzten Helden und seine Tugenden geworden. Doch Benton, gewiß auch unter dem Einfluß von Altman, konzentriert sich weniger auf die – spannende, oft sehr komische – Mordgeschichte als auf die Beschreibung einer Beziehung. Allmählich kommen sich Ira und Margo, zwei zu kurz Gekommene in einer Überflußgesellschaft, zwei Außenseiter, näher, ihr Zweckbündnis gewinnt Züge einer verhaltenen Herzlichkeit, sie lernen, mit ihrem Anderssein umzugehen. Benton entwickelt diese Beziehung sehr behutsam, ohne sentimentalische Gesten, läßt seine beiden Figuren, die sich tapfer und ängstlich durch ein kriminelles, chaotisches Tollhaus schlagen, die gleiche Zuwendung erfahren, die sie einander zukommen lassen.
»Late Show« – so heißen in Amerika die alten Hollywood-Filme, die

zwischen Mitternacht und frühem Morgen im Fernsehen laufen. Bei Benton, dem mehr gelingt als eine Kopie der klassischen Rituale, bezeichnet der Titel etwas anderes: über die Hommage an ein Genre hinaus den Spätzustand eines Ortes namens Hollywood, der von den Illusionen, die er fabrizierte, längst aufgefressen worden ist. »The Late Show« – ein Akt des Widerstands. Damit kommt dieser schöne Film Altman sehr nahe.

Nr. 40 vom 23. 9. 1977

»Die Vertreibung aus dem Paradies«
von Niklaus Schilling

Kino der tausend Tricks

Der erste Film geht so: Nach vielen Jahren in der Fremde kehrt der verlorene Sohn in die Heimat zurück. Zu spät indessen erreicht er das Sterbebett der Mutter. Nach kurzer Trauer ergibt sich ein inzestuöses Verhältnis mit der blonden, bleichen, verhärmten Schwester, die – arm, aber ehrlich – ein kleines Photo-Geschäft führt und hartnäckig von einem unsympathischen Bankangestellten umworben wird. Der verlorene Sohn erkennt sein Unrecht und bricht wieder auf zu neuen Ufern: ein kleinbürgerliches Melodram.
Der zweite Film geht so: Ein mäßig erfolgreicher Kino-Kleindarsteller, von widrigen Umständen aus Rom nach München verschlagen, sucht Anschluß an die hiesige Filmbranche und muß feststellen, daß es sie überhaupt nicht gibt. Die »Deutsche Garant Film« garantiert allenfalls noch ihre eigene Pleite. Eine geplante Großproduktion mit dem Titel »Die Toteninsel« bleibt ebenso ein Hirngespinst wie das Ansinnen unseres Helden, beim Fernsehen unterzukommen. In dessen riesigen Verwaltungs-Trakten findet er nicht einmal das Besetzungsbüro, und auch ein kurzes Engagement als Hauptdarsteller in einem Werbespot endet desaströs. Von einem Regisseur getrieben, der so tut, als sei er mindestens Cecil B. DeMille bei den Dreharbeiten zu den »Zehn Geboten«, ruiniert der Glücklose alle Aufnahmen: eine Satire auf die deutsche Kino-Situation.
Der dritte Film geht so: Eine schöne junge Gräfin schlägt sich als professionelle Heiratsschwindlerin durch ihr standesgemäß aufwendiges Leben. Ein Fremder hilft ihr aus einer gefährlichen Lage und dient fortan als Sekretär und Geliebter. Als das Paar beschließt, sein

Niklaus Schilling

Geschäft zu verlegen und die trickreich erschlichenen Juwelen des adeligen Fräuleins zu versilbern, kommt es zu einer gefährlichen Konfrontation mit einer Hehler-Bande. Die Gräfin blutet, das Geld ist weg: ein Society-Krimi mit komödiantischen Intermezzi.
Jeden dieser Filme kann man sich vorstellen, doch keiner kommt in Niklaus Schillings Film »Die Vertreibung aus dem Paradies« wirklich zustande. Kaum beginnt man sich in der ersten halben Stunde im bedrückenden Vorstadt-Stück einzurichten, erweist es sich unversehens als Präludium zu einer Satire. Mit dem Milieu ändert sich der Ton der Inszenierung, aber auch das Spottlied auf das Koma einer

Branche, eher dissonant, geht nahtlos über in ein hintergründiges, elegantes Salon-Stück. Eine Zufallsbegegnung am Hotel-Fahrstuhl gibt der Intrige noch einmal eine unverhoffte Wendung, doch selbst diese Volte schafft keine Sicherheit, sondern bereitet eine letzte, noch verwegenere Falle vor: Auf der Autobahn zwischen München und Rom treffen sich Melodram, Satire und Krimi, und folgerichtig bricht das Personal der drei unvollendeten Filme, die nun endlich als Einheit zu erkennen sind, in jene Stadt auf, in der die Tagträume und Illusionen noch eher entstehen als in deutschen Fernseh-Studios – Cinecittà. Dort weist ein als Engel verkleideter Komparse (oder ein echter Engel, man weiß es nicht mehr) mit großer Geste den Weg ins verlorene Paradies.

Für Niklaus Schilling ist dieses Paradies das Kino. Zwei Stunden lang beschwört er jenen magischen Ort, den Claude Lévi-Strauss 1964 im Gespräch mit Jacques Rivette und Michel Delahaye so beschrieben hat: »Es war dies eine Art Rückzugslager für den Menschen von heute, wo man sich freiwillig den Bildern, die über die Leinwand liefen, überlassen oder in Tagträume versinken konnte.« Schillings Film, sein zweiter erst nach »Nachtschatten« (1971), heißt aber »Die Vertreibung aus dem Paradies«. In den drei Geschichten, die er zu erzählen anhebt, aber dann doch nicht ganz erzählt, handelt er von einem Verlust (nämlich jenes »Rückzugslagers«) und von einer Hoffnung: auf die Wiedergeburt eines Kinos, das sich auf seine eigentliche Kraft besinnt. Lévi-Strauss hat gesagt: »Ich mag die Maler nicht, die aus ihrer Malerei eine Philosophie machen, und ich mag die Filmemacher nicht, die aus ihren Filmen eine Philosophie machen. Die Philosophie – wenn es sie gibt – muß in der Bewegung und im Ablauf der Bilder selbst stecken und nicht in Botschaften, die man uns mit einem Keulenschlag einbleut.«

Mit Keulenschlägen hat auch Niklaus Schilling nichts im Sinn, um so mehr mit Bewegungen und Bildern. Seine Erinnerung an das Kino, das es einmal gegeben hat, erschöpft sich nicht in Zitaten (obwohl er Fritz Lang zitiert, das Ende des »Tigers von Eschnapur«), sondern lebt aus einem großen visuellen Reichtum, in den viele Kino-Erfahrungen eingegangen sind. Von der ersten Einstellung an – in einer verschneiten bayrischen Grenzstation wird eine schwarz-rot-goldene Fahne eingeholt, während die Kamera langsam vom Fahnenmast nach unten fährt – zieht er den Zuschauer in einen Ablauf, wie er nur in einer Kino-Inszenierung existieren kann: eine in ihren Formen und Farben autonome Kunst-Welt, die zwar Elemente der konkreten Realität verarbeitet, sich aber letztlich doch über diese Realität erhebt.

Eine bis ins kleinste Detail inszenierte Welt: die heiratsschwindelnde

Gräfin macht vor, wie das geht. Sie lebt in einem perfekt arrangierten Visconti-Dekor, ebenso kostbar wie stilsicher, und in diesem künstlichen Rahmen inszeniert sie sich selber, verschafft sich ihre Auftritte und Abgänge. Man ist schockiert, sie später dezent bluten zu sehen.
Auch ihr Komplize, der aus Rom heimgekehrte Kleindarsteller Andy Pauls alias Anton Paulisch, gespielt von dem aus Rom heimgekehrten Kleindarsteller Herb Andress, stellt sich seine eigenen Spiel-Orte her. Für seinen Glanzauftritt als »The Mechanical Man«, mit dem er auch schon in Hollywood aufgetreten ist (aber nur vor den verschlossenen Toren der Paramount), verwandelt er das Büro des Garant-Film-Produzenten mit einem einzigen Accessoire, einem großen Kerzenleuchter, in eine geheimnisvolle, schattenreiche Horror-Landschaft. »The Mechanical Man« ist seine beste Nummer; Schilling, Komplize seiner Schauspieler, läßt sie ihn immer wieder vorführen.
Wie Magie entsteht und wie sie kaputtgeht: die Figuren in Schillings Film führen ständig neue Verwandlungen vor, mit sich selber (der Bank-Mensch wird zum Bank-Betrüger, der Schauspieler zum Privatsekretär), mit den Schauplätzen, mit den Handlungssträngen. Nichts bleibt schließlich so, wie es zunächst schien, und das Vergnügen, das dieser Film bereitet, resultiert direkt aus seinen Tricks, seinen doppelten Böden, dem *trompe-l'oeil* in immer neuen Variationen. Nur wenn der Alltag in diese Welt einbricht, sie sich zu unterwerfen trachtet, geschehen kleine Katastrophen: bei der Reklame-Aufnahme, deren Inszenierung allein ökonomischen Gesetzen gehorcht, bei der Begegnung mit den »richtigen« Gangstern, die das fragile Spiel nicht mitmachen. Vor diesen Störmanövern der Wirklichkeit retten sich Schilling und seine Figuren in ihre verschwenderischen Kulissen, in ihre Kino-Welt.
Daß in der letzten Sequenz ein Engel den Weg weist, ist mehr als ein beliebiger Gag. Schilling glaubt an ein Kino der Mythen und Märchen: »Das waren ja Bildergeschichten, die einem auch so erzählt wurden, als säße man im Kino. Man kann sagen, daß die besonderen Qualitäten des deutschen Kinos natürlich mit dem Land, der Gegend, dem Boden, vielleicht mit den Menschen überhaupt zu tun haben. Und den Mythen eben auch. Eine ›deutsche Gefühlswelt‹, wenn man so will, die ein geradezu idealer Kinostoff sein kann.«
Deutsche Träume eines Filmemachers, der aus der Schweiz stammt, der früher Kameramann bei Klaus Lemke, Rudolf Thome und Jean-Marie Straub war, der vor wenigen Wochen seinen dritten Film abgedreht hat: »Rheingold« wird er heißen, nach dem TEE-Zug, in dem er spielt, aber wohl auch als Hommage an die Gefühlswelt der

Oper, der Schilling stark verpflichtet ist. In der »Vertreibung aus dem Paradies« gibt es viel Verdi und Donizetti zu hören, die Emotionalität verstärkend, gelegentlich auch stilisierend. Opern-Musik ist Kino-Musik, und dazu drückt sie hier eine Sehnsucht nach einem freundlicheren Süden aus.
Keine Mißverständnisse: Schillings »deutsche Gefühlswelt« ist nicht verschwommen und dumpf, sondern spielerisch, oft sogar heiter. Ihre seltene Qualität besteht darin, daß sie einerseits ihre Voraussetzungen und Mittel durchsichtig macht, dann aber doch dem Betrachter einen wunderschönen Traum erfüllt: vom Kino, von der Leuchtkraft seiner Farben, von der Präzision der Cadrage (Bildausschnitt), von einem Licht, das Schauplätze zu definieren vermag. Er fliehe vor dem Fernsehen, erklärt der Kleindarsteller Andy Pauls einem Taxifahrer. Mit ihm flieht Schilling: geradewegs ins verlorene Paradies. Warten wir auf »Rheingold«.

Nr. 44 vom 21. 10. 1977

Ingmar Bergman und »Das Schlangenei«
Holzweg zur Hölle

Stimmungen und Schauplätze aus Filmen von Ingmar Bergman, von ihm selber beschrieben:
»Das Haus steht einsam auf der langen, sandigen Landzunge, stark gezeichnet von seiner ungeschützten Lage. Es ist zweistöckig und dunkelgrün, wo nicht Sonne und Wetter einen lichteren Seidenton aus dem Holz geschliffen haben.« (»Wie in einem Spiegel«, 1961)
»Es ist zwölf Uhr mittags an einem Sonntag Ende November. Es dämmert über der Ebene, und vom Moorgebiet im Osten bringt der Wind rauhe Feuchtigkeit mit ... Es hat gerade angefangen zu schneien, dünn, doch hartnäckig, der Boden ist schon lange gefroren, bald werden Wege und Äcker von einer grauweißen Schicht bedeckt sein.« (»Licht im Winter«, 1963)
»Eine karge Landschaft mit niedrigem, windzerzaustem Wald, durchkreuzt von gewundenen Steinmauern. Eine holprige Landstraße. Ein paar Bauernhöfe, magere Äcker, unvermutete Ausblicke über ein graues Meer.« (»Schande«, 1969)
»Ein stiller, verhangener Herbsttag. Die unansehnliche Kirche liegt auf einem Plateau oberhalb der verstreuten Häuser.« (»The Touch«, 1970)

Zitate aus jenen schönen »Filmerzählungen«, die Bergman – statt eines üblichen Drehbuchs – zu jedem seiner Werke schreibt. Die Lektüre ruft Erinnerungen wach an Bilder, an das eigentümliche Licht nördlicher Gegenden, an wilde, halbzivilisierte Landschaften, an melancholische Momente. Gaukler-Truppen ziehen über verlassene Landstraßen, Abende am Meer, der schwarzgewandete Tod hockt auf einem Felsen und ein leibhaftiger Teufel spukt durch das alte Pfarrhaus. Licht und Landschaft – das unverwechselbare Ambiente für Ingmar Bergmans metaphysisches Welttheater. Schweden bedeutet für Bergman, was Italien für Fellini, was Japan für Mizoguchi, was Amerika für John Ford bedeuten: eine kulturelle Identität, eine sinnliche Erfahrung von Menschen und Orten, einen konkreten, physischen Rahmen für Visionen von universeller Bedeutung. Fellini hat sich stets geweigert, anderswo als in Italien Filme zu drehen, Mizoguchi hat seine Heimat nie verlassen, Ford, dessen Filme so oft von der Heimatlosigkeit handeln, ist immer ein amerikanischer Regisseur geblieben. Ingmar Bergman, von den schwedischen Steuerbehörden außer Landes getrieben, hat in München »Das Schlangenei« gedreht: ein in mehrfacher Hinsicht aufschlußreiches Fiasko.

*

Schon lange hatte Bergman den Plan, einen Film über Experimente an Menschen zu machen, einen »Horrorfilm«, expliziter noch als »Das Gesicht«, »Schande« und »Der Ritus«. »Das Schlangenei« sollte 1976 in Stockholm entstehen, die Ateliers waren bereits gemietet, als Bergman sich zur Emigration entschloß. In Hollywood, der ersten Station seiner Flucht vor dem inquisitorischen Zugriff der Steuer-Vögte, traf er Dino De Laurentiis, der sich gerade anschickte, der Welt einen neuen »King Kong« zu geben. Der Italiener, ein Produzent mit fast schon legendärem kommerziellen Geschick, begriff rasch die ungeahnten Möglichkeiten des Projektes, und schon war das bescheidene »Schlangenei« ein internationales Vier-Millionen-Dollar-Ding mit allen Ingredienzien eines kassensicheren »*Package Deal*«: einer der berühmtesten Regisseure der Welt, dazu Liv Ullmann Superstar, dazu ein origineller Horror-Stoff mit einem Hauch von »Cabaret«, wie geschaffen für eine opulente Groß-Produktion. Mit Horst Wendlandt war bald ein deutscher Partner gefunden, denn nun hatte sich Bergman, von allen Seiten hofiert, entschlossen, den Film in Deutschland zu realisieren. Die Geschichte spielt in Berlin, in jener düsteren Inflations-Woche im November 1923, in der ein Herr Hitler in München einen Putsch versuchte.
Nur ein männlicher Hauptdarsteller fehlte noch. Peter Falk sollte zuerst den jüdischen Artisten Abel Rosenberg spielen, dann wurde

Richard Harris engagiert, kurz vor Drehbeginn sprang David Carradine ein. Schon damals konnte man sich wundern: Waren das wirklich künstlerische Entscheidungen? Oder überwog das kommerzielle Kalkül bei der Besetzung? Kaum zu glauben, daß Bergman drei so unterschiedliche Schauspieler für ein und dieselbe Rolle in Betracht zog.
In München eingetroffen, begann Bergman mit den Dreharbeiten: mit schwedischen, amerikanischen und deutschen Schauspielern, mit seinem bewährten Kameramann Sven Nykvist und deutschen Technikern. Rolf Zehetbauer, einer der besten Film-Architekten der Welt, für »Cabaret« mit einem »Oscar« ausgezeichnet, baute für »Das Schlangenei« die komplette Alt-Berliner Bergmann-Straße (sie heißt tatsächlich so) auf dem Atelier-Gelände von Geiselgasteig auf. Die Berliner Originalschauplätze kamen für Bergman nicht in Betracht. Berlin sieht kaum noch aus wie Berlin.

*

»Und dann haben mich fremde Städte immer fasziniert. Als Junge war ich oft in Deutschland. Berlin übte eine fast dämonische Suggestion aus. Das lag an einer frühen Novellensammlung von Siegfried Siwertz über Berlin. Berlin war dadurch für mich überhaupt kein wirkliches Berlin, sondern eine schwarze Stadt der Destruktion ... Ich kann mich erinnern, wie man vor dem Krieg von Sassnitz kam und der Zug näherte sich Berlin und man stand da und sah sich in der Dämmerung diese grauen, riesigen Vorstädte an. Die Häuser wurden höher und die Tunnel unheimlicher, und die ganze Zeit hatte man dieses Gefühl einer dunklen Suggestion, das ihr sicher auch kennt. In einer riesigen Stadt zu versinken, darin zu verschwinden, sie zu erleben, anonym darin zu sein.«
Diese Sätze stehen in dem Buch »Bergman über Bergman«, 1976 bei Hanser erschienen, einem Interview-Band der drei schwedischen Journalisten Stig Björkman, Torsten Manns und Jonas Sima. Bergman hat sie gesagt im Zusammenhang mit seinem hierzulande noch immer berühmtesten Film, dem grandiosen Mißverständnis »Das Schweigen«, das nun unversehens erkennbar wird als Vorstudie zum »Schlangenei«. Damals, 1963, strandeten Ingrid Thulin und Gunnel Lindblom in einer imaginären Stadt namens Timoka. In Bergmans Drehbuch heißt es: »Eine Reihe von schwarzgrauen Häusern mit dunklen Fensterlöchern, Fabrikmauern, Hinterhöfen, verrosteten Straßenbahnen; der Bahnhof öffnet sich wieder, verzweigt sich, schwillt mächtig an. Ein Kirchturm wirft Schatten, als sei er ein Hindernis auf den Schienen.« Die Angst geht um in Timoka, Sirenen heulen, Panzer und Lautsprecherwagen fahren durch die Stadt. Mit fiebrigen sexuellen Exzessen versuchen die Menschen, ihre Angst zu

betäuben. Doch die Bedrohung bleibt unfaßbar, anonym. Timoka ist eine fremde, von Gott verlassene Stadt. Timoka ist Berlin.

Nichts interessiert Ingmar Bergman weniger als das reale Berlin der zwanziger Jahre, das er sich von Rolf Zehetbauer für teures Geld hat bauen lassen. Dieses Berlin, in dem »Angst wie Nebel vom Asphalt aufsteigt«, erscheint als Chiffre für jene Hölle, die Bergman früher nur in imaginären Orten wie Timoka fand. Und wer es partout nicht begreifen will, dem hilft ein kurzer Dialog zwischen Abel Rosenberg und einem Straßenmädchen auf die Sprünge. Angesteckt vom unerklärlich waltenden Angst-Virus, wankt der jüdische Artist betrunken durch die nächtlichen Straßen. »Go to Hell«, sagt er, der Amerikaner in Berlin, zu der Hure, die ihn mit auf ihr Zimmer nehmen will. Sie, höhnisch: »Was denkst du denn, wo wir sind?« Etwas früher im Film sucht Abels Freundin Manuela, Tingeltangel-Tänzerin und Gelegenheitsprostituierte, einen Priester auf, der redet, als habe er »Das Schweigen« mindestens dreimal gesehen: »Wir leben weit entfernt von Gott, so weit fort, daß er uns sicher nicht hören kann, wenn wir ihn um Hilfe bitten. Wir müssen uns gegenseitig die Vergebung gewähren, die der ferne Gott uns versagt.«
Bergman schickt seinen Protagonisten auf eine Odyssee durch die fremde, unbegreifliche Stadt, die der im »Schweigen« gelegentlich bis in szenische Details ähnlich sieht. Abel Rosenberg erlebt den »Dämon Stadt« als unmenschlichen Alptraum: Schlägertrupps üben ein Terror-Regime aus, in den Nachtclubs toben ungeahnte sexuelle Perversionen, in denen – wie im »Schweigen« – auch Liliputaner eine Rolle spielen, hungernde Menschen schlachten ein Pferd auf offener Straße und hinter dem allgemeinen Pandämonium erhebt sich eine überlebensgroße Schreckensgestalt: ein blonder, dünnlippiger Frankenstein-Caligari-Mabuse, der in seinem geheimen Versuchslabor gräßliche Menschen-Versuche veranstaltet.

*

Diese Figur ist neu, aber so neu nun auch wieder nicht. Bergman nennt sie Dr. Hans Vergerus. Vergerus hieß schon der Medizinalrat, den Gunnar Björnstrand in »Das Gesicht« (1958) spielte, Vergerus heißen Bibi Andersson und Erland Josephson in »Eine Passion« (1969) und auch der Arzt, den Max von Sydow in »The Touch« ein Jahr später spielt. Im Bergman-Land hat dieser Name also schon Tradition: ein weiteres Indiz dafür, daß den Regisseur seine private Mythologie mehr interessiert als die Genese des deutschen Faschismus.
Um die aber soll es gehen, auf sie bezieht sich auch der Titel: »Es ist wie ein Schlangenei. Durch die dünne Membrane erblickt man das

bereits vollkommen ausgebildete Reptil.« Nun suggeriert diese Metapher eine gewisse Delikatesse der Beobachtung, doch im »Schlangenei« ist Bergman alles andere als subtil. Mag sein, daß die ungewohnte Umgebung, die riesige Produktionsmaschinerie Bergman zu manchen sonderbaren inszenatorischen Exzessen getrieben hat. Die Dekadenz des untergehenden Berlin ortet er dort, wo Bob Fosse sie schon fand: im »Cabaret«, im grellen, schmierigen Tingeltangel, in dem offenbar Tout Berlin sich amüsiert, in dem Liv Ullmann mit giftgrüner Perücke und lila Korsett auftritt, in dem die Schicksalsfrage der Weimarer Republik gestellt wird: »Was macht der Meier auf dem Himalaya?« Eine verbrauchtere, offensichtlichere Metapher für den Tanz auf dem Vulkan läßt sich kaum denken, und Bergman strapaziert sie bis zum Überdruß. Die ganze Katastrophe dieses Films manifestiert sich in einem einzigen Schnitt: von einem blutigen Stück Pferdefleisch auf ein in Rot gefärbtes Cabaret-Inferno. Einen derart billigen Pseudo-Schock traut man gerne Dino De Laurentiis zu, aber Bergman?
Und wenn die Angst durch die Metropole schleicht, begleitet Bergman sie mit affektiertem Theaterdonner, der in den makellosen Dekorationen besonders hohl klingt. Im Gefängnis hastet Abel Rosenberg in einem neurotischen Ausbruch von einem Gitter (Achtung: Symbol) zum nächsten, den Schauspielern fordert Bergman eine überanstrengte Exaltiertheit ab – mehr Schreie als Flüstern – und Vergerus, der präfaschistische Übermensch, ist eine blonde Bestie wie aus einem italienischen Comic-Strip. Gleich zu Anfang erfährt man, daß er als Kind schon gerne Katzen zu Tode quälte. Zwischendurch hält Gert Fröbe, der eine gute Kopie von Fritz Langs jovialen Polizeikommissaren in den »Mabuse«-Filmen und in »M« spielt, einen langen Monolog über die Angst, der im verbindenden Kommentar immer wieder aufgenommen und variiert wird. Auf diese Weise entsteht aber nicht Furcht und Schrecken (geschweige denn irgendeine Einsicht über das Phänomen des Faschismus), sondern allenfalls lautstarke Monotonie. Das Wenige, was der Film zu sagen hat, sagt er in den ersten zwanzig Minuten. Der Rest ist »Schweigen«.

*

Wie leicht sich Bergmans Kino parodieren läßt, hat nicht nur Peter Ustinov bewiesen, sondern auch Woody Allen, der Bergman sehr liebt, dessen »Stadtneurotiker« ohne »Szenen einer Ehe« nicht denkbar wäre. In dem Mini-Drama »Death Knocks«, geschrieben für den »New Yorker«, konfrontiert er Bergmans Philosophie mit der Alltags-Realität. Der Sensenmann aus dem »Siebten Siegel« sucht einen ganz gewöhnlichen New Yorker Kleiderfabrikanten heim, um dessen Leben aber nicht Schach, sondern Karten gespielt

wird. In der banalen Realität wirkt das Erhabene unversehens lächerlich. Der Tod zieht unverrichteter Dinge wieder ab.
Im »Schlangenei«, seinem 37. Film, hat Bergman selber zum erstenmal versucht, sein Welttheater im Rahmen einer konkreten historischen Situation aufzuführen. Doch was im metaphysischen Niemandsland von Timoka zur Reflexion über die *condition humaine* anregte, gerät im Berlin des Jahres 1923 zu einer grellen, abgeschmackten Farce. Bergmans Visionen können nur bestehen in abstrakten Alptraum-Gegenden, die ihre Überzeugungskraft aus ihrem Spielfeld, aus einer erlebten Erfahrung mit Leuten und Landschaften gewinnen. Im »Schlangenei« geht dieser große Regisseur zum ersten (und hoffentlich zum letztenmal) den umgekehrten Weg, beschreibt reale Historie mit den forcierten Mitteln einer sterilen Studio-Inszenierung. Schweden hat inzwischen gemerkt, daß es Bergman braucht, Bergman wird begreifen müssen, wie dringend er Schweden braucht. Er mache seine Filme mit achtzehn Freunden, hat er einmal gesagt. Hoffentlich kehrt er bald zu ihnen zurück.

Nr. 45 vom 28. 10. 1977

Theodor Kotullas »Aus einem deutschen Leben«
Eine Karriere

Spät am Abend noch sitzt Franz Lang über seinen Schreibtisch gebeugt, brütet über Skizzen und Statistiken: ein ordentlicher deutscher Bürokrat, von seinen Vorgesetzten geschätzt, von seinen Untergebenen respektiert. Wird es Franz Lang gelingen, die tägliche Produktionsleistung seines Betriebes auf zehntausend Einheiten zu steigern? Auch Frau Else ist stolz auf ihren Franz, den kompetenten Manager, den liebevollen Gatten, den fürsorglichen Vater. Herr Lang ist ein unauffälliger Zeitgenosse, der Typ des kleinbürgerlichen Aufsteigers, beflissen, zurückhaltend und absolut zuverlässig – eine Stütze der Gesellschaft. Man könnte ihn fast mögen, wenn er nicht so unendlich farblos und langweilig wäre.
»Aus einem deutschen Leben« nennt Theodor Kotulla seinen Film über den (aufhaltsamen?) Aufstieg dieses Mannes, der in Wirklichkeit Rudolf Höß hieß und 1940 von Himmler persönlich zum Kommandanten des Vernichtungslagers Auschwitz ernannt wurde. Der Biedermann als Massenmörder: Vier Millionen »Einheiten« schickte

Lang alias Höß in die Gaskammer. Wirklich vorstellen wird man sich das wohl nie können, und auch das Dokumentarmaterial von Leichenbergen und Tötungsapparaturen vermag das Unfaßbare nicht zu erklären. Diese Bilder, oft gezeigt, lösen kaum mehr als ein vages, rasch wieder zu verdrängendes Entsetzen aus, dem realen Horror von Auschwitz werden sie nicht gerecht. Die Ermordung von vier Millionen entzieht sich der Darstellbarkeit, nicht aber die Disposition der Henker.
An diesem Punkt setzt Kotulla in seinem dritten langen Film an. Er erspart sich und uns den Anblick der bekannten Dokumentarbilder, setzt uns anderen, subtileren, wirkungsvolleren Schocks aus. »Aus einem deutschen Leben« endet mit langen, ruhigen Kamerafahrten über das herbstliche Auschwitz des Jahres 1976. Fast schon wieder ein Augenblick des Friedens. Dazu zitiert aus dem Off pedantisch und gelassen Götz George, der Darsteller des Franz Lang, aus den Aufzeichnungen des Lagerkommandanten: »Die Transportzüge mit den zur Vernichtung bestimmten Juden liefen auf einer besonders zu diesem Zweck errichteten Bahnanlage bis in unmittelbare Nähe der Vernichtungsanlagen ... In all den Jahren ist mir nicht ein Fall bekanntgeworden, daß noch Lebende aus den Kammern herauskamen ... Zwei große Krematorien, koksgeheizt, mit einer Kapazität von je 2000 Menschen innerhalb 24 Stunden, im Gasraum konnten bis zu 2500 Menschen getötet werden.«
Stolze Zahlen aus der Bilanz eines erfolgreichen Unternehmers. Beim Betrachter regt sich angesichts dieser Kombination aus friedlichen Bildern und ungeheuerlichem Bürokraten-Slang weniger wohlfeiles Entsetzen (Buchhalter bleiben auch in Auschwitz Buchhalter) als vielmehr ein abgründiges Staunen: über die biedermännische Monsterfigur, aber auch über die eigene Unfähigkeit, sich über sie zu entrüsten. Man vermag sich diesen Franz Lang nicht als Ausgeburt einer fernen Nazi-Hölle vom Leibe zu halten, man ertappt sich dabei, an seinem mörderischen Gleichmut teilzuhaben. Hier stellt sich einer vor, der zu anderen Zeiten wohl einen tüchtigen Bäckermeister oder Finanzinspektor abgegeben hätte.
Franz Lang oder die Banalität des Bösen: Theodor Kotulla, geboren 1928 in Oberschlesien, Filmkritiker und nicht sonderlich glückhafter Regisseur der Spielfilme »Bis zum Happy End« und »Ohne Nachsicht«, hat viel gelernt von Hannah Arendt und ihrem Bericht über Eichmann in Jerusalem. Er zeichnet keine Fratze, sondern die ausgeglichene Physiognomie eines Bürgers, den kaum je Gewissensbisse plagen, der gelernt hat, jeden Befehl auszuführen, der nur in Rage gerät, wenn seine eigenen Kinder »Jude« spielen, im gemütlichen Wohnzimmer in Auschwitz. Neu sind Kotullas Erkenntnisse über

das Wesen des gewöhnlichen Faschismus gewiß nicht, doch im Zusammenhang mit den modischen Nazi-Gruselkabinetts gewinnen sie eine neue Intensität und Bedeutung. Wo Ingmar Bergman im »Schlangenei« einen Über-Verbrecher im Caligari/Mabuse-Look kreiert, wo das ZDF in einem »Dokumentarspiel« Reinhard Heydrich zur psychopathischen blonden Bestie verharmlost, wo Joachim Fest seinen Hitler mit tragischem Tremolo fast schon zum Heldendarsteller stilisiert, tut Kotullas Nüchternheit besonders gut.

»Franz Lang – eine Karriere«: so könnte, ganz ohne Koketterie, dieser Film auch heißen. Kotulla hat ihn in fünfzehn Kapitel aufgeteilt, Fixpunkte gesucht für eine Biographie, die doch nicht ganz aufgehellt wird. Wie einer lernt, sich zu krümmen und dabei nach oben kommt: als Halbwüchsiger im Ersten Weltkrieg, später im Freikorps, als Gutsknecht, in der Partei, in der SS, in Auschwitz. Kurze, prägnante Sequenzen, die den Mechanismus einer Unterwerfung deutlich machen: Gehorsam an der Front, in der Fabrik, beim Fememord. Vieles indessen bleibt ausgespart, der Zuschauer muß selber manche Stationen dieser Karriere rekonstruieren, Leerstellen auffüllen. Indem Kotulla nicht den einfachen Weg der »psychologischen Vertiefung« einschlägt, seine Figur nicht bis in jede Einzelheit erklärt, zwingt er dem Betrachter mehr Fragen auf als er ihm Antworten offeriert: Wie unausweichlich ist die Entwicklung des Franz Lang tatsächlich?

Ein kühler Film, der das Grauen auf Distanz hält und ihm so auf die Spur kommt: keine Musik, die Emotionen aufputschen könnte, keine mimischen Kraftakte, die eine Tragödie suggerieren könnten, wo es nur um ein Buchhalterleben geht. Götz George, den ich als »Vollblutschauspieler« in schlimmer Erinnerung hatte, spielt den Franz Lang mit lakonischem Unterstatement, und selbst der Heinrich Himmler von Hans Korte, der sonst für jeden Effekt gut ist, bleibt leise, fast verbindlich, dadurch um so schrecklicher. Dazu bräunliche, gedeckte Farben, freudlos, aber nicht häßlich, manchmal, gerade in den Auschwitz-Sequenzen, von einer perversen Anmut. Kotulla lehrt uns das Fürchten: vor den ganz alltäglichen Perversionen der Franz Langs, die so monströs sind, daß man sie kaum noch wahrnimmt. Schrecklich normal.

Nr. 49 vom 25. 11. 1977

Bernhard Sinkels »Taugenichts«,
Wolf Gremms »Tod oder Freiheit«

Kostümfest ohne Ende

Das deutsche Kino liebt Deutschstunden. Deutsche Regisseure verfilmen klassische Werke der deutschen Literatur: sehr edel, sehr kulturbewußt, sehr langweilig. Ihren Tiefpunkt erreichte diese Bewegung im letzten Jahr mit Heidi Genées »Grete Minde« (nach Theodor Fontane) und Helma Sanders' Kleist-Biographie »Heinrich«. Das Fernsehen zeigte gerade den »John Glückstadt« (1975) von Ulf Miehe (nach Theodor Storm), und selbst die Veteranen der Branche zeigen sich neuerdings bildungsbeflissen: Franz Seitz nahm sich Thomas Manns »Unordnung und frühes Leid« vor, von Alfred Weidenmann wird in Kürze ein neuer »Schimmelreiter« zu sehen sein – das Kino stiehlt sich aus der Realität davon, flüchtet sich geradewegs in die massiven Bücherschränke der Altvorderen, wo es nichts zu verlieren, aber einiges (Förderungsgelder und Bundesfilmpreise zum Beispiel) zu gewinnen gibt.
Zwei neue Literaturfilme, Wolf Gremms »Tod oder Freiheit« (sehr frei nach Schillers »Räubern«) und Bernhard Sinkels »Taugenichts« (nicht ganz so frei nach Eichendorffs Novelle), versuchen nun auszubrechen aus diesem Teufelskreis germanistischer Weiheveranstaltungen, die das Kino allmählich zu einem mittleren Provinztheater entwürdigen. Sinkel zeigt gar ziemlich zu Beginn seines »Taugenichts« einen verkniffenen alten Deutschlehrer, der seinen hinter Gittern vegetierenden Zöglingen die Schönheit des Liedes »Wem Gott will rechte Gunst erweisen« einzubleuen versucht: jene Attitüde finsteren Kunstgenusses, die unzähligen Generationen von Schülern den möglichen Spaß an Schiller, Eichendorff und anderen gründlich ausgetrieben hat. Und beiden Filmen merkt man an, daß sie diesem Spaß wieder auf die Spur kommen wollen. Gremms »Tod oder Freiheit« preist sich an als der »Action-Film, der das Gefühl der Freiheit wiedergibt«, Sinkels »Taugenichts« schmückt sich mit der Schlagzeile »Eine blaue Plunderkomödie voll Hunger nach Glück, brotloser Kunst und Grütze«.
Bernhard Sinkel, der mit seinem Partner Alf Brustellin (hier nur Co-Autor) zuletzt den epischen »Mädchenkrieg« inszenierte, wollte den »Taugenichts« schon Anfang der siebziger Jahre machen – noch unter dem Eindruck der Ereignisse von 1968, als durchaus aktuelle Utopie eines ausgeflippten, unangepaßten Jünglings, der sich dem Druck der Leistungsgesellschaft durch Flucht in ein buntes Nirwana

entzieht: ein Hippie, der durch Blumenfelder immer neuen, absolut nutzlosen Abenteuern entgegenstolpert. Ein träumerisches Blumenkind ist der Taugenichts auch jetzt noch, aber aus der veränderten Perspektive von 1977 hat sich Sinkel einige Brechungen einfallen lassen: das rosarote Happy-End mit der schönen Aurelie wird zum Domestizierungsakt, das Modell einer mit Dampfkraft betriebenen Fabrik verkündet schon den Anbruch einer neuen Ära. Die Realität hat den Taugenichts eingeholt und gefangengenommen, und den ganzen Film über wirkt er denn auch mehr als Flüchtling denn als Glückssucher. Der junge Jacques Breuer spielt ihn als hektischen Zappelphilipp, dessen Körpersprache kaum je Harmonie ausdrückt.

Sinkel versucht die Stummfilmmittel des Slapstick, der rein physischen Aktion, für den »Taugenichts« zu adaptieren, konfrontiert die ironisch choreographierten Zeremonielle des schlafmützigen, ordnungsliebenden Bürgertums und der dekadenten Adelsgesellschaft mit den komödiantischen Zauberpossen und Gauklerspielen eines lichtdurchfluteten Südens: Biedermeier-Polizisten als Keystone-Cops, Hofschranzen als Lubitsch-Komparsen auf der einen Seite, fellineske Lebenskünstler auf der anderen – ein Ballett aus vielen gegenläufigen Bewegungen, oft reizvoll anzuschauen, aber dennoch selbst in jenen Passagen, die im Land der Freiheit und der Pomeranzen spielen, einem strikten Kunstwillen unterworfen.

Nach der chaotischen, gewalttätigen Italien-Sehnsucht von Bernhard Wickis »Die Eroberung der Zitadelle« wirkt die von Sinkel reichlich angestrengt. Wie eine indifferente Nummernrevue führt Dietrich Lohmanns Kamera die Lebensfreude der Südländer vor, die, ewigen Kindern gleich, stets *molto agitato* mimen müssen, nicht weniger passive Opfer einer rigiden Inszenierungsdisziplin als die kalten Nordmenschen.

Thomas Mann hat über den »Taugenichts« geschrieben: »Aber der Roman ist nichts weniger als wohlerzogen, er entbehrt jedes soliden Schwergewichts, jedes psychologischen Ehrgeizes, jedes sozialkritischen Willens und jeder intellektuellen Zucht; er ist nichts als Traum, Musik, Gehenlassen, ziehender Posthornklang, Fernweh, Heimweh, Leuchtkugelfall auf nächtlichen Park, törichte Seligkeit, so daß einem die Ohren klingen und der Kopf summt vor poetischer Verzauberung und Verwirrung.«

Von diesen Qualitäten bleibt bei Sinkel wenig übrig. Da er, der Regisseur, der nicht nur eine Geschichte erzählen, sondern auch eine Botschaft unters Volk bringen will (die heißt: Taugenichtse haben heutzutage keine Chance mehr), hält er es mehr mit dem »soliden Schwergewicht« und dem »sozialkritischen Willen« als mit der »törichten Seligkeit« und der »poetischen Verzauberung«. Jene Spontaneität und schwerelose Fabulierlust, die der »Taugenichts« wohl auch im Kino brauchen würde, ist Sinkel im Lauf der Jahre, in denen er das Projekt vorbereitet hat, so gründlich abhanden gekommen, daß der Blick ins Paradies der Pomeranzen sich so schwerfällig ausnimmt wie die Karnevalsveranstaltung eines deutschen Turnvereins: So, jetzt sind wir mal richtig lustig! Die schönheitstrunkenen Landschaftsaufnahmen, die auch in jeden anderen neuen deutschen Literaturfilm passen würden, und die anspruchsvolle Musik von Hans Werner Henze, die den Zuschauer nie vergessen läßt, daß er einer letztlich hochseriösen Kulturveranstaltung beiwohnt, tun ein übriges, um den »Taugenichts« – ganz gegen die Intentionen des Regisseurs – um sein subversives Potential zu bringen. So bleibt nur zwiespältige Bewunderung für Sinkels inszenatorische Strenge, die der Vorlage den Garaus macht.

Ganz anders Wolf Gremms »Tod oder Freiheit«, eine eher treuherzige Räuberpistole, die Schillers hitziges Jugenddrama nicht ohne Konsequenz zu einer plakativen Kolportage verarbeitet: in ihren besten Momenten ein Germano-Western mit Comic-Strip-Elementen, der Typen wie Gert Fröbe, Harald Leipnitz und Mario Adorf mit Bedacht als Knallchargen einsetzt. Fröbe, der alte Graf, röhrt wie ein altgedienter Freilichtmime und darf sich eine Todesszene leisten, wie man sie so (unfreiwillig?) komisch lange nicht mehr gesehen hat. Die Räuber tollen durch den finsteren Tann wie eine terroristische Pfadfinderbande, und wenn sie sich zum gemeinsamen Schwur »Tod oder Freiheit« finden, sehen sie aus wie die Musketiere, die im Werbefernsehen mit würzigem Pils anstoßen: Männer wie wir – Wicküler Bier.

Dabei spiegelt Gremms Film, wie der von Sinkel, sehr aktuelle Sehnsüchte wider: träumt der eine von einem Arkadien der brotlosen Künste, in dem das Leistungsprinzip nicht mehr gilt, beschwört der andere einen lustbetonten Freiheitsbegriff, den freilich auch Gremm wieder in südlichen Gefilden sucht. Nicht zufällig ist einer seiner edlen Briganten Italiener, und der singt rauh und fordernd von der »Libertà«, während die Kamera im Hubschrauber einen bewaldeten Berg entlang bis über eine äußerst dekorative Burgruine fliegt, in der sich die Räuber malerisch eingerichtet haben.

Das Ganze sieht aus wie eine bizarre Mischung aus Marlboro Country (»Der Geschmack von Freiheit und Abenteuer«), Karl-May-Festspielen und leider auch tiefsinnigem Kammerspiel. Denn Gremm, der sich in den »Brüdern« als passabler Melodramatiker erwies, traut seinem Jux zu wenig, um nicht doch immer wieder verzweifelt ernsthafte Zwischenspiele zu inszenieren. Die Landschaftsaufnahmen sind fürchterlich schlecht, immer steht die Kamera da, wo sie auf keinen Fall stehen dürfte, den Einstellungen fehlt Tiefe und Weite, aber dennoch: Gremms hemmungsloser Hauruckstil, bei dem man oft nicht weiß, was Absicht ist und was nur Ungeschicklichkeit, vermittelt eine sinnlichere Ahnung von »Libertà« und brotloser Kunst als Sinkels (ungleich perfekter inszenierter) »Taugenichts«. Von Hans W. Geissendörfers gequältem Schiller-Western »Carlos« (1971) ganz zu schweigen. Gefochten und geritten wird bei Gremm übrigens so gut wie kaum je in deutschen Filmen (hier waren englische Spezialisten am Werk), doch was eigentlich Erika Pluhar in diesem Film zu suchen hat, wird wohl auf ewig Gremms Geheimnis bleiben.

Aber warum »Taugenichts«, warum »Die Räuber«? Warum nicht ein Film über die zornigen Ausgeflippten der späten siebziger Jahre und deren Hoffnungen, warum nicht ein Film über die Terroristen, bei dem man sich nicht mehr auf einen vagen Begriff von »Libertà« zurückziehen kann? Bei allen respektablen Versuchen, sich hinterrücks an die Gegenwart heranzuschleichen (nichts anderes sind die Filme von Sinkel und Gremm), wird das deutsche Kino sein endloses Kostümfest beenden müssen, wenn es nicht seine letzten Zuschauer verlieren will.

Nr. 5 vom 27. 1. 1978

»Der parfümierte Alptraum« von Kidlat Tahimik

Ein Philippino in Paris

Weit hinten bei den Amok-Bergen, in dem Dorf Balian, wohnt Kidlat Tahimik und träumt von der fernen großen Welt. Nur eine alte steinerne Brücke verbindet Kidlats Dorf aus Bambushütten mit der Zivilisation, aber er ist stolz und zuversichtlich: »Ich wähle mein Fahrzeug und kann jede Brücke überqueren.« Und so probt er den Aufbruch, erst mit Spielzeug-Autos wechselnder Größe, dann mit seinem bunt bemalten »Jeepney«, einem umgebauten amerikanischen Militär-Fahrzeug, mit dem Kidlat Tahimik Menschen und Waren transportiert.

Amerikanisch sind auch seine Träume: Jeden Tag bringt die »Stimme Amerikas« die erstaunlichsten Meldungen von den Fortschritten der Raumfahrt in das Dorf auf den Philippinen. Kidlat ist Präsident des Wernher-von-Braun-Fanclubs von Balian, der überwiegend aus

fröhlichen Kleinkindern besteht. Eines Tages, das weiß Kidlat, wird er der erste philippinische Astronaut sein, und nach einer intimen Zwiesprache mit der Jungfrau Maria beginnen seine Wünsche in Erfüllung zu gehen: Ein amerikanischer Kaugummi-Fabrikant nimmt ihn mitsamt seinem Jeepney mit nach Paris. Auf dem Flughafen Charles de Gaulle erwartet ihn Giscard d'Estaing und sagt: »Willkommen in Frankreich – Haben Sie etwas zu verzollen?«
Mit dieser Szene, einer verwegenen Montage aus grobkörnigem, unzureichend belichtetem 16-mm-Farbmaterial und schwarz-weißen Fernseh-Aufnahmen beginnt der zweite Teil jenes Films, der beim letztjährigen Internationalen Forum des jungen Films in Berlin einhellige Begeisterung auslöste. Im Original heißt er »Mababangog Bangungot« (wie man das wohl aussprechen mag?), als Regisseur, Produzent, Autor, Hauptdarsteller und zeitweise auch als Kameramann zeichnet ein 1942 geborener Philippino namens Kidlat Tahimik verantwortlich. Seine eigene Geschichte erzählt Tahimik in diesem »Parfümierten Alptraum« gewiß nicht (dazu ist der Film bei allen technischen Mängeln und aller vorgeblichen Naivität viel zu raffiniert und ironisch), wohl aber die Geschichte des amerikanischen Kolonialismus auf den Philippinen und der Verwirrung, die er in den Köpfen der Menschen angerichtet hat.
»Der parfümierte Alptraum«, in dreijähriger Arbeit unter oft abenteuerlichen Bedingungen von einem Amateur-Filmer hergestellt, der erst beim Drehen praktische Erfahrungen mit dem Medium sammelte, ist erheblich weniger plakativ als der Titel vermuten läßt: ein Film, so bunt wie der Jeepney seines Helden, nie ausrechenbar als planes Lehr- und Polit-Stück, sondern eine wundersame Mischung aus lärmender Folklore, asiatischer Mythologie und surrealer Poesie.
Unversehens nach Paris verpflanzt, wo er Kaugummi-Automaten kontrolliert und in einem düsteren Schloßturm haust, begreift Kidlat allmählich, was es mit den Segnungen der westlichen Zivilisation auf sich hat. Am Anfang spielt er noch selbstvergessen auf den Rollbändern des Flughafen-Labyrinths aus Plastik und Beton (dessen Alptraum-Architektur auch Wim Wenders im »Amerikanischen Freund« vorführte), genießt in vollen Zügen die Erfindungen einer entfesselten Technologie, doch als seine Freundin, die alte »Händlerin der vier Jahreszeiten«, dem neuen Supermarkt weichen muß, beginnt Kidlat am totalen Fortschritt zu zweifeln. Auch ein Ausflug nach Deutschland, wo ihm die Montage eines bayerischen Zwiebelturms als Symbol für die Raumfahrer-Kühnheit seines geliebten Wernher von Braun erscheint, bringt nicht die erhofften Aufschlüsse über das westliche Paradies. Zum Schluß besinnt sich Kidlat auf die

Zauberkraft seiner Väter. Er erklärt seinen Rücktritt als Präsident des Wernher-von-Braun-Fanclubs, und statt mit seinem Boß per Concorde nach New York zu fliegen (»Du wirst der erste Philippino sein, der Supersonic fliegt«), bläst er den perversen Spuk ganz einfach fort: In einer Schwarz-Weiß-Sequenz, deren mythologische Kraft an das Finale von Jacques Rivettes »Nordwestwind« erinnert, befreit er sich von den Gespenstern, die zu suchen er ausgezogen war: »Wenn der Taifun den Kokon fortbläst, umarmt der Schmetterling die Sonne.«

»Der parfümierte Alptraum« bestätigt Jean Renoirs Satz, daß technische Perfektion nichts mit Qualität zu tun hat. In jeder Sequenz merkt man Tahimiks Film an, daß er so ähnlich entstanden sein muß wie die philippinischen Jeepneys, die mangels Geld und technischem Wissen mit nichts als Liebe, Phantasie und Geduld aus unzähligen Schrott-Partikeln zusammengebastelt werden (Tahimik führt das in einer langen Szene vor). Aber gerade diese »Patchwork«-Methode verschafft dem Film seinen unverwechselbaren Reiz, der sich konsequent gegen alle Konfektion aus Hollywood absetzt: uneben, unscharf, »falsch« geschnitten, Godard würde vielleicht sagen: Ein Film, wie in einer Bambushütte gefunden. Aber auch ein Film mit manchen Sequenzen wie von Godard (ein internationales Pfadfindertreffen in der philippinischen Wildnis) und Rivette: ein originelles Unding, das jetzt – in einer englisch gesprochenen Fassung mit deutschen Untertiteln – bei uns anläuft.

Nr. 5 vom 27. 1. 1978

»Krieg der Sterne« von George Lucas
Die große Leere

Die Flipper-Apparate, an denen wir früher spielten, besaßen ein kompliziertes Innenleben. Sie bestanden aus zweihundert mechanischen Einzelteilen, und jeder von ihnen hatte einen individuellen Charakter. Man konnte an ihnen rucken und wackeln, um die silberne Kugel durch das Labyrinth der Widerstände und bunten Lichter zu dirigieren. Die Geschicklichkeit des Spielers bestimmte die Dauer des Vergnügens, wer allzu heftig zu Werke ging, wurde disqualifiziert: Tilt!
Die Flipper der neuen Generation sind elektronische Maschinen, nur noch aus elf Bauteilen zusammengesetzt. »Das einst mit großen

Relais, zuckenden Ballgebern und Gleichstrom-Schlagtürmen angefüllte Innenleben der Flipper schrumpfte zusammen, der große Spielautomat ist innen fast leer« (Reiner Jackwerth). Der Spieler hat kaum noch die Möglichkeit, diese Wunderdinger zu beeinflussen. Sie sind technisch so avanciert, daß das sportliche Duell Mensch–Maschine überhaupt nicht mehr zustandekommt. Und wo die alten Apparate fröhlich schepperten, klapperten und klingelten, geben die neuen nur noch vornehme Piepslaute von sich.

Nach der dritten Besichtigung von »Krieg der Sterne« (»Mehr als ein Film«, tönt der Verleih, nämlich: »ein beispielloses Ereignis«) kam ich darauf, daß zwischen Hollywoods jüngsten Produktionsmethoden und dem Niedergang der Flipperkultur ein Zusammenhang bestehen muß. »Krieg der Sterne«, mit bislang 206 Millionen Dollar Verleihumsatz der erfolgreichste Film der Kinogeschichte und schon jetzt ein Unternehmen der Großindustrie mit Platten, Büchern, Spielzeug und T-Shirts, gleicht fatal einem dieser supermodernen elektronischen Flipperkästen, an denen das Spielen keinen Spaß mehr macht. Menschen sind gerade noch geduldet als überwältigte Zuschauer einer autonomen Technologie. Menschen werden auch nicht mehr gezeigt in »Star Wars«, nicht einmal mehr Comic-strip-Figuren, sondern nur noch bleiche Zombies, die aussehen wie amerikanische Pfadfinder aus der Ära Eisenhower: umgeben vom großen Krieg der *Special Effects*, von einer ebenso perfekten wie leeren Imponier-Maschinerie, die alle Individualität und alle Emotionen konsequent verbannt hat.

Ich finde »das größte Filmspektakel aller Zeiten«, wie der *Stern* letzte Woche auf zwölf Farbseiten behauptete, ziemlich öde und langweilig: Kein »Weltraum-Märchen« (denn Märchen haben mit Menschen und ihren Gefühlen zu tun), sondern ein eiskaltes Spekulationsobjekt, das sich von den schönen Traditionen Hollywoods, die George Lucas hier bedenkenlos plündert, so weit entfernt hat wie der Rebellen-Kreuzer »Millenium Falcon« von unserer Milchstraße. Ein Schauspieler wie Alec Guinness, der eine richtige Rolle zu spielen hat (den weisen alten Krieger Obi-Wan Kenobi), für den und für dessen Geschichte man sich interessiert, wirkt wie ein rührendes Relikt aus freundlicheren Zeiten. So wird er denn auch per Laserstrahl niedergemetzelt.

Wenn dieser Film ein Vorbote des Kinos der Zukunft sein sollte, dann muß man Angst haben um die Zukunft des Kinos. Der Tag könnte kommen, an dem es nur noch heißt: Tilt!

Nr. 7 vom 10. 2. 1978

Walter Bockmayers »Flammende Herzen«,
Hark Bohms »Moritz, lieber Moritz«
Wenn Teenager träumen

Peter Kraus singt »Straße der Sehnsucht«, den Teenie-Hit der frühen sechziger Jahre, und dazu verharrt die Kamera lange auf dem traurigen Gesicht eines fetten End-Zwanzigers, der sich sehnsuchtsvoll in seine Pubertät zurückträumt.
Zu Klaus Doldingers Jazz-Arrangements spielt ein fünfzehnjähriger Schüler ein einsames Saxophon-Solo. Schauplatz: eine Villa an der Hamburger Elbchaussee, gehobenes Patrizier-Milieu, von Pfändung und Zwangsversteigerung bedroht.
Von der Liebe zur Musik, von pubertären Phantasien und Träumen, die unversehens mit einer kalten Realität aneinandergeraten, handeln auf sehr unterschiedliche Weise zwei neue deutsche Filme, die kürzlich bei der Berlinale uraufgeführt wurden und jetzt in unsere Kinos gelangen. Beide indessen handeln von Beschädigungen und Möglichkeiten, mit ihnen umzugehen, beide stellen sich gegen die herrschende Stimmung im deutschen Film: Sie sind nicht edel, vornehm und literarisch, sondern laut, bunt und trivial, aber keine Komödien.
Die Kölner Kneipiers Walter Bockmayer und Rolf Bührmann, dem Super-Acht-Format und dem rheinischen Underground entwachsen, erzählen in ihrem ersten Kino-Film »Flammende Herzen« von den seltsamen Abenteuern eines bayerischen Kiosk-Besitzers in New York. Peter Huber (Peter Kern), eher schlichten Gemüts und voller Verlangen nach der großen, weiten Welt, gewinnt bei einem Preisausschreiben seine Traumreise nach Amerika. Bald schon steht er staunend zwischen den Wolkenkratzern von Manhattan, und auch seine Märchenprinzessin läuft ihm zu: in Gestalt einer welkenden Hure und Stripperin namens Carola (Barbara Valentin in ihrer besten Rolle), die er in der U-Bahn vor dem Selbstmord bewahrt. Die beiden Außenseiter freunden sich an, und beim New Yorker Oktoberfest, wo sie zum Kornblumen-Paar des Jahres gekürt werden und eine lebende Alpenkuh gewinnen, erreicht ihre Romanze den Höhepunkt. Und kippt um. Peter hat kein Geld mehr, Carola kein Vertrauen, daß sich dieser fette Frosch doch noch in einen strahlenden Prinzen verwandeln könnte. Mit seiner Kuh landet Peter in einer verkommenen Gegend am East River, die Straße der Sehnsucht war nichts weiter als eine Sackgasse.
Wie ein staunendes Kind läuft Peter Kern durch den Film, und Bockmayer und Bührmann, gewiß keine Intellektuellen, sehen die

Geschichte mit seinen Augen: neugierig und naiv, die Fremdheit Amerikas aufsaugend, ihr verfallend, aber schließlich doch erschrocken, daß die phantastische Reise nicht glücklich endet. Und sehr ernsthaft sind, bei aller bizarren Komik, die ohne artistische Verkrampfung gedrehten Sequenzen über einen bayerischen Parzifal in New York: da kämpft einer um seine Utopie, um seine Märchenwelt.

Sehr krass stehen erdgebundene Schäbigkeit (der Schuppen, in dem Carola auftritt: ein Höllenloch, wie von Scorsese in »Mean Streets«) und rauschhafte Glücksmomente (eine Gondel-Fahrt über den Lichtern der Stadt) nebeneinander. Die Träume eines späten Teenagers, der sich auf rührende Weise bemüht, erwachsen zu werden, kollidieren mit einer feindlichen Realität. Aber es gibt keine Larmoyanz in »Flammende Herzen«, dazu ist der Film viel zu phantasievoll und verwegen: ein Lederhosen-Seppl und eine Milchkuh, frühmorgens in den Straßenschluchten von Manhattan – ein Bild, das man nicht vergißt.

Brutaler, böser, bedrückender sind die Phantasien des fünfzehnjährigen Hamburger Gymnasiasten in Hark Bohms neuem Film »Moritz, lieber Moritz«. Seit Peter Zadeks »Ich bin ein Elephant, Madame« (1968) hat es keinen deutschen Film mehr gegeben, der sich auf die Bedrängnisse von Schülern einläßt. Doch während sich Zadek damals vom fragmentarischen, essayistischen Stil Godards beeinflussen ließ, schaut Bohm zehn Jahre später nach Möglichkeiten, ein Publikum zu erreichen, das von Godard nie etwas gehört hat, dessen Kino-Erfahrungen ausschließlich mit Italo-Western und Karate-Filmen auskommen. Sein Inszenierungsstil ist lärmend und ohne jede Subtilität, die Kameraführung voller Hektik (mit gelegentlichem Reklamefilm-Ehrgeiz).

Moritz, wohlbehüteten Verhältnissen jäh entrissen, muß, wie der Held der »Flammenden Herzen«, lernen, einer Realität zu begegnen, die ihn gänzlich überfordert: mit dem Verlangen seiner kranken Großmutter, ihr beim Selbstmord zu helfen, mit den erotischen Avancen einer reizvollen Tante (ein sehr spekulatives Element, so kassenträchtig wie überflüssig), mit dem mörderischen Streß in der Schule, mit dem alltäglichen Tod auf den Straßen.

Das ist zuviel für Moritz, der sich in lustvolle Gewalt-Träume flüchtet: dem Mathematik-Lehrer schneidet er die Zunge durch und setzt ihm lebende Bienen in die Eingeweide, die zickige Mutter läßt er von einer Katze anfallen. Diese Schockbilder sind schwer zu ertragen, mit Bedacht ekelhaft, aber doch spiegeln sie die psychische Disposition des Schülers M. authentisch wider (auch wenn sich die »Freiwillige Selbstkontrolle« von einem entsprechenden Gutachten des Pädagogik-Professors Hartmut von Hentig nicht beeindrucken ließ und den Film erst ab 16 Jahre freigab).

Fragwürdig bleibt »Moritz, lieber Moritz« dennoch. Bei aller Vitalität, die der Film besitzt, führt Hark Bohms Gewaltmarsch in das Unterhaltungs-Kino schließlich zu argen Defekten. Wo »Flammende Herzen« in gewagten Konstellationen und erfinderischen Bildern eine utopische Dimension bewahrt, gerät der Regisseur von »Nordsee ist Mordsee« in ästhetische Niederungen, die letztlich seiner Geschichte schaden. Bohms legitime Sehnsucht nach kraftvollem kommerziellen Kino (in Ansätzen immerhin realisiert) bricht sich an seiner kraftmeierischen Unsicherheit: Damit der Zuschauer auch um jeden Preis bei der Stange bleibt, werden ihm Bruchstücke aus mindestens sechs gleichberechtigten Handlungen serviert, eine allzu effektbewußte Mischung, grobschlächtig (immer wieder muß Moritz mit jemandem zusammenstoßen, damit man seine Tollpatschigkeit bemerkt), aber wenigstens nicht zynisch. Bohm glaubt an die Geschichte, die er erzählt, doch nicht genug an das Publikum: dem muß man nicht unbedingt eine Inszenierung mit der Brechstange zumuten.

Nr. 12 vom 17. 3. 1978

»Deutschland im Herbst« von Kluge, Fassbinder, Schlöndorff und anderen
Lage der Nation

Was wirklich geschehen ist im deutschen Herbst des Jahres 1977, in sieben Wochen voller Gewalt, Haß, Hysterie, Furcht, Ratlosigkeit und Trauer, zwischen den vier Morden von Köln und den drei Selbstmorden von Stammheim, läßt sich längst noch nicht sagen. Ordentliche Bilanzen können nicht gezogen werden, Fragen erscheinen wichtiger als Antworten. Und der Film, den acht deutsche Regisseure über diesen Herbst gedreht haben, gibt auch nicht vor, eine objektive Chronik (oder gar Analyse) der Ereignisse zu sein. Er ist Ausdruck einer Erschütterung, mehr Reaktion als Reflexion, selber ein Dokument der Ratlosigkeit: »An einem bestimmten Punkt der Grausamkeit angekommen, ist es schon gleich, wer sie begangen hat: sie soll nur aufhören«, heißt es zweimal in dem Film »Deutschland im Herbst«, ein von Alexander Kluge gefundenes Zitat aus dem Jahre 1945.

Ein Dokument der Ratlosigkeit, aber immerhin ein authentisches Dokument: ungefiltert durch die von Selbstzensur und Proporz bestimmte Pseudo-Objektivität des Fernsehens, ohne die Hast und die Vorsicht, mit der das »Feature« widersprüchliche Gefühle und unklare Fakten auf einen glatten Begriff bringt, auf der Suche nach Bildern und Tönen, die den Vorkommnissen des deutschen Herbstes 1977 ihre gespenstische Qualität belassen. Das größte Kompliment, das man dem Film »Deutschland im Herbst« machen kann, heißt: Dieser Film hätte von keiner deutschen Fernsehanstalt produziert werden können, und kein Sender würde ihn in dieser Form ausstrahlen. Er ist entschieden unausgewogen (wenn auch nicht parteilich), er ist fragmentarisch und kommt zu keinen nützlichen Erkenntnissen, er ist die Arbeit von unabhängigen Filmemachern, die sich von keiner Redaktion oder Produktionsleitung auf einen gemeinsamen Stil verpflichten lassen mußten.

Daraus folgt: »Deutschland im Herbst« ist kein »guter« Film, dafür ein wichtiger, in einzelnen seiner insgesamt 16 sehr unterschiedlich langen Kapiteln schlimm mißlungen (immer dann, wenn seine Macher ihre unmittelbare Betroffenheit hinter den sicheren Effekten einer reibungslosen Kino-Dramaturgie verbergen), in anderen (den meisten) geeignet als Modell für eine Film-Arbeit der Zukunft: gerade in den ausführlichen dokumentarischen Sequenzen, die zeigen (beim Staatsakt für Schleyer ebenso wie beim makabren Begräbnis der Terroristen auf dem Dornhalden-Friedhof), was das Fernsehen zu zeigen nicht die Geduld und den Mut hatte.

Daß es einen Film »Deutschland im Herbst« geben würde, stand schon drei Tage nach den Geschehnissen vom 18. (Geiselbefreiung in Mogadischu, Selbstmorde in Stammheim) und 19. Oktober (die Entdeckung von Schleyers Leiche) fest. Rudolf Augstein, beim »Spiegel« Herausgeber, beim Filmverlag der Autoren im Jargon der Firma »Hereingeber«, stellte klaglos das Budget zur Verfügung (der Film kostete am Ende nur eine halbe Million, weil Regisseure, Autoren – unter ihnen Heinrich Böll – und einige prominente Darsteller ohne Gage arbeiteten), Filmverlags-Geschäftsführer Theo Hinz und der selber als »Sympathisant« verdächtigte Volker Schlöndorff, die zusammen die Idee entwickelt hatten, trafen sich zu ersten Gesprächen mit Filmemachern. Später indessen gab es eine Reihe von Ärgernissen und Eifersüchteleien, weil sich etliche Kollegen (vornehmlich, wenngleich nicht ausschließlich solche, die nicht in München wohnen) bei dem Projekt übergangen fühlten.

Schon in der Woche darauf drehten Alexander Kluge und Schlöndorff mit zwei Kamerateams in Stuttgart: in Farbe und auf 35-Millimeter-Material, dessen Auflösung, Tiefenschärfe und Plastizität die Herstellung von Bildern und Stimmungen möglich macht, die das Fernsehen nicht vermitteln kann (und nicht vermitteln will): Kontraste, die auf unvermittelte, sinnliche (darum gefährliche) Weise Widersprüche ausdrücken – die seltsame Spannung zwischen der von

Fernseh- und Photo-Reportern belagerten Haupt- und Staatsaktion im Vordergrund und den stolz wehenden »Esso«-Fahnen im Hintergrund; das Idyll berittener Polizei in schönen grünen Uniformen im braunen deutschen Herbstwald im Gegensatz zu den geballten Fäusten und vermummten Gesichtern bei der Terroristen-Beerdigung. Und immer wieder die parasitäre Aufdringlichkeit der Medien (»Photo-Geier«, schallt es einmal aus der Menge), die ohne eine Spur von Würde und Anstand die Ereignisse für sich ausbeuten.
Kluge und Schlöndorff, die sich für Haupt- und Staats-Aktionen kaum interessieren (nur die bewegende Rede des Bundespräsidenten bei der Trauerfeier für Schleyer kommt in einiger Ausführlichkeit vor), haben ihre Kamera dort postiert, wo die Neugier der offiziellen Medien endete: bei den Vorbereitungen zu einer Nachfeier im Empfangssaal des Stuttgarter Schlosses (der Oberkellner: »Wie immer, eh, lächeln, anständig, schnell bedienen, denn das muß eine ganze, schnelle Sache sein. Bitte, die Tabletts richtig halten, auf der Brusthöhe ... marsch ab«); an einer Straßensperre in der Stuttgarter Innenstadt, wo ein Türke mit einem Gewehr festgenommen wird, der erklärt, er habe sich eine Taube für das Mittagessen schießen wollen; beim Abmarsch von der Terroristen-Beerdigung, wo der Polizei aggressive Parolen entgegenschallen, wo, in der letzten Einstellung des Films, eine junge Frau mit einem kleinen Mädchen an der Hand vergeblich ein Auto zu stoppen versucht.
Keine dieser Sequenzen (mit der Beerdigung Schleyers, kommentiert durch einen von Kluge gelesenen Brief des Toten an seinen Sohn, beginnt der Film, mit dem Terroristen-Begräbnis endet er) drückt eine polemische Absicht aus, nur den Versuch, eine Realität zu dokumentieren, die der offiziellen Berichterstattung zu lästig oder zu unwichtig erschien. Keine Bedeutungen, schlüssigen Folgerungen fügen sich aus diesen Bildern einer alternativen Wochenschau, sondern disparate optische und akustische Eindrücke – ein Angebot an den Betrachter, sich aus diesen nicht unter dem Druck des Sensationellen oder gar Repräsentativen entstandenen Fragmenten eine eigene Idee zu formen. Damit folgt der Film »Deutschland im Herbst« mit seiner offenen Struktur am ehesten den ästhetischen Prinzipien Alexander Kluges, der mit seiner (und Werner Herzogs) Cutterin Beate Mainka-Jellinghaus auch wesentlich die End-Montage bestimmte.
Mehrmals taucht die von Kluge ersonnene hessische Geschichtslehrerin Gabi Teichert (Hannelore Hoger) auf, verwirrt und ratlos, »auf der Suche nach den Grundlagen deutscher Geschichte«: bei einsamen Ausgrabungen in einer märchenhaft blau schimmernden

Schneelandschaft, eifrig mitschreibend auf dem Hamburger SPD-Parteitag. Dort sind Max Frisch und Herbert Wehner zu hören. Ihre Geschichtsauffassung sei »Kraut und Rüben«, wirft ihr der Direktor vor. Doch ihr und Kluges lustvoll chaotisches System von Kraut und Rüben stellt unvermittelt bestürzende Zusammenhänge her: zwischen dem zum Selbstmord gezwungenen Feldmarschall Erwin Rommel, zu sehen in verfremdeten, vom Schneidetisch abgefilmten Dokumentaraufnahmen, und der Staatsräson in der von seinem Sohn Manfred regierten Stadt Stuttgart, wo viele Bürger die toten Feinde der Ordnung am liebsten in der Kläranlage verschwinden lassen würden; zwischen historischen Selbstmorden (Meyerling) und historischer Gewalt (ein deutsches Geheimdienstattentat 1934) und den Selbstmorden und der Gewalt des letzten Herbstes; zwischen einem Text des schizophrenen Dichters Alexander März (»Einmal kamen ausländische Oktoberengel im Mai und besuchten hiesige Novemberengel. Die hatte man aber erschossen«) und dem irrationalen Terror der RAF-Kommandos. Nichts davon ist wirklich schlüssig, soll es auch nicht sein, aber es setzt Gedanken in Bewegung.

Von Angst handelt Rainer Werner Fassbinder in seinem Beitrag, der sehr schnell und spontan entstand. Fünf Tage lang drehte Fassbinder mit nur vier Mitarbeitern in seiner Münchner Wohnung, noch deutlich gezeichnet von der Erschöpfung und zeitweiligen Panik, die die Ereignisse im September und Oktober bei ihm ausgelöst hatten. Eine Seite aus seinem Tagebuch, so uneitel und radikal von sich selber sprechend wie vorher nur in »Satansbraten«, physisch und psychisch nackt vor der Kamera von Michael Ballhaus, kotzend und heulend, feige und gewalttätig. Beim fernen Aufheulen einer Polizeisirene vernichtet er in jäher Panik seine Kokain-Vorräte, nachts zwingt er seinen Freund, einen fremden Besucher auf die Straße zu setzen, telephoniert hektisch, bricht zusammen, läßt sich trösten. Dazwischen ein langes Gespräch mit seiner Mutter, über die Ruhe im Lande, über Demokratie, wie sie ist, und wie sie sein könnte.

Erträglich wird diese äußerste Selbstentblößung nur durch die Disziplin, mit der sie inszeniert ist. Indem Fassbinder in seinem eigenen Elend eine ästhetische Qualität entdeckt, mit sehr genauen, eleganten Einstellungen und raffinierten Lichteffekten arbeitet, zeigt sich, daß es ihm weniger um eine exhibitionistische Rekonstruktion als um eine therapeutische Demonstration geht: Furcht und Mitleid, wie viele sie erlebt haben, durch konsequente Stilisierung erträglich gemacht.

Vergleichsweise harmlos nimmt sich gegen diese Angst- und Terror-

Studie die Satire aus, die Heinrich Böll (als Nachtrag zu »Dr. Murkes gesammeltem Schweigen«) für Schlöndorff über die Absetzung einer Fernseh-Inszenierung der »Antigone« von Sophokles geschrieben hat. Selbst angestrengt antikisierende Distanzierungs-Texte (»Gewaltiges kündend, künden wir doch nicht Gewalt«) überzeugen den Intendanten und den Fernsehrat nicht davon, daß man dieses Stück über »terroristische Weiber« senden sollte. So wird denn nach kurzer Debatte (»Verstehen Sie doch unsere Situation, wir kämpfen mit dem Rücken zur Wand«) beschlossen, doch lieber die Dramatisierung des »Gallischen Krieges« von Cäsar ins Programm zu nehmen.

In ihren besten Momenten besitzt diese Zensur-Farce die Qualität von pointiertem politischen Kabarett (Mario Adorf als schleimiger geistlicher Herr, der darauf hinweist, daß es schon immer gesäuberte Klassiker-Ausgaben gegeben habe), doch ist Schlöndorff viel zu verliebt in seine »Antigone«-Inszenierung, die mit enervierender Ausführlichkeit vorkommt (mit Helmut Griem als Kreon und Angela Winkler als Antigone). Weit von der Realität ist das Beispiel allerdings nicht entfernt, und zu einem Film über den deutschen Herbst gehört auch ein solcher Beitrag: ebenso wie Wolf Biermann mit seinem Gedicht »Mädchen in Stuttgart« und der desillusionierte Revolutionär Horst Mahler in seiner Zelle, gefilmt von Alf Brustellin und Bernhard Sinkel, die auch eine Parodie auf sowjetische Revolutionsfilme beisteuerten.

All das und noch einiges mehr steht ziemlich unvermittelt nebeneinander. Die Konzeption des Films hat Platz für viele Stile, unterschiedliche Temperamente, für Dokumentarisches wie für Fiktives, was hier einmal nicht als Widerspruch, sondern als wechselseitige Ergänzung verstanden wird. Und sie trägt sogar Entgleisungen wie den Beitrag von Edgar Reitz, der einem süddeutschen Grenzschützer all jene faschistoiden Parolen in den Mund legt, die im letzten Herbst tatsächlich kursierten, aber die sehr harmlos wirken, wenn eine papierne Horror-Figur sie vortragen muß. Und der Film erträgt sogar das schwülstige Hollywood-Dramolett der »Roten Rüben« Katja Rupé und Hans Peter Cloos, die mit peinlichen Spannungseffekten die Begegnung einer sensiblen Pianistin mit einem mutmaßlichen Terroristen erzählen. Beide Beiträge sind in der endgültigen, gegenüber der Berliner Premiere leicht veränderten Fassung mildtätig kurz. Sie stören nicht weiter.

Nr. 13 vom 24. 3. 1978

»halbe-halbe« von Uwe Brandner
Handstand

»Gestern nacht habe ich geträumt, daß ich auf den Händen ging«: Mit diesem Satz beginnt Uwe Brandners dritter Film, der von den Schwierigkeiten handelt, auf den Händen zu gehen – in München, im Sommer 1977, in einer zu Tode betonierten urbanen Horrorlandschaft, die in vielen der besseren neuen deutschen Filme präsent ist (am schönsten bei Wenders in »Alice in den Städten« und »Falsche Bewegung«, bei Fassbinder in »Faustrecht der Freiheit«, immer bei Kluge). In der Weimarer Republik gab es ein eigenes Genre von »Straßen-Filmen«, das gibt es jetzt wieder: Filme über Leute, die unterwegs sind im Asphaltdschungel, getrieben weniger von materieller Not als von einer unbestimmten Abenteuersehnsucht, die sich schon an der nächsten Ecke erfüllen könnte. Je versteinerter die Zustände, desto verwegener und verzweifelter die Ausbruchsphantasien – Spuren dieser Dialektik finden sich auch in Klaus Emmerichs brillantem »Kreutzer« und Margarethe von Trottas »Zweitem Erwachen der Christa Klages«.
Einen Straßenfilm nennt auch Uwe Brandner, der Schriftsteller und Filmemacher, kaum resignierter Veteran der 68er-Bewegung, sein ziemlich alltägliches München-Abenteuer »halbe-halbe«. Den Bertold Maschkara, Mitte dreißig, unversehens arbeitslos, hält es nie lange in seinem mit Sehschlitzen ausgestatteten Appartementpanzer. Maschkara, unterwegs in München, ziellos nach Jobs und Mädchen Ausschau haltend, dabei aber eher *cool* und lakonisch, trifft Leute, gewinnt einen Freund und verliert sein Vermögen. Wie der Amerikaner in Paris in Eric Rohmers Film »Le Signe du Lion« erfährt er die Stadt zunehmend als undurchdringliches, feindliches Gelände, steigt, neugierig sich selber beobachtend, zum Penner ab, aber verliert nie sein Ziel aus den Augen: auf den Händen zu laufen, den widrigen Verhältnissen ein Schnippchen zu schlagen. Mit einem Stadtstreicher ergibt sich eine Möglichkeit zu praktischer Solidarität: »Zigarre, Feuer! Man bleibt kurz stehen und tauscht. Dann wieder weiter. Der eine hat's, der andere braucht's – das ist, was ich unter Sozialismus verstehe«, sagt mit großer Würde der unvergleichliche Ivan Desny als Penner Baron Wurlitzer und schlendert gemächlich neuen Begegnungen entgegen.
Solche Sprüche kommen häufig vor in »halbe-halbe«. Man könnte auch sagen: Uwe Brandner ist ein Sprüchemacher, dem seine Lust an einer kauzigen Pointe selbst zügellose Albernheiten mitunter ge-

stattet. Aber sein Film besitzt den souveränen Charme einer Bettlerballade, in der jeder Lump auch ein Poet ist. Handlung findet nur zögernd statt, bei ihren Expeditionen durch den Bauch der Stadt treffen Bertold Maschkara (sehr lässig, sehr präzis, viel zu selten auf der Leinwand: Hans Peter Hallwachs), sein Freund Thomas (Bernd Tauber, zuletzt in »Das Brot des Bäckers«) und ihr Regisseur viele Menschen, die eine geradlinige Aktion verhindern, den Film in immer neue, überraschende Richtungen lenken: einen Tiefgaragenwächter, der ein Kriegserlebnis zum besten gibt, einen Werkschutzmann, der auch im Pyjama mit der Flinte hantiert, einen fanatischen Angestellten, der seinen Chef haßt und vom Abhauen träumt, einen Faustballtrainer (welch ein Beruf!), Patienten, Schläger, Disco-Miezen, Kriminaler und Kriminelle, Tankwärter, Nassauer und andere Passanten.

Jeder hat seinen Auftritt, jeder darf zeigen, was er kann, keiner ist nur ein Statist. Brandner beutet seine Figuren nicht aus, mißbraucht sie weder als nur skurriles Kuriositätenkabinett noch als »repräsentative« Modellobjekte. Die wunderschöne Spontaneität, die sein Film oft besitzt, läßt den Figuren viel Luft zum Atmen: der Anspruch auf die kleinen Freiheiten, auf das Auf-den-Händen-laufen, das in den grauen Fußgängerzonen eine nicht ungefährliche Übung ist, wird nicht nur behauptet, sondern realisiert sich in der lockeren, oft wohl auch improvisierten Folge der Sequenzen. Brandner beschwört einen Hauch von Schwabing, zehn Jahre nach den Schwabing-Filmen, in denen die Schätzchen noch problemlos zur Sache gehen konnten. Aber der alte Schwung ist hin. Nicht ganz indessen: die Mädchen sind erwachsener und selbstbewußter geworden, die Beziehungen schwieriger, aber auch weniger oberflächlich, aus Männerfreundschaften werden Menschenfreundschaften – Hallwachs und Tauber machen halbe-halbe mit Agnes Dünneisen und Mascha Gonska, den klugen Frauen.

Die »kleinen Propheten« nennt Alain Tanner die acht Hauptfiguren seines »Jonas«-Films: Partisanen gegen den Stillstand. Die Helden von Uwe Brandners grauem, buntem, komischem Schwarzweißfilm (Schwarzweiß: ein selten gewordener Luxus, den sich der Kameramann Jürgen Jürges hier gestatten darf) haben nichts als ihr eigenes, privates Überleben im Sinn. Sie werden aufpassen müssen, daß sie nicht zu Fellinis »Vitelloni« verkommen, alternden Kälbern, auf die die Schlachtbank wartet. Handstand allein ist nicht genug.

Aber ein Anfang. Man kommt aus dem Kino, schaut in die Sonne und denkt: So könnte es noch ein Weilchen weitergehen, bis es wieder ernst wird. Und hat Lust, auf den Händen zu gehen.

Nr. 18 vom 28. 4. 1978

Neues Schweizer Kino
Zweimal Isabelle

In dem einen Film heißt sie Béatrice, genannt Pomme: ein scheues Ladenmädchen, das sich im Urlaub an der Küste der Normandie in einen Philosophie-Studenten aus großbürgerlichem Haus verliebt und mit ihm zusammen in Paris in eine Wohnung zieht. Doch das Glück ist nur von kurzer Dauer, die Klassen- und Bildungs-Unterschiede zwischen Pomme und François lassen eine dauerhafte Beziehung nicht zu. Der Student schickt sie fort, sie endet in einer Nervenheilanstalt, chronisch depressiv: »Die Spitzenklöpplerin« des Schweizer Regisseurs Claude Goretta.

In dem anderen Film heißt sie Jenny: eine verschlossene Schülerin im winterlichen Lausanne, die von Indianern träumt und nur schwer Anschluß findet an eine kleine Gruppe mürrischer Veteranen des Mais 1968, die nachts ziellos die Stadt durchstreifen. Nach einem langen Spaziergang erfriert Jenny an einem Waldrand: »Die Indianer sind noch fern« der Schweizer Regisseurin Patricia Moraz.

Zwei Arbeiten von Schweizer Filmemachern, die, wie zuletzt Alain Tanners »Jonas«, die hohe Qualität des neuen Schweizer Kinos, zumal des französisch-sprachigen, belegen; zwei kühle, nie melodramatische Studien über das langsame Sterben von Gefühlen; zwei große Rollen für eine 22 Jahre alte Schauspielerin, die zu den aufregendsten Entdeckungen der letzten Jahre gehört: Isabelle Huppert.

Sie sieht aus wie höchstens siebzehn: ein noch kindliches Gesicht mit großen Augen, Stupsnase, Sommersprossen und staksigem Gang; keine lockende Kindfrau, sondern ein meist eher melancholisches Mädchen, durchschnittlich hübsch, aber keineswegs auffällig attraktiv. In den Filmen von Claude Goretta (der nie über seine Figuren richtet, sondern mit sanfter, unauffälliger Genauigkeit, nur ganz selten symbolistisch aufgesetzt, Indizien für das notwendige Scheitern ihrer Liebe findet) und Patricia Moraz (die in sehr langen, starren Einstellungen die kalte Stadt Lausanne zum Sinnbild einer vollständigen emotionalen Vereisung stilisiert) – in diesen konzentrierten Beobachtungen spätbürgerlicher Befindlichkeit bleibt Isabelle Huppert fast sprachlos.

Viel intensiver als durch die Wörter der verbalen Falschmünzer teilt sie sich durch die Körpersprache mit. Ihre staunenden Blicke und zögernden Bewegungen drücken eine tiefe Unsicherheit und Verletzbarkeit aus, eine Verstörung gegenüber einer Welt, deren auf

raschen Verbrauch und unverbindliche Beziehungen fixierte Normen und Riten ihr fremd bleiben. Aber Isabelle verkörpert keine Männer-Phantasie von verfolgter Unschuld, sondern eine sehr radikale Vorstellung von einem Bei-Sich-Selber-Sein, dessen Stärke ohne einen strahlenden Ritter in blitzender Rüstung auskommt. Ihre Kraft ist schließlich die der Verweigerung.
Isabelle Huppert, die manchmal an Lillian Gish in den Stummfilmen von Griffith erinnert, manchmal auch an Isabelle Adjani in Truffauts »Die Geschichte der Adèle H.«, aber ganz natürlich und undramatisch ist, steht erst am Beginn ihrer Karriere. Zuletzt spielte sie für Claude Chabrol die historische Giftmörderin »Violette Nozière«. Dieser Film wird beim Festival in Cannes laufen. Isabelle Huppert wird gewiß auch dort sein. Man kann sich vorstellen, daß sie sich etwas fremd fühlen wird in Cannes. »Denn sie war eines jener Wesen, die keinerlei Zeichen geben, die man geduldig befragen muß und verstehen, seinen Blick auf ihnen ruhen zu lassen«, heißt es in Gorettas Film.

Nr. 20 vom 12. 5. 1978

Hal Ashbys »Coming Home«
Zehn Jahre zu spät

Unter den Regisseuren des »Neuen Hollywood« gehört er neben Robert Altman zu den ältesten: ein stets freundlicher, langhaariger, graubärtiger Mann (»Spät-Hippie« würden manche ihn wohl nennen), der nach einer langen Lehrzeit als Cutter erst 1970 seinen ersten Film »The Landlord« realisieren konnte. Von da an ging es rasch aufwärts mit der späten Karriere des Hal Ashby. Schon sein nächster Film, »Harold and Maude«, erlangte eine dauerhafte Kult-Reputation: die ebenso seltsame wie zärtliche Liebesgeschichte zwischen einem halbwüchsigen Neurotiker und einer konsequent unwürdigen Greisin. Ein Spezialist für ungewöhnliche Beziehungen ist Ashby geblieben: In »Shampoo« konfrontierte er einen karrieresüchtigen Damen-Friseur mit diversen kaputten Damen aus den besseren Kreisen von Beverly Hills – ein mieser Don Juan vor der Kulisse der ersten Nixon-Wahl. In »Das letzte Kommando« zeigte er das zwischen militärischem Auftrag und menschlicher Solidarität sich ambivalent entwickelnde Verhältnis zwischen zwei Militär-Polizisten und ihrem Gefangenen.

Keiner dieser Filme verhehlte einen gewissen kritischen Anspruch, aber Ashby war allemal geschickt genug, seine Nadelstiche gegen gewisse Aspekte des aus den Fugen geratenen amerikanischen Traums in kommerziell eingängige Kino-Geschichten zu verpacken. Ein Mann des freundlichen Kompromisses: Es darf schon weh tun, aber doch nicht allzu sehr.

Insofern war Ashby wohl der ideale Regisseur für den ersten repräsentativen Vietnam-Film »Coming Home« – »Sie kehren heim«, der nach seiner europäischen Premiere jüngst in Cannes jetzt in unseren Kinos anläuft. Jane Fonda, die nach ihrer Zeit als militante Anti-Kriegs-Aktivistin allmählich an den Busen der großen Mutter Hollywood zurückfindet, ohne ihre politischen Positionen vollends aufzugeben, spielt die weibliche Hauptrolle und weist auch gleich darauf hin, man habe einen Film machen wollen, »der von allen verstanden wird und nicht einen Film für Menschen, die einseitig denken«.

Verstanden wird wohl vor allem der melodramatische Dreieckskonflikt zwischen der Offiziersgattin (Fonda), ihrem schneidigen Mann, der in den fernen Dschungeln Vietnams an den soldatischen Tugenden Amerikas zu verzweifeln beginnt (Bruce Dern) und dem zornigen, für immer in den Rollstuhl verbannten Vietnam-Veteranen (Jon Voight, der in Cannes einen verdienten Darstellerpreis bekam), zwischen dem und Jane Fonda sich eine Liebesgeschichte anbahnt: eine zarte, durchaus nicht kitschige Love Story, die Ashby mit einem fast dokumentarischen Erzähl-Duktus (die Sequenzen im Militär-Krankenhaus, das Elend der verkrüppelten Soldaten) überzeugend entwickelt.

Aber dabei bleibt es denn auch. Der Film kommt nicht über jenes rein humanitäre Pathos hinaus, mit dem Voight um seinen toten Freund trauert, der im Krankenhaus Selbstmord begangen hat: Mit einer langen Eisenkette verriegelt der zornige Mann im Rollstuhl ein Kasernentor – folgenlos natürlich. Die individuellen Verstrickungen der drei Hauptfiguren (der heimgekehrte Gatte geht edel ins Wasser) werden nur höchst oberflächlich in Verbindung gesetzt zum kriminellen Versagen der amerikanischen Politik. Auch die das Geschehen kommentierende Musik-Folge (Lieder der Beatles, der Stones, Steppenwolf, Simon & Garfunkel und andere) liefert eine authentische akustische Kulisse, ein Gefühl für spezifische Zeitstimmungen, aber keinen analytischen Ansatz. Man wird mit der Erkenntnis aus diesem Film entlassen, daß der Krieg in Vietnam eine schlimme Sache gewesen ist. Doch wer – außer vielleicht John Wayne – zweifelt noch daran? Ein so vorsichtiger (durchaus nicht unsympathischer) Film wie »Coming Home« hätte vor zehn Jahren gedreht werden müssen, um mehr als unverbindliches Mitleid mit den Opfern zu erzeugen.

Nr. 24 vom 9. 6. 1978

Paul Mazurskys »Eine entheiratete Frau«
Die Stärke alltäglicher Situationen

Er gehört nicht zu den »heißen Babies« der neuen Hollywood-Generation, den Spielberg, Lucas und Scorsese, denen mit ein oder zwei Filmen der ganz große Durchbruch gelang. Und anders als Robert Altman, der fünf Jahre älter ist als er, blieb ihm auch eine Reputation als Kult-Regisseur versagt. Paul Mazursky, 1930 in Brooklyn geboren (damals hieß er noch Irvin mit Vornamen), paßte nie recht in das Bild, das man sich gemeinhin von Hollywood-Regisseuren macht. Keiner der sechs Filme, die er seit 1969 realisieren konnte, erwies sich als sonderlich kommerziell erfolgreich, keiner paßte zu den jeweils gängigen Kino-Trends.
Zwei von Mazurskys Filmen leisten sich den Luxus autobiographischer Intimität: »Alex in Wonderland« (1970), in der Bundesrepublik nie verliehen, handelt von der chaotischen Existenz eines jungen Regisseurs und wurde, weil Federico Fellini eine kleine Rolle spielte, spöttisch als Mazurskys »Eineinhalb« bezeichnet; »Next Stop, Greenwich Village« (1975), bei uns unter dem idiotischen Titel »Ein Haar in der Suppe« gehandelt, erzählt von den Abenteuern und Erfahrungen eines jungen jüdischen Schauspielers im New Yorker Künstlerviertel der fünfziger Jahre. Mazursky selber, der nie recht weiß, ob er den entspannten Lebensstil der Westküste der hektischen Vitalität des amerikanischen Ostens vorziehen soll, begann seine Karriere als Schauspieler: in Kubricks »Fear and Desire« (1952).
Dieses frühe Training blieb auch bestimmend für Mazurskys Arbeit als Regisseur. Nur Robert Altman läßt seinen Schauspielern so viel Raum für eigene Beobachtungen und Experimente wie Mazursky. Wo andere Regisseure es vorziehen, mit etablierten Stars zu arbeiten, lanciert Mazursky weniger bekannte Darsteller, mit denen er seine Arbeitsmethode, eine Mischung aus intensiven Proben und improvisiertem Spiel vor der Kamera, besser realisieren kann: So spielte nicht, wie vom Studio gewünscht, Laurence Olivier die Rolle des unwürdigen Greises in »Harry and Tonto« (1974), sondern Art Carney, der jede Art von Altmänner-Sentimentalität trotzig unterspielte. Carney bekam für seine Rolle in Mazurskys skurriler amerikanischer Odyssee – eine Zufallsreise quer über den Kontinent – einen »Oscar«.
Und so spielt nicht Barbra Streisand oder Faye Dunaway die Rolle der nach sechzehn Jahren halbwegs glücklicher Mittelstandsehe jäh

»entheirateten Frau« (eine waghalsige Wortschöpfung des deutschen Verleihs, die eher an eine muntere Komödie denken läßt), sondern die auch in Amerika noch nicht sonderlich populäre Jill Clayburgh. »An Unmarried Woman« brachte ihr in Cannes den Darstellerpreis ein, und auch Mazursky selber wird nun endlich »entdeckt«: »Film Comment«, die beste amerikanische Filmzeitschrift, publizierte ein ausführliches Interview mit ihm, »Newsweek« gar taufte ihn »einen jüdischen Tschechow«.

Der will Mazursky gewiß nicht sein, aber selbst der Verlegenheitssuperlativ läßt ahnen, warum es so lange gedauert hat, bis dieser Regisseur Anerkennung fand: Mazursky ist kein Mann der lauten Töne, der großen Themen. Seit »Bob & Carol & Ted & Alice« (1969) beschreibt er am liebsten die moralische Verfassung des amerikanischen Mittelstandes, einer Klasse mithin, die dem neueren Hollywood sonst kaum einen Film wert ist: zwei kalifornische Ehepaare, die unter allerlei Skrupeln und Verklemmungen die Illustriertenklischees von der sexuellen Befreiung nachzuleben versuchen (»Bob & Carol & Ted & Alice«); ein ziemlich durchschnittlicher Rechtsanwalt, dem die Frau durchbrennt (»Blume in Love«, 1972); ein New Yorker Rentner, der sich auf die Suche nach alternativen Lebensformen begibt (»Harry and Tonto«).

So unterscheidet sich denn auch »An Unmarried Woman« deutlich von den in Hollywood zur Zeit so fashionablen »Women's Pictures«: Weder wird die weibliche Hauptfigur heroisiert (wie in »Julia«) noch dämonisiert (wie in »Auf der Suche nach Mr. Goodbar«). Erica, Mitte dreißig, die mit ihrer vierzehnjährigen Tochter Patti in Manhattans East Side wohnt und langsam versucht, ein unabhängiges, nicht auf der scheinbaren Sicherheit einer Ehe basierendes Leben zu führen, ist ein typisches (wenn auch nicht typisiertes) Produkt der *upper middle class*: hübsch, aber nicht hinreißend attraktiv, intelligent und *sophisticated*, aber nicht maßlos komisch – keine Hollywood-Figur, sondern eine ganz normale Frau mit ganz normalen Träumen, Neurosen und Verletzungen. Einmal in der Woche trifft sie sich mit ihren drei Freundinnen zu Klatsch und gegenseitigen Tröstungssitzungen, und irgendwann beschreibt sie beiläufig ihr Leben als »eine Mischung aus ›Mary Hartman, Mary Hartman‹ und Ingmar Bergman«.

»Mary Hartman, Mary Hartman« ist eine böse Parodie auf die Rührstücke der amerikanischen Television, eine Fernsehsatire über die Seifenopern des Fernsehens. Mazursky versteht sich selber durchaus als Satiriker, aber er rückt seinen Figuren nicht mit rigoroser Schärfe zuleibe, sondern mit liebevollem Verständnis. So erscheint nicht einmal der korrekte Ehemann, der unversehens aus seinem häuslichen

Frieden ausbricht und sich einer Jüngeren zuwendet, als negative Figur, sondern allenfalls als hilfloses Opfer einer *midlife crisis*.
Satire und Drama, »Mary Hartman« und Ingmar Bergman: Aus diesen gegensätzlichen Elementen entwickelt sich der unberechenbare Reichtum von Mazurskys Stil. In der Geschichte der »Entheirateten Frau«, die mehr Woody Allens urbaner Entfremdungsstudie »Annie Hall« (Der Stadtneurotiker) ähnelt als den gelackten Boulevarddramen eines Neil Simon (»Der Untermieter«), liegen Scherz und Entsetzen sehr nah beieinander. Perioden der Depression und der Hysterie (nach einem mißglückten Rendezvous vertreibt Erica schreiend den Freund ihrer Tochter aus der Wohnung) wechseln ab mit frisch erwachter Neugier (eine Nacht mit einem etwas kläglichen *swinger*) und vorsichtigem Glück (eine Affäre mit einem englischen Künstler, mit dem sie dann doch nicht den Sommer verbringt).
Jeder Figur wird ihre Widersprüchlichkeit belassen: Die Psychotherapeutin, die Erica konsultiert, schwankt zwischen echter Zuwendung und professionellem Kalkül, die Tochter zwischen altkluger Selbstsicherheit und pubertärer Empfindlichkeit, der neue Liebhaber zwischen maskuliner Entschlossenheit und unterdrücktem Liebesbedürfnis. Keine Sequenz verläuft so, wie sie nach den Regeln des alten Hollywood-Melodrams verlaufen dürfte, Mazurskys sehr vitaler, mitunter trauriger, manchmal komischer, gelegentlich geschmackloser (die Musik!) Film vertraut auf die Stärke alltäglicher Situationen: Beobachtungen im lauten, schmutzigen, bunten New York des Jahres 1977. Modernes Kino.

Nr. 26 vom 23. 6. 1978

Hellmuth Costard und »Der kleine Godard«
Kino der dritten Art

Da sitzt ein Mann und schreibt einen Brief. Das geht nicht schnell, das dauert fast einen ganzen Film lang. Man merkt dem Mann an, wie wenig ihm diese Arbeit behagt, man sieht und hört, wie er um Formulierungen kämpft, Sätze wiederholt und verändert, durchstreicht, ergänzt. Manchmal verheddert er sich so heillos, daß er hilfesuchend in eine der vier Kameras schaut, die seinen Kampf mit den Wörtern aufzeichnen. Die Einstellungsgröße wechselt häufig – mal sitzt der Mann in einer Halbtotale hinter seinem Schreibtisch, mal ist nur sein Hinterkopf zu sehen und selbst der windet sich langsam aus dem Bild.

Hellmuth Costard

Ein alltäglicher und zugleich höchst dramatischer Vorgang, im Selbstversuch vorgeführt von einem Filmemacher, der davon träumt, »Spielfilme vollkommen phantasielos zu drehen«: »... den ungestörten Ablauf der Ereignisse als perfekte Inszenierung auszunutzen: ... die Arbeit mit mehreren Kameras, um mit den Mitteln der Montage, mit Schnitt und Gegenschnitt den Eindruck einer Inszenierung zu erwecken: dem Zuschauer die durchschaubare Illusion anbieten, er befinde sich in einer Geschichte.«

Der Mann, der den Brief schreibt und sich dabei selber beobachtet, der eine dokumentarische Situation in eine Erzählung verwandelt, heißt Hellmuth Costard, und er ist Produzent, Regisseur und Hauptdarsteller (»Der Antragsteller«) eines Films mit dem Titel »Der kleine Godard«. Nur der Drehbuchautor ist er nicht, denn der existiert nicht in Costards Versuch einer Synthese von Spiel- und Dokumentarfilm. Erst die unvorhergesehene Situation selbst erzeugt das dramatische Geschehen, dem durch den Einsatz mehrerer Kameras, die es von verschiedenen Positionen aus beobachten, eine unmanipulierte Wahrhaftigkeit erhalten bleiben soll. Erst die Montage der unterschiedlich großen, zur gleichen Zeit gedrehten Einstellungen fügt die »Handlung«.

Das jedenfalls ist Costards Idee, für die er in seinem Brief – an das

Kuratorium junger deutscher Film – mit ironischer Untertänigkeit Förderungsmittel erbittet: »Ich hatte mir eingebildet, daß man mir, bei entsprechender Bescheidenheit, meine versponnenen Forschungen vielleicht finanzieren würde.« Doch der Forscher geht leer aus. Ein blinder Sekretär tippt den Ablehnungsbescheid in die Maschine, denn bevor das Kuratorium seine Subventionen verteilt, verlangt es »in der Regel ein Drehbuch«.

Wenn dies der ganze Film wäre, könnte man den »Kleinen Godard« leicht als privaten Cinéasten-Ulk abtun, als gefilmtes Revanche-Foul gegen eine Organisation, die sich einem ungewöhnlichen Einfall gegenüber reichlich hilflos erwies. Aber Costard zeigt mehr vor als seine eigene Misere, seine Verwirrungen und Irrungen, an deren Ende er sich eingestehen muß, daß sein Versuch fürs erste gescheitert ist: weil sein in mühseliger Tüftelarbeit entwickeltes System von Super-Acht-Kameras (das Format für Schmalfilmamateure) es nicht schafft, den komplexen Aufnahme-Prozeß, bei dem es vor allem auf Synchronität ankommt, zu bewältigen. Wie es hätte funktionieren sollen, zeigt Costard in einem langen Werkstatt-Bericht mit vielen, verführerisch schönen Detail-Einstellungen von Kästen, Kabeln und Kamera-Innereien, mit Kommentaren, die kein Laie versteht: »Wir haben deshalb die Stromversorgung in einem gesonderten Kasten verlegt und statt Mignionzellen Monozellen verwendet.«

Diese geheimnisvollen Introspektionen eines fanatischen Bastlers setzt Costard in eine zunächst überraschende Beziehung zu einem Besuch von Jean-Luc Godard in Hamburg: Das Scheitern des kleinen Godard (so nannte ein Kritiker den Filmemacher Costard) an seiner Technik, an seinem Versuch, das Kino radikal zu ent-literarisieren, wiederholt sich in der Enttäuschung des großen, des echten Godard. Der war, auf Einladung einer Jury des Hamburger Kultur-Senators, im September 1977 angereist, um über eine Produktion in Deutschland zu verhandeln: mit der Idee, einen Film zu machen, der heißen sollte »Ist es möglich, heute in Deutschland Filme zu machen?«.

Wie Costard hat sich Godard längst von den üblichen Produktionsweisen des Kinos entfernt, experimentiert mit neuen Formen, mit Video-Techniken. Eine Einigung mit den gutwilligen Fernseh-Produzenten vom NDR kommt nicht zustande. Godard hat nichts Konkretes anzubieten, kein Papier, kein Skript, nur seinen Verstand und seine Phantasie und seine unbeschränkte Bereitschaft, sich auf ein Wagnis mit ungewissem Ausgang einzulassen. Das reicht nicht für einen Apparat, der nur das Gesicherte verarbeitet. Und so endet »Der kleine Godard« mit dem Abflug des großen Godard auf dem Hamburger Flughafen. Zumindest für den Regisseur von »Alpha-

ville«, »Weekend« und »Numéro Deux« scheint es nicht möglich, heute in Deutschland Filme zu machen. In der letzten Einstellung ziehen, in Einzelbildschaltung aufgenommen, dunkle Wolken rasend schnell über den Himmel von Hamburg.
Natürlich weiß auch Hellmuth Costard, daß es durchaus möglich ist, heute in Deutschland Filme zu machen, zum Beispiel wie die von Fassbinder und Hark Bohm, die er bei Dreharbeiten in und um Hamburg beobachtete: Filme mit großem Aufwand und ordentlicher Planung, aber kaum »Filme der dritten Art«: spontan, abenteuerlich, von herkömmlichen Herstellungsweisen abgelöst. »Das Geschriebene beherrscht noch immer den Film«, formuliert Costard in seinem Brief an das Kuratorium, dem will er mit seinen Super-Acht-Kameras, mit schnellen Billigst-Produktionen abhelfen: einer der letzten Einzelkämpfer des »Anderen Kinos«, des Experimentalfilms, der vor zehn Jahren noch in Deutschland in voller Blüte stand.
Damals war Costard ein berühmter Mann, »Hamburgs skandalumwitterter Jungfilmer« in der Diktion der *Bild*-Zeitung, die sogar über seine Hochzeit berichtete, ein »bleicher Gesell mit Oberammergau-Frisur« laut *Spiegel*, der ebenso am Rummel um Costards Film »Besonders wertvoll« partizipierte wie fast alle anderen deutschen Zeitungen. Mit dem Kurzfilm »Besonders wertvoll« brachte Costard das Oberhausener Festival 1968 an den Rand des Zusammenbruchs: Ein erigierter Penis, von zarter Mädchenhand gestreichelt, rezitiert mit brüchiger Stimme die berüchtigte »Sittenklausel« des damals heftig umkämpften Filmförderungsgesetzes. Selbstverständlich ließ es sich ein Staatsanwalt nicht nehmen, gegen das originelle Pamphlet und sein ironisches, kurzerhand Goethe zugeschriebenes Motto »Nur die perverse Phantasie kann uns noch retten« vorzugehen.
Beim Wiedersehen, zehn Jahre nach dem Eklat von Oberhausen, der Costard in die Schlagzeilen brachte, erweist sich »Besonders wertvoll« über seinen Stellenwert als aktuelle Polemik hinaus als Film von bleibender Faszination: »anstößig« gewiß nicht, aber in seiner Mixtur aus inszeniertem Ärgernis, Dokumentaraufnahmen des Sittenklausel-Verfassers Toussaint und Dia-Projektionen von steriler Kaufhaus-Erotik ein wichtiger Essay über sexuelle Verklemmung.
Danach konnte Costard, Jahrgang 1940, ein paar Jahre lang seiner »perversen Phantasie« vollen Lauf lassen. Überraschende Ideen stellten eingeschliffene »Sehweisen« unversehens auf den Kopf: In dem vom WDR finanzierten Film »Die Unterdrückung der Frau ist vor allem an dem Verhalten der Frauen selber zu erkennen« (1969) führt ein langhaariger Jüngling den monotonen Arbeitsalltag einer Hausfrau vor – in quälender Ausführlichkeit wird aufgeräumt, abge-

räumt, gefegt und abgewaschen, aber mit einer selbstvergessenen Spielfreude, die eine Reduktion des Films auf ein pures Thesen-Stück zur Emanzipation unmöglich macht.
Ungewöhnlich ist die Perspektive auch in »Fußball wie noch nie« (1971), dem mit sechs Kameras aufgenommenen Protokoll eines Fußballspiels zwischen Manchester United und Coventry City, in dem während der gesamten Spielzeit nur ein einziger Spieler zu sehen ist: George Best, der geniale Außenstürmer. Ein »Scheißspiel« sei das gewesen, ließ Hennes Löhr vom 1. FC Köln den Filmemacher damals wissen, aber gerade auf die Provokation – hier: den Genuß eines Fußballspiels zu verhindern, indem er einen seiner Akteure zum Star eines Fernseh-Spiels machte – kam es Costard an: der üblichen Rezeption eine andere entgegenzusetzen, dem vertrauten Anschein der Dinge eine neue Realität zu entlocken.
1972 folgte das im Super-Acht-Format gedrehte »Volksstück« mit dem durchaus ernstgemeinten Titel »Teilweise von mir«, in dem 606 Passanten in mehreren deutschen Städten Sätze, manchmal auch nur Halbsätze aus einem von Costard und Thomas Wittenburg verfaßten Text vortragen: eine sehr witzige Montage-Arbeit, ein Mosaik höchst unterschiedlicher Temperamente und Sprechweisen, die den kulturkritischen Anspruch des Textes manchmal albern, manchmal mißtrauisch, manchmal neugierig unterlaufen. Dazu eine originelle Vision einer totalen Arbeitsteilung.
»Besonders wertvoll« fand das die Filmbewertungsstelle, einen Preis in Mannheim gab es auch, aber danach ging für Costard kaum noch etwas. Wie viele Berühmtheiten der späten sechziger Jahre verschwand er aus der Öffentlichkeit, lebte ein paar Jahre auf dem Lande, experimentierte mit seinem Super-Acht-System, schrieb ein Kinderbuch, geriet allmählich in Vergessenheit. Leute wie Costard, mit denen sich der Kulturbetrieb zur Zeit des *Joli Mai* geschmückt hatte, paßten auf einmal nicht mehr in die Landschaft. Wo politische Experimente einem grauen Pragmatismus weichen, leiden auch künstlerische.
Sinnlos, darüber zu jammern. Das tut auch Costard nicht, der mit dem »Kleinen Godard« eine Art von Comeback unternimmt: noch immer einer der originellsten Köpfe des deutschen Films, noch immer auf der Suche nach Ausdrucksmöglichkeiten jenseits der Regeln des kommerziellen Kinos. Costard zitiert den Produzenten aus Fellinis »Achteinhalb«: »Doch, Guido, ich habe genau begriffen, was du mir erzählen willst. Du willst mir klarmachen, wie verwirrt ein Mensch innerlich sein kann. Aber dann mußt du dich auch klar ausdrücken können, sonst hat es keinen Sinn.«

Costard bekennt sich zu der Sinnlosigkeit seiner und Godards Verwirrungen, bietet dem Zuschauer einen kaum zu ordnenden Reichtum an Sinneseindrücken an: nicht nur Werkstatt-Skizzen, Überlegungen zu Super-Acht, Dokumentarisches vom Godard-Besuch, von Dreharbeiten prominenter deutscher Regisseure, von einer Jury-Sitzung hanseatischer Kultur-Größen (darunter Ivan Nagel und Uwe M. Schneede), sondern auch Phantasie-Bilder, Träume und Erinnerungen, Material aus verschiedenen Jahren: der Mailänder Hauptbahnhof im Halbdunkel, ein Besuch bei der befreundeten Familie Nettelbeck, Blicke aus einem Bunker-Fenster auf wechselnde Landschaften, Autofahrten, Himmel, dazu immer wieder Geräusche, die Kontraste zum Bild herstellen.

In der schönsten Einstellung des Films umfährt eine Kamera im Halbkreis vier andere Kameras, die wie schwarze Pistolen in einer Betonlandschaft arrangiert sind. Ein Stück Himmel ist zu sehen. Man hört das Stöhnen einer Dampflokomotive und ihr Tuten. Schließlich ein Hamburg-Panorama im Abendlicht. Im Himmel eine Zeichnung wie im Hochgebirge. Dazu der prosaische Kommentar: »Als die Dreharbeiten zu diesem Film schon fast abgeschlossen waren, gelang uns schließlich noch eine entscheidende Verbesserung an den Kameras.«

Aus Kontrasten zwischen Bild und Ton, aus überraschenden Schnitten, die die Kontinuität der Erzählung aufheben, entsteht eine Fülle von seltsamen Momenten, durch die sich der Zuschauer selber einen Weg suchen muß: von der wunderbaren ersten Einstellung, in der zwei kleine Mädchen am Wasser spielen, unterlegt mit einer kitschigen Pseudo-Filmmusik, bis zu Godards Abreise. Die Dissonanzen überwiegen, das Mißlungene wird nicht verschwiegen, manches sieht roh und vorläufig aus, von jener dem Super-Acht-Material eigentümlichen Amateur-Qualität, die sich trotzig gegen die Perfektion der Profis stellt. Bei Costard, der seine eigene Position gegenüber den Groß-Regisseuren mit sanfter Ironie, aber ohne Neid und Verbitterung definiert, beherrscht nicht mehr das Geschriebene den Film (auch wenn in diesem Film extrem viel geschrieben wird), sondern das Material.

Bausteine zu einem Film, den Costard schließlich nicht gemacht hat, weil ihm die Mittel fehlten, darüber hinaus ein Essay zu der Frage »Ist es möglich, heute in Deutschland eine freie Phantasie-Arbeit zu machen?«: Das ist »Der kleine Godard«. Ergebnisse gibt es nicht zu sehen, nur Prozesse.

Inzwischen hat Costard das Drehbuch zu seinem Film geschrieben: nachträglich, am Schneidetisch, überkorrekt den formalen Anforderungen des Kuratoriums folgend, das es nun fördern soll – ein dickes, blau gebundenes Konvolut mit aufgeprägten Goldlettern, ein subtiler Hohn auf die Gepflogenheiten der Branche. Außerdem hat er beim Kuratorium einen Antrag gestellt, sein Projekt »Spielfilme vollkommen phantasielos drehen« zu fördern. Dazu braucht er ein neues, mit einem Timecode-Verfahren ausgerüstetes Kamera-System. Und Phantasie. Aber die kostet wenigstens nichts.

Nr. 27 vom 30. 6. 1978

Hans-Jürgen Syberbergs »Hitler«
Träume in Trümmern

Fast hätten auch die Franzosen auf »den Film, den die Deutschen nicht sehen können« (so der schadenfrohe Reklame-Slogan) verzichten müssen. Wer am Mittwoch letzter Woche nach Paris gereist war, um Hans-Jürgen Syberbergs fast siebenstündigen »Hitler«-Film zu sehen und den Regisseur in einer öffentlichen Diskussion zu erleben, stand zunächst vor einer verschlossenen Tür. Auf einem handgemalten Plakat teilte das »Studio des Ursulines« im Quartier Latin am Kinoeingang mit, man habe den Film und die Debatte aus Sicherheitsgründen absetzen müssen. Diverse Bombendrohungen waren vorangegangen, aber allzu ernst nahm man sie schließlich wohl doch nicht. Denn noch am gleichen Abend tauchte »Hitler« wieder auf, jetzt in dem bizarren fernöstlichen Kino-Tempel »La Pagode« in der Rue du Babylone: ein seltsam passendes Environment für Syberbergs Monumentalwerk – die formen- und farbentrunkene Opulenz der Saaldekoration entspricht perfekt dem Stil der »Hitler«-Inszenierung.
»Die Schönheit des Bösen«, auch dessen »Größe«, schließlich die »attraktive Dämonie« einer Epoche will Syberberg in vier Abteilungen zeigen. Und so stellt sich der Schauspieler Heinz Schubert, der später auch als Hitler und als Himmler zu sehen ist, im ersten Teil (»Der Gral«) als kalkweiß geschminkter Zirkusdirektor vor, der »die größte Show des Jahrhunderts« zelebriert: Adolf Hitler Superstar, für Syberberg ein deutscher Mythos wie Ludwig der Zweite von Bayern und Karl May, denen sich der Filmemacher zuvor gewidmet hatte.
Einem rationalen Verständnis von Geschichte und geschichtlichen Prozessen stellt Syberberg seinen Versuch einer »positiven Mytholo-

gisierung« entgegen. Erst den überlebensgroßen Hitler, »den einsamen Wolf im Bunker seines Niedergangs«, den genialischen Vollstrecker europäischer Geschichte und deutscher Kultur hält er einer Auseinandersetzung für würdig. Der Dämon Hitler steigt aus Richard Wagners Grab, sehr oft ist von der »Hölle« die Rede, der »wir« (wir, die Deutschen?) immer noch nicht entronnen sind. Denn Hitler west weiter als »schlechtes Gewissen des demokratischen Systems«, dem er solche Scheußlichkeiten wie den Massentourismus, die Pornographie und die deutsche Filmkritik hinterlassen hat: Besonders letztere nimmt einen bevorzugten Platz in Syberbergs westdeutscher »Kulturhölle« ein (die »Erben Hitlers« sehen sich auf einer Tafel verewigt), und wer sich fragt, was das denn mit Hitler zu tun habe, sitzt gewiß im falschen Film.

Syberbergs »Kunst zu trauern« spielt sich in einem hermetischen System privater Obsessionen ab, das kritische Fragen ausschließt. In einer endlosen, von mehreren Darstellern abwechselnd vorgetragenen Suada überschüttet er den Zuschauer (dessen Geduld als Zuhörer über Gebühr strapaziert wird) mit teils pathetischen, teils larmoyanten, fast immer nebulösen Sentenzen über das Weltall und die Umweltverschmutzung, Hollywood und den »deutschen Traum des Todes«, Jesus und den russischen Film.

Oft möchte man den Ton abdrehen, um sich diesem sinnlosen, peinigenden Wortgeklingel zu entziehen. Und um sich auf die Bilder konzentrieren zu können, die Syberberg und sein Kameramann Dietrich Lohmann erfunden haben. Denn so pompös und verschwommen der entfesselte Kulturphilosoph Syberberg formuliert, so suggestiv und faszinierend sind seine visuellen Phantasien, sind auch manche Bild- und Tonkontraste.

Der Schauplatz: eine künstliche Atelierlandschaft, durchzogen von farbigen Nebeln, bevölkert von Marionetten, Pappfiguren und Schauspielern – eine surreale Trümmerlandschaft, in der Doktor Caligari Platz hat neben Hitler, dem Teppichbeißer, Hitler, dem Anstreicher, Hitler, dem Chaplin-Modell, Hitler, dem Teufel aus dem Kasten, von stroboskopischen Lichteffekten verzerrt. Der Reichsadler mit dem Hakenkreuz steht manchmal in dieser Horrorszenerie, aus griechischen Säulen quillt Dampf, verloren wandert ein kleines, schwarz gekleidetes Mädchen, das zum Ende des Films einen Kranz aus Zelluloidstreifen trägt, durch das bunte Chaos, das durch ständig wechselnde Rückprojektionen auf einer riesigen Leinwand hinter der Dekoration vollends aus den Fugen gerät. Da sieht man Gemälde von Runge und Friedrich, Winterlandschaften und Nazi-Aufmärsche, die Garbo und die Reichskanzlei.

Diese einzigartige Rückprojektionstechnik hat Syberberg seit »Ludwig« und »Karl May« zu einer Perfektion und Vielseitigkeit entwikkelt, die man genial nennen muß: ein ideales Medium für seine vieldeutigen Assoziationsketten, die sich aus den Korrespondenzen zwischen Bildvordergrund, Rückprojektion und Ton ergeben. Das akustische Element wird immer dann interessant, wenn Syberberg selber schweigt und statt dessen authentische Tondokumente montiert: zum Beispiel eine Weihnachtsfeier des großdeutschen Rundfunks mit einer Konferenzschaltung von Soldatensendern an allen Fronten zu einem gemeinsamen »Stille Nacht, heilige Nacht« oder eine Ehrung gefallener Nationalsozialisten aus der »Kampfzeit« mit einer pathetischen Rezitation der Namen der toten Helden. Da verbinden sich oft fünf einander überlagernde Elemente (Bildvordergrund, Rückprojektion, Geräusch, Musik – oft Wagner, Beethoven, zwölf verschiedene Versionen des Deutschlandliedes, Sprache) zu schillernden Assoziationen.

Einsichten vermittelt diese komplexe Collagetechnik erheblich weniger als Eindrücke, aber die sind stimulierend genug: eine mit kostbaren Kulturtrümmern (von den Nibelungen bis zu Stifter, von Schiller bis Brecht und Fritz Lang), mit erlesenster deutscher Musik und Malerei überfüllte deutsche Seelenlandschaft. Der Reichtum an Zitaten und Anspielungen poetischer, musikalischer und visueller Natur, die durch Syberbergs synthetische Nazi-Hölle geistern, läßt sich beim ersten Sehen kaum ordnen. Syberbergs Ästhetik ist auf Überwältigung angelegt, nicht auf Verständlichkeit. Immer wieder ufert sein technisch perfekt beherrschtes »Phantasie-Handwerk« (der ganze Film wurde in nur zwanzig Tagen gedreht und kostete nicht mehr als eine Million Mark) in pure Gigantomanie aus, mit André Heller als mystisch raunendem Conférencier. Eins der optischen Leitmotive ist eine jener mit einer Winterlandschaft und künstlichen Schneeflocken gefüllten Kristallkugeln, die Kinder so sehr lieben: bei Syberberg muß es gleich der Gral sein.

Die Lust des Regisseurs an mythologischen Räuschen, denen sich der Zuschauer wie einer wilden, fremden Musik hingeben kann, verdeckt freilich jene Ironie, die nach dem Willen Syberbergs ein wichtiger Bestandteil seiner »Trauerarbeit« sein sollte. Er beruft sich auf Heinrich Heine, zitiert am Anfang und am Ende seines Films aus »Deutschland – ein Wintermärchen« (Denk ich an Deutschland in der Nacht ...), aber dieser Bezug bleibt eine bloße Pose, wird nur selten bestätigt durch eine ironische Haltung dem Material gegenüber. Am besten funktioniert das in der Sequenz, in der der Schauspieler Hellmut Lange als Hitlers ehemaliger Kammerdiener immer tiefer in die Rückprojektionen von Bildern der Berliner Reichskanzlei eindringt und dabei von den Aufsteh-, Frühstücks- und Kleidungsgewohnheiten seines Herrn berichtet: eine Konfrontation der trivialsten, mit großem Ernst und akribischer Ausführlichkeit beschriebenen Alltagsverrichtungen mit der Monumentalität einer Architektur, die im Verlauf der Erzählung immer größer wird, bis Lange wie ein Liliputaner vor dem klotzigen Schreibtisch seines »Führers« steht.

Selten ist die Banalität des Bösen so genau dargestellt worden, und Ähnliches gelingt Syberberg auch bei der Beschreibung des Obersalzberg-Tourismus, zu der eine groteske Tanznummer mit Peter Kern abläuft. Aber schließlich bleibt Hitler doch ein unbekanntes Wesen, der grausame Gott einer Irrationalität, die Syberberg sich zu eigen macht. Für ihn ist Hitler schließlich auch »der größte Filmemacher aller Zeit«.

Nr. 28 vom 7. 7. 1978

»Convoy« von Sam Peckinpah
Neandertal USA

Eine Männerphantasie: Auf achtzehn Rädern die Landschaft zu bezwingen, unterwegs von Küste zu Küste in einem riesigen Gefährt, das allenfalls Panzer zu stoppen vermögen, den Cowboystiefel auf dem Gaspedal, den Blick in eine Ferne gerichtet, die alle Trivialitäten der mittelständischen Existenz auf eine schale Erinnerung zusammenschrumpfen läßt. Eine Fluchtbewegung in die letzten Freiheiten, Aufbruch in das gelobte Land des Abenteuers und des Individualismus: Längst haben die Medien die Profession der »Trukkers«, jener schmalen Elite waghalsiger Lkw-Piloten, zu einem romantischen Traum von Ungebundenheit verklärt, zu einem Reservat für harte Männer, die eine eigene Sprache sprechen (den Slang der CB-Funker) und keinen Gesetzen gehorchen außer ihren eigenen.

Es war nur eine Frage der Zeit, bis sich Sam Peckinpah, der Regisseur gebrochener Männerphantasien, diesem jüngsten aller amerikanischen Mythen zuwenden würde. In »Convoy«, seinem dreizehnten Film seit »Gefährten des Todes« (1961) und seiner ersten gelungenen Arbeit seit »Pat Garret jagt Billy the Kid« (1972), entdeckt er die Herren der Landstraße als Nachfahren jener Desperados und Outcasts, denen schon immer seine Zuneigung galt: »Ich liebe diese Männer. Ich liebe Außenseiter. Wenn man sich anpaßt und restlos aufgibt, ist man seine Unabhängigkeit als Mensch los … Ich bin nichts weniger als ein Romantiker, und ich habe eine Schwäche für Verlierer großen Stils und eine heimliche Liebe für alle Misfits und Drifter dieser Welt. Altmodische Begriffe wie Mut, Loyalität, Freundschaft, Haltung unter Druck: all die simplen Tugenden sind zu Klischees geworden. Die Männer ... sind Katzen, die den Boden unter den Füßen verloren haben. Sie wissen es, aber sie beugen sich nicht; sie weigern sich, sich kleinkriegen zu lassen. Sie spielen ihr Spiel zu Ende«: Was Peckinpah in einem »Playboy«-Interview über sein Meisterwerk »The Wild Bunch« (1969) sagte, trifft nicht nur auf die Helden fast aller seiner früheren Filme zu (vom starrsinnigen Westernpionier Cable Hogue über den glücklosen Rodeoreiter Junior Bonner und den Pistolero Billy the Kid bis hin zum »*Universal Soldier*« Steiner), sondern auch und zumal auf die Figuren in »Convoy«.

Arizona in der Hitze des Mittags, New Mexico zwei Stunden später, Texas im Morgengrauen: Durch drei Staaten führt der Triumphzug der riesigen Maschinen, dem die Bevölkerung der kleinen Städte des amerikanischen Südwestens zujubelt wie einer Armee von Befreiern: als zögen noch einmal die siegreichen GI's über die Boulevards von Paris. Der Convoy, der zwei Tage und eine Nacht lang wie ein Naturereignis durch das Land donnert, bis sein Anführer an der mexikanischen Grenze von Maschinengewehren und Panzergranaten zusammengeschossen wird, erscheint als überdimensionales Symbol: Er verkörpert die rebellischen Träume einer Nation, die sich heftiger denn je nach ihren alten Tugenden zurücksehnt, der nach einem Jahrzehnt voller Chaos und Korruption eine neue, starke Rechte die archaische Moral der »Frontier« predigt. Mit den hundert Trucks, die alles niederwalzen, was sich ihnen in den Weg stellt, formiert sich der Widerstand gegen die undurchschaubaren Winkelzüge der Politik, gegen die sinnlosen Verordnungen der Bürokratie: eine Karawane der Unzufriedenheit, die Peckinpah praktisch aus dem Nichts entstehen läßt, mit einem Minimum an nachvollziehbaren Motivationen (irgendwie geht es um ungerechte Geschwindigkeitsbegrenzungen), ohne auch nur einen Hauch von psychologischer »Vertiefung«.

Der Konflikt zwischen dem Anführer der Truckers, einem wortkargen, silberbärtigen Riesen mit dem *nom de rue* Rubber Duck (Kris Kristofferson, zum drittenmal bei Peckinpah dabei), und dem fetten, verschlagenen Sheriff Lyle Wallace, genannt »Dirty Lyle« (Ernest Borgnine, ein Veteran des »Wild Bunch«), geht auf eine obskure, nie näher erklärte alte Geschichte zurück (»Das ist eine Sache nur zwischen uns beiden«): die ewige Fehde zwischen dem stolzen Individualisten und dem Agenten einer pervertierten Ordnung. Auch die Truckers selber, rasch zu Volkshelden befördert, scheren sich

kaum um den konkreten Anlaß ihres Aufstandes: »Weiterkommen«, meint einer lakonisch, als ihn ein Fernsehreporter nach dem Zweck des Convoys fragt. »Ich mache gern Kleinholz und fahr' auch gern«, sagt ein anderer.
Ähnlich sieht es wohl auch Peckinpah selber, den man wegen seiner Vorliebe für zeremonielle Gewalt gelegentlich faschistischer Neigungen verdächtigt hat (Den »ersten amerikanischen Film, der ein faschistisches Kunstwerk ist«, nannte Pauline Kael »Straw Dogs – Wer Gewalt sät«, 1970). Doch dieser Regisseur, der nach drei mißglückten Filmen hintereinander (»Bring mir den Kopf von Alfredo Garcia«, »Killer Elite«, »Steiner – Das eiserne Kreuz«) hier zu seiner alten Form zurückfindet, hat sich noch nie von einer Ideologie vereinnahmen lassen. Deutlicher denn je erweist sich sein Temperament in »Convoy« als ein anarchisches. In der Karawane der harten Männer, die für einen kurzen Moment die festgefügte Ordnung der Kleinmütigen aufzubrechen verheißt, fährt auch ein Wagen mit langhaarigen, ausgeflippten Jesus-Freaks mit: Fröhliche Chaoten, ganz nach Peckinpahs Geschmack. Und den Provinzpolitiker, der sich scheinbar die Sache der Truckers zu eigen macht, von »liberalen, humanitären Schlagzeilen« träumt und rechte Phrasen vom wahren Geist Amerikas verbreitet, zeigt er als schleimigen Opportunisten; demonstriert, wie rasch ein spontaner Aufstand zum beliebigen Propagandavehikel verkommen kann.
»Manchmal ist man gezwungen, einen einzelnen zu opfern«, sagt der Politiker und sinnt auf einen Kompromiß, aber Rubber Duck wendet sich ab und besteigt seinen Wagen (schwarz die Fahrerkabine, silbern der hintere Teil) wie weiland Tom Mix sein Pferd. Sein und Peckinpahs zorniger Individualismus duldet keine Halbheiten, und so bricht unser Held – einsam sind die Tapferen – zu einer letzten, sinnlosen Tat auf: ein Asphalt-Cowboy. Wie überhaupt Peckinpah und sein Kameramann Harry Stradling den Western-Charakter von »Convoy« bis in die Konstruktion einzelner Einstellungen immer wieder unterstreichen: die weiten Totalen mit den Silhouetten der Trucks am Horizont; der Aufbruch des Convoys zu einer Befreiungsaktion, der wie die Stampede in »Red River« aufgenommen ist.
Und immer wieder die Faszination des Fahrens, der puren Bewegung durch die Wüstenlandschaft. Peckinpah stilisiert die Karawane der hundert Giganten zu einem fremdartigen, barbarischen Ballett (einmal von Walzerklängen begleitet), dessen archaischer Wucht sich der Film mit rauschhaftem Vergnügen hingibt. Es gibt keine einzige Leiche und nur ein Minimum an Peckinpahs berühmten Zeitlupeneffekten in »Convoy« zu sehen, aber dennoch ist dieser einer seiner wildesten, gewalttätigsten Filme. Von der ersten Sequenz an, in

der Rubber Ducks Wagen wie ein Vorzeitungeheuer aus der flirrenden Mittagshitze auftaucht, bezieht diese phantastische Ballade von der letzten Rebellion der Außenseiter ihre Faszination aus der Brutalität der Betonpisten, der seltsamen Schönheit ausgedörrter Mondlandschaften: Eine Expedition ins Neandertal Amerika, wie nur Pekkinpah sie unternehmen kann.

Dem tragischen Finale, das noch einmal die irrationale Hoffnungslosigkeit des Unternehmens zeigt, folgt als Epilog ein gewaltiges Gelächter. Wider alle Wahrscheinlichkeit hat Rubber Duck überlebt und beschaut amüsiert seine eigene Beerdigung. Die Männerphantasie endet als Groteske. Und die Jesusjünger singen das Lied »We shall gather the River«. Man kennt es aus Western von John Ford.

Nr. 34 vom 18. 8. 1978

Über Louis Malle und »Pretty Baby«
Lehrjahre der Korruption

Wer ist Louis Malle? Kein anderer Regisseur von vergleichbarem Rang hat derart unterschiedliche Filme gedreht, hat sich so konsequent vermeintlichen Publikumserwartungen und kommerziellen Spekulationen entzogen. Malles Werk ist schmal – nur elf Spielfilme seit 1957, dazu eine siebenteilige Dokumentarfilmserie über seine Jahre in Indien (»Phantom India«) und diverse Kurzfilme –, doch seine Filmographie weist eine verstörende Vielfalt an Sujets und Stilen auf: fast so, als wollte da einer beweisen, daß sich auch ohne die Markenzeichen der *politique des auteurs* (erkennbare thematische und formale Kontinuität à la Truffaut oder Chabrol) wichtiges Kino herstellen läßt. So stehen scheinbar beziehungslos nebeneinander das elegische Ehebruchs-Drama »Die Liebenden« (1958) und der verwegene, unmögliche Versuch, Raymond Queneaus »Zazie dans le Métro« zu verfilmen (»Zazie«, 1960), die kühle Selbstmörder-Studie »Das Irrlicht« (1963) und die extravagante Hollywood-Parodie »Viva Maria« (1965), die Inzest-Komödie »Herzflimmern« (1970) und »Lacombe, Lucien« (1974), die Geschichte eines naiven Bauernjungen, der im besetzten Frankreich mit der Gestapo kollaboriert. Direkt danach kam »Black Moon« (1975), die surrealistische Expedition einer fünfzehnjährigen Alice in ein wundersames Niemandsland, bevölkert von sprechenden Tieren, einem Einhorn und einer Greisin (Therese Giehse), die sich in einen Säugling verwandelt.

Mit jedem dieser Projekte hat sich Louis Malle, der aus einer der reichsten Familien Frankreichs stammt (der Zuckerdynastie Béghin) und gewiß nicht auf seine Einkünfte aus der Filmarbeit angewiesen ist, sehr viel Zeit gelassen. Er ist ein Außenseiter in der an Kumpanei so reichen französischen Kinoszene, und er genießt diesen Status: »Ich habe versucht, meinen Erfahrungsbereich sowohl in meinem Leben als auch in meiner Arbeit so weit wie möglich auszudehnen. Vielleicht ist das falsch, ich weiß es nicht. Auf jeden Fall ist dadurch wahrscheinlich mein Leben interessanter und meine Arbeit vielleicht uninteressanter geworden. Anstatt immer das gleiche Loch zu graben, habe ich versucht, verschiedene Wege einzuschlagen, verschiedene Techniken anzuwenden und offen zu bleiben. Ich bin immer sehr neugierig auf Leute und auf mich selber gewesen.« (Aus einem Interview mit der Zeitschrift *Rolling Stone*.)
Seine Offenheit – die des aufgeklärten Großbürgers, den gewisse gesellschaftliche Tabus mißtrauisch stimmen – führte Malle häufig zu riskanten Sujets, von denen weniger unabhängige Regisseure wohl die Finger gelassen hätten: Selbstmord, Inzest, Kollaboration. Schon »Les Amants« erregte vor zwanzig Jahren Anstoß wegen der »freimütigen« Darstellung des mit kühlem Kalkül vollzogenen Ehebruchs einer Frau, und auch der rüde Gossenjargon von Queneaus Zazie, die in Paris ihren Onkel, einen Transvestiten, besucht, trug zu Malles Reputation als »Skandal-Regisseur« bei. Vielleicht sieht sich dieser Cineast selber am liebsten in der Rolle Jean-Paul Belmondos in seinem Film »Der Dieb von Paris« (1966): als wohlhabender Anarchist, der gegen alle Regeln seiner Klasse verstößt, aber dennoch nie die Contenance des feinen Mannes verliert. Denn auch das vermeintlich so Skandalöse (die Mutter-Sohn-Beziehung in »Herzflimmern« zum Beispiel) beschreibt Malle mit einer solchen ästhetischen Raffinesse, daß der Zuschauer die Provokation vor lauter erlesenen Bildern und subtilen psychologischen Nuancen erst auf den zweiten Blick wahrnimmt. Das Unerhörte zeigt Malle als das Selbstverständliche, denn er enthält sich jeder moralischen Wertung.
Die Kategorien von Schuld und Sühne existieren nicht in seinem filmischen Universum, weder für Jeanne Moreau in »Die Liebenden« oder für den Gentleman-Kriminellen Belmondo in »Der Dieb von Paris« noch für Léa Massari in »Herzflimmern« oder für den jugendlichen Gestapo-Schergen Lacombe, Lucien, dem nie eine gewisse staunende Unschuld verlorengeht.
Von deren Gefährdung, von der schmalen Grenzlinie zwischen kindlicher Integrität und den Korruptionen der Erwachsenenwelt handeln letztlich die meisten Filme von Louis Malle. Die Angst, erwachsen zu werden, treibt in »Das Irrlicht« Maurice Ronet zum Selbst-

mord, provoziert die Kriegsspiele in »Lacombe, Lucien« und die Schreckens- und Märchenwelt in »Black Moon«. Eine Mischung aus spielerischer Neugier und Entsetzen über die Vertreibung in eine unbekannte Welt kennzeichnen die Figuren, auch eine Lust am Verbotenen.

»Pretty Baby« oder Die Lehrjahre der Korruption: Malles elfter Spielfilm, sein erster amerikanischer, spielt 1917 im Storyville-Distrikt von New Orleans. Der Hauptschauplatz ist das exklusive Freudenhaus der Madame Nell, und schon in der zweiten Einstellung – der Film beginnt mit einer langsamen Zufahrt auf das nächtliche Panorama der Stadt, untermalt von einer fernen Jazztrompete – begegnen wir der Heldin: dem zwölfjährigen Mädchen Violet, Tochter der Hure Hattie, als »Trick Baby« im Bordell geboren und zum gleichen Beruf bestimmt wie ihre Mutter. Ein paar Monate später findet ein Fest zu ihren Ehren statt, auf das sie sich freut wie ein anderes Kind vielleicht auf die Konfirmation: Für vierhundert Dollar wird ihre Unschuld versteigert, die Baby-Hure Violet ist der neue Star des Etablissements.

Mit dem auffälligen Interesse an Kinderpornographie und Kinderprostitution, das sich in den letzten Jahren in den Massenmedien austobte (von der Affäre Polanski über diverse kindliche Photomodelle und Schauspielerinnen bis hin zu den obligatorischen Reportagen und Dokumentarberichten über Baby-Strich und Mädchenhandel), hat Malles Film nichts gemein. Ihn bewegt nicht die Vermarktung modischer Schlüpfrigkeiten, der letzte Schrei einer Zivilisation, die sich vor lauter enttäuschter Sehnsucht nach ihrer verlorenen Unschuld selbst ihre Kinder nur noch als verführerische Sex-Puppen vorzustellen vermag, sondern die Ambivalenz einer Situation, die den Betrachter von Anfang an in Verwirrung stürzt.

Wenn Violet zum erstenmal zu sehen ist, lauscht sie Bewegungen und Geräuschen, die sich außerhalb des Bildes zutragen: Stöhnen und unterdrücktes Schreien, ekstatische Seufzer wie bei einem Liebesakt. Aber schon in der nächsten Einstellung dekouvriert Malle die Assoziationen des Zuschauers als Wunschdenken: Nicht einer sexuellen Unternehmung schaut das schöne, blasse Kind mit den schmalen Zügen und den langen schwarzen Locken zu, sondern einer Geburt. Danach hüpft Violet die Treppe hinunter in den üppigen Salon, wo Madame Nells Mädchen und ihre distinguierte Kundschaft sich unterhalten, und verbreitet mit kindlicher Freude die Nachricht über die Ankunft eines kleinen Bruders.

An dramatischem Geschehen begibt sich wenig in »Pretty Baby«. In einem sehr ruhigen, detailverliebten Erzählstil beschreibt Malle eine geschlossene Welt, den zeremoniellen Glanz ihrer Nächte, in denen die elegante Lebensart des alten Südens imitiert wird, aber auch den Kater und den abgestandenen Rauch am Morgen danach. Im Gegensatz zu ihrer Mutter Hattie, die davon träumt, einen reichen Kunden zu heiraten und eine respektvolle Lady zu werden, liebt Violet diese Welt, ihren Flitter- und ihren Farbenreichtum. Perfekt beherrscht sie das erotische Gesten-Repertoire der Huren, die süßen Sprüche und die tiefen, verführerischen Blicke: Das Freudenhaus als Spielplatz, ein Paradies mit kleinen Fehlern, in dem schon mal eine Ratte über den Fußboden huscht oder ein betrunkener Gast mit dem Hammer niedergeschlagen wird. Aber Verzweiflung und Tragik, die man gewöhnlich mit diesem Milieu assoziiert, werden nur selten deutlich: in der morgendlichen Kokain-Ration der alten Madame Nell mit ihrem zerstörten, grotesk geschminkten Gesicht, in der Versteigerungs-Sequenz, die sich im mühsam beherrschten Mienenspiel des schwarzen Bordell-Pianisten als das spiegelt, was sie ist – eine Sklavenauktion.

»Wenn man einen Film über Kinderprostitution macht, erwarten viele Leute, daß sie sehen, wie ein weinendes Kind in einer Zimmerecke zusammengeschlagen wird, sie erwarten etwas Kitschiges, das sie den ganzen Film über weinen läßt. Aber in ›Pretty Baby‹ ist Violet die zäheste Figur von allen, und am Ende ist sie praktisch intakt. Ich hatte das gleiche Problem mit ›Lacombe, Lucien‹ und mit ›Herzflimmern‹, weil auch diese Filme Visionen des Heranwachsens waren, ohne sentimental zu sein«: Louis Malle im Interview mit *Rolling Stone*.

Malles Blick ist neutral (was nichts weniger ist als indifferent), er gleicht dem des Photographen Bellocq, der irgendwann auftaucht, um die Mädchen der Madame Nell zu porträtieren: ein ernster, eher schüchterner, allein in seine Arbeit verliebter Mensch, den ein unvorhergesehener Lichtwechsel mehr in Wallung bringt als die üppigen Formen der Mädchen, die ihn bald als »Papa« akzeptieren. Zwischen Bellocq (düster-verschlossen gespielt von Keith Carradine) und der Kind-Hure Violet entwickelt sich ein seltsames Verhältnis, das auch dann nicht ganz deutlich wird, als das Mädchen zu ihm zieht, seine »Frau« wird: Bellocq schenkt ihr eine Puppe, aber Violet muß mit dem Spielzeug für seine Kamera posieren. Er weiß nie recht, ob er sie als Kind oder als Frau, als Photo- oder als Liebesobjekt behandeln soll.

Seine Irritation ist auch die des Zuschauers, den Malle in einer ständigen Spannung zwischen lüsterner Erwartung (die sich nie erfüllt), ästhetischer Bewunderung (kein kleinlicher Realismus, sondern Dekors und Frauenfiguren wie von Renoir und Degas) und moralischer Entrüstung hält. Ähnlich kann es einem beim Betrachten der viktorianischen Mädchenphotos von Lewis Carroll gehen, die sich allzu »eindeutigen« Interpretationen verschließen. Und diese Ambivalenz, die den Zuschauer dazu bringt, sein eigenes Wertsystem unversehens anzuzweifeln, hält Malle bis zum Ende durch. Wenn aufgebrachte Bürgerhorden mit Fackeln durch Storyville ziehen, einem Lynchmob gleich, dominiert die Trauer über das Ende einer Epoche, die dem Puritanismus der Yankees weichen muß. Dabei unterschlägt Malle keineswegs, daß hinter der (von Sven Nykvist in impressionistischer Verschwendung wunderschön photographierten) Kulisse des plüschigen Freudenhauses alles andere als ein idyllischer Spießer-Traum zu finden ist.

Auch der Schluß bleibt ambivalent: Die ehrbar gewordene Mutter holt mit ihrem selbstzufriedenen Gatten Violet aus New Orleans ab. Am Bahnhof – kurz vor dem Aufbruch in eine normale Kindheit – werden Photos gemacht. Violets neuer Vater knipst sie mit einer »Brownie«, einem billigen, mechanischen Ding, das Sehnsucht weckt nach Bellocqs schwerfälliger, altmodischer Plattenkamera, die so stimmungsvolle Bilder produzierte. Violet wird »gerettet«, in ordentliche Verhältnisse überführt, aber während ihr Gesicht in der letzten Einstellung zu einem Standphoto einfriert, erinnert man sich an das Lachen der Mädchen, an Spiele am Nachmittag, an Jazzklänge, an ein Picknick im Grünen: So schön blühten die Blumen des Bösen.

Szenen einer extremen Kindheit, die doch nicht so außergewöhnlich erscheint. Eine der alten Storyville-Huren, nach deren Zeugnissen (und nach der Geschichte des Photographen Ernest J. Bellocq, den es wirklich gab) das Drehbuch zu »Pretty Baby« entstand, erzählte, sie habe ihrer Mutter im Laden geholfen, wie andere Kinder auch. Nur: ihre Mutter verkaufte eben keine Lebensmittel. So übersteht auch das Kind Violet die Lehrjahre der Korruption schließlich unbeschadet, bewahrt, wie zuvor der Junge Lucien Lacombe und das Mädchen Lily in »Black Moon«, eine trotzige Keuschheit und Integrität: Ein Kind, das Hure spielt, mit allen Tricks altkluger Naivität dargestellt von einem Kind namens Brooke Shields, das schon im Alter von elf Monaten lernen mußte, sich zu verkaufen – erst als »Ivory Soap Baby«, später als Colgate-Kind und Breck-Shampoo-Mädchen. Im November 1975 war Brooke auf dem Titelblatt der Zeitschrift »American Home« mit einer Schleife im Haar als niedliches »Thanksgiving Girl« zu sehen, jetzt produziert sie mit der gleichen Selbstverständlichkeit die verworfensten Gesten. So eng liegen das Schickliche und das Anstößige beieinander: Nichts anderes zeigt schließlich auch der Film von Louis Malle.

Nr. 37 vom 8. 9. 1978

Das Kino des Niklaus Schilling
Unheimliche Heimat

Befremdetes Staunen zwischen Düsseldorf und Köln, leichte Unruhe zwischen Bonn und Koblenz, Pfiffe, Buhrufe und Gelächter zwischen Koblenz und Mainz, Hohn und Spott schließlich auf dem Rest der Strecke: Mannheim, Karlsruhe, Freiburg, Basel. Während die weiß gewandete Diplomaten-Gattin Elisabeth Drossbach langsam an einem Messerstich in die Leber verblutete, fuhr Niklaus Schillings Trans-Europ-Express »Rheingold« bei seinem ersten Einsatz geradewegs in eine Katastrophe. Das Premieren-Publikum bei den Berliner Filmfestspielen 1978, das wohl einen flotten Eisenbahn-Krimi erwartet hatte und statt dessen eine 91 Minuten lange Todes-Elegie zu sehen bekam, reagierte unwirsch mit dem Griff zur Notbremse. Und auch die Kritik fühlte sich verprellt: »Klassenkeile« drohte Friedrich Luft, neckisch wie meistens, dem Auswahlkomitee für seine »Rheingold«-Entscheidung an, während die geschätzte Kollegin Brigitte Jeremias in der *FAZ* den Film schlicht »lächerlich« fand.

Als »Rheingold« ein paar Monate später beim Festival in Toronto lief, gab es andere Reaktionen. Der bekannte Kritiker und Filmtheoretiker Gene Youngblood schwärmte in der zur Zeit besten nordamerikanischen Filmzeitschrift »Take One«: »Nichts hätte uns auf den Triumph von ›Rheingold‹ vorbereiten können. Es ist, ganz einfach, ein Meisterwerk ... Als ihr Leben zu Ende geht, sieht die Frau in einem Fiebertraum ihren Liebhaber. Wir sehen diese Visionen. Sie gehören zu den ungewöhnlichsten der Filmgeschichte. Ich kann die Majestät und Romantik dieser Szenen nicht beschreiben.«

Pauschale Ablehnung auf der einen Seite, pauschaler Jubel auf der anderen: Wie kein anderer deutscher Film der letzten Zeit (außer vielleicht noch Peter Handkes »Linkshändiger Frau«) provoziert »Rheingold« extreme Meinungen. Und auf den zweiten Blick erscheint diese Mischung von Schimpf und Euphorie auch verständlich. Niklaus Schilling, 1944 in Basel geboren, gelernter Dekorateur und Grafiker, seit 1965 Kameramann und Filmemacher in München, ist ein Provokateur. Nach den Regisseuren gefragt, von denen er gelernt hat, nennt er nicht nur die übliche Liste illustrer Namen von Lang und Lubitsch bis Dreyer und Renoir, sondern auch und zumal Männer wie Pewas, Bertram, Wisbar, Deppe, Harlan, Stemmle, Steinhoff und Jugert: Regisseure mithin, die das deutsche Kino von den dreißiger bis zu den fünfziger Jahren geprägt haben, die zum Teil schlimmen Nazi-Schund auf dem Gewissen haben, die in seriö-

sen Filmgeschichten entweder überhaupt nicht vorkommen oder nur als Schreckensfiguren.
An deren Filmen schätzt der gebürtige Schweizer Schilling, der es sich eher leisten kann, deutsche Tabus zu ignorieren, ihren romantischen Irrationalismus: »›eine deutsche Gefühlswelt‹, wenn man so will, die ein geradezu idealer Kinostoff sein kann«. Und: »Man kann sagen, daß die besonderen Qualitäten des deutschen Kinos natürlich mit dem Land, der Gegend, dem Boden, vielleicht mit den Menschen überhaupt zu tun haben. Und den Mythen eben auch.«
Solche Sätze sind nicht ungefährlich, und der Verdacht liegt nahe, hier wolle sich einer, im Zeichen der allgemeinen Restauration, als Verwalter und Vollstrecker des Blut-und-Boden-Kinos eines Veit Harlan empfehlen. Schilling, der dazu neigt, die Welt mit milder Ironie zu betrachten, tut wenig, um solchen Mißverständnissen zu begegnen. Gelegentlich ermutigt er sie geradezu. Dabei interessiert ihn nichts weniger als der ideologische Bodensatz der alten Ufa-Produktion, wohl aber deren extreme Künstlichkeit, die präzis mit seiner eigenen Vorstellung vom Kino korrespondiert. Radikaler als alle anderen deutschen Regisseure – und als solcher versteht sich Schilling –, entschiedener sogar noch als Werner Herzog verweigert er sich der allgemein herrschenden Auffassung vom Film als einem realistischen Medium, als Transportmittel für Inhalte, die man getrost nach Hause tragen kann. Aber wo Herzog bis ans Ende der Welt reist, um Material für seine Visionen zu finden, verwandelt Schilling scheinbar vertraute Gegenden in hermetische Traumlandschaften, konfrontiert das neue Deutschland mit seinen alten Mythen, das heißt auch: mit seinen Kino-Mythen. Er macht Heimat-Filme. Und die können, wenn man sich auf ihre Spielregeln nicht einlassen mag, schon schwer erträglich sein.
»Grün ist die Heide« hieß 1951 ein Film von Hans Deppe, ein buntes Stück um Förster, Wilderer und Flüchtlinge, einer der größten Kino-Erfolge der Ära Adenauer. Zwanzig Jahre später drehte Niklaus Schilling, der zuvor als Kameramann unter anderem für Klaus Lemke (»48 Stunden bis Acapulco«), Rudolf Thome (»Detektive«) und Jean-Marie Straub (»Der Bräutigam, die Komödiantin und der Zuhälter«) gearbeitet hatte, seinen ersten eigenen Spielfilm ebenfalls in der Lüneburger Heide: in einer Landschaft, die das auf Aktualität und »Relevanz« versessene deutsche Kino inzwischen vergessen hatte, die ein für allemal als allenfalls für Wochenend-Touristen interessantes Postkarten-Idyll abgestempelt schien.
Genau einen solchen Stadtmenschen, einen Musikverleger namens Jan Eckmann (John van Dreelen), der sich in der Heide ein Ferienhaus kaufen will, läßt Schilling in »Nachtschatten« die seltsame Fas-

zination dieser archetypisch deutschen Landschaft erfahren. »Nachtschatten« ist ein Film vom gefährlichen Zwielicht der Abenddämmerung, in dem der Wanderer seinen Weg verliert, vom langsamen Versinken im Moor, das den letzten, verzweifelten Schrei des Verirrten erstickt. Immer tiefer verstrickt sich Jan Eckmann in ein Reich der Nacht und der Schatten, findet den Weg nicht mehr zurück in die beruhigende Außenwelt. Wer ist die schöne, bleiche Elena (Elke Haltaufderheide, Schillings Lebensgefährtin, Produzentin und regelmäßige Hauptdarstellerin), die ganz allein das Haus bewohnt, das er kaufen möchte, und die ihn wie einen alten Bekannten behandelt? Und wer ist der Mann, der vor drei Jahren auf geheimnisvolle Weise verschwunden ist? In Eckmanns Traum beugt sich Elena, in einem weißen Nachtgewand, Mohnblumen in der Hand, über sein eigenes Grab. Ist er selber längst gestorben?

Einen »Phantomfilm, den schönsten, der in Deutschland gemacht worden ist seit Murnau« nannte Enno Patalas »Nachtschatten«: ein Werk, das das romantische Doppelgänger-Motiv dazu benutzt, um Mißtrauen zu schüren gegen den vertrauten Schein der Dinge, der Fremdes im Bekannten entdeckt, der den Begriff Heimat auch als eine Bedrohung kennzeichnet. Ein irrationaler Sog bemächtigt sich der Figuren, zieht sie ins Verderben. Man muß an den Erlkönig denken oder an die Loreley, die sechs Jahre später in »Rheingold« vorkommt: »Nur Wanderer berichteten zuweilen noch, sie hätten das Echo unheimlicher Worte gehört, als sie den Berg überquerten.«

Wie »Nachtschatten« sind auch Schillings folgende Filme »Die Vertreibung aus dem Paradies« (1976/77) und »Rheingold« (1977/78) Heimat-Filme, höchst artifizielle Veranstaltungen, in denen sich mythische Motive über naturalistische Entwürfe legen. Und sie zeigen, deutlicher noch als »Nachtschatten«, wo ein sturer, einfältiger Heide-Bauer ein paar Minuten lang das zeitlupenhaft zelebrierte Klima der Verzauberung stört, daß sich bei Schilling romantischer Irrationalismus mit romantischer Ironie verbindet. »Ihre Beziehungen sind meistens schicksalhaft«, sagt in »Rheingold« der magenkranke Astrologe, der sich nur noch von »Mon Chérie« ernährt, zu der sterbenden Heldin, und nicht nur an dieser Stelle kann man merken, daß Schilling mit seinen schweren Träumen spielerisch umgeht, daß neben ihrer rauschhaften Vergegenwärtigung stets auch ihr synthetischer Charakter vorgezeigt wird. Hier unterscheidet sich Schilling eben doch sehr drastisch von Harlan & Co., die die Opfergänge ihrer Reichswasserleichen als realistische Tragödien begriffen.

Schillings Melodramen sind zugleich immer auch Komödien, und »Die Vertreibung aus dem Paradies« handelt sogar ausdrücklich davon, wie das eine Genre aus dem anderen entsteht: wie ein Heimatloser, bei dessen Rückkehr aus dem sonnigen Rom ins kalte München an der verschneiten Grenzstation eine schwarz-rot-goldene Fahne eingeholt wird, aus einer Inzest-Geschichte in eine Kriminalkomödie gerät und, zusammen mit dem Zuschauer, vollends den Boden unter den Füßen verliert. In der »Vertreibung aus dem Paradies« hat es mit der Heimat eine besondere Tücke und Bewandtnis: Der verlorene Sohn, Kleindarsteller von Beruf, stellt sie sich als die deutsche Filmindustrie vor, die es bekanntlich so wenig gibt wie den Erlkönig und die Loreley. Dafür trifft unser Held auf die deutsche Fernsehbürokratie, in diesem Märchen die böse Stieftochter, mit der Schilling eine stille Verachtung verbindet, die durchaus auf Gegenseitigkeit beruht. Nicht umsonst war dieser Regisseur fast fünf Jahre lang arbeitslos, nicht zufällig lehnten Fernsehredakteure, die sich als Retter des Kinos aufspielen, seine Stoffe mit der Begründung ab, sie seien nur für die Leinwand geeignet.

Wo das Fernsehen mit Begriffen und Bedeutungen operiert, kommt Schilling mit Bildern und Bewegungen. Sein Beharren auf dem Irrationalismus seiner Geschichten, die sich nur in den Dimensionen von Licht und Schatten, Rhythmus und Farben erfüllen, die sich jeder klärenden Eindeutigkeit entziehen, entspringt einer militanten Ablehnung des elektronischen Mediums. Jeder der drei Filme von Niklaus Schilling ist zugleich auch ein Essay über genuine Kino-Formen, über eine Art von Kino, das sich nicht als Verdoppelung oder Verlängerung der Realität versteht, sondern als eine eigene Realität. In diesem Sinne ist »Rheingold« Schillings radikalster Film, auch deshalb, weil hier die offensichtlichen Schwächen des Regisseurs (die uninspirierte Auswahl und streckenweise unbeholfene Führung seiner Schauspieler, die Richard Roud schon vor sechs Jahren anläßlich »Nachtschatten« im *Guardian* monierte) besonders deutlich werden. Je weiter sich der »Rheingold«-Express am Strom der Mythen und Märchen entlang nach Süden bewegt, desto mehr entfernen sich auch seine Passagiere aus der Vernunft. Der Film, der mit einem sehr langen, von unheilschwanger anschwellender Musik begleiteten Schwenk über den Hafen von Hoek van Holland beginnt (der eine ähnliche, gleitende Anfangsbewegung aus »Nachtschatten« in Erinnerung ruft), entwickelt sich von einem konventionell angelegten Dreiecks-Drama zu einer mythischen Reise in den Tod. Den physischen Bewegungen (der des Zuges und der eines Autos, das ihn durch halb Deutschland verfolgt) werden seelische Bewegungen zugeordnet: der Erinnerung (kurze, zu stilisierten Bildsignalen komprimierte Rückblenden, zum Beispiel ein Rendezvous im schwarzen Mercedes vor dem gigantisch illuminierten Bayer-Kreuz), der Halluzination (die die Erinnerung allmählich verdrängt) und des Märchens. Zwischen Koblenz und Mainz erzählt ein alter Mann seiner Enkelin, einem unheimlichen Kind mit blonden Zöpfen und einem Trachtenkleid, die Geschichte der Loreley, während eine schöne junge rothaarige Frau geheimnisvoll lächelnd das langsame Sterben der Heldin beobachtet.

Dieses äußerst emotionsgeladene Arrangement der Figuren im Abteil wäre wohl kaum erträglich, wenn nicht die innere Bewegung von der äußeren begleitet würde. Der Sog der Erzählung findet seine Entsprechung in den sich suggestiv steigernden Parallel-Montagen zwischen Zug und Auto, Fluß, Schienenstrang und Straße, bis sich schließlich alle noch vorhandene Bedeutung der Erzählung auflöst in eine einzige rauschhafte Bewegung, in eine abstrakte, von Raum und Zeit gelöste Kino-Erfahrung: Bilder von einer magnetischen Intensität und Leuchtkraft, die einen die banale Intrige, mit der alles angefangen hatte, vergessen machen.

Jedenfalls für eine Weile. Dann führt Schilling mit schwarzem Humor einen schweizerischen Erfinder ein, der als blinder Passagier im »Rheingold« reist. Er, dem die Welt ihren »kleinsten Kühlschrank« und eine »Biovisions-Brille« verdankt, verwandelt den ekstatischen Fiebertraum noch einmal unverhofft in eine Groteske, und auch der Schluß gehört nicht der melodramatischen Andacht, sondern einem Possenspiel: Ein Kleinbürger-Paar filmt mit seiner Super-8-Kamera den Abtransport der toten Heldin auf dem Bahnhof von Basel. Der Liebhaber und der Ehemann verdrücken sich hastig. Der Film ist aus, das Leben kann wieder anfangen.

Natürlich kann man das alles lächerlich finden, aber wohl nur dann, wenn einem das schleichende Fernsehgift schon alle Sinne gelähmt hat. »Rheingold« ist ein Triumph der schieren, schönen Unvernunft: ein Triumph des Kinos. Die Hauptfigur von Niklaus Schillings viertem Film wird Wilhelm Busch heißen.

Nr. 44 vom 27. 10. 1978

Ingmar Bergmans »Herbstsonate«

Katzenjammer

Nun ist er also heimgekehrt: aus der Alt-Berliner Bergmann-Straße, die ihm Rolf Zehetbauer für »Das Schlangenei« baute, ins reale Ingmar-Bergman-Land, aus München auf seine Insel Fårö, aus einer fremden deutschen Gespensterwelt in eine vertraute skandinavische.

Und die hat sich in den letzten zwanzig Jahren kaum verändert: Fast so, als wollte er sich seines angestammten Terrains besonders nachdrücklich versichern, versammelt Ingmar Bergman in seinem 38. Film alle seine bekannten Motive und Konflikte. Die »Herbstsonate« ist ein Wunschkonzert, ein Potpourri beliebter und bewährter Klänge.
Nicht ein einziges der düsteren Motive, mit denen Bergman je seine Exegeten quälte, fehlt in diesem Film, der manchmal so aussieht, als habe ihn ein besonders brillanter Bergman-Parodist gedreht. Alles Unglück dieser Welt konzentriert sich auf ein kleines norwegisches Pfarrhaus: Der Pfarrer glaubt nicht mehr an Gott, seitdem sein einziger Sohn ertrunken ist; die verhärmte Pfarrersfrau liebt weder ihren Mann noch ihre Mutter, die sie einst zu einer Abtreibung zwang; die Mutter hat gerade ihren besten Freund durch einen schrecklichen Krebstod verloren und wird nachts von Alpträumen heimgesucht; ihre jüngere Tochter wiederum, einst in eine tragische Beziehung zu Mutters Liebhaber verstrickt, leidet an einer unheilbaren Krankheit und vegetiert nur noch sprachlos und schlaff vor sich hin.
Schon Max Ophüls wußte, daß das Glück nicht immer lustig ist, aber eine solche geballte Ladung Unglück und Jammer in einem einzigen Film ist einfach des Erträglichen zuviel. »Herbstsonate« wirkt so, als habe Bergman die Reste aus »Wie in einem Spiegel«, »Licht im Winter«, »Schweigen«, »Persona«, »Die Stunde des Wolfs«, »Schreie und Flüstern« und »Szenen einer Ehe« aneinandergeklebt: eine leblose, erschreckend routinierte Anthologie, deren Figuren mit gewohnter Vehemenz letzten Fragen der Menschheit nachgrübeln.
»Für mich ist der Mensch eine ungeheure Schöpfung, ein unfaßbarer Gedanke. Der Mensch ist alles, vom Höchsten bis zum Niedrigsten, wie das Leben. Der Mensch wiederum ist das Ebenbild Gottes, und Gott ist alles, alles, eine gewaltige Energie, und es entstanden Teufel und Heilige, Propheten und Dunkelmänner, Künstler und Bilderstürmer. Gleichzeitig, nebeneinander, alles sich wechselseitig durchdringend. Wie riesige Muster, die sich ständig verändern. Verstehst du, was ich meine?« Mit solch kostbaren Sätzen bekämpfen sich die Figuren gegenseitig, und natürlich versteht keiner den anderen. Bergman spricht und Gott schweigt: das Erfolgsprinzip eines mittlerweile leicht angestaubten Markenartikels.
Natürlich ist das virtuos inszeniert, in jenem kargen, fast ausschließlich auf Großaufnahmen konzentrierten Stil, den man aus »Szenen einer Ehe« und »Von Angesicht zu Angesicht« kennt. Aber gerade diese Virtuosität, die auch die des Kameramanns Sven Nykvist und die der Schauspielerin Liv Ullmann ist, macht mir den Film verdächtig. Er stellt eine so glatte, selbstgefällig eloquente Rhetorik aus, daß

die behauptete Verzweiflung kaum überzeugender wirkt als der Katzenjammer nach einer mißlungenen Party. So erscheint selbst die masochistische Inbrunst, mit der sich Liv Ullmann in die häßliche, bis zur Lächerlichkeit verklemmte Pfarrersfrau verwandelt – manchmal sieht sie wahrhaftig aus wie unsere Lilo Pulver als die geschlagenere von Kohlhiesels Töchtern –, nur als die eitle Tour-de-Force einer brillanten Schauspielerin, die ihre Mittel repetiert.

Mehr Spannung bringt eine Darstellerin ins Spiel, die noch nie mit Ingmar Bergman gearbeitet hat, der man denn auch ihre Verwunderung angesichts dieser erstarrten Höllen-Welt anmerkt: Ingrid Bergman (eigentlich wollte ich mir den Hinweis ersparen, daß sie weder verwandt noch verschwägert ist, aber vielleicht gibt es doch noch jemanden, der das nicht weiß) als Liv Ullmanns Mutter. Sie spielt wohl ein wenig sich selber: den gefeierten Weltstar (hier eine Konzert-Pianistin), der nach vielen Jahren in der Fremde in die drangvolle Enge der nordischen Heimat zurückkehrt und die verquälten Veranstaltungen der Eingeborenen nicht mehr so recht versteht.

Diese Charlotte Andergast ist eine Frau von scharfem Intellekt, robustem Egoismus und pragmatischer Härte (unnachahmlich, wie Ingrid Bergman an Hand eines Chopin-Prélude den Unterschied zwischen Gefühl und Sentimentalität demonstriert). Nach der nächtlichen Auseinandersetzung mit ihrer Tochter, die fast die Hälfte des Films beansprucht und bei der die gesammelten Lebenslügen nur so durch das Zimmer fetzen (als würde Woody Allen Strindberg inszenieren), reist sie überstürzt wieder ab, immerhin ziemlich ungebrochen an Leib und Seele: Eine Überlebende, gierig und verzweifelt zugleich, deren ständiges Changieren zwischen mühsam unterdrückter urbaner Hysterie, gespielter Mutterliebe und koketter Brutalität Ingrid Bergman mit mondäner Vitalität darstellt. Allein um diesen Star zu sehen, der alle seine Hollywood-Tricks in das Porträt eines Monster-Stars integriert, lohnt sich »Herbstsonate«.

Erheblich ärgerlicher als der Film ist übrigens das Buch, das der Verlag Hoffmann und Campe unter gleichem Titel anbietet: eine mit unzulänglich reproduzierten Bildern versehene Dialog-Liste, die sich, bei einem Preis von DM 14,80 jedweden Hinweis auf Stab und Besetzung des Films erspart. Häßliche Beutelschneiderei.

Nr. 44 vom 27. 10. 1978

Rainer Werner Fassbinders
»In einem Jahr mit 13 Monden«
Angst in der Stadt

Der umstrittenste Beitrag zum umstrittenen Film »Deutschland im Herbst« war zweifellos der von Rainer Werner Fassbinder: ein Akt der Selbstentblößung, den nicht wenige Zuschauer peinlich und degoutant fanden, den andere wiederum als außergewöhnliches, authentisches Dokument einer individuellen wie auch politischen Krise begriffen. Im Zeitalter des halbherzigen Fernsehrealismus, der diffuse, kaum konkret formulierbare Emotionen zu eindimensionalen Problemstücken austrocknet, scheint Fassbinder zunehmend geneigt, auf die Verbindlichkeit des Allerprivatesten zu vertrauen. Nach seinem neuen, im Juli und August 1978 in Frankfurt gedrehten Film »In einem Jahr mit 13 Monden« kann man annehmen, daß der kalte, mitunter protzige Ästhetizismus von »Despair – Eine Reise ins Licht« ein folgenloses Zwischenspiel war.

»In einem Jahr mit 13 Monden« – der Titel bezieht sich auf einen obskuren astrologischen Glauben, dem zufolge gefühlsbetonte Menschen in Jahren mit dreizehn Neumonden von persönlichen Katastrophen besonders bedroht sind – schließt direkt an die Episode in »Deutschland im Herbst« an. Gewährte der Filmemacher dort Einblick in eine einzige Seite seines privaten Tagebuches, so blättert er hier ein ganzes Kapitel auf, konfrontiert den Betrachter mit intimsten Seelenqualen (die sich durch den Selbstmord seines Freundes im Frühjahr gewiß noch gesteigert haben), aber auch mit Lesefrüchten (Schopenhauers »Die Welt als Wille und Vorstellung«) und Kinoerfahrungen (Zitate aus Maurice Pialats Film »Wir werden nicht zusammen alt«) aus der jüngsten Zeit; und natürlich mit seiner Vision der Stadt Frankfurt am Main, die hier, mehr noch als im Theaterstück »Der Müll, die Stadt und der Tod«, als unerträgliche urbane Hölle erscheint.

Und nur in einer Stadt wie Fassbinders imaginiertem Frankfurt, ausschließlich bevölkert von Kranken, Wahnsinnigen und Perversen, kann sich eine Geschichte wie die der Elvira Weishaupt zutragen, von deren letzten fünf Tagen der Film berichtet. Früher hieß Elvira Erwin und war Schlachter, aber ihre übermenschliche Liebe zu einem gewissen Anton Saitz, inzwischen einer der mächtigsten Männer der Stadt, trieb sie nach Casablanca zu einer Geschlechtsumwandlung. Von Saitz ist längst nicht mehr die Rede in Elviras Leben, und auch ihre Beziehung zu einem Aktienhändler namens Hacker zerbricht auf häßliche Weise. Während sie von ihrer Sehnsucht jammert, gestreichelt und geküßt zu werden, verläßt Hacker das »fette, ekelhafte, überflüssige Stück Fleisch«. Und in der Tat bietet der dickliche, winselnde, mit Frauenkleidern behängte Schauspieler Volker Spengler einen eher grotesken als erotisch stimulierenden Anblick.

Für das spezifische Elend von Transsexuellen interessiert sich Fassbinder indessen überhaupt nicht. Ihm dient der Fall der Elvira Weishaupt als extremes Beispiel für eine Disposition, unter der fast alle seine Figuren leiden: eine irrwitzige Sehnsucht, geliebt zu werden, und die Bereitschaft, dafür alles aufs Spiel zu setzen. Wie die Geschichte des Franz Biberkopf in »Faustrecht der Freiheit« ist auch diese die einer Passion. Fünf Tage und fünf Nächte lang wandert Elvira, ein Stück des Weges begleitet von der roten Zora, einer Hure, durch einen Dschungel der Angst, des Lebensekels und der stummen sexuellen Gier, begegnet Menschen, die von der Stadt schon zerstört worden sind: der seltsamen Vollwaise Seelenfrieda, die acht Jahre in einer psychiatrischen Anstalt verbracht hat und von Friedhöfen träumt; einem grauhaarigen Neger, der noch rasch ein bißchen Schopenhauer zitiert, bevor er sich in einer verlassenen Büroetage aufhängt; einem krebskranken Angestellten, der seit fünfzehn Monaten haßerfüllt das Hochhaus seines ehemaligen Chefs Anton

Rainer Werner Fassbinder

Saitz anstarrt, der ihn entlassen hat, als seine Krankheit bekannt wurde; und jenem Anton Saitz selber, einem infantilen Despoten, der mit seinen Leuten Szenen aus alten Jerry-Lewis-Filmen nachspielt.
Ähnlich bizarr wie die Figuren sind die Schauplätze. Der Film beginnt im Morgengrauen am Mainufer, wo einsame Gestalten in schwarzem Leder promenieren. In Großaufnahmen streichen flinke Zungen über weißes Fleisch. Dieser Schwulen-Strich ist kein Ort der Lust, sondern einer der Not. Eine lange Sequenz spielt im Frankfurter Schlachthof, wo Elvira zu unerträglichen Ekelbildern den Schlußmonolog aus »Torquato Tasso« herausschreit. Einen Spielsalon in Bahnhofsnähe verwandelt Fassbinder in eine Spielhölle, in eine ganz in rot getauchte Stätte äußerster Isolation. Das gleiche Rot kommt noch einmal in der Sequenz mit dem todessehnsüchtigen Neger vor. Dort taucht das in regelmäßigen Abständen aufflackernde rote Licht die Figuren in eine irreale Horrorlandschaft.
Überhaupt ist »In einem Jahr mit 13 Monden« ein Horrorfilm, aber keiner, der seine phantastischen Untergangsvisionen mit kulturkritischen Tröstungen behängt. Es wird mehr geredet als in irgendeinem anderen Fassbinder-Film, aber der Schwall der Wörter besitzt keine Bedeutung mehr. Verbale Kommunikation ist zu hysterischem Parlando verkommen, zu endlosen Monologen, die nie einen Adressaten finden. In der letzten Sequenz des Films – Elvira liegt bereits tot in ihrer Wohnung – überlagern sich die Texte bis zur Unverständlichkeit. In einer anderen Sequenz schaltet die rote Zora (Ingrid Caven) zwischen drei Fernsehprogrammen hin und her, in denen ein Bericht über Pinochets Chile, ein französischer Film von Maurice Pialat und ein Interview mit Rainer Werner Fassbinder laufen. Der Zuschauer bekommt nur Bruchstücke mit, und Fassbinder unternimmt nichts, um das Chaos für ihn zu ordnen. Die Verwirrung, die in seinem Kopf herrscht, das ungeordnete Nebeneinander von Angst, Wut und Wehleidigkeit, überträgt er direkt auf die Leinwand.
Zu dieser Arbeitsweise paßt es, daß Fassbinder zum erstenmal selber die Kamera führt, keinen Vermittler mehr zwischen seinem Bewußtseinsstrom und dem Material braucht, wobei man es immerhin erstaunlich finden kann, wie wenig sein eigener Kamerastil von dem seines sonstigen Kameramanns Michael Ballhaus abweicht: das gleiche ästhetische Kalkül, die gleichen raffinierten Perspektiven und Spiegelungen, die gleiche handwerkliche Perfektion, mit der allein sich Fassbinder gegen den totalen Zusammenbruch zu schützen scheint.
»In einem Jahr mit 13 Monden« ist Fassbinders radikalster Film, und

viele Zuschauer werden ihn für eine Zumutung, für eine Unverschämtheit halten. Fassbinder geizt nicht mit grellen Geschmacklosigkeiten (zum Weihnachtslied wird masturbiert, der jüdische Geschäftemacher benutzt das Code-Wort Bergen-Belsen), aber sie wirken weniger aufgesetzt denn je. Die wirkliche Schockwirkung dieses Films ergibt sich aus der brutalen Direktheit und Intensität, mit der Fassbinder seine Phantasien und Obsessionen auf den Zuschauer losläßt: ein böser Traum, aus dem man nicht so rasch erwacht.

Nr. 46 vom 10. 11. 1978

Luis Buñuels »Das obskure Objekt der Begierde«
Frau und Hampelmann

Don Luis nimmt einen langen Abschied. Vor elf Jahren schon, als er gerade »Belle de Jour« abgedreht hatte, behauptete er hartnäckig, dies sei nun sein unwiderruflich letzter Film. 1969 folgte »Die Milchstraße«, 1970 »Tristana«, 1972 »Der diskrete Charme der Bourgeoisie«, 1974 »Das Gespenst der Freiheit«. Und jeden dieser Filme begleitete die Ankündigung des alten Herrn, nun sei endgültig Schluß. So recht mochte das allerdings niemand glauben. Seit Pablo Casals und Pablo Picasso weiß man, wie wenig sich spanische Greise von ihrem Alter beeindrucken lassen, und mich würde es nicht wundern, wenn Luis Buñuel noch in zehn Jahren Filme drehen würde: Filme auch, denen man seine physische Hinfälligkeit (er ist taub) nicht anmerkt.

Buñuels »imagination surrealiste« hat alle Moden überstanden, auch den Surrealismus, der für ihn immer mehr ein permanenter Geisteszustand als eine künstlerische Epoche fürs Museum war. Und so scheint es nur konsequent, daß Don Luis in den siebziger Jahren, wo größenwahnsinnige Ölscheichs, Idi Amin Dadas und andere Terroristen surrealistische Phantasien in den Alltag überführt haben, seinen – mindestens – fünften Frühling erlebt. Seinem Produzenten Serge Silberman fällt es nicht sonderlich schwer, Buñuel immer wieder aus seinem mexikanischen Domizil zu locken, und auch sein langjähriger Drehbuch-Mitarbeiter Jean-Claude Carrière berichtet: »Seit den beiden letzten Filmen, die wir gemacht haben, sagt er nicht mehr, daß er keinen weiteren Film mehr machen werde. Also sind alle Hoffnungen erlaubt. Ich pflege ihm immer zu sagen – und Sie wissen, daß Buñuel im Jahre 1900, zu Beginn des Jahrhunderts, gebo-

Luis Buñuel *(links)* mit Fernando Rey und Angela Molina

ren wurde: ›Luis, ich hoffe sehr, daß Sie bis zum Jahr 2000 leben werden!‹ Es wäre zu schön, ein ganzes Jahrhundert gelebt zu haben und 1999 am letzten Tag des Jahres zu sterben. Er antwortet stets darauf: ›Ich will es gern versuchen, aber es wird schwer sein.‹«
Noch ist es leicht, und gerade die spielerische Anmut der drei letzten Filme läßt eher einen jungen als einen 78jährigen Mann hinter der Kamera vermuten. Aber selbst Don Luis muß mit seinen Kräften haushalten. Er bedient sich eines Video-Systems, um Kamerapositionen und schauspielerische Anstrengungen zu korrigieren, überläßt viele der leichteren Arbeiten seinen Assistenten. Doch immer noch sieht ein Film von Luis Buñuel aus wie ein Film von Luis Buñuel, und dieser nicht weniger als »Der diskrete Charme der Bourgeoisie« und »Das Gespenst der Freiheit«.
Schon vor zwanzig Jahren wollte Buñuel den Roman »La femme et la pantin« (Die Frau und der Hampelmann) von Pierre Louys verfilmen, aber als ihm der Produzent Cary Grant für die Rolle des alternden Bonvivant, der in den totalen sexuellen Bann eines jungen Mädchens gerät, aufdrängen wollte, ließ er das Projekt wieder fallen. Mit Cary Grant wäre das wohl eine »*sophisticated comedy*« geworden, aber Buñuel interessierte sich natürlich für den Aspekt des abgründigen »*amour fou*«, die 1935 schon Josef von Sternberg dazu gereizt

hatte, den Roman für das Kino zu adaptieren: »The Devil is a Woman« mit Marlene Dietrich. In Julien Duviviers Version von 1958 spielte Brigitte Bardot die »femme fatale«.
Buñuel unternahm nur einen halbherzigen Versuch, die aus Bertoluccis »Letztem Tango« bekannte Maria Schneider für den Part der Männerfresserin zu gewinnen. Schließlich besetzte er die Rolle mit zwei Darstellerinnen: Beide heißen Conchita, beide verwirren und quälen den großbürgerlichen Roué bis zu sadomasochistischen Exzessen. Conchita I und Conchita II, deren Unterschiedlichkeit ihrem Opfer nie auffällt, repräsentieren höchst gegensätzliche Typen: Conchita I (Carole Bouquet) ist eine kühle Schönheit mit einem fein geschnittenen Gesicht und gelegentlichen Vamp-Manierismen, die zudem noch mit dem mysteriösen Terroristen-Verein »Bewaffnete Kampfgruppe der Jesuskinder« zu tun hat; Conchita II (Angela Molina) verkörpert den Typ des temperamentvollen, breitknochigen spanischen Landmädchens, das vor japanischen Touristen in Sevilla nackt Flamenco tanzt.
Diese doppelte Conchita – die Auftritte der beiden Mädchen folgen keinem erkennbaren Muster, dem Zuschauer bleibt ein Moment ständiger Spannung – ist in der Tat ein obskures Objekt der Begierde, deren Objektcharakter durch Buñuels Besetzungstricks offenbar wird: Mathieu (Fernando Rey) liebt letztlich keine Mädchen, sondern ausschließlich seine eigenen Obsessionen. Dies teilt er mit vielen anderen Helden Buñuels, von »El« über den unglückseligen Archibaldo de la Cruz in »Ensayo de un crimen« bis hin zum Säulenheiligen »Simon in der Wüste«, der weniger aus religiösen Motiven auf seinem Podest verharrt als aus einem perversen Fanatismus.
Obskur ist auch sonst allerlei in diesem Film, der im Gegensatz zum »Diskreten Charme« und dem »Gespenst der Freiheit« wieder eine halbwegs erkennbare Handlung anbietet, die weniger von disparaten Traumfragmenten geprägt ist als von einer höhnisch konventionellen Erzählsituation, die einen ironischen Kontrast zu den unglaublichen Erlebnissen der Figuren herstellt: In einem Eisenbahnabteil, auf der Fahrt von Sevilla nach Madrid, berichtet der soignierte Gentleman Mathieu seinen Mitreisenden (darunter einem zwergenwüchsigen Psychologieprofessor und einem Staatsanwalt) in epischer Ausführlichkeit und höchst kultiviertem Ton, wie es dazu kam, daß er auf dem Bahnhof von Sevilla der einen Conchita einen Eimer Wasser über den Kopf gegossen hat anstatt sie zu töten.
Durch diese ausschweifende Rahmenerzählung, die sich deutlich an den Traditionen des bürgerlichen Romans orientiert, erscheint die Handlung in den Rückblenden besonders absurd. Mathieu erzählt seine Obsession wie ein zivilisiertes Gesellschaftsstück, und aus dem

Kontrast zwischen der altmodischen Erzählweise und den mitunter bizarren Aktionen ergibt sich die surrealistische Spannung des Films: wie ein bourgeoiser Erotomane so lange auf der Contenance seiner Klasse besteht, bis ihn die doppelte Conchita in einen wimmernden Hampelmann verwandelt hat, dessen Welt am Ende mit einem gigantischen Knall in die Luft fliegt. Für diesen Schluß, der so überraschend ist wie fast alle Sequenzen davor, sorgt offenbar die bewaffnete Kampfgruppe der Jesuskinder, von deren Zielen man nie etwas erfährt, die wohl auch keine hat: »Denen geht es nur noch um das Risiko. Bald wird man über ihre Aktivitäten auf der Sportseite berichten«, heißt es einmal.

»Against interpretation« war Luis Buñuel schon immer, und man sollte sich und ihm den Gefallen tun, die sexuellen und politischen Motive nicht allzu ernsthaft unter die Lupe zu nehmen. Der Film, in dem schon gleich zu Anfang das Auto eines mysteriösen Mächtigen explodiert, in dem Spielzeugmäuse vom Butler gejagt werden, in dem Keuschheitsgürtel, nächtliche Prozessionen und ein rosiges Ferkel vorkommen, gleicht mehr einer Wundertüte als einem Molotowcocktail. Buñuel zaubert, spielt mit seinen alten Motiven, sehr elegant, mit leichter Hand und ohne auch nur einen Hauch von Tragik. Die bürgerliche Angstphantasie von der sexuellen Hörigkeit, die schon so manche Spießerexistenz vernichtet haben soll, wird hier eher lächelnd zitiert als mit moralischem Aufwand untersucht.

Interessanter ist da schon Buñuels Verhältnis zum Terrorismus. Er, der alte spanische Anarchist, der Feind von Staat und Kirche, scheint verstört durch die aktuellen Formen des Terrors. Aber ernstnehmen mag er sie schließlich doch nicht: Dazu passen sie einfach zu gut in seine surrealistische Landschaft, in der die Krater schon immer wichtiger waren als die Bäume. Und wenn die Welt schon in die Luft fliegen soll, dann wenigstens mit einem so gewaltigen Knall, daß auch der taube Don Luis ihn hören kann.

Nr. 47 vom 17. 11. 1978

Woody Allens »Innenleben«

Clown wird tragisch

»Anhedonia« sollte ursprünglich Woody Allens vorletzter Film »Annie Hall« (Der Stadtneurotiker) heißen – ein Titel, gegen den sich der Verleih erfolgreich zur Wehr setzte. Anhedonia bezeichnet die Unfähigkeit, Glück zu empfinden, ein altes Leiden und ein bewährtes Thema des großstädtischen Neurotikers und Anti-Hedonisten Woody Allen, dessen Komik schon immer viel mit seinen Krankheiten zu tun hatte.

»Anhedonia« könnte auch Allens neuer Film »Interiors« heißen, jenes Werk, mit dem sich der melancholische Clown vom »Kindertisch« der Komödie ins Spital des seriösen Dramas begeben hat. Kein Lacher soll mehr ablenken von der Darstellung letzter Probleme. Lebenskrisen und Lebenslügen ereignen sich zuhauf, und der Regisseur hat es weise vorgezogen, sich nicht selber auf der Leinwand zu zeigen: Die vertraute Physiognomie des ewigen *underdog* könnte dem Zuschauer leicht den notwendigen Ernst austreiben. Schon der Vorspann signalisiert, daß es hier nichts zu lachen geben wird: betont schlichte weiße Titel auf schwarzem Untergrund, karg bis zur Koketterie. Danach Bilder sinnender Gestalten am Fenster, starre Einstellungen auf kahle Interieurs, eine Rückenansicht vor dem Wolkenkratzer-Panorama von Manhattan: »Und dann plötzlich, eines Tages, aus dem Nichts, öffnete sich ein riesiger Abgrund unter unseren Füßen. Und ich starrte in ein Gesicht, das ich nicht kannte.«

»Interiors« handelt vom Zerfall einer großbürgerlichen Intellektuellen-Familie, beschreibt das beschädigte Innenleben von acht Figuren auf der Suche nach dem Sinn des Lebens. Weniger pauschal läßt sich das kaum formulieren, denn Woody Allen, einmal den Fesseln komödiantischer Disziplin entronnen, zeigt sich geneigt, selbst sein heimliches Idol Ingmar Bergman zu übertreffen, was die Anhäufung von Seelenqualen und Existenzproblemen angeht.

Der Vater verläßt unverhofft seine Familie, um endlich zu sich selber zu finden: ein linkshändiger Mann, der einen Weg aus der Versteinerung der Konventionen sucht und späte Liebe bei einer gutmütigen, etwas einfältigen und vulgären Witwe findet. Die Mutter, krank und kunstsinnig, geht in der Nacht nach der zweiten Heirat ihres Mannes ins Wasser. Renata, die älteste Tochter, eine erfolgreiche Poetin, die mit einem frustrierten, von Minderwertigkeitsgefühlen geplagten Kollegen verheiratet ist, leidet unter Todesängsten. Joey, die zweite Tochter, nervös, verbissen, der Mutter durch eine seltsame Haßliebe verbunden, weiß überhaupt nicht, was sie mit ihrem Leben anfangen soll. Ihr Mann macht politische Filme und leidet unter seiner Frau. Flyn schließlich, die Jüngste, ist ein eitles, oberflächliches Geschöpf und betreibt eine bescheidene Karriere als Fernsehschauspielerin.

Zwischen diesen Figuren herrscht eisige Höflichkeit, gelegentlich von manisch-depressiven Ausbrüchen gestört. Versuche, aus der Isolation zu entkommen, enden in Peinlichkeiten, schließlich in Ge-

walt. Man lebt in einem »Eispalast«, quält sich kultiviert in leeren Wohnungen, zelebriert wortreich und ausdrucksarm die Neurosen der jüdischen *upper middle class*, die sich zum Totentanz ins Landhaus auf Long Island zurückzieht.
Manche Sätze klingen so, als hätte Woody Allen sie vor zehn Jahren für eine seiner brillanten Satiren für den *New Yorker* geschrieben, als er etwa »die eschatologische Dialektik als Mittel gegen die Gürtelrose« untersuchte oder »die Kritik des Reinen Schreckens« entwarf. In »Interiors« sagt Renata: »Die Allgegenwart des Todes ist beunruhigend für mich.« Und Joey meint tatsächlich: »Es ist mir ein echtes Anliegen, etwas auszudrücken.« Doch hier sieht sich der Zuschauer genötigt, diesen prätentiösen Pseudo-Tiefsinn ernstzunehmen. Woody Allen geht es ein wenig wie dem späten Chaplin: Wenn sich der große Clown die Maske des Schmerzensmannes aufsetzt, wird es leicht banal und peinlich. Der absurde Witz in Filmen wie »Sleeper« und »Annie Hall« drückt die Ängste und Impotenzen des urbanen Dschungel-Bewohners genauer aus als die kunstgewerbliche Bedeutungswut des Bergman-Epigonen, der aus lauter präfabrizierten Kultur-Trümmern einen Film bastelt, den der deutsche Verleih auch unter dem Titel »Die linkshändige Herbstsonate« in die Kinos hätte bringen können.
Natürlich ist es für jemanden wie Woody Allen fast unmöglich, einen »seriösen« Film ohne Verkrampfungen und falsche Töne zu drehen. Und man merkt auch in jeder Einstellung, wie sehr er sich anstrengt, seine Komödien vergessen zu lassen, sich als Filmemacher zu beweisen, der auch ohne seinen unverwechselbaren Witz seine Obsessionen auszudrücken versteht. Der Strenge seiner Kompositionen haftet nie etwas Beiläufiges, Spontanes an. Jedes einzelne Bild wirkt kostbar, jede der vielen Großaufnahmen auf angespannte, zerquälte Gesichter, auf tropfende Wasserhähne und herbstlich kahle Zweige wie ein Manifest der Hoffnungslosigkeit. Manchmal erinnerte mich »Interiors« in seiner optischen Rigorosität (Kamera: Gordon Willis), seinem manieristischen Stilwillen an Handkes »Linkshändige Frau«.
Auch wenn man diesen Film wenig mag, muß man zugeben, daß Allen, der Kunst-Filmer, einige Qualitäten besitzt, die man ihm vielleicht nicht zugetraut hätte. Zumal die Schauspieler sind durchweg besser als ihre Rollen eigentlich zulassen: nicht nur Allens Muse Diane Keaton als Renata, hier ganz ohne ihren üblichen spitzbübischen Charme, sondern auch Geraldine Page als ewig leidende, von Migräne und Depressionen heimgesuchte Mutter und besonders Maureen Stapleton als Pearl, die zweite Frau, der Eindringling in dieser hoffnungslos ineinander verkeilten Familien-Bande. Mollig

und genußfreudig, nicht sonderlich klug, aber intuitiv verstehend, daß man sie nicht gerade herzlich willkommen heißt, versucht sie mit einer Art von einfacher, alle subtilen Beleidigungen ignorierender Freundlichkeit über die Runden zu kommen. Mehr noch als ihr heftig rotes Kleid inmitten der gedeckten Farben wirkt ihre Wärme, ihre Menschlichkeit wie eine Herausforderung an den Lebensüberdruß der anderen.

Und allein dieser Figur gestattet Woody Allen eine Pointe, die aus einem seiner anderen Filme stammen könnte. Als Pearl erwähnt, daß einer ihrer Söhne eine Kunst-Galerie führt, glaubt die kunstsinnige Familie für einen Moment, doch noch einen Berührungspunkt zu dieser merkwürdigen fremden Frau gefunden zu haben. Bis Pearl erwähnt, wo sich diese »Galerie« befindet: im Foyer von »Caesar's Palace« in Las Vegas – ein Andenkenstand.

Wer den anderen, den nicht nur verzweifelten, sondern auch verzweifelt-komischen Woody Allen mag, sollte »Interiors« auslassen und statt dessen seine gesammelten Satiren lesen. Sie sind kürzlich bei Rogner & Bernhard in München unter dem Titel »Wie du dir, so ich mir« erschienen. Dort fragt Woody, der Philosoph: »Was passiert mit der Seele nach dem Tode? Wie wird sie damit fertig?« Antworten kommen nicht vor.

Nr. 52 vom 22. 12. 1978

Werner Herzogs »Nosferatu«
Zeit der Vampire

»Nirgends wird der Zwiespalt, dem die deutsche Seele so leicht verfällt, so offensichtlich als in jenem Märchen, die, wie Tieck sagt, geschaffen wurden, um die ungeheure Leere und das furchtbare Chaos durch mannigfaltige Gestalten zu bevölkern. In Deutschland macht der horro vacui einem neuen Grauen Platz, dem wie einst das Märchen der Romantiker die Filmkunst Nahrung zu geben weiß.«
Lotte H. Eisner in »Die dämonische Leinwand«

In Paris droht er in diesen Tagen von vielen Plakatwänden, der Blutsauger mit dem mächtigen, kahlen, kalkweiß geschminkten Schädel und den übergroßen, spitzen Fledermausohren: Nosferatu, die berühmteste Schreckensgestalt des deutschen Film-Expressionismus der zwanziger Jahre, neben den Doktoren Caligari und Mabuse

die Leitfigur des Kinos von Weimar und seinen Ahnungen kommender, realer Katastrophen. 1922 schuf Friedrich Wilhelm Murnau, »der größte Filmregisseur, den die Deutschen gehabt haben« (Eisner), sehr frei nach Bram Stokers »Dracula«-Roman, diesen fürchterlichen Sendboten des Todes, der aus seinem Schloß im fernen Transsylvanien die Pest nach Bremen trägt und nur durch die selbstlose Liebe einer Frau vernichtet werden kann.
57 Jahre später geht ein neuer Nosferatu um, noch mächtiger, todbringender als der von Murnau, nicht einmal mehr durch ein Liebesopfer aufzuhalten. Zwar verendet auch dieser Vampir im ersten Licht des Morgens neben dem Bett der schönen Lucy Harker, doch Jonathan, deren Mann, hat sich nach seiner Reise in die Karpaten selber in einen der Untoten und Menschensauger verwandelt und bringt das Unheil nun über die ganze Welt. Ganz zum Schluß reitet er eilig durch einen Sandsturm davon, nicht mehr aufzuhalten von einer Bürgerschaft, die die Gefahr viel zu spät erkannt hat.
Werner Herzog hat diesen neuen Nosferatu erfunden, ein Regisseur, der sich, mehr als alle anderen neuen deutschen Filmemacher, als Erbe der großen Tradition der zwanziger Jahre versteht, des »legitimen deutschen Kinos«, das erst mit seiner Generation würdige Nachfolger fand. »Nosferatu – Phantom der Nacht« (Murnaus Film nannte sich im Untertitel »Eine Symphonie des Schreckens«) ist der Versuch, eine Verbindung herzustellen zwischen den verschollenen, ausgewanderten, vertriebenen Vätern und den geschichtslosen, ihrer Traditionen beraubten Enkeln: eine Erinnerungsarbeit also, ein äußerst waghalsiges Unternehmen, das in dieser Form nur in Deutschland möglich erscheint. Keiner der jungen amerikanischen oder sowjetischen Filmemacher, die mit ungebrocheneren Traditionen umgehen als den unsrigen, kämen wohl auf den Gedanken, eine neue Version von »Birth of a Nation« oder »Panzerkreuzer Potemkin« herzustellen, sich an dem Unwiederholbaren messen zu wollen.
Herzog hält Murnaus »Nosferatu« für »den wichtigsten Film, der je in Deutschland gedreht wurde«, und er nimmt dieser Herausforderung an. Über weite Strecken folgt sein »Nosferatu« dem von 1922 bis in szenische Details, auch wenn manche Namen und Schauplätze geändert worden sind: Bei Herzog spielt der Film nicht in Bremen, sondern in Wismar (gedreht wurde in Delft), Nina Harker heißt Lucy, aber diese Veränderungen fallen kaum ins Gewicht. In vielen Sequenzen meint man Murnaus »Nosferatu« zu sehen, in einer Tonfilmfassung und in Farbe. Dekors wie das hanseatische Kontor, von dem aus der unheimliche Makler Renfield seinen Angestellten Jonathan Harker auf die verhängnisvolle Reise nach Transsylvanien schickt, oder das Wirtshaus, in dem Harker, von den Eingeborenen

gewarnt, seine letzte Nacht vor dem Aufbruch in Nosferatus Schloß verbringt, sind dem Original direkt nachempfunden. Selbst beiläufige Erfindungen Murnaus (die kleine Katze, die mit dem Medaillon von Nina/Lucy spielt; die Uhr mit dem mechanischen Sensenmann, der die Stunden schlägt) kommen bei Herzog wieder vor. Manche Einstellungen hat er sogar genau kopiert: Ninas bangendes Warten auf einer Düne am Meer, von Kreuzen umgeben; die Ankunft des Gespensterschiffes, das sich langsam von rechts ins Bild und in den leeren Hafen schiebt.

Doch glücklicherweise ist Herzogs »Phantom der Nacht« viel mehr als ein bloßes Remake von Murnaus »Symphonie des Schreckens«, nicht nur eine respektvolle Rekonstruktion, sondern eine Interpretation, in die Herzogs eigene Welterfahrung eingegangen ist, bis hin zum apokalyptischen Finale, in dem sich der naiv abenteuerlustige, später kranke, verstörte Bürger Jonathan Harker (dessen Wandlungen Bruno Ganz beeindruckend darstellt) als tückisches Monstrum entpuppt. Bei Murnau herrschte am Ende wieder Ruhe im Lande, wurden die Risse nur angedeutet, die nun bei Herzog machtvoll aufbrechen, zumal in jener Sequenz, in der die vom Tode schon gezeichneten Menschen der Stadt auf dem Marktplatz ein verzweifeltes, orgiastisches Fest feiern: umgeben von Schweinen, Ziegen, Schafen und Tausenden von Ratten, die als einzige überleben, sich über die üppig beladenen Tafeln hermachen. In diesen letzten Momenten einer sterbenden Zivilisation herrscht eine seltsame Fröhlichkeit unter den Bürgern, die ihren Tod als eine Befreiung zu empfinden scheinen. Eine Runde von Zechern fordert die umherirrende Lucy Harker zum Bleiben auf: »Wollen Sie mit uns trinken? Seien Sie unser Gast. Wir haben alle die Pest. So ist jeder Tag, der uns bleibt, ein Fest.«

Hier, in der stärksten Sequenz seines Films, geht Herzog weit über Murnau hinaus, formuliert einen radikalen Fortschritts- und Zivilisationsekel, der durchaus an den von Pier Paolo Pasolini in den »Scritti Corsari« erinnert. Elftausend Ratten überfluten die Stadt (sehr zum Leidwesen der Bürger von Delft übrigens, die dem Treiben von Herzogs Team mit zunehmender Feindseligkeit begegneten), und der Arzt Dr. van Helsing, bei Bram Stoker und in fast allen »Dracula«-Filmen ebenbürtiger Gegenspieler des Vampirs, wird, als Mörder des vermeintlichen Wohltäters aus Transsylvanien, von den letzten Überlebenden ins Gefängnis abgeführt. Aber es ist niemand mehr da, der ihn bewachen könnte.

Auch die Figur des Nosferatu hat Werner Herzog entscheidend verändert. Der blutsaugende Graf aus den Karpaten ist keine undifferenzierte, erbarmungslose Terrorgestalt mehr, wie sie Max Schreck

1922 für Murnau spielte, auch kein mondäner »Prince of Darkness«, wie ihn Christopher Lee in den englischen »Dracula«-Filmen von Terence Fisher kreierte. Herzogs Nosferatu betreibt sein schreckliches Geschäft fast mit Widerwillen, wie ein Triebtäter, der sich vor seinen eigenen Obsessionen fürchtet. Er wirkt weniger majestätisch als jammervoll, gehetzt, verloren: einer, der endlich Ruhe finden will, sterben möchte, aber nicht sterben darf. »Zeit, das ist ein Abgrund, tausend Nächte tief.« Und wenn er endlich daliegt, zusammengekrümmt wie ein Fötus, tut er einem beinahe leid.

Klaus Kinski spielt Nosferatu/Dracula, und er beherrscht diesen Film wie er schon Herzogs »Aguirre, der Zorn Gottes« beherrscht hat: nicht nur seiner bizarren Maske wegen, die ihm während der Dreharbeiten eine japanische Make-up-Künstlerin jeden Morgen vier Stunden lang herrichtete, sondern mehr noch wegen seiner Traurigkeit, seiner von dämonischen Gesten kaschierten Verzweiflung, seiner mühsam unterdrückten sexuellen Gier. Er ist auf seltsame Weise sowohl abstoßend als auch erotisch attraktiv. Selbst Lucy Harker, sein letztes Opfer, das ihn zugleich zugrunde richtet, verfällt seinem perversen Zauber, läßt sich bereitwillig von seinen Krallenhänden das Nachthemd hochschieben, genießt stöhnend den tödlichen Biß.

Die Sexualität des Vampir-Genres, die bei dem homosexuellen Murnau überhaupt nicht vorkommt, in den neueren Filmen der Gattung nur in einer sehr vulgarisierten Form, behandelt Herzog mit großer Delikatesse, läßt Einzelheiten im Halbdunkel verschwimmen, aber vermittelt dadurch um so intersiver die Wollust der Begegnung, auch wenn er sonst mit der Frauen-Figur nicht sonderlich viel anzufangen weiß. Isabelle Adjani spielt sie, meistens mit weit aufgerissenen Augen, blaß und verängstigt künftiges Unheil voraussehend. Doch von der Stärke dieser Figur, die sich als einzige gegen den Vampir stellt, läßt sie kaum etwas ahnen.

Das deutsche Kino der siebziger Jahre ist eines der Angst und der Krankheiten, der kaputtgemachten Emotionen und der Reisen in den Tod. Und man braucht nur an die letzten Filme von Fassbinder (»In einem Jahr mit 13 Monden«), Wenders (»Der amerikanische Freund«), Schilling (»Rheingold«), und Herzog selber (»Stroszek«) zu denken, um festzustellen, daß sich die Visionen immer auswegloser verdüstert haben. Es gibt kaum noch Überlebende. Und insofern scheint es nur konsequent, wenn sich die Filmemacher der Ära Schmidt auf das dunkle, pessimistische Kino der Weimarer Republik besinnen, auf die »dämonische Leinwand« und ihre abgründigen Fabeln vom müden Tod und vom letzten Mann. Fassbinder wird in diesem Jahr endlich seine Adaption von Döblins »Berlin – Alexanderplatz« drehen, dessen erste Verfilmung, 1931 von Piel Jutzi, fast schon den

Endpunkt der glanzvollen Kino-Epoche zwischen Caligari und Hitler markiert. Und der neue »Nosferatu« reflektiert gewiß auch aktuelle Ängste vor dem anonymen Terror und dem sinnlosen Sterben.
Sollte sich hier indessen ein Neo-Klassizismus abzeichnen, so muß man wohl eines Tages um die Lebensfähigkeit dieses Kinos fürchten. Herzogs »Nosferatu«, ein Film mit faszinierenden Sequenzen und einigen großen, überwältigenden Augenblicken, gehört dennoch nicht zu den bedeutendsten Filmen dieses Regisseurs. Manchmal scheint es, als sei die Nähe zu Murnau eher erdrückend als beflügelnd gewesen, als habe es Herzog nicht riskieren wollen, den klassischen Stoff mit seiner eigenen poetischen, visionären Kraft zu beschädigen. So bleiben manche, Murnau nachempfundene Sequenzen im bloß Dekorativen stecken, verhindert die Ehrfurcht vor einem alten Meisterwerk die Schaffung eines neuen.
Immer dann, wenn Herzog seinen eigenen Erfindungen und Erregungen traut, wenn er sich aus dem übermächtigen Schatten von Murnau löst, gewinnt »Nosferatu« die Qualität von Filmen wie »Jeder für sich und Gott gegen alle« und »Stroszek«: in der Eröffnungssequenz zum Beispiel, unruhigen Kamerafahrten vorbei an grotesken Mumien, die Herzog in Mexiko fand, oder in dem leitmotivischen Signalbild eines blau eingefärbten, alptraumhaft verlangsamten Fledermaus-Fluges. Oder in jener schon beschriebenen Schluß-Einstellung vom Aufbruch des unsterblichen Bösen. Und zumal in der langen Sequenz über das Wüten der Pest und den verzückten Untergang einer ganzen Stadt (was bei Murnau nur als Mauerschau vorkommt), die endlose Prozession der Sargträger, feierlicher, schwarzgewandeter Gestalten, über den menschenleeren Marktplatz im Morgengrauen.
»Nosferatu« ist eine deutsch-französische Koproduktion, in der auch Gelder der amerikanischen Fox stecken. So erlebt dieser deutscheste aller deutschen Filme seine Premiere nächste Woche in Paris. Zu uns kommt »Nosferatu« im April.

Nr. 3 vom 12. 1. 1979

Reinhard Hauffs »Messer im Kopf«
Schere im Kopf

Solche Zahlen gibt es bei deutschen Filmen fast nie: 150 000 Menschen sahen Reinhard Hauffs und Peter Schneiders »Messer im Kopf« schon bis Ende Dezember, in den ersten sechs Wochen seiner

Laufzeit. Und auch in der Schnee- und Eiszeit ließ der Besucherstrom kaum nach. Der Filmverlag der Autoren, der das Werk mit zehn Kopien bundesweit recht vorsichtig gestartet hatte, mußte rasch fünfzehn weitere Kopien ziehen lassen, um den Bedarf wenigstens halbwegs zu decken.

»Messer im Kopf« ist ganz offensichtlich der Film der Stunde, ein klassischer »*sleeper*«, mit dessen Erfolg wohl niemand so recht gerechnet hatte. Mit internationalen Preisen (beim Pariser Festival) und hymnischen Rezensionen (von der *F.A.Z.* bis *Konkret*) läßt sich dieses Phänomen gewiß.nicht erklären, denn mit solchen, meist nutzlosen Segnungen konnten auch etliche Filme von Fassbinder, Herzog oder Wenders aufwarten, die nicht entfernt die Popularität von »Messer im Kopf« erreichten.

 Gibt es ihn also endlich, den seit Jahren immer wieder herbeigebeteten Wunderfilm, der künstlerisches Niveau, politische Schärfe und Publikumswirksamkeit miteinander verbindet? Löst sich das deutsche Kino, ohne an Substanz zu verlieren, endlich aus seinem Feuilleton-Getto? Gelingt nach der unvergessenen, gleichwohl eher fragwürdigen »Katharina Blum« nun jener »Durchbruch«, den Volker Schlöndorff, Hark Bohm und andere so lange beschworen haben?

Daß über »Messer im Kopf« zur Zeit so viel geredet wird, daß alle Welt neugierig ist auf diesen Film, der ohne großen Werbeaufwand gestartet wurde, bezeichnet einen Mangel, den der Regisseur Reinhard Hauff und der Autor Peter Schneider erkannt haben, einen Mangel an Filmen, die sich konkret und spannend mit der deutschen Wirklichkeit einlassen, die ähnlich radikal auf aktuelle Ärgernisse und Ängste reagieren wie etwa Francesco Rosis »Die Macht und ihr Preis« in Italien.

Doch der Erfolg von »Messer im Kopf« hat weniger mit einer polemischen Stärke oder gar einer politischen Radikalität zu tun (die so unterschiedliche Filme wie Hellmuth Costards »Der kleine Godard« und Fassbinders »In einem Jahr mit 13 Monden« auszeichnet) als mit dem verwegenen Kunststück, unentschlossenen Konformismus als kritischen Elan zu deklarieren, die Liberalen ebenso perfekt zu bedienen wie die Linken, sich um klare Aussagen zu drücken. »Messer im Kopf« ist das avancierteste Produkt unserer öffentlich-rechtlichen Fernsehkultur: ein Film, der garantiert niemanden wütend macht (außer ein paar Kollegen aus dem Hause Springer, aber das leistet man sich manchmal eben noch), gleichwohl den Eindruck erweckt, hier dampfe mächtig ein »heißes Eisen«.

Das beginnt mit der Ortsangabe. »Messer im Kopf« spielt in irgendeiner westdeutschen Großstadt (daß es sich um München handelt, kann man allenfalls ahnen). Da ist nichts von der realen Bedrängnis zu spüren, die Fassbinders und Kluges Frankfurt oder Wenders' Hamburg im »Amerikanischen Freund« vermitteln. Ein paar Totalen auf die monströse Beton- und Glasarchitektur eines Großkrankenhauses sollen urbanes Elend anzeigen, doch in diesem eher hilflosen Versuch erschöpft sich schon der stilistische Ehrgeiz von Hauff, der sich wieder einmal als braver, wenngleich technisch kompetenter Handwerker erweist. Die Verzweiflung und die Rebellion des Bürgers Hoffmann, dem ein junger Polizist bei einer Razzia eher zufällig eine Kugel in den Kopf schießt, der sich seine Identität erst mühsam wieder neu erkämpfen muß – diese Anstrengung und Herausforderung wird zwar spürbar im hinreißenden, manchmal fast schon zu virtuosen Spiel von Bruno Ganz (der gerade eben mit dem deutschen Darstellerpreis ausgezeichnet wurde), aber überhaupt nicht in Hauffs oft flachen, spannungslosen Bildern.

Geworben wird für »Messer im Kopf« mit der Schlagzeile »Hoffmann – Terrorist, harmloser Bürger oder einfach verrückt?«. Daß freilich der bei einem großen Konzern angestellte Biogenetiker Hoffmann, der in seiner Freizeit Geige spielt, einer »kriminellen Vereinigung« angehört, mag letztlich nicht einmal die Polizei glauben, die denn auch bald das Interesse am Fall Hoffmann wieder verliert, nachdem sie zuvor den Schwerverletzten mit einem Aufwand bewachen ließ, als sei er Christian Klar persönlich. Hinweise auf Hoffmanns Vergangenheit, auf sein politisches Denken sparen Hauff und sein Autor Schneider aus. Hoffmann darf nichts anderes sein als ein Opfer der grassierenden Angst, eine Identifikationsfigur für die Ängste des Zuschauers, ein Spielball der rüden Lederjackentypen von der Polizei und aus einer nie näher charakterisierten Sponti-Szene.

Der Begriff Terrorismus erweist sich als modisches Reizwort der Reklame: Wäre dieser Hoffmann im Bewußtsein des Zuschauers auch nur entfernt mit terroristischen Aktivitäten verbandelt, hätte »Messer im Kopf« nie produziert werden können, jedenfalls nicht mit dem Geld einer westdeutschen Fernsehanstalt: Denn eine solche Konstellation hätte Hauff und Schneider zu einer Stellungnahme gezwungen, zu einer politischen Schlußfolgerung (egal, wie sie im einzelnen ausgefallen wäre), um die sie sich so herummogeln können.

Natürlich darf Hoffmann auch kein gänzlich harmloser Bürger sein (dann wäre er nur langweilig). Das zweite Erwachen des Menschen Hoffmann statten Hauff und Schneider erfolgreich mit jenen kleinen Verrücktheiten aus, die Liebhaber von Irrenhauswitzen im Stil von »Einer flog über das Kuckucksnest« ebenso goutieren können wie pseudolinke Feierabendanarchisten. In seinem reduzierten Zustand tut Hoffmann all das, was gewöhnlich als anstößig gilt, schlägt heiter-infantil über alle gesellschaftlichen Stränge, wobei es Bruno

Ganz immerhin schafft, die Figur in einer faszinierenden Schwebe zu halten zwischen kalkuliertem Wahn und tumber Lust. Wenn er, der alle Begriffe neu in seinen kaputten Kopf zwingen muß, beim Anblick eines Pilsglases fröhlich »Ein Bier!« ruft und einen besonders scheußlichen Hamburger mit dem spontanen Ausruf »Pfui Teufel« bedenkt, herrscht grölende Zufriedenheit im Parkett.

In solchen Sequenzen und mit Figuren wie dem hysterischen alten Patienten, der aus dem Häuschen gerät, wenn er Hoffmann nur sieht, begeben sich Hauff und Schneider in die Nähe bloß kabarettistischer Albernheit. Da gibt es keine Fragen mehr, sondern nur noch Gags, da wird geschickt eine Übereinstimmung provoziert, die allzu leicht und allzu billig zu erlangen ist.

Als harmloser Anarcho-Spaß mit sehr beschränkter Haftung funktioniert »Messer im Kopf« in der Tat recht eindrucksvoll, in mancher Hinsicht ähnlich wie Coline Serreaus Programmkino-Hit »Pourquoi pas?«, wo ebenfalls die regressiven Phantasien der aufgeklärten Angestellten gekitzelt werden. Manche Sequenzen sind auch wirklich gut: Wenn Hoffmann onanierend den Kommissar Scholz aus seinem Krankenzimmer vertreibt, begreift man etwas über »*sexual politics*«, über den Zusammenhang zwischen Verklemmung und Gewalt.

Meistens indessen herrscht eine Vorsicht und »Ausgewogenheit«, bei der vor lauter Taktieren immer neue dramaturgische Hilfskonstruktionen erfunden werden müssen, um sowohl den Rundfunkrat als auch die kritische Kundschaft zu befriedigen, bis hin zu jenem absurden Schlußbild, das Hoffmann zeigt, die Pistole an die Schläfe des Polizisten drückend, der ihm das Messer in den Kopf geschossen hat. Wird er schießen oder nicht? Hier könnte es ernst werden, hier wäre eine Entscheidung fällig. Aber in Hoffmanns Kopf sitzt wohl gar kein Messer. Nur eine Schere.

Nr. 4 vom 19. 1. 1979

Robert Altmans »Eine Hochzeit«, Richard Donners »Superman«

Das Kino lernt fliegen

Der Hollywood Boulevard ist eine der schmutzigsten Straßen der Welt. Wer hier promeniert, zwischen dem ehrwürdigen *Chinese Theatre*, wo zu allen Tageszeiten ein paar Touristen die in Beton gegossenen Hand- und Fußabdrücke der Stars von gestern bestaunen, und

der berühmten Kreuzung *Hollywood and Vine*, findet kaum noch etwas, was den Glanz und die Magie des Markenzeichens Hollywood beglaubigen würde. Fixer, Freaks und Huren beherrschen die von billigen Souvenirläden, heruntergekommenen Kinos und schmutzigen Imbißläden gesäumte »Straße der Stars«. Der Hollywood Boulevard ist die Reeperbahn Süd-Kaliforniens, eine höhnische Parodie auf die Glücksversprechen der Vergnügungsindustrie.
Der indessen geht es besser denn je, so gut, daß es sich ihre Buchhalter leichten Herzens erlauben, das Kernstück des 75 Jahre alten Ortes Hollywood verkommen zulassen. Traditionen gelten wenig in dieser Stadt, die sich seit Jahrzehnten abwechselnd als *Boom Town* und als *Ghost Town* präsentiert. Jede Depression verspricht schon den nächsten Aufschwung, jede Hausse die nächste Pleite. Da bleibt für Denkmalpflege keine Zeit. Hier richtet sich kaum jemand auf Dauer ein.
Zum raschen Verbrauch sind auch die meisten Filme bestimmt, die von den Hollywood-Firmen tatsächlich »auf den Markt geworfen« werden: mit Massenstarts in 400 oder 500 Kinos, mit gigantischen Werbe-Budgets und einträglichen Nebengeschäften mit T-Shirts, Anstecknadeln, Plakaten und anderem Ramsch aus der »*Movie Madness Boutique*« im Kino-Foyer, mit Schallplatten und Taschenbüchern. »Jaws 2«, die Fortsetzung vom »Weißen Hai«, erreichte im vergangenen Sommer an einem einzigen Wochenende ein Einspielergebnis von knapp zehn Millionen Dollar. Mit einem Umsatz von rund 2,8 Milliarden Dollar war 1978 das erfolgreichste Jahr in der Geschichte des amerikanischen Kinos.
Eine neue Gigantomanie geht um in Hollywood, eine Sucht nach Super-Stars und Super-Produktionen. Aber je höher die Gagen und Produktionskosten steigen, je ausgefeilter und atemberaubender die »*special effects*« der Kino-Technologie geraten, desto unpersönlicher, fabrikmäßiger sehen die Filme aus: perfekte Unterhaltungsmaschinen, wie von einem IBM-Computer ersonnen – »Star Wars«, »Jaws 2«, »Grease«. Das individuelle Temperament, die Handschrift eines Regisseurs würde nur stören in diesen glitzernden Plastikprodukten einer Wegwerf-Kultur.
Doch mit der elitären Arroganz des Europäers, der auf seinem altmodischen Kunstanspruch beharrt, kommt man der Faszination dieser Filme nicht bei. In ihrem lautstarken Luxus, ihrer keimfreien Anspruchslosigkeit bedeuten sie nicht bloß einen eskapistischen Notausgang (das alte, bequeme Muster: Realitätsflucht der unterprivilegierten Massen), sondern erheben sich als Monumente eines nationalen Stolzes: Nur *»god's own country«*, endlich befriedet und wieder prosperierend, bringt solche Wunderwerke zustande, leistet

Robert Altman

sich für unanständig viel Geld die Herstellung von synthetischen Mythen, denen die ganze Welt verfällt, oder wenigstens deren Teil, den man so den freien nennt.

Kein anderer Film verkörpert diese chauvinistische Vision überzeugender als das 35-Millionen-Dollar-Märchen vom »Superman«, die teuerste, raffinierteste Geisterbahn aller Zeiten: eine unheimliche Begegnung mit einem Amerika, das sich selber als gutmütigen Riesen feiert, als fliegenden Pfadfinder und omnipräsenten Heilsbringer. Jimmy Carter war bei der Premiere in Washington dabei.

Er kann tatsächlich fliegen in diesem Film, der Comic-Strip-Held aus den dreißiger Jahren. Mit solchen Kleinigkeiten wie der Schwerkraft wird die avancierte Tricktechnik der späten siebziger Jahre (für die allerdings, wie schon bei »Star Wars«, hauptsächlich Engländer zuständig waren) spielend fertig. Und es macht Spaß, Superman fliegen zu sehen. Im nächtlichen Himmel über Metropolis/New York, wo er tagsüber als schüchterner, bebrillter Reporter Clark Kent beim »Daily Planet« wirkt, führt er mit seiner Partnerin einen jugendfreien Liebestanz auf, rettet mit Überschallgeschwindigkeit Kalifornien vor dem Untergang und holt einem kleinen Mädchen das verirrte Kätzchen vom Baum.

Die 135 Minuten von »Superman« (»Superman 2«, schon fast abgedreht, kommt in einem Jahr) sind vollgestopft mit optischen Sensationen, mit überwältigenden Effekten und monumentalen Bauten: Der Planet Krypton, von dem aus Jor-El (Marlon Brando mit weißer Langhaar-Perücke, eine Edelcharge für 3,8 Millionen Dollar) sein Superbaby auf die Erde schickt, sieht aus wie ein dem Größenwahn Albert Speers entsprungener Kristall- und Eispalast; der Super-Schurke Lex Luthor (Gene Hackman) haust in einem gigantischen unterirdischen Bahnhof, einer exakten Rekronstruktion der New Yorker Grand-Central-Station.

Man bekommt schon etwas zu sehen für seine acht oder neun Mark, aber mehr eine Demonstration, welche technologische Extravaganzen heutzutage möglich sind, wenn nur das entsprechende Kapital zur Verfügung steht, als einen Film, dessen Figuren, Schauplätze und Konflikte irgendein Interesse jenseits des schieren Aufwands beanspruchen. Der Regisseur (hier heißt er Richard Donner) spielt bei dieser Art von Kino überhaupt keine Rolle mehr. Nicht er diktiert die Form, den Stil des Films, sondern das Kapital, das seine Spur in jeder Einstellung hinterläßt: selbst in jenen Landschaftsaufnahmen aus einem mythologischen »*middle America*«, wo der junge Super-Boy aufwächst. Da erhebt sich der Kamerakran über die staubige, öde Gegend, da wird selbst noch die Wildnis so andächtig zelebriert, als habe man sie im Studio gebaut.

Doch das amerikanische Kino der späten siebziger Jahre ist reicher und vielfältiger, erlaubt nicht nur knallige Lustbarkeiten über Sternen-Kriege, Discoschuppen und Superkerle, sondern auch ungewöhnliche, riskante Unternehmungen. Einem Robert Altmann dessen Filme seit »M.A.S.H.« allesamt nicht sonderlich erfolgreich waren, würde zwar kein Studio 35 Millionen Dollar geben, aber er kann kontinuierlich arbeiten. Selbst Peter Bogdanovich, der drei Millionen-Pleiten hintereinander gedreht hat (zuletzt »Nickelodeon«), findet Beschäftigung in einer Stadt, wo man vor lauter Geld diesmal nicht ganz vergessen hat, wie schnell das Blatt sich wieder wenden kann, wie wichtig es ist, auch kleine, originelle Filme zu produzieren: eine Lehre aus den Pleiten der sechziger Jahre, als nach dem spektakulären Erfolg von »The Sound of Music« eine Welle von hirnlosen Monumental-Musicals fast zum Ruin von Hollywood geführt hätte.

Bogdanovich arbeitet wieder für seinen Mentor Roger Corman. Sein neuer Film »Saint Jack« hat nur eine Million gekostet. Als Kameramann verpflichtete er einen prominenten Europäer: Robby Müller, der an allen Filmen von Wim Wenders und auch an Peter Handkes »Linkshändiger Frau« beteiligt war. Auch andere Regisseure schmücken sich gerne mit europäischen Kameramännern, nicht immer mit glücklichen Ergebnissen. Terrence Malick und Jack Nicholson engagierten den Spanier Nestor Almendros, der viel mit Eric Rohmer und François Truffaut gearbeitet hat: ein brillanter Kameramann, der aber sowohl in Malicks texanischer Landarbeiter-Moritat »Days of Heaven« als auch in Nicholsons komödiantischem Western »Goin' South« seinen eher kunstgewerblichen Neigungen freien Lauf läßt. Gerade in Malicks von der amerikanischen Kritik gefeiertem Film schwelgt Almendros so ausführlich in outrierten Kompositionen, daß sich der Verdacht aufdrängt, hier wolle ein junger amerikanischer Regisseur Hollywoods Monster-Produktionen mit einem ebenso monströsen Ästhetizismus begegnen: Grobe Reize hier wie dort, auch der Kunstfilm leistet sich im Jahr von »Superman« seinen Gigantismus.

Robert Altmans neuer Film »Eine Hochzeit«, eine schwarze Farce mit 48 Hauptfiguren (in »Nashville« waren es 24), hat letztlich mehr mit »Superman« zu tun als mit den von falsch verstandenen europäischen Einflüssen geprägten Arbeiten von Malick und Nicholson. Auch Altman mag es amerikanisch monumental – »Eine Hochzeit« beginnt mit einem ausnehmend pompösen, von Fanfarenstößen begleiteten Schwenk –, auch er beschäftigt sich mit jenen trivialen Popmythen, die »Superman« so gläubig herbeizitiert. Nur endet seine Feier amerikanischer Tugendhaftigkeit, eine großbürgerliche Hochzeit in der Nähe von Chicago, in schrillen Dissonanzen. Die biederen Clark Kents, die ihre supermännischen Phantasien pflegen, leisten sich allesamt ihre Fluchtorte, ihre bescheidenen Doppelleben: ein ungehöriges Verhältnis, eine italienische Bar im Keller, eine heimliche Liaison mit König Alkohol. Aber dieser Clark Kents bleiben impotent, verwandeln sich nie in fliegende Wunderwesen. Die absurde Diskrepanz zwischen bürgerlicher Existenz und eingebildetem Heldenleben, im »Superman«-Film mit mildem Witz angedeutet, wird bei Altman zum eigentlichen Thema. Keine Fassade bleibt heil, keine Verkrüppelung verborgen, kein Schwindel unaufgedeckt.

»Eine Hochzeit« handelt von nichts anderem als einer Hochzeit. Konzentriert auf einen einzigen Tag erzählt Altman 48 verschiedene Geschichten, die sich immer hoffnungsloser ineinander verknoten. Der »schönste Tag« im Leben der Brautleute Muffin Brenner und Dino Corelli, die Vermählung von altem Geld und neuem Geld, entwickelt sich von einer prunkvollen Zeremonie zunehmend zu einer sich schließlich überschlagenden Kette tragikomischer Desaster. Gleich zu Beginn stirbt die uralte Großmutter (wunderschön: der Stummfilmstar Lillian Gish), deren Tod vor den Hochzeitsgästen verborgen werden muß. Der Bischof, der die Trauung vollzieht, ist senil, die Schwester der Braut vom Bräutigam geschwängert, die Zeremonienmeisterin ungebührlich an der Braut interessiert, der Vater des Bräutigams heimlich mit der Mafia verbandelt, die Mutter der Braut in einer jähen Wallung einem dicken Herrn aus der anderen Familie verfallen, der Hausarzt ein trinkfester Schürzenjäger, die Mutter des Bräutigams drogensüchtig. Das Sicherheitspersonal verprügelt einen unverhofft angereisten Verwandten des Bräutigams. Schließlich kommen auch noch zwei Todesfälle vor, aber das Fest der Heimlichkeiten und der Heuchelei geht bis zum Morgengrauen weiter.

»Eine Hochzeit« ist von allen Filmen Robert Altmans der aggressivste: das Werk eines satirisch begabten Gesellschaftsreporters, der nicht ohne Brutalität operiert, seine Opfer aber dennoch nicht zu bloßen Comic-Strip-Kaspern verkommen läßt. Wie in »Nashville«, seiner besten Arbeit, zerstört Altman auch in diesem, ähnlich strukturierten Film eine Reihe von schönen patriotischen Lügen, aber selbst noch in ihrer Erbärmlichkeit bleiben seine Figuren glaubwürdig. Er hat Verständnis für diese jämmerlichen Gestalten und ihre Verstrickungen und Skurrilitäten, er zeigt nicht nur ihre Defekte, sondern auch ihre kleinen Triumphe: die übermenschliche Geduld des Oberhauptes der aus Italien stammenden Corelli-Sippe (Vittorio Gassman), dem es endlich gelingt, sich dem Einfluß seiner tyrannischen amerikanischen Verwandtschaft zu entziehen; den trotzigen, stummen Stolz der Schwester der Braut (Mia Farrow), die ihre biedermännische Familie mit nymphomanischen Ausflügen schockiert; den bei aller Komik auch heroischen Liebeswahn des fetten Kunsthändlers (Pat McCormick), der eine verblühte Provinzschönheit (Carol Burnett) im Sturm erobert.

»Superman« kann fliegen, Altman auch. Mit sehr kurzen Sequenzen, ständigen Schauplatzwechseln, immer neuen, immer waghalsigeren Personen-Konstellationen treibt er sein Hochzeits-Karussell an: eine Tour-de-Force- komischer Erfindungen und dramatischer Purzelbäume. Altmans Einladung zur Hochzeit kann man mit Gewinn mehrmals folgen. Auch noch bei der dritten oder vierten Besichtigung entdeckt man Einzelheiten, die man vorher übersehen hatte, sieht eine Figur ganz anders als beim erstenmal. Altmans offene Arbeitsweise, die er zusammen mit seinen Autoren und Schauspielern (Profis wie Amateuren) entwickelt hat, stiftet einen Reichtum und eine Vielfalt, die den Feuerwerkszauber von »Superman« mühelos in den Schatten stellt. Zum neuen Glanz des amerikanischen Kinos gehört freilich beides: technologische Perfektion und persönliche Vision, Spektakel und Essay. Mischformen sind dringend erwünscht.

Nr. 5 vom 28. 1. 1979

Claude Chabrols »Violette Nozière«
Bürgerlicher Mord

Paul Eluard widmete der schönen Mörderin ein Gedicht, Aragon, Magritte und Simone de Beauvoir schlugen sich auf ihre Seite, doch das bürgerliche Frankreich forderte ihren Kopf. Das ganze Land nahm leidenschaftlich Anteil am Fall der 18jährigen Violette Nozière, die 1933 ihre Eltern vergiftete (die Mutter überlebte den Anschlag) und ein Jahr später zum Tode verurteilt wurde. War sie eine Heilige oder ein Monster, ein rebellierendes Opfer erstickender Verhältnisse oder eine skrupellose Giftmischerin?
Solche Kategorien aus der Boulevard-Presse interessieren Claude Chabrol in seiner Annäherung an eine historische Kriminalaffäre nicht einmal am Rande. Auch nach zwei Kino-Stunden bleiben die Geheimnisse der Violette Nozière gewahrt, behaupten sich die Widersprüche der Figur gegen eine raffinierte, mitunter verwirrende Enthüllungs-Dramaturgie, die schließlich doch nichts enthüllen will. Chabrol, dessen Personen schon immer dazu neigten, ihre Lebensumstände gewaltsam zu verändern, zeigt sich weniger denn je als Moralist. Die »Wahrheit«, die am Ende eines konventionellen Dokumentarspiels dem Betrachter offenkundig werden müßte, tritt hinter die Komplexität des Falles zurück.
So mysteriös, wie der Film beginnt – nachts schleicht sich Violette, in ein mondänes schwarzes Kleid gehüllt, aus dem Haus und wandert, scheinbar ziellos, durch die menschenleeren Straßen –, bleibt die Figur der Vater-Mörderin bis zum Schluß. Sie spielt viele Rollen – das brave Schulmädchen, die leidenschaftliche Geliebte, die gehorsame Tochter, die altkluge *femme fatale* –, doch immer, wenn man meint, sie durchschaut zu haben, liefert Chabrol neue Indizien, wartet mit neuen Rückblenden auf (die auf geradezu höhnische Weise so aussehen wie Parodien auf Rückblenden: leicht überbelichtet und unscharf, damit auch jeder merkt, worum es geht). Je länger der Film dauert, desto tiefer geraten Verhältnisse, die zunächst eindeutig erschienen (geht Violette wirklich auf den Strich, wurde sie wirklich von ihrem Stiefvater vergewaltigt?), ins Zwielicht.
Violette Nozière führt ein Doppelleben, das sie doppelt unglücklich macht. Mit keiner der Rollen, die sie anprobiert wie neue Kleider, kommt sie zurecht: Die Tochter leidet unter der Enge des kleinbürgerlichen Elternhauses (»Ein ordentliches Mädchen riecht nach Seife«, befindet die Mutter), die Geliebte leidet unter der Indifferenz

der Männer, die ihre romantischen Phantasien von einem schöneren Leben (mit einem Bugatti und Ausflügen ans Meer) brutal ausbeuten. Die Kontraste in der Existenz der Violette Nozière, die Chabrol mit harten Schnitten und Ellipsen demonstriert, sind durchaus mörderisch: Sie fordern einen Mord heraus, der aber auch nur wieder dumpfe Verzweiflung auslöst. Eine Katharsis findet nicht statt, selbst das Ende bleibt seltsam unspektakulär: In einem Epilog wird mitgeteilt, das Violette Nozière nicht hingerichtet, sondern 1945 von de Gaulle begnadigt wurde. Sie heiratete und hatte fünf Kinder.

»Violette Nozière« ist ein sehr kühler Film: kein Melodram, sondern ein Essay über die Unmöglichkeit, eine Figur zu erklären, nicht gerade ein französischer »Citizen Kane«, aber gewiß ein neuer Anfang in Chabrols krisenreicher Karriere. Seine Inszenierung kommt fast gänzlich ohne die Outriertheiten von Filmen wie »Die Unschuldigen mit den schmutzigen Händen« (kein schlechter Titel übrigens auch für diesen Film) und »The Twist« aus, konzentriert sich auf die minuziöse Beschreibung dumpfer Gemütlichkeit in einer vollgestopften Kleinbürgerwohnung und hastiger Lust im Stundenhotel – nur scheinbar zwei Welten, aber doch entfernt genug voneinander, daß Violette an ihnen zugrunde geht.

Nach Claude Gorettas »Die Spitzenklöpplerin« und Patricia Moraz' »Die Indianer sind noch fern« spielt Frankreichs neuer Star Isabelle Huppert in »Violette Nozière« ihre dritte Hauptrolle: den Haß und die Schmerzen eines kleinen Mädchens, das keines sein will, die Aggressionen und die Verwirrungen einer jugendlichen Halbweltdame, die keinen Ansprüchen gerecht wird, ihren eigenen schon gar nicht. Vom Geheimnis dieser auf den ersten Blick so unscheinbaren Schauspielerin, die hier, wie in der »Spitzenklöpplerin«, ihre Kraft aus einer fast kindlichen Naivität bezieht, war Chabrol offenbar so fasziniert, daß er den glamourösen Star vieler großer Chabrol-Filme über die Umtriebe der reichen Bürger vergleichsweise lieblos behandelt: Stéphane Audran muß sich mit der Rolle der mürrischen bigotten Mutter begnügen. Nicht zuletzt mit dieser Besetzung dokumentiert Chabrol seinen endgültigen Abschied von jener Welt, die zwei Jahrzehnte lang die seine war.

Nr. 8 vom 16. 2. 1979

Über Jean Renoir
Das Gleichgewicht der Welt

»Der größte Filmregisseur der Welt? Meiner Meinung nach ist das ein Franzose. Er heißt Jean Renoir.« Charles Chaplin

Le Patron nannten ihn liebevoll Frankreichs junge Regisseure, die Godard, Truffaut, Rohmer und Rivette, die Ende der fünfziger Jahre sich anschickten, das französische Kino zu verändern. Le Patron, das bedeutet zweierlei: Arbeitgeber, Chef, Vorgesetzter, aber auch Gönner, Gastwirt. Als Patron eines ländlichen Gasthauses am Ufer der Loing trat Jean Renoir 1936 in seinem eigenen Film »Partie de Campagne« auf: ein runder, gelassener Mensch mit einem dichten Schnauzbart im gutmütigen Gesicht, hemdsärmelig, mit breiten Hosenträgern über dem Embonpoint. Seinen Gästen, zwei jungen Sommerfrischlern aus Paris, die sich bald in Liebesabenteuer stürzen werden, serviert er, direkt aus der Pfanne, ein »Omelette à l'Estragon«, und selbst noch in Schwarzweiß kann man sich vorstellen, welch eine Köstlichkeit da auf den Tisch kommt: die besten natürlichen Zutaten, mit jener Einfachheit angerichtet, die nur genialen Köchen zu Gebote steht.

Das Essen spielt eine große Rolle in den Filmen von Jean Renoir, *cuisinier* und *cinéaste*, des französischsten aller französischen Regisseure. Man denke nur an die Begeisterung des Kriegsgefangenen in »Die große Illusion« über die Pakete, die der kleine Rosenthal aus der Heimat bekommt und großzügig mit seinen Leidensgefährten teilt: *Terrine de foie gras*, man stelle sich das vor, mitten in einem winterlichen Deutschland, wo sich die Leute von Kohl, nichts als Kohl, ernähren. Man erinnere sich an die Freude, mit der sich der kleine Dieb Jean Gabin in »Les Bas-Fonds« über den reichgedeckten Tisch von Louis Jouvet hermacht, man erinnere sich an die kulinarischen Lüste von Michel Simon als Boudu, der Chlochard, der vor dem Ertrinken gerettet wird. Und nur Renoir konnte einen Film mit dem Titel »Das Frühstück im Grünen« (wie armselig klingt das gegen »Le déjeuner sur l'herbe«) machen, ein Werk, das ihn, fast am Ende seiner Karriere, wieder zurückführte in die Welt seines Vaters Auguste, dessen letztes Modell seine erste Frau und sein erster Star wurde.

In seiner Autobiographie »Mein Leben und meine Filme« (1974 bei Piper erschienen) schreibt Jean Renoir: »Mein Leben lang habe ich versucht, den Einfluß meines Vaters auf mich zu bestimmen. Das

ging von Zeiten, in denen ich alles tat, um diesem Einfluß zu entkommen, ohne Übergang zu solchen, in denen ich nicht genug bekommen konnte von Formeln, die ich von ihm zu haben glaubte. Während meiner Anfänge im Kino habe ich getan, was ich konnte, um eine Gegenposition zu der meines Vaters zu beziehen. Seltsamerweise ist in den Produktionen, mit denen ich mich von Renoirs Ästhetik zu entfernen glaubte, ihr Einfluß am sichtbarsten. Ich sage Ästhetik, weil ich kein anderes Wort finde. Mein Vater hätte es nicht gebilligt. Tatsächlich war es eine Philosophie, die er sowohl im Leben wie in der Malerei praktizierte. Seiner Vorstellung nach war die Welt ein Ganzes, gebildet aus ineinander verschachtelten Teilen. Das Gleichgewicht der Welt hängt von jedem einzelnen Stück ab. Dieser Glaube an die Einheit der Welt fand bei Renoir seinen Ausdruck im Respekt und der Liebe gegenüber allem Lebendigem.«
Wenn es überhaupt etwas gibt, was das vielfältige Werk von Jean Renoir kennzeichnet, dann ist es »dieser Glaube an die Einheit der Welt«. Er zeigt sich in einer Ästhetik, die den Menschen und den Dingen ihre unverwechselbare Eigenart beläßt, sie nicht einem rigiden Stilwillen unterwirft. Renoirs bevorzugtes Ausdrucksmittel ist nicht die Montage, die die Welt fragmentiert, sondern der Schwenk, die Bewegung der Kamera, die die Beziehung zwischen den Figuren und der Welt herstellt. Der lange Schwenk über das spartanische Quartier des preußischen Offiziers Erich von Stroheim in »La grande illusion«, der nicht nur die penible Ordnung des Raumes erfaßt, sondern beiläufig auch eine einsame Topfpflanze und ein Buch neben dem Säbel (die Memoiren des Casanova), drückt mehr aus über die innere Realität dieser Figur als jeder Dialog. Der berühmte rasche 180-Grad-Schwenk in »Le Crime de Monsieur Lange«, diese der Richtung der Aktion entgegenlaufende Bewegung durch den leeren Hof des Druckereigebäudes, ist der genaue Ausdruck der Konfusion und der wilden Entschlossenheit des Täters. Kein Schnitt könnte die Situation ähnlich plastisch erfassen.
Renoir, der über die Töpferei zum Kino fand, weil diese von allen Künsten dem Film am nächsten stehe (»Der Keramiker stellt sich eine Vase vor, macht sie, glasiert sie, brennt sie. Und nimmt nach ein paar Stunden etwas aus dem Ofen, was ganz anders aussieht als seine Vorstellung ... wie der Film.«), dieser Handwerker also arbeitet nie mit vorgefertigten Rezepten. Die Arbeit selbst, das Vergnügen an der Erfindung und der kollektiven Anstrengung, scheint ihm oft wichtiger als das Ergebnis, und so sehen viele seiner Filme auch aus: bewußt unperfekt, voller Brüche und Unebenheiten. Oft schweift sein Blick ab von der Handlung auf irgendein Detail, das ihn fasziniert, und wenn ihn ein Schauspieler besonders begeistert, gibt er

ihm immer neue Szenen, ohne Rücksicht auf die psychologische Anlage der Figur. In »La bête humaine« (Bestie Mensch), den das ZDF letzte Woche anläßlich des Todes von Renoir noch einmal zeigte, wird der Bahnhofsvorsteher von Le Havre, der sich rasch als kleinlicher Schuft entpuppt, als beherzter Mann mit viel Zivilcourage vorgestellt. Er verteidigt eine alte Dame gegen einen sehr reichen, sehr unangenehmen Mitreisenden. Die Funktion dieser kurzen Sequenz wird nie recht deutlich, ganz offensichtlich fand Renoir Gefallen an der Situation und pfiff auf die psychologische Glaubwürdigkeit.
Jean Renoir mochte sich nie daran gewöhnen, daß Filme Industrie-Produkte sind. Er liebte die Improvisation, das Abenteuer. Seine ersten, experimentellen Stummfilme, die allein zum höheren Ruhm seiner Frau Catherine Hessling entstanden, finanzierte er durch den Verkauf von Gemälden seines Vaters. Einer von ihnen heißt: »Sur un air de Charleston« (1926), und François Truffauts Inhaltsangabe weist Renoir als Ahnen von Herbert Achternbusch aus: »Europa, vom Eis heimgesucht, bricht auseinander. Ein schwarzer Wissenschaftler unternimmt eine Forschungsreise und entdeckt eine weiße Wilde, die ihn einweiht in die barbarischen Tänze der Zeit, den Charleston also ... Zum Schluß des Films lädt der elegante Schwarze die mittellose Weiße ein, mit ihm fortzugehen. Ein Pelzmantel und ein Regenschirm tauchen aus einer Gullyöffnung auf. Damit ausgerüstet, steigt Catherine Hessling mit Johnny Higgins in den Sputnik, und sie verlassen Frankreich, diese ›terra incognita‹.«
Später wurden Renoirs Erfindungen gemäßigter, doch der »Realist«, für den ihn manche noch immer halten, wurde er nie. Zusammen mit einer Gruppe von Freunden und Verwandten – der Schauspieler Pierre Renoir, Ludwig der Vierzehnte in »La Marseillaise«, ist sein Bruder, der Kameramann Claude Renoir sein Neffe – zog er aus, die »terra incognita« Frankreich zu erkunden. Natürlich hielt er, der an die Einheit der Welt glaubte, Paris nicht für den Mittelpunkt Frankreichs. Seine Reisen führten ihn ins Midi, wo sich die italienischen Arbeiter selber spielten (»Toni«, 1934), quer durch Frankreich in »La Marseillaise« (1938) schließlich auf ein Schloß in der Sologne in seinem Meisterwerk »La règle du jeu« (1939), diesem letzten, eleganten Reigen einer sterbenden Gesellschaft.
Renoir suchte französische Gesichter, französische Gesten, die er in den Bildern seines Vaters studiert hatte. Er fand seine idealen Darsteller in Michel Simon und Jean Gabin: Kleinbürger der eine, der sich in einen anarchistischen Tramp verwandelt (»La chienne«, 1931, »Boudu sauvé des Eaux«, 1932), proletarische Symbolfigur der *front populaire* der andere. Renoir liebte Gabins physische Direktheit, seine Vitalität, er ließ ihn sich selber spielen, und ihm zuliebe mach-

te er aus Gorkis düsterem »Nachtasyl« (1936) fast eine Komödie. Beide, Simon und Gabin, sind archetypische Renoir-Schauspieler, bewegend zumal in ihren Exzessen: »Im Verlauf meiner Regie-Erfahrungen sollte ich ebenfalls entdecken, daß es kein übertriebenes Spiel gibt: ein Schauspieler spielt ›falsch‹, oder er spielt ›richtig‹. Wenn er richtig spielt, kann er sich jede Übertreibung erlauben. Oft, wenn mich die Begeisterung über das Spiel eines Schauspielers hinriß, habe ich ihn ermutigt, so weit zu gehen, wie nur irgend möglich, ohne sich vorm Überziehen zu fürchten.«
Bei Renoir spielen Profis neben Amateuren, die er liebte, weil sie nicht perfekt waren. Renoir haßte Empfindungsklischees, er inszenierte gegen alle Regeln und Erwartungen: Zolas »Nana« als Burleske mit einer völlig überdrehten Catherine Hessling (1926), »La Marseillaise« (1938) nicht als pathetische, schwere Oper, sondern als vergnügte Hymne an die Volksfront, der er sich nahe fühlte.
»La fille de l'eau« hieß 1924 Jean Renoirs allererster Film, und das Wasser blieb das zentrale Motiv seiner Arbeit. Nichts ist statisch in diesem Werk, alles fließt, bleibt unordentlich, nicht berechenbar: die Sümpfe der Sologne in »La règle du jeu« und die von Georgia in dem amerikanischen Film »Swamp Water« (1941), das Wasser der Seine, aus dem Boudu gerettet wird (ungeniert angestarrt von einer Zuschauermenge, die die Dreharbeiten beobachtete, zur Freude von Renoir) ebenso wie das des indischen Flusses in »The River« (1950). In »Partie de Campagne«, dem schönsten Film der Welt, rast die Kamera über das von einem plötzlich die Liebeshändel unterbrechenden Unwetter aufgewühlte Wasser. Was ist Kino? Renoir hat geschrieben: »Genau das ist für mich ein guter Film: das Streicheln des Laubs, wenn ich mit einem Freund eine Bootsfahrt mache.« Und Frieda Grafe: »Was Renoir in seine flexiblen Formen einfängt, ist das nicht Kodifizierte, das Vagabundierende, die Dinge vor der Routine, vor der Organisation.«
Kein Wunder, daß Renoir es in seinem Hollywood-Exil in den vierziger Jahren schwerer hatte als andere europäische Regisseure. Darryl F. Zanuck, der Boß der Twentieth Century-Fox, den er dazu überredete, ihn »Swamp Water« nicht im Studio, sondern *on location* in den Sümpfen von Okefenokee drehen zu lassen, drückte das Problem so aus: »Renoir hat viel Talent, aber er ist keiner von uns.« Ein »Omelette à l'Estragon« durfte er in Hollywood nicht herstellen, man erwartete eher »Hamburgers« von ihm, aber selbst die verwandelte er in unverhoffte Leckerbissen, wie noch das Propaganda-Stück »This Land is Mine« mit Charles Laughton beweist: ein amerikanischer Film, der sich 1943 die Freiheit erlaubt, ein recht differenziertes Bild der Okkupation zu entwerfen und selbst die deut-

schen Besatzer nicht als zähnefletschende Nazi-Teufel zu zeigen. In ihrer banalen Normalität wirken sie viel beunruhigender.
Nun ist Haß ohnehin ein Gefühl, zu dem Renoir kaum in der Lage scheint. Selbst die miesesten seiner Kreaturen haben sympathische Momente, und die freundlichen läßt er wider alle Erwartung davonkommen: Der kleine Verlagsangestellte Amedée Lange, der seinen Chef erschossen hat, wandert am Ende von »Le Crime de Monsieur Lange« (1935) zusammen mit seiner Freundin am Strand entlang in die Ferne – wie Chaplin, Renoirs amerikanischer Bruder.
Anders als die Filme von Marcel Carné und Julien Duvivier, in sich geschlossene Meisterwerke psychologischer Nuancierung und poetischer Stilisierung, wirken selbst Renoirs schwächere Arbeiten aus den dreißiger Jahren überhaupt nicht veraltet. Ihre Frische und ihre Modernität haben zu tun mit ihrer aufregenden Schauspielerführung (Renoir setzt Michel Simon ein wie Peter Zadek seinen Wildgruber), mit dem Geist von Freiheit und Brüderlichkeit, der in ihnen umgeht, der auch ihren Stil bestimmt. In Renoirs Welt gibt es keine Nebensachen, kein Gegeneinander von groß und klein, bedeutend und unbedeutend. Schon vor William Wyler und Orson Welles in Hollywood besann sich Renoir auf das Mittel der Tiefenschärfe. Er inszeniert in die Tiefe des Raumes, läßt seinen Schauspielern viel Platz, sich zu bewegen. Der Gegensatz von Vordergrund und Hintergrund ist aufgehoben, das Mädchen, das im Haus gegenüber Klavier spielt, ist in »La Chienne« so wichtig wie der Star Michel Simon, der sich im Vordergrund rasiert.
Renoir öffnet das Fenster zur Welt. Vorhänge gehen auf in »La Chienne« und »La Carrosse d'Or« (Die goldene Kutsche, 1952), eine Liebeserklärung an Anna Magnani und alle Komödianten. In »Le Crime de Monsieur Lange« reißen Arbeiter von außen das Fenster ihres kranken Freundes auf, dessen Blick unversehens auf ein Bild der Helligkeit und Solidarität fällt. Und in »Partie de Campagne«, diesem grandiosen Fragment nach einer Novelle von Maupassant, öffnen die beiden Freunde, denen Renoir das Omelett serviert hat, nach der Mahlzeit das Fenster zum Garten. Sie sehen das Spiel der Sonne im Laub und auf den Haaren von zwei Frauen auf einer Schaukel. Ihre Lust zu leben treibt sie nach draußen. Etwas später fliegt, sehr langsam, ein Schmetterling durchs Bild. Bestellt hatte ihn niemand.
Am Montag letzter Woche starb Jean Renoir, 84 Jahre alt, in Los Angeles.

Nr. 9 vom 23. 2. 1979

Eine Bilanz nach den Berliner Filmfestspielen 1979
Kino ist Reisen, Reisen ist Kino

Das Kino, von allen Formen der Kunst die jüngste, ist 85 Jahre alt. Nach menschlichen Maßstäben hat es sein Sterbealter erreicht, nach denen der anderen Kunstarten nicht einmal seine Flegeljahre. Seine Chancen, das Ende dieses Jahrhunderts zu überdauern, sind ungewiß. Das Kino ist alt genug, um sich an seine Vergangenheit zu erinnern, sich seine frühen Bilder herbeizuzitieren, ein Bewußtsein seiner eigenen Geschichte zu entwickeln. Aber die alten Filme zum Beispiel, auf die sich der amerikanische Regisseur Stanley Donen in seiner liebevoll satirischen Hollywood-Hommage »Movie Movie« bezieht, kennt man bei uns fast nur noch aus dem Fernsehen, aus den Museumsveranstaltungen der Dritten Programme: Die Sozial-Melodramen und die Musicals der dreißiger Jahre – Genres, die im Zeitalter der seriösen, »kalten« Elektronik auf anrührende Weise eine unbekümmerte Lebendigkeit beschwören, die gleichwohl nicht wiederbelebbar scheinen.
Film, sagte Jean Cocteau, bedeute, dem Tod bei der Arbeit zuzuschauen. Und manchmal hat man den Eindruck, als sei das Kino nichts anderes als ein sorgfältig geschminkter Leichnam, der auch noch nach seinem Ableben kostbare Bilder von sich selber verbreitet: eine längst stillgelegte Fabrik, deren Direktoren die Pleite nur nicht bemerkt haben und aus lauter Gewohnheit weiter produzieren. Filmfestivals, bei denen man in sehr kurzer Zeit sehr viele Filme sieht, verstärken diesen Eindruck: kaum noch ein Vorspann, in dem nicht ein Fernsehpartner ausgewiesen ist, viel zu selten ein Film, den man nicht sofort nach der letzten Einstellung schon wieder vergessen hat, der ein Gefühl oder einen Gedanken auslöst, die über das »Ende« hinaus weiterwirken.
Federico Fellini hat viele solcher Filme gedreht, magische Gebilde, in denen man sich verlieren und vergessen konnte, Phantasien, die die Wirklichkeit außer Kraft setzten, indem sie sich ihre eigene Wirklichkeit schufen. Sein neuer Film, eine Arbeit für das italienische Fernsehen (für das schon die wunderbaren »Clowns« entstanden), ist so enttäuschend, weil der alte Zauber in Vergessenheit gerät über der Sucht nach der Eindeutigkeit griffiger Metaphorik. Rasch, viel zu rasch begreift man, daß »Die Orchesterprobe«, bei der 29. Berlinale in einer lange in Frage gestellten Sondervorführung gezeigt, nicht von einer Orchesterprobe handelt und deren Dokumentation durch ein unsichtbares Fernsehteam, sondern von Fellinis

politischen Ängsten. Das untereinander und mit seinem deutschen Dirigenten heillos zerstrittene italienische Orchester muß als planes Symbol eines generellen europäischen Chaos herhalten. Jede Geste, jede Einstellung unterwirft Fellini, der sich auf seine alten Tage als Prophet der Reaktion erweist, diesem dürftigen Konzept: 72 Minuten lang ein Lamento über die bekanntlich sehr unordentlichen Verhältnisse in und um Italien, so ordentlich gefilmt, daß Fellinis Ruf nach einem starken Dirigenten, der diesem Panikorchester mal die Flötentöne beibringt, leider überhaupt nicht mißverständlich wirkt. Zwei oder drei Momente erinnern an den alten Fellini: Der unverhoffte Bocksprung des greisen Kopisten, der sich auf seine Pensionierung freut, war der schönste.

Wenn das Kino der Vergangenheit nur durch aufwendige Erinnerungsarbeit gegenwärtig gemacht werden kann, wenn das Kino der Gegenwart noch unentschlossen seinen Weg sucht zwischen Hollywood-Perfektion und grauem Fernsehstandard, muß das Kino der Zukunft ein um so aufregenderes Abenteuer sein, wenn es sich gegen den Druck des großen Geldes und der vorsichtigen Verwaltung behaupten will. Das Kino der Zukunft wird wieder ein Kino der Reisen sein, der Expeditionen durch Köpfe und Landschaften, und es wird die sauber gezeichneten Karten und die prall gefüllten Rucksäcke der Pauschaltouristen verachten. Es wird sich skrupellos aller Mittel bedienen, derer es habhaft werden kann (auch der des Fernsehens), aber es wird sich nicht auf seine Nützlichkeit verpflichten lassen.
In den elf Tagen von Berlin habe ich vier Filme gesehen, die auf sehr unterschiedliche Weise dieses neue Kino ankündigen, die keinen »Trend« konstituieren, sondern Möglichkeiten abtasten. Dieser vier Filme wegen war Berlin ein wichtiges Festival: nicht nur Leichenbegängnis, sondern auch Kinderfest. Es gab andere Filme in Berlin, die auf herkömmliche Weise besser waren, die die gegenwärtigen Methoden des Kinos noch einmal hinreißend zu rechtfertigen suchten: etwa Paul Schraders »Blue Collar«, die erste Regiearbeit des Autors von »Taxi Driver«, ein harter, böser, witziger Film über drei amerikanische Automobilarbeiter und ihre korrupte Gewerkschaft, eine wilde Sache, von der unsere Hauffs und Willutzkis wohl nicht einmal träumen können.
Mit »Blue Collar« begibt sich Schrader in eine Gegend, die sonst in amerikanischen Filmen nicht vorkommt: in die Maschinenstadt Detroit, einen so unwirtlichen, nicht nur für den europäischen Zuschauer fast exotischen Ort wie das schmutzige Stahlarbeiterstädtchen in Pennsylvania, von dem aus Michael Cimino in »The Deer Hunter«

(Die durch die Hölle gehen) seine drei *Blue Collar Workers* nach Vietnam schickt. Man merkt diesen Filmen eine Sehnsucht nach unverbrauchten Lokalitäten an, nach frischen Geschichten und radikalen Konstellationen. Da scheint, nicht nur bei Robert Altman und Martin Scorsese, auch im amerikanischen Kino etwas in Bewegung zu geraten. Und Schrader, dessen zweiter, schwächerer Film »Hardcore« (Wie Spreu im Wind) ebenfalls in Berlin lief und ebenfalls von einem unbekannten Milieu ausgeht (dem einer calvinistischen Familie in Michigan), ist ein vielversprechender Regisseur.

In »Hardcore« reist ein calvinistischer Geschäftsmann aus der Provinzstadt Grand Rapids nach Los Angeles, um seine verschwundene Tochter aufzuspüren, die zuletzt als Darstellerin in einem Pornofilm gesichtet wurde. Jake Van Dorn verkleidet sich, steigt hinab in die Porno-Unterwelt der Westküste. So fangen Geschichten an, so entwickeln sich Filme: mit einer Veränderung, mit einer Reise, mit einem Aufbruch ins Ungewisse. Bei Schrader indessen bleibt dieser Aufbruch nur behauptet, ist die Reise strikt determiniert durch die konventionellen Verwicklungen eines Hollywood-Drehbuchs.

*

Das Kino der Zukunft geht mit seinen Geschichten (wenn es überhaupt noch Geschichten erzählt) weniger pedantisch um. Es läßt den Zuschauer teilhaben an den Schwierigkeiten und Lüsten der Reisen. Es beschreibt nicht Bewegungen von Punkt A zu Punkt B, sondern macht Umwege, wählt nicht Hauptstraßen, sondern Pfade im Unterholz. An nichts liegt ihm weniger als an technischer Perfektion, von deren Bedeutungslosigkeit schon Chaplin und Renoir wußten.

Die Reisen, die im Kino der Zukunft stattfinden, können sehr kurz sein (von Dortmund nach Münster nach Siegen in Adolf Winkelmanns »Die Abfahrer«, quer durch die enge Schweiz in Alain Tanners »Messidor«) oder sehr lang (von Berlin auf die Südseeinsel Ureparapara in Rudolf Thomes »Beschreibung einer Insel«, durch viele nächtliche Städte in Clemens Klopfensteins »Geschichte der Nacht«). Wichtig ist nicht das Ziel, wichtig allein ist die Reise selbst, die auch zu einer Reise für den Zuschauer wird. Den ergreift, je weiter sich der Film von den Prachtstraßen der Üblichkeit entfernt, ein seltsames Gefühl der Befriedigung über die schiere Bewegung, am Ende auch eine Traurigkeit, wenn der Stillstand, der Abbruch nicht ausbleibt.

Filme wie diese müßten immer weitergehen, wider alle Vernunft, der sie sich lustvoll entwinden, und in der Tat hatte der schweizerische Filmemacher Clemens Klopfenstein den Plan, seine »Geschichte der Nacht«, wortlose, ruhige Bilder von dunklen, menschenleeren Straßen und Plätzen überall in Europa, tatsächlich eine

ganze Nacht lang dauern zu lassen. Das Fernsehen, einerseits Mäzen dieser nur 63 Minuten langen Meditationsübung, die über einen Zeitraum von acht Jahren in 150 Nächten entstand, kann dergleichen natürlich nicht zulassen. Das Programmschema mag minimale Abweichungen von der Norm erlauben, es verbietet indessen den Traum von einer endlosen Fernsehnacht, in der bis zum frühen Morgen nichts anderes zu hören und zu sehen ist als Bilder und Töne vieler Nächte: aufgezeichnet in grobkörnigem Schwarz-Weiß, Phantome, Schatten, unwirkliche Lichtspiele zwischen Belfast und Basel, Stockholm und Warschau. Die Ansichten von leeren Städten, in denen keine Orientierung möglich ist, verschwimmen im Bewußtsein des Zuschauers, der sich willig dem Strom der Bilder hingibt, zu einer einzigen, fremden Stadt: eine Traum-Erfahrung Kino.
Über drei Stunden immerhin dauert Rudolf Thomes und Cynthia Beatts Film »Beschreibung einer Insel«, und auch diese Expedition könnte gern noch ein paar Stunden weitergehen. Man müßte die Möglichkeit haben, das Kino bisweilen zu verlassen, nach einer Weile auf seinen Sessel zurückzukehren und zu beobachten, wie sich die kleine Gruppe aus Deutschland allmählich verändert, während sie, ein halbes Jahr lang, die Insel Ureparapara erforscht. Man könnte immer tiefer eindringen in den Lebensrhythmus der Eingeborenen, man würde wohl seine Vorstellungen von Südseeidyllik noch entschiedener loswerden als jetzt schon.
»Beschreibung einer Insel« ist nur insofern ein ethnographischer Film, als er von den Schwierigkeiten der Ethnographen berichtet. Der Ankunft auf der Insel, von Thome mit einer starren, im Rücken der Reisenden postierten Kamera aufgenommen, die minutenlang nichts anderes zeigt als ein durch die Eindringlinge unbehaglich gemachtes Postkartenpanorama, folgt ein sanftes Lehrstück über die Unvereinbarkeit von zwei Kulturen. Nie indessen besitzt »Beschreibung einer Insel«, völlig ohne Drehbuch entstanden, aber dennoch sehr präzis inszeniert, einen aufdringlichen Demonstrationscharakter. »Es gibt«, schreibt Rudolf Thome, der mit diesem Film die Arbeit von »Made in Germany und USA« und »Tagebuch« fortsetzt, »keinen klaren Anfang und kein klares, eindeutiges Ende. Es gibt nicht das Verhältnis von schon Gemachtem zum noch zu Machenden, ein Verhältnis, das sich im Laufe der Dreharbeiten eines herkömmlichen Films nach einem Drehbuch unaufhörlich zuungunsten des Letzteren verschiebt und das den Filmemacher, denkt er an das, was er am Anfang im Kopfe hatte und an die Kompromisse, die er gemacht hat, zwangsläufig deprimiert.«
Es gibt statt dessen geduldige Ansichten von einer Insel und ihren Menschen, in erster Linie aber die Beschreibung eines Kampfes zwi-

schen den Reisenden, den Forschern: den einen, die ihre im schikken Jargon der »*Scene*« bis zum Überdruß wiedergekauten Wohngemeinschaftsprobleme bis in die Südsee schleppen, und der einen, die sich vorbehaltlos und neugierig auf die fremde Welt einläßt. Ich mochte diese Frau, dargestellt von Thomes Co-Regisseurin Cynthia Beatt, sehr gern, andere Zuschauer sympathisierten mit den übrigen Mitgliedern der Gruppe, die sich den Leuten von Ureparapara eher zögernd oder überhaupt nicht nähern. Ein Film, der die Unterscheidung zwischen der Realität der Darsteller und ihren Rollen weitgehend aufhebt, der sich weder als Spiel- noch als Dokumentarfilm definieren läßt, ist so offen, daß alle Figuren zu ihrem Recht kommen.

*

Ohne festes Drehbuch entstand auch »Messidor«, der neue Film des Genfer Regisseurs Alain Tanner: die Zufallsreise von zwei jungen Mädchen, einer Studentin und einer Verkäuferin, durch die Schweiz. Was sich als amüsante Eskapade anläßt, als zielloser Sommertrip mit dem einzigen Ehrgeiz, möglichst lange ohne Geld durchzuhalten, entwickelt sich zu einer Folge helvetischer Jagdszenen. Jeanne und Marie geraten in den Verdacht, Terroristinnen zu sein, im Fernsehen – in einer Sendung, die sehr genau wie »Aktenzeichen XY« aussieht – wird eine Fahndung ausgelöst, am Ende gibt es einen Todesfall. Doch diese Geschichte, die in der knappen Nacherzählung dramatisch und zielbewußt klingen mag, erzählt der Regisseur von »Die Mitte der Welt« und »Jonas, der im Jahr 2000 25 Jahre alt sein wird« nicht als schlüssige Politparabel, sondern als Landschafts- und Liebesfilm. Jeanne und Marie begeben sich – im Erntemonat Messidor, dem Juli des napoleonischen Kalenders – aus der Enge der Städte in eine prächtige Sommerwelt und entdecken allmählich auch ihre Gefühle füreinander. Auf die Bedrohungen von außen reagieren sie zuerst spielerisch, so unbefangen wie die Figuren einer Tragödie, die sich noch in einem eher heiteren Abenteuerfilm wähnen: weibliche »Easy Riders« weniger als Schwestern von Jacques Rivettes Céline und Julie, schön und unberechenbar. Schließlich erliegen sie dem Druck der Außenwelt: Das kleine Spiel, das sie zusammen mit Tanner unternehmen, zieht gewaltige Verdächtigungen nach sich.

*

Die Freiheit, die sich Jeanne und Marie im schönen Monat Messidor nehmen, ist zugleich die Freiheit Tanners, eine Geschichte nicht als hektischen Krimi zu erzählen, sich einzulassen auf die unbürgerlichen, anarchischen Emotionen seiner Figuren. »Messidor«, der beste Film von Berlin, das Dokument des Bewußtseins einer neuen

verlorenen Generation, hätte gewiß den »Goldenen Bären« verdient.
Noch eine Reise, die kürzeste, die billigste, gleichwohl eine der lustigsten in Berlin: mit einem geklauten Möbelwagen durchs Ruhrgebiet. »Die Abfahrer« von Adolf Winkelmann, der sich vor zehn Jahren als Experimentalfilmregisseur einen Namen machte (»31 Sprünge«, »Es spricht Ruth Schmidt«), heißen Atze, Lutz und Sulli und sind arbeitslos. Das ist nichts Ungewöhnliches in Dortmund, und Winkelmann macht auch keine Anstalten, eine ungewöhnliche Geschichte zu erzählen. Unaufdringlich sieht und hört er den drei jungen Männern bei ihren Aggressionen, ihrer Langeweile, ihren Sprüchen zu. Daß sie sich schließlich den Möbelwagen schnappen und eine Spritzfahrt ins Grüne unternehmen (fast wie Jeanne und Marie in »Messidor«), erscheint als völlig normal.
Irgendwie steigt auch ein Mädchen zu, und mit lakonischem Humor beschreibt Winkelmann das Vergnügen des unverhofften Ausbruchs, den kleinen Rausch im Kohlenpott, das Mißtrauen der Figuren ihrer eigenen Abenteuersehnsucht gegenüber. Die Erzählweise ist sprunghaft, vieles wirkt improvisiert. Das Kino der Zukunft braucht Filme wie »Die Abfahrer«: billig, unverkrampft, von mir aus auch manchmal albern. Man erfährt ganz nebenbei viel über die Mentalität von jugendlichen Arbeitslosen. Großes Kino sieht anders aus, aber für großes Kino ist Winkelmann nicht zuständig.

*

Natürlich muß von »David« die Rede sein, Peter Lilienthals Film, den die Berliner Jury mit dem »Goldenen Bären« auszeichnete. Eine Fehlentscheidung kann man das gewiß nicht nennen, aber mit dem Kino der Zukunft hat »David« weniger zu tun als die schäbigen, kleinen »Abfahrer«, von Tanners »Messidor« ganz zu schweigen. In seiner Geschichte eines jungen Juden, der die Naziherrschaft in Berlin überlebt und sich am Ende nach Palästina einschifft, entfaltet Lilienthal mit einer Subtilität, die ich gelegentlich als indifferent empfand, die Kunst des psychologischen Realismus. Alles stimmt in diesem Film: die langen Beschreibungen jüdischer Kulthandlungen, die Dekors, die Kostüme, die Gestik und Mimik der Schauspieler, die zum Teil (Walter Taub als alter Rabbi Singer, Mario Fischel als David) außerordentlich gut sind. Es gibt keine falschen Töne in »David«. Die Musik erscheint angemessen düster, die Farben sind auf das delikateste aufeinander abgestimmt. Und David, dieser Parzifal mit gelbem Stern, ist in der Tat eine bewegende Figur.
Oder könnte es sein, wenn Lilienthal seinen respektablen Film weniger in der Art einer durchaus unpathetischen und würdevollen Pre-

digt für die stillen Feiertage angelegt hätte: Menschlichkeit in dunklen Zeiten, aber eine Menschlichkeit, die sich mir als abstrakte Idee vermittelte, nicht als die Wirklichkeit des Films, dessen Figuren gelegentlich sehr blaß bleiben, über die man viel zu wenig erfährt, weil Lilienthal ihre Widersprüche entweder verniedlicht oder verschweigt. Was hat es auf sich mit dem alten Berliner Schuster, der David und seine Schwester unter Lebensgefahr verbirgt und von dem man in einem Nebensatz erfährt, daß er sich an den beiden auch bereichert? Und was für eine Figur ist Davids Schwester, in deren Rolle Eva Mattes ziemlich beziehungslos durch den Film irrt? Warum genau verhilft der reiche Fabrikant (G. Rudolf Sellner) David zur Flucht?

Lilienthal, ein Meister der atmosphärischen Rekonstruktion, ein Genremaler von Qualität, versucht das Unmögliche: das banale Grauen jener Tage mit Mitteln zu zeigen, die nichts anderes hergeben können als eine Demonstration ihrer Sterilität und Untauglichkeit. »David« sieht aus wie ein sehr ordentliches, aufgeräumtes Zimmer, in das auch John Cassavetes' Kameramann Al Ruban keine Unordnung, kein Leben zu bringen vermochte. Bis auf die allerletzte Sequenz, deren zionistisches Pathos um so überraschender wirkt (Davids Ankunft in Israel, geschickt aus neuem Material und Dokumentaraufnahmen montiert), scheint Lilienthals Haltung seinem Stoff gegenüber seltsam unbeteiligt. In gewisser Weise ist diese Perspektive sogar konsequent: sie entspricht der des jungen Juden David, dessen Sanftmut einen grellen Kontrast zur allgemeinen Mordlust bildet.

Gegen jene Agenten des vermeintlichen Volkswillens, die »David« nun an den Obszönitäten von »Holocaust« messen und mit diesem Vergleich einer hemmungslosen Emotionalisierung das Wort reden werden, muß man Lilienthals Film entschieden verteidigen. Er ist gescheitert, aber auf einem Niveau, das Sympathie und Anerkennung verdient.

Nr. 11 vom 9. 3. 1979

Michael Ciminos »Die durch die Hölle gehen«
Amerika ist tot, es lebe Amerika

»Die besten Jahre unseres Lebens« nannte William Wyler 1946 mit bitterer Ironie seinen berühmten Film über Amerikas junge Helden, die von den Schlachtfeldern Europas und Asiens in eine enge Kleinstadtwelt zurückkehrten, in der sie sich kaum noch zurechtfanden. Die besten Jahre ihres Lebens: vertan.

»Die besten Jahre unseres Lebens« – das wäre auch kein schlechter Titel für Michael Ciminos heftig umstrittenen Film »The Deer Hunter« (seinetwegen verließen die Russen und ihre Verbündeten die Berliner Filmfestspiele), auf jeden Fall ein besserer Titel als »Die durch die Hölle gehen«. Denn ein martialisches Landser-Epos für den Geschmack der Bruce-Lee- und Bud-Spencer-Klientele ist »The Deer Hunter« gewiß nicht, auch wenn der deutsche Verleih das Drei-Stunden-Werk vorzugsweise an Action-Kinos vermietet. Ich sah die hervorragend synchronisierte deutsche Fassung (die allerdings um ein paar Minuten gekürzt schien) im Hamburger »City« am Steindamm, mitten im lebhaften *red light district* rund um den Hauptbahnhof. Und ich war überrascht, wie aufmerksam und geduldig das offensichtlich auf knallige Gewalt und fröhlichen Heroismus eingestimmte Publikum Ciminos Film ertrug. Nur ein paar Rocker verließen protestierend den Saal, als der Film nach fast einer Stunde noch immer nicht »zur Sache« gekommen war, sich geradezu aufreizend viel Zeit nahm, eine russisch-orthodoxe Hochzeit in einem Stahlarbeiterstädtchen in Pennsylvania und einen Jagdausflug in die nahegelegenen Alleghenies zu beobachten.

Erst nach 67 Minuten befördert Cimino seine drei Hauptfiguren, die jungen Stahlarbeiter Michael, Nick und Steven, mit einem abrupten Schnitt aus der trostlosen Industriestadt Clairton in den Dschungel von Vietnam. Und längst hat man gemerkt, daß es hier keinen konventionellen Kriegsfilm zu sehen gibt. Dafür läßt sich Cimino viel zu ausführlich und detailverliebt auf das Leben in der kleinen *community* ein, dafür nähert sich die Panavisions-Kamera von Vilmos Zsigmond (der oft für Robert Altman arbeitet) viel zu neugierig den Schauplätzen: eine Kneipe, ein Ballsaal, in dem Stevens Hochzeit stattfindet, ein *»mobile home«* gegenüber der gigantischen Fabrikanlage, wo Michael und Nick wohnen.

Diese langen, atmosphärisch genauen Sequenzen vom Arbeiten und vom Feiern, vom Alltag einer kleinen Gruppe von Menschen, hat man noch im Kopf, wenn man Michael, Nick und Steven zum zweitenmal begegnet: beim Einsatz in Vietnam, erst in einem brennenden Dorf, dessen Bewohner grausam abgeschlachtet werden, dann in der Gefangenschaft der Vietcong, wo sie zur sadistischen Lust ihrer Bewacher russisches Roulett spielen müssen – mit einem Trommelrevolver, von dessen sechs Kammern nur eine geladen ist. Speziell diese Szene, die rund zwanzig Minuten dauert und in der Tat sehr schwer erträglich ist, hat einige Kritiker empört. Hier würden den Vietnamesen Grausamkeiten zugeschrieben, die in Wirklichkeit die Amerikaner begangen hätten, hier werde der Freiheitskampf eines ganzen Volkes diffamiert.

Doch dieser Vorwurf zielt an »The Deer Hunter« vorbei. Nichts liegt Cimino, dessen zweiter Film dies erst ist, ferner als Propaganda, weder für die »Falken« (denen John Wayne seine »Green Berets« widmete) noch für die »Tauben« (deren schlechtes Gewissen Hal Ashby und Jane Fonda mit »Coming Home« beschwichtigten). Ciminos Perspektive ist entschieden unpolitisch, sie ist die seiner Figuren, die nicht geläutert aus dem »Stahlbad« hervorgehen (weder im Sinne Waynes noch im Sinne Jane Fondas), die den Krieg nicht als ideologische Auseinandersetzung erleben, sondern als Persönlichkeitszerstörung, aus der sie gleichwohl nichts lernen.

Steven verliert seine Beine, Nick verliert seinen Verstand (in den Hinterzimmern des untergehenden Saigon spielt er russisches Roulett vor einem zahlenden Publikum). Und Michael, Titelheld und zentrale Figur, verliert seinen Jagdinstinkt, nach der klassischen amerikanischen Vorstellung seine Männlichkeit: Nach seiner Rückkehr aus Vietnam läßt der »Deer Hunter« den kapitalen Hirsch, den er schon im Visier hat, laufen – eines der vielen Bilder der Ohnmacht und Impotenz, mit denen Michael Cimino die Zuschauer traktiert. Es sind Impressionen eines langsamen, qualvollen Selbstmordes, die er hier entwirft.

Um so schockierender erscheint die Schlußsequenz: Nach der Beerdigung von Nick, den Michael nicht mehr aus der Hölle von Saigon retten konnte, versammeln sich die Überlebenden zu einem improvisierten Leichenschmaus in der Kneipe. Und während er Rühreier zubereitet, stimmt der dicke John das Lied »God bless America« an, in das die Trauergemeinde, erst zögernd, dann immer bestimmter, einfällt. Und das ist nun nicht der höhnische Abgesang auf das kaputte, moralisch korrupte Amerika, sondern Ausdruck einer Zerrissenheit, die, von »The Long Grey Line« bis »The Searchers«, auch viele große Filme von John Ford kennzeichnet: Die Trauer über einen Verlust geht auf in der Gewißheit, dennoch in einer familiären und auch nationalen Identität Geborgenheit zu finden. Amerika ist tot, es lebe Amerika. Man kann diese Haltung fragwürdig finden, sie ist auf jeden Fall authentischer als das liberale Rechtfertigungspathos von »Coming Home«. Und die Art, wie Vilmos Zsigmonds Kamera die Trauergesellschaft zeigt, die sich nicht zu einer Weihestunde versammelt hat, sondern zu einem Rühreieressen, läßt falsches Pathos nicht aufkommen.

Ein realistischer Film ist »The Deer Hunter« indessen nicht. Sowenig es den realen Ort Clairton gibt, dessen düstere Topographie Cimino in acht verschiedenen Städten zusammensuchte, so entschieden erhebt sich der Hirschjäger Michael (Robert De Niro in seiner besten Rolle seit Martin Scorseses »Taxi Driver«) über diese graue, überhaupt nicht idyllisch verzeichnete Welt. In Michael, dem schweigsamen, gelassenen Jäger, der das Wild mit einem einzigen Schuß zur Strecke bringt, porträtiert Cimino einen amerikanischen Idealtyp, einen Nachfahren von James Fenimore Coopers »Wildtöter«. Zur einsamen Jagd in den Bergen, durch die er sich so selbstverständlich bewegt wie durch die schmutzigen Straßen der Stadt, erklingen russisch-orthodoxe Choräle: die mystische Vereinigung von Mensch und Natur, die Jagd als kultische Handlung. An dieser Stelle läßt sich Cimino zu grandiosem Kitsch hinreißen, zu einer Feierlichkeit, die später allerdings um so radikaler dementiert wird, wenn der Jäger in ein Spiel gerät, dem er nicht mehr gewachsen ist: »the most dangerous game«, die Jagd von Menschen auf Menschen. Um so bedrückender wirkt nach den ekstatischen Naturszenen die Rückkehr Michaels nach Clairton: ein gebrochener Held, dem alle Feiern zuwider sind, der indessen mehr ahnt als weiß, daß die besten Jahre seines Lebens einer perversen Verschwendung zum Opfer gefallen sind.

Verzweifelt klammert er sich an die alten Ideen von bedingungsloser Männerfreundschaft und kehrt noch einmal nach Saigon zurück, um Nick zu suchen. Aber auch die »Macho«-Mythen, die Cimino als ehemaliger Mitarbeiter von Clint Eastwood sehr genau kennt, überstehen den Film nicht unbeschadet. Zwar gibt sie Cimino nicht dem Spott preis, zeigt Michaels Wanderung durch die brennende, vom Untergang gezeichnete Stadt als heldische Anstrengung, die aber zu nichts führt als zu einem sinnlosen Duell: Beim russischen Roulett sitzen sich die Freunde zum letztenmal gegenüber.

Gelegentlich neigt Cimino dazu, die irrational-mystischen Elemente seiner Geschichte zu überziehen: etwa in jener Szene bei der Hochzeit von Steven, wo ein Tropfen roten Weines auf dem weißen Brautkleid kommendes Unheil annonciert. Doch solche Einwände wiegen gering angesichts der epischen Kraft von »The Deer Hunter«, einer Kraft und einer faszinierenden Vielfalt, die den Vergleich zu Francis Coppolas »Der Pate« herausfordert. Die Sequenz vom Ende Saigons entspricht genau dem Untergang des alten Havanna im zweiten Teil von Coppolas Mafia-Sage. Hier wie dort begegnet man amerikanischem Glanz und amerikanischer Barbarei: amerikanischen Widersprüchen.

Nr. 12 vom 16. 3. 1979

John Carpenters »Assault« und »Halloween«
Die langen Nächte des Terrors

Durch Anderson, ein Slum-Viertel von Los Angeles, kurvt langsam und scheinbar ziellos eine schwarze Limousine. Aus einem Fenster schiebt sich der Lauf eines automatischen Gewehrs. Im Fadenkreuz des Zielfernrohrs erscheinen die zerlumpten, betrunkenen, kaputten Menschen dieser Gegend. In Großaufnahme krümmt sich ein Finger am Abzug, aber geschossen wird erst ein paar Minuten später. Ein kleines Mädchen kommt zu Tode und der Eismann, von dem es ein *Vanilla Split* kaufen wollte. Eine Polizeistation wird belagert, mitten in der Stadt. In Anderson beginnt eine lange Nacht des Terrors.
Es ist eine anonyme, sinnlose Gewalt, mit der John Carpenter in seinem zweiten Spielfilm »Assault on Precinct 13« die Zuschauer konfrontiert: ein namenloser Schrecken aus dem Hinterhalt, das absolute Böse. Aus den vier bizarr kostümierten Gestalten in der schwarzen Limousine – eine von ihnen trägt den Kampfdreß der kubanischen Revolution – werden bald hunderte: fanatische jugendliche Killer, die in einer wahren Blutorgie das kleine Polizeirevier 13 stürmen. Überall liegen schließlich Leichen herum, aber dennoch herrscht gespenstische Stille. Die Angreifer benutzen Schalldämpfer, niemand wird auf das Drama aufmerksam. Kann das wirklich geschehen, an einem Tag wie jeder andere, *»in the middle of the city«*?
Eine beängstigendere, faszinierendere Vision urbaner Gewalt hat es im gewiß nicht gerade gewaltlosen amerikanischen Kino der siebziger Jahre nicht gegeben. Carpenters Film, der unter dem Titel »Assault – Anschlag bei Nacht« jetzt bei uns anläuft, besitzt die Qualität eines Alptraums. Und, merkwürdig genug, die eines Western. Denn zwischen den Verteidigern des Reviers, einem jungen schwarzen Polizeileutnant, einem unerschrockenen Mädchen und zwei Schwerverbrechern – der eine, auf den der elektrische Stuhl wartet, heißt Napoleon Wilson –, entwickeln sich Beziehungen, die sehr genau an die in den Howard-Hawks-Western »Rio Bravo« und »El Dorado« erinnern. In denen mußte ein Gefängnis gegen eine übermächtige Bande gehalten werden. Hier wie dort gibt es chevareske Gesten zu sehen, eine Männerfreundschaft gedeiht in den Momenten höchster Gefahr, und die Dame ist keineswegs fürs Feuer, sondern so *»cool«* und *»sophisticated«* wie eine echte Hawks-Lady. Sie heißt Leigh, und die Kenner ahnen, daß Carpenter sie zu Ehren von Hawks' langjähriger Drehbuchautorin Leigh Brackett so taufte.

Auch der schwarze Held trägt einen traditionsreichen Westernnamen. Er heißt Ethan, wie John Wayne in John Fords schönstem Western »The Searchers« (Der schwarze Falke).
Carpenter also läßt die reale Gewalt der Straße, wenn auch extrem stilisiert, mit den Mythen des amerikanischen Kinos kollidieren. Aus diesem Zusammenstoß, den die Gegenwelt des Kinos am Ende mit letzter Mühe siegreich übersteht, entwickelt sich ein doppelter Triumph für das Medium: nicht nur für die nach vertrauten Mustern entworfenen Figuren auf der Leinwand, die so reden wie Wayne und Dean Martin in »Rio Bravo« und manchmal auch so wie Bogart und Bacall in »To Have And Have Not«, sondern auch für einen Inszenierungsstil, den das reiche New Hollywood mit seinen Multi-Millionen-Dollar-Budgets und seinen barocken Spezialeffekten fast vergessen hat.
Carpenter, der »Assault« 1977 für ganze 200 000 Dollar mit völlig unbekannten Schauspielern drehte, inszeniert mit jenem schnörkellosen Funktionalismus, in dem keine Einstellung überflüssig ist, kein Schnitt eine Abschweifung bedeutet. Zielstrebig führt er drei geschickt angelegte Parallelhandlungen zusammen, charakterisiert seine Figuren ebenso knapp wie plastisch: Ethans Erinnerungen an das Polizeirevier, in das ihn sein Vater als kleiner Junge schickte, Napoleon Wilsons ewige Sucht nach einer Zigarette, die ironischen Bemerkungen des Mädchens. Die Psychologie wird nicht überstrapaziert, aber es entstehen lebendige Kinofiguren.
»Assault – Anschlag bei Nacht« ist im kaum noch üblichen, hierzulande vom Fernsehen bereits völlig vernichteten CinemaScope-Verfahren gedreht. Die kühle, funktionale Eleganz der Inszenierung hat nicht zuletzt mit Carpenters meisterhaftem Umgang mit diesem Breitwandformat zu tun. Und mit der peitschenden, nervösen Musik, die an Ennio Morricones beste Arbeiten für Sergio Leone erinnert: »Für eine Handvoll Dollars« und »Spiel mir das Lied vom Tod«. Mit dieser Musik, die er selber geschrieben hat, schafft Carpenter eine Verbindung zwischen dem klassischen amerikanischen Erzählkino und der zumal von Leone geprägten modernen Ästhetik des synthetischen Terrors. *Hawks meets Leone* – eine Affäre von schöner, schrecklicher Künstlichkeit, sehr viel weniger ein Kommentar zum akuten Problem der Jugendkriminalität (von manchen Linken wurde Carpenter prompt als Faschist verdächtigt, weil die Killer in der Tat keine menschlichen Züge besitzen) als ein Essay über Kino-Formen.
In Amerika erlangte »Assault – Anschlag bei Nacht« rasch den Status eines Kultfilms. Beim London Film Festival 1977 sah man ihn zum erstenmal in Europa, Heinz Badewitz holte ihn im letzten

Herbst zu den Hofer Filmtagen. Die großen Verleihe, die wieder einmal schliefen, interessierten sich nicht für dieses schwarze Vergnügen, so konnten sich Laurens Straub und Christian Friedl, ehemals beim Filmverlag der Autoren, »Assault« für ihre kleine »Filmwelt« sichern. Sie verleihen auch Carpenters ersten Film, die 1972 begonnene und drei Jahre später mit der Geldspritze eines Porno-Produzenten fertiggestellte Science-fiction-Satire »Dark Star« (Produktionskosten: 60000 Dollar), eine originelle Mixtur aus den Kubrick-Filmen »Dr. Seltsam« und »2001 – Odyssee im Weltraum«.

Zum erstenmal hörte man von John Carpenter 1970. Da gewann er, gerade 20 Jahre alt und Student an der Filmabteilung der University of Southern California in Los Angeles, einen »Oscar« für seinen mit Amateurmitteln hergestellten Kurzfilm »The Resurrection of Broncho Billy«. Hollywood indessen zeigte sich wenig beeindruckt von dem Wunderknaben aus Bowling Green, Kentucky, und nahm auch die extrem billigen Außenseiterproduktionen »Dark Star« und »Assault on Precinct 13« kaum zur Kenntnis. Daß er über Produktionsmittel verfügte, die einen etablierten Hollywood-Regisseur allenfalls zu einem höhnischen Grinsen veranlassen würden, störte Carpenter indessen wenig. Er, der Kino-Fanatiker, machte alles selber: Regie, Drehbuch, Musik und, bei »Assault«, auch den Schnitt (unter dem Pseudonym John T. Chance, John Waynes Rollenname in »Rio Bravo«).

Seine Götter heißen Hawks, Ford und Hitchcock (leider auch Polanski), mit den anderen New Hollywood-Regisseuren, die ebenfalls die Klassiker bewundern, hat er dennoch wenig im Sinn, am wenigsten mit dem berechnenden Hawks-Plünderer Peter Bogdanovich und mit dem barocken Hitchcock-Adepten Brian De Palma. Denn – zumindest bis jetzt – ist Carpenter mehr als ein brillanter Imitator mit einem extrem guten Kino-Gedächtnis. Er bezieht sich zwar auf die alten Meister, aber er integriert ihre Themen und ihre Formen in sein eigenes, von den düsteren Terrorängsten der siebziger Jahre geprägtes Universum. Und im Gegensatz etwa zu De Palma, der in seinem jüngsten Film »The Fury« (Teufelskreis Alpha) vor lauter brillanten Effekten seine Story aus den Augen verliert, ist Carpenter ein Regisseur, dessen stilistische Mittel sich kaum je verselbständigen, sondern der Geschichte dienen: durchaus keine Selbstverständlichkeit im neuen Hollywood, wo technischer Überfluß oft nichts anderes erzeugt als episodische Zerfahrenheit. Je mehr Geld einer zur Verfügung hat, desto selbstverliebter will er seine Tricks vorzeigen. So läßt sich der Abstieg eines George Lucas erklären, der nach den schönen, billigen »American Graffiti« die aufgeblasenen, leeren »Star Wars« drehte. Noch ist sich John Carpenter dieser Gefahr bewußt, und auch sein dritter Film »Halloween« (bei uns demnächst unter dem Titel »Halloween – Die Nacht des Grauens«) dokumentiert sein originelles Talent und seine mitunter verstörend manichäische Weltsicht. In der Gestalt eines mörderischen Geisteskranken bricht das absolute Böse in eine friedliche Provinzstadt in Illinois ein. Aber wie in »Assault« merken die braven Bürger von Haddonfield allzu lange nichts von dem blutigen Wahnsinn, der sich *»in the middle of the city«* ereignet. Nur ein bärtiger Psychiater (Donald Pleasence, einer der Hauptdarsteller in Polanskis »Wenn Katelbach kommt« und der einzige Star dieses 300 000 Dollar billigen Films) kämpft auf verlorenem Posten gegen das Unheil.

»Halloween« beginnt mit einer rund sechs Minuten langen Kamerafahrt um und in ein am späten Abend nur spärlich beleuchtetes Haus. Man erlebt einen Mord aus der Perspektive des Mörders, durch die Sehschlitze einer Karnevalsmaske. Aber der wirkliche Schock ist nicht der Anschlag mit dem breiten, blitzenden Küchenmesser, sondern der Schluß dieser virtuosen Schreckensetüde: Die Maske fällt, der Mörder erweist sich als sechsjähriger Junge.

Anläßlich von »Halloween« fühlte sich Andrew Sarris in der New Yorker »Village Voice« sowohl an Vincente Minnellis Kleinstadtmusical »Meet Me in St. Louis« als auch an Hitchcocks »Psycho« erinnert. Und in der Tat gelingt Carpenter eine waghalsige Kreuzung höchst unterschiedlicher Traditionen, zusammengehalten durch die Eleganz seiner fließenden Kamerabewegungen, die eine Atmosphäre subtilen Terrors herstellen. Carpenter scheut zwar keine blutigen Details (in »Halloween« übertreibt er die Schlachtszenen nach meinem Geschmack ein wenig), aber die Spannung ergibt sich nicht aus dem Gemetzel, sondern aus dem Einsatz der formalen Mittel: der mit dem Mörder durch die Stadt schleichenden Kamera und der ahnungsvoll unheimlichen Musik (die wiederum Carpenter selber komponierte).

Seit »Halloween« sind auch die großen Hollywood-Firmen auf John Carpenter aufmerksam geworden. Sein Drehbuch »Die Augen der Laura Mars«, ursprünglich für Barbra Streisand geschrieben, durfte noch der Regisseur Irving Kershner verhunzen, aber jetzt, nach acht Jahren, drei Kinofilmen und zwei Fernseharbeiten (die Hitchcock-Hommage »High Rise« und die sehr erfolgreiche dreistündige Presley-Biographie »Elvis!«) kann sich Carpenter seine Projekte aussuchen. Ende März beginnt er mit den Dreharbeiten zu dem Horrorfilm »The Fog«, danach sind ein Western und ein Thriller mit Lauren Bacall geplant. Wenn Carpenter nicht, wie so viele junge Hollywood-Regisseure vor ihm, den Versuchungen des großen Geldes und der leeren Perfektion erliegt, könnte er zum Erneuerer des amerikanischen Genre-Kinos werden.

Nr. 13 vom 23. 3. 1979

Der Filmemacher Klaus Lemke
Alle Träume werden wahr

Über einen Mangel an öffentlicher Anerkennung kann sich Klaus Lemke in letzter Zeit gewiß nicht beklagen. Vor zwei Wochen bekam er, für seinen Fernseh-Film »Amore«, einen Adolf-Grimme-Preis in Silber (die Verleihungszeremonie muß, glaubt man Lemke, eher einem Staatsbegräbnis geglichen haben), und die Wiesbadener Filmbewertungsstelle (FBW), ein traditionsreiches Institut für gehobenen Nonsens, fand seinen neuen Kino-Film »Ein komischer Heiliger« sogar »besonders wertvoll«. Aus der Begründung: »Die Arbeit der Kamera ist bemerkenswert, der Bau der Szenerie ebenso. So ist hier ein auch im Dialog einfallsreiches kleines Thema in dem Maße positiv realisiert, daß sich der Bewertungsausschuß zu dem höchsten Prädikat entschließen konnte.«
Nun ist an den Lemke-Filmen der letzten zehn Jahre nichts weniger »bemerkenswert« als die Arbeit der Kamera, sie ist unauffällig bis beinahe schlampig, ordnet sich total den Situationen und dem Spiel

Klaus Lemke *(links)* mit Cleo Kretschmer und Wolfgang Fierek

der Darsteller unter. Mit Kamera-Virtuosen wie Michael Ballhaus, den Fassbinder bevorzugt, oder Robby Müller (Wenders, Geissendörfer, neuerdings Bogdanovich) könnte Lemke nicht arbeiten. Bei ihm muß alles schnell gehen, keine Einstellung ist für die Ewigkeit der Filmgeschichten bestimmt. In Lemke-Filmen waltet eine gewisse Nonchalance, die Ästheten leicht verstören kann, aber Lemke macht eben auch keine Filme, um irgendwelchen Gremien zu imponieren.

Vor denen und deren Vorstellungen von Seriosität hat sich Lemke längst ins Fernsehen geflüchtet. Da läßt es sich, wenn man das seltene Glück hat, an Redakteure zu geraten, denen nicht ausschließlich an der Bebilderung ihrer Lieblings-Bücher gelegen ist, ganz ordentlich über die Runden kommen. Peter Märtesheimer (WDR) und Willi Segler (ZDF) lassen ihren Lemke nicht verkommen, auch wenn der sich lieber an »kleine Themen« hält als an zwölfteilige Literatur-Verfilmungen. Lemke, fürchte ich, hat überhaupt nicht viele der »Hundert Bücher« gelesen, die man so kennen muß, um als Kultur-Mensch ernstgenommen zu werden.

Vor zehn Jahren, als das Neue deutsche Kino noch Junger deutscher Film hieß und das Wort von den »Jungfilmern« umging, träumte Klaus Lemke den großen Schwabing-Traum von Hollywood. »48 Stunden bis Acapulco« und »Negresco« hießen seine ersten Spielfilme: Annäherungen an amerikanische Sujets, die zugleich den Abstand zu den bewunderten Originalen beschrieben. Über »Negresco« (mit Ira von Fürstenberg und Gérard Blain) schrieb Frieda Grafe damals in der »Filmkritik«: »... in Lemkes Art, auf den Druck seiner Umgebung mit Passivität zu antworten, sich hindrängen zu lassen zum Unpersönlichen und Anonymen, liegt Methode. Er rechnet mit den Überschüssen der Realität, die dann sich zeigen, wenn man sie in einen möglichst artifiziellen Rahmen spannt. Er führt nicht Regie in dem Sinn, daß er die Szene ganz beherrscht.«

Dabei ist es bis heute geblieben. Auch nach zehn Jahren beim Fernsehen kann man Lemke nicht gerade als großartigen Inszenierungs-Künstler bezeichnen. Aber gerade weil sie nicht pefekt sind, weil sie sich dem Standard, der Routine verweigern, gehören Lemkes Fernsehfilme zu den wenigen Lichtblicken im trostlosen Programmschema. Zehn Jahre, zehn Titel: »Brandstifter« (1970), »Mein schönes kurzes Leben« (1971), »Rocker« (1972), »Sylvie« (1973), »Paul« (1974), »Teenager-Liebe« (1974), »Idole« (1975), »Sweethearts« (1976), »Moto-Cross« (1977), »Amore« (1978).

Mit dem Etikett »Fernseheigenes Volkstheater besten Stils« behängte die Grimme-Preis-Jury den Film »Amore«, der davon handelt, wie sich eine resolute Münchner Gemüsehändlers-Tochter einen hübschen italienischen Vorstadt-Casanova angelt: so recht ein Stoff für die »Volkstheater«-Spezialisten der Firmen Ohnsorg oder Komödienstadl. Bei denen indessen kommt »Volk« als polternde Chargen-Truppe vor – Menschen reduziert auf »Typen« vom Boulevard der falschen Gemütlichkeit –, bei Lemke inszeniert das Volk sich selber. Seit »Rocker« hat er konsequent auf die Mitwirkung von professionellen Schauspielern verzichtet. Lemke erlaubt seinen Darstellern mehr Freiheiten als jeder andere deutsche Regisseur. Mit ihnen zusammen entwickelt er die Handlungen und Dialoge. Vieles wird erst am Drehort erfunden, Lemke nimmt die Dinge, wie sie kommen. Er vertraut sich der Spiellust seiner Laien-Stars an.

Die heißen seit »Idole« Ingeborg Maria Kretschmer, genannt Cleo, eine gelernte Drogistin und zeitweilige Bardame aus dem Niederbayerischen, und Wolfgang Fierek, Feinmechaniker aus Ottobrunn. In mehreren Filmen kommt Pietro Giardini vor, ein italienischer Freund, und Herbert Achternbuschs Spezi Heinz Braun darf immer mal wieder einen Briefträger mimen, was zumindest ungewöhnlich ist: Denn Lemkes Briefträger, Polizisten, Bahnhofs-Missionare, Groupies, Nutten, Nonnen und andere Klein-Darsteller sind meistens »echt«, dem alten, viel zu selten beherzigten Grundsatz gemäß, daß 95 Prozent der Bevölkerung schauspielerisch begabt ist.

Bei Lemke wird jeder ein Star, wenigstens für eine halbe Minute. So geht der Traum von Hollywood auch im Fernsehen weiter. Für Cleo Kretschmer hat er sich erfüllt: Sie ist eine Diva, die alle Diven dieser Welt im Kino bewundert hat und sich nun selber produziert. Ihre Sprüche, ihre Reaktionen, ihr Witz lassen sich in keinem Drehbuch fixieren. Cleo ist ein Naturereignis: mal lieb, mal biestig, ungeheuer energisch und ungeheuer naiv. Cleo ist ein Star, und in Lemkes freundlicher Märchenwelt werden ihr alle Wünsche erfüllt: Das Mädchen vom Lande kriegt den Pop-Star (in »Idole«), den Rennfahrer (in »Moto-Cross«), den feschen Italiener (in »Amore«), den Missionar, der München von der Sünde befreien will (in »Ein komischer Heiliger«).

Bei aller Authentizität von Sprache (bei Lemke hört man nie das fürchterliche Fernseh-Hochdeutsch) und Milieu ist Lemke dennoch kein realistischer Regisseur und will wohl auch keiner sein. Fast immer siegen die Kino-Phantasien seiner Darsteller (die natürlich auch seine eigenen sind), und die Figuren entwinden sich dem Alltag in eine schöne Wunschwelt. Lemke-Filme handeln von der Wahrheit der Träume, die in Niederbayern und anderswo kursieren. Sie machen gute Laune, weil sie ihren Witz und ihre Sentimentalität nicht bedeutungsvoll zelebrieren, sondern beiläufig aus dem Temperament der Mitwirkenden entwickeln.

Im Fernsehen sind Lemke-Filme, der Kunstlosigkeit des Mediums wegen, gut aufgehoben. Im Kino werden ihre Defizite offensichtlicher: ihr Mangel an Stil, die Zufälligkeit vieler Kamerabewegungen, die nicht immer sinnvollen Zooms. Doch ihre einzigartige Lebendigkeit behalten sie auf der großen Leinwand: weil sich auch im Kino erweist, daß Lemkes vermeintliche Schlamperei direkt mit seiner Arbeitsmethode zusammenhängt. Seine Inszenierung besteht in der oft spontanen Reaktion auf vorgefundene Realität, sie paßt sich an und bleibt so notwendig unvollkommen, durchlässig für die wunderbaren Überraschungen des Alltäglichen. Dafür nehmen Lemke und sein Kameramann Rüdiger Meichsner einiges in Kauf.

Klaus Lemke, Jahrgang 1940, von Fritz Kortner nach vier Tagen als Regieassistent gefeuert (das mußte ja so kommen), ist der einzige deutsche Regisseur, auf den Günther Rohrbachs verhängnisvolle Theorie vom »amphibischen Film« paßt. Er selber macht keinen Unterschied zwischen Kino- und Fernseh-Filmen, und in der Tat hätte man sich »Amore« auch auf der Leinwand und den »Komischen Heiligen« auf dem Bildschirm vorstellen können. Die »kleinen Themen«, auf denen die Filmbewertungsstelle so selbstherrlich besteht, und die authentischen Bilder und Töne von Kleinbürger-Phantasien kommen in unseren kunstbesessenen Medien viel zu selten vor, als daß man auf sie verzichten könnte.

»Ein komischer Heiliger«: Wolfgang Fierek (der in den Filmen meistens seinen Namen behält), ein junger, frommer Mensch mit der »sauberen Ausstrahlung von Johnny Travolta« (das findet Cleo), gerät in München an die treuherzige Nutte Baby Kirchbauer (Cleo Kretschmer), die sich ohne Umstände in den schüchternen Jungen verliebt. Die Handlung erinnert nicht von ungefähr an »Irma La Douce«, aber man darf sich nicht dazu verführen lassen, sie nacherzählen zu wollen. Denn »Ein komischer Heiliger« ist kein Handlungs-, sondern ein Situationen-Film, eine Milieu-Komödie. Da kennen Cleo und Lemke sich aus, da verwickeln sie Bürovorsteher, Zuhälter und andere Respektspersonen in einen absurden Reigen aus Liebe und Geschäftssinn, improvisieren sich in immer groteskere Situationen hinein, bis sie eine gnädige Dramaturgie doch noch zusammen- und den Film zu Ende bringt.

Selbst der rührend idyllische Schluß verdirbt einem nicht den Spaß an den Verrücktheiten von Cleo, Wolfgang und Klaus, deren Filme wie Familienausflüge aussehen, Spielereien phantasiebegabter Amateure. Einen Disco-Film haben sie gerade abgedreht (er läuft im Sommer im Fernsehen), danach wollen sie was Exotisches machen: mit Scheichs und Haremsdamen und so.

Nr. 15 vom 6. 4. 1979

»Die Blechtrommel« von Volker Schlöndorff
Das war der Wilde Osten

Die Blechtrommel also, The Tin Drum, der erste Welterfolg der deutschen Nachkriegsliteratur, zwanzig Jahre danach schon ein Klassiker. Ein »Blechtrommel«-Film: das mußte wohl so kommen, auch wenn sich Günter Grass lange gesträubt hat, diesen unverfilmbarsten aller Romane für das Kino freizugeben. Einen amerikanischen Produzenten, der allen Ernstes vorschlug, den zwergwüchsigen Oskar Matzerath – des Profites wegen – in einen Helden von normaler Statur zu verwandeln, setzte er kurzerhand vor die Tür.
Ein gewisser Irrwitz gehört indessen wohl dazu, wenn jemand sich anschickt, dieses vielköpfige Monstrum aus realistischer Erzählkunst und ausufernder Phantastik, Parabel und Groteske, diesen Entwicklungsroman, der alle Entwicklungsromane verhöhnt, auf die Leinwand zu bringen. Literaturverfilmungen, auch die besseren, gleichen Rückzugsgefechten: starke Verluste, unsichere Aussichten, mißvergnügtes Publikum. Die optisch rekonstruierte Realität des Romans hält kaum je der zweiten Realität im Kopf des Lesers stand. Literarische Vielfalt schrumpft zusammen auf eine eindimensionale Bilderwelt, die ihren eigenen Reichtum in den Fesseln eines anderen Mediums kaum zu entfalten vermag. Selten reicht es zu mehr als zu einer mehr oder weniger respektvollen Illustration. Filme, die ihren literarischen Vorlagen eine neue Perspektive hinzugefügt haben, sind selten: Luchino Viscontis »Der Leopard« ist ein Beispiel, Jean-Marie Straubs »Nicht versöhnt« (weniger nach als gegen Heinrich Bölls Roman »Billard um halb zehn«) ein sehr anderes.
Wer mutig oder verrückt (oder beides) genug ist, ausgerechnet »Die Blechtrommel« verfilmen zu wollen, darf sich von einem solchen Lamento natürlich nicht beeindrucken lassen. Er wird mit dem Vorwurf rechnen müssen, sein Film sei – im besten aller möglichen Fälle – überflüssig, und überflüssig finde ich den »Blechtrommel«-Film in der Tat. Aber nicht schlecht, im Gegenteil. Daß mancher Germanist sich mit Grausen wenden wird, muß man ihm hoch anrechnen. Daß mancher Leser etliche Figuren (Jan Bronskis Frau, Herbert Truczinski) und Episoden (Rasputin) und dazu das ganze Dritte Buch (über Oskars Nachkriegsabenteuer) vermissen wird, kann man leicht verschmerzen. Daß der Rahmen der Erzählung (des Trommlers Räsonnement in der Heil- und Pflegeanstalt) auf der Strecke blieb, war unvermeidlich. Allzu viele, allzu umständlich literarisch konstruierte Rückblenden kann ein Kino-Film nicht verkraften. Auch Günter

Grass, der das Unternehmen mit aufmerksamem Interesse begleitete, der die Dialoge durchsah und überarbeitete, bestand auf einer linearen Erzählstruktur.
Wer aber wäre in der Lage, »Die Blechtrommel« zu inszenieren? Fellini wohl, wie Grass ein Mann von barocker Vorstellungskraft, wie jener ein Meister in der Schilderung derben, schwitzenden Kleinbürgerlebens, dazu auch mit einer intimen Haßliebe zum Katholizismus geschlagen. Ein Film wie »Amarcord« kommt dem Geist der »Blechtrommel« sehr nahe. Aber Fellini macht Fellini-Filme, er braucht Grass so wenig wie Grass Fellini braucht, und hätte er sich auf den fremden, deutschen Stoff eingelassen, er hätte ihn sich bis zur Unkenntlichkeit anverwandelt: eine ebenso reizvolle wie unmögliche Vorstellung.
Ein deutscher Regisseur also mußte her, und möglichst einer, der die stilistische Fülle, die sinnliche Kraft des Romans nicht einebnete, der erfahren und selbstbewußt war, sich von dem erdrückenden Ruhm der »Blechtrommel« nicht einschüchtern zu lassen, der andererseits seine eigene Persönlichkeit nicht so ungebührlich in den Vordergrund drängte, daß Oskar, der Trommler, seine Identität als Grass'sche Kunstfigur verlieren würde. Gesucht wurde ein Regisseur mit vielen Eigenschaften.
Volker Schlöndorff ist die ideale Besetzung für diesen durchaus nicht nur dankbaren Part: ein Mann, der sich auskennt mit der filmischen Adaption deutscher Literatur (Musils »Törless«, Kleists »Kohlhaas«, Brechts »Baal«, Bölls »Katharina Blum«), neben Fassbinder zweifellos der perfekteste Kino-Handwerker hierzulande, aber kein Regisseur, dessen Filme sich zu einem unverwechselbaren Schlöndorff-Stil addieren lassen. Volker Schlöndorff, der sein Metier in Frankreich lernte als Assistent von Jean-Pierre Melville und Louis Malle, ist kein Fall für das Autoren-Kino. In seinem Tagebuch des »Blechtrommel«-Films, einem lesenswerten Bericht über ein zweijähriges Abenteuer (erschienen in der Sammlung Luchterhand), notierte er unter dem 20. Oktober 1978: »Mit Peter Schneider und später mit Mario habe ich mich heute gefragt, worin Regietätigkeit in meinem Falle eigentlich besteht. Zuhören, zuschauen, Vertrauen ausstrahlen, Kontinuität wahren, Vorschläge anhören und einarbeiten, zusammenhalten, was sich einmal durch lange Auswahl und Vorarbeit zusammengefügt hat: Darsteller, Szenen, Schauplätze. Wenig Kreatives, eigentlich nur Ordnendes und Wahrendes. Keine charismatische Persönlichkeit – doch was würde eine solche aus der ›Blechtrommel‹ machen?«
Was Schlöndorff daraus macht, 150 Minuten lang, kann sich sehen lassen. »Dieser aus phantasmagorischen Kaskaden sich ergießende

surreale Bilderbogen hört nie, auf keiner Seite, auf, vergnüglichen Spaß zu bereiten«, hieß es in der ZEIT-Serie »Hundert Bücher« neulich über »Die Blechtrommel«, und Vergleichbares läßt sich auch über den Film sagen, trotz aller Einschränkungen gegen die Notwendigkeit des Unternehmens. Volker Schlöndorff fügt der »Blechtrommel« nichts Neues, Originelles hinzu, doch die Verluste halten sich in Grenzen.
Das Buch der unzähligen disparaten Stile und Stimmungslagen übersetzt Schlöndorff, der Regisseur ohne Stil, auf einleuchtende Weise in eine locker gefügte Nummernrevue. Von der hastigen, gleichwohl lustvollen Zeugung unter den vier weiten Röcken der Anna Bronski auf einem kaschubischen Kartoffelacker bis zum erzwungenen Aufbruch des überlebenden Teils der Bronski/Matzerath-Sippe 1945 im Güterzug von Danzig in den Westen reiht sich, durch gelegentliche *Off*-Kommentare des Erzählers Oskar nicht übertrieben streng gegliedert, eine Episode an die andere. Den »großen epischen Atem«, den schon der Grass-Roman glücklicherweise nicht besaß, wird man hier vergeblich suchen. Die Erzählweise ist eher fragmentarisch, fast eine Folge von höchst unterschiedlichen Kurzfilmen, deren Kontinuität nur durch die wiederkehrenden Darsteller gewahrt bleibt. Beschaulicher Naturalismus hat keine Chance, sich einzuschleichen, allzu drastisch prallen Horror- und Heimatfilm, Slapstick und heroisches Drama, kleinbürgerliches Satyrspiel und politische Satire aufeinander: ein schönes Chaos.
Horrorfilm: Oskars Geburt, aus der Perspektive des Fötus gefilmt, der dem Mutterleib entrissen wird. Blut, Schleim; Oskars Treppensturz als Dreijähriger, ebenfalls mit der subjektiven Kamera aufgenommen. Schwindelgefühl wie bei Hitchcock; der verweste Pferdekopf, von fetten Aalen wimmelnd. Ekelbilder wie bei Polanski.
Heimatfilm: Weites Land, große Totalen am Anfang. Der Danziger Markt. Caspar-David-Friedrich-Stimmungen am Meer. Und ein Italo-Western-Finale: Zu der wunderbaren Musik von Maurice Jarre, die episch ist und satirisch, fährt der Güterzug einem Sergio-Leone-Horizont entgegen. Spiel mir das Lied vom Tod – Es war einmal der wilde Osten.
Slapstick: Immer wieder. Erst die beiden Keystone-Cops, die den Joseph Koljaiczek nicht unter Anna Bronskis Röcken finden. Die Schulklasse des Fräuleins Spollenhauer, dem Oskar die Brillengläser zersingt; wie Oskar – die beste Szene des Films – eine Parteiversammlung in einen Walzertraum verwandelt.
Heroisches Drama: Die Verteidigung der polnischen Post. Viel Feuerwerk. Oskar spielt Skat mit einem Sterbenden. Eine Hitlerrede über dem abendlichen Panorama von Danzig.

Satyrspiel: Fellini-Zwerge an der Westfront, Tanz auf dem Bunker; Kurtchen Matzeraths Zeugung auf dem häuslichen Sofa, höhnisch von einem Zarah-Leander-Lied begleitet (der Film ist oft grob, geschmacklos, spekulativ, durchaus im Sinne von Grass. Jene von Enzensberger in der »Blechtrommel« entdeckte »verbotene Sphäre, wo sich Ekel und Sexualität, Tod und Blasphemie begegnen«, behandelt er durchaus drastisch).
Politische Satire: Der stupide Hitlerismus des Alfred Matzerath, der gewöhnliche Größenwahn des Kleinbürgertums, personifiziert auch vom Trompeter Meyn und vom kurzbehosten, heimlich schwulen Pfadfinderführer Greff. Böse, mitleidlose Karikaturen: Otto Sander als Meyn, mehr noch Heinz Bennent als Greff, leider ohne die Tragik der Figur.
Schlöndorff träumte schon immer davon, Zirkusdirektor zu werden: Hier darf er es endlich sein, kann alle Elemente wild mischen, alle Tricks probieren. »Die Blechtrommel« – ein Kraftakt. Und der Zirkusdirektor Schlöndorff, ein generöser Mann, der andere Talente neben seinem eigenen duldet, engagierte erstklassige internationale Zelebritäten für seine Gala-Schau: den melancholischen Charles Aznavour als Spielzeughändler Markus, die fette Andrea Ferréol (die nicht sehr gut ist) als Lina Greff, dazu Fellinis Maskenbildner, Tatis Cutterin, David Leans Komponisten, Luis Buñuels Drehbuchautor. Im Zirkus Schlöndorff dürfen sie alle zeigen, was sie können, und offensichtlich hat er es verstanden, sie alle für die Arbeit zu begeistern. Es gibt Perfektion zu sehen, aber nur selten Routine. Oskar Matzerath hat zwei Väter, dieser Film hat viele.
Die vielen teuren Profi-Schauspieler (am besten gefielen mir Katharina Thalbach als Maria Matzerath und Berta Drews, die am Schluß eine unglaubliche Großaufnahme hat, als Großmutter Bronski) besitzen natürlich nicht die Spur einer Chance gegen den einzigen (Noch-)Nicht-Schauspieler im Ensemble: David Bennent, zwölf Jahre alt, der wachstumsgestörte Sohn des Schauspielers Heinz Bennent, der mit dem Oskar Matzerath nicht irgendeine, sondern seine eigene Rolle gefunden und dargestellt hat. Ein Kind, das anders ist als andere Kinder und bald auch schon kein Kind mehr (aber eben auch kein Monstrum), das die Welt der Erwachsenen mit seinen weitaufgerissenen Augen scharf beobachtet, bloßlegt, unter Tische und durch Spiegel schaut: ein beunruhigend passiver Anarchist, dessen Haß und dessen Stimme dennoch gewaltig sind.
Man hat Angst vor ihm in diesem Film, man fühlt sich ertappt, aber man fühlt auch mit ihm, wenn sich sein Wüten und seine Begierden als zu maßlos erweisen für den schmächtigen Körper: David Bennents Oskar ist keineswegs der Freak im Zirkus Schlöndorff, ein

schreckliches Kind zwar, dessen Blick man nicht so rasch vergessen wird, aber eben doch ein Kind: Nur so läßt sich der Trommler der Verweigerung, der Prophet der reinen Unvernunft im Kino darstellen. Die selbstbewußte Unvernunft des Films wird ihm gerecht.

Nr. 19 vom 4. 5. 1979

»Woyzeck« von Werner Herzog
Leben im Eis

Reisen in unbekannte Gegenden jenseits des Horizonts, Bilder, die es noch nie zu sehen gab, Expeditionen in die Sahara, an den Amazonas, zuletzt in das Gespensterland Transsylvanien. Mehr als von jedem anderen deutschen Regisseur erwartet man von Werner Herzog das Außergewöhnliche, das Riskante, schließlich das Unmögliche. Man hält es fast für selbstverständlich, daß der »Visionär des Kinos«, der »Prophet neuer Seh-Erfahrungen«, immer neue Grenzen überwindet, immer extravagantere Beutestücke nach Hause bringt.

Werner Herzog ist ein Gefangener jenes Rufes, den er selber nach Kräften verschulden half. Wer sich, im Eise gehend, die extremsten physischen Strapazen zumutet, sieht sich stets auch zu kinematographischen Gewaltmärschen verpflichtet. Herzog, der bald nach Australien und dann wieder nach Südamerika aufbrechen wird, schien den »*point of no return*« längst überwunden zu haben. Wenn nun unverhofft die Sensation ausbleibt, wenn der Athlet sich radikal den Erwartungen der Funktionäre und des zahlenden Publikums verweigert, wenn er nichts anbietet als einen »kleinen«, ganz und gar unspektakulären Film, dann trifft ihn die Entrüstung um so vehementer: als hätte sich Reinhold Messner entschlossen, eine Kletterpartie im Fichtelgebirge zu unternehmen.

Herzog erlaubt sich eine Atempause: »Woyzeck« oder Das Innehalten, eine kleine Flucht in das fast schon vergessene Land des Schweigens und der Dunkelheit. Von allen Herzog-Filmen ist »Woyzeck« der einfachste, der sprödeste, karg fast bis zur Selbstverleugnung: keine herrische Aneignung von Büchners Fragment, sondern ein Versuch, Demut zu üben. Herzogs »Woyzeck« folgt dem Büchners unendlich genau. Und ist doch mehr als die Abfilmung einer routinierten Stadttheater-Aufführung.

Zu Beginn schweift die Kamera langsam über ein niedliches Kleinstadtpanorama. Es herrscht Ruhe im Lande. Darauf folgt hart der Drill des Soldaten Woyzeck, die erbarmungswürdigen Verrenkungen einer hohläugigen Gliederpuppe in einer schäbigen KZ-Uniform. Der erste Satz des Dramas wirkt nach dieser kurzen Skizze einer mörderischen Spannung (das satte Idyll gegen das zappelnde Menschlein) um so höhnischer: »Langsam, Woyzeck, langsam«, befiehlt der joviale Hauptmann, und von diesem Satz an scheint auch der Film in eine merkwürdige Lethargie zu verfallen. Keine der Szenen löst Herzog in mehr als zwei oder drei Einstellungen auf, die Darsteller agieren verhalten vor einer meist starren Kamera.

Im ersten Bild schon kommt, rechts hinten, ein Fenster vor, das keinen Blick ins Freie erlaubt. Und vor Fenster, durch die man nichts sieht als die Enge der wie ein Gefängnis zugesperrten Residenz, postiert Herzog seinen Woyzeck, seine Marie, seinen Andres immer wieder. Bald stellt sich eine Art von Klaustrophobie ein: Bewegungen und Blicke scheinen verboten, die Erstarrung ist total. Selbst der Mord an Marie, draußen vor der Stadt, geschieht in Zeitlupe. So wie ihn Klaus Kinski spielt, so gepeinigt und doch ohne jede wohlfeile Dämonie, gleicht er mehr einem Suizid, dem letzten Aufbegehren eines Menschen, der die Kälte um ihn herum nicht mehr aushält. In Zeitlupe hat Herzog auch die letzte Einstellung seines nur 82 Minuten langen »Woyzeck« gefilmt: Am Tatort machen sich schwarzgewandete Herrschaften zu schaffen, deren Funktion so undeutlich bleibt wie die des prachtvollen Sarges, der viel zu aufwendig ist für die arme Marie.

Aber das ist schon die einzige Arabeske, die sich Herzog in seiner ganz auf die Schauspieler, zumal auf den leisen, »verhetzten« Klaus Kinski konzentrierten Inszenierung leistet, in der kein Bild, keine Kamerabewegung überflüssig scheint, die indessen bei aller bewundernswerten Ökonomie nicht allzu viel mit seinem üblichen Stil zu tun hat. Man möchte fast glauben, Herzog habe sich selber beweisen wollen, daß er auch ohne Überdruck, ohne zwanghafte Gigantomanie arbeiten kann.

Immerhin wird die gespenstische Ruhe dieses Films, die stummfilmhafte Schlichtheit, mit der Woyzecks Tragödie passiert, dem zornigen Drama Georg Büchners gerechter als jeder expressive Mummenschanz. Erst aus den Versteinerungen einer satten, selbstgerechten, fanatisch wissenschaftsgläubigen Kleinstadtgesellschaft (der Arzt und der Hauptmann könnten auch Figuren aus dem Kaspar-Hauser-Film sein) läßt sich Woyzecks Wahnsinnstat erklären. Es gibt durchaus auch Verbindungslinien zu anderen Herzog-Filmen (Eva Mattes variiert ihre Rolle der warmherzigen, schwachen Hure aus »Stroszek«), und man hätte sich als Woyzeck leicht den Kaspar-

Hauser-Darsteller Bruno S. vorstellen können. »Ja, mir kommt es vor, daß mein Erscheinen auf dieser Welt ein harter Sturz gewesen ist«, sagt Kaspar Hauser in »Jeder für sich und Gott gegen alle«: ein Satz, der, wie andere von Herzog auch, aus »Woyzeck« stammen könnte.

Ein »großer«, wichtiger Film ist dieser »Woyzeck« keinesfalls, aber die Pfiffe und Buhrufe, die ihn bei seiner Premiere in Cannes empfingen, hat Werner Herzog nicht verdient. Im allgemeinen Höhenrausch des Hollywood-Kinos sollten wir für die unauffälligen Qualitäten »kleiner« Filme nicht gänzlich unempfindlich werden. »Woyzeck« ist ein Nebenwerk. Keine Pleite.

Nr. 23 vom 1. 6. 1979

Adolf Winkelmanns »Die Abfahrer«
Kleine Flucht

Da will also einer umziehen: von Dortmund nach Lübeck. Keine große Affäre, denkt man, aber der Typ ist zappelig und mißtrauisch, überwacht penibel die Packer, sorgt sich um jede Kleinigkeit. So wie Hermann Lause (der sonst mehr bei Zadek vorkommt) ihn spielt, merkt man bald, daß die Sache schiefgehen wird. Atze, Sulli und Lutz bringen sich ins Spiel, »leihen« mal kurz den Möbelwagen mit Lauses Besitztümern und starten zu einer nächtlichen Spritztour auf die Autobahn. Alsbald gesellt sich Svea zu ihnen, eine störrische Anhalterin, und die Reise geht ins Münsterland.

Aber Atze, Sulli und Lutz sind keine Profis, sie stranden mit dem 15-Tonnen-Lkw irgendwo im Wald. »Ich glaub', ich bin im Wald«, meint Lutz lakonisch, als die Zweige ihn streifen. Das ist ein Kalauer, na ja, aber die Jungen reden eben nicht so wie im gehobenen deutschen Problemfilm. Außerdem waren sie wohl tatsächlich lange nicht mehr im Wald, vielleicht noch nie. Etwas später liegen die vier Flüchtlinge wohlig ausgestreckt auf dem Dach des Lasters in der Sonne. Ein kurzer Augenblick des Friedens, denn unsere Freunde (inzwischen kennen wir sie schon ziemlich gut) wissen nämlich nicht, daß die Bremsen des Möbelwagens kaputt sind. Die Fahrt geht weiter.

Atze, Sulli und Lutz, die Hauptfiguren und Titelhelden von Adolf Winkelmanns Film »Die Abfahrer«, leisten sich ein kleines Abenteuer. Hauptsächlich sind sie arbeitslos, eine Weile schon. Lutz geht

noch jeden Morgen, von der Mutter mit Butterbroten versorgt, aus dem Haus und trifft sich mit seinen Freunden zum Kreuzworträtsellösen. Die Mutter darf's nicht wissen. Sulli, der Türke, bastelt aus geklauten Schrotteilen ein Cabrio zusammen. Atze, der Langhaarige, verschreckt die braven Jungen aus der Nachbarschaft. In die Kneipe, zum Fernsehen, trauen sich die drei schon lange nicht mehr. Da kommen sich die jungen Arbeitslosen wie Aussätzige vor.
Ganz lakonisch und entspannt entwickelt Winkelmann, der vor zehn Jahren in Kassel Experimentalfilme drehte, die Geschichte von Atze, Sulli und Lutz aus der genauen Beobachtung des Milieus, aus der Authentizität des Dialekts. Das Große und Ganze (die Arbeitslosenziffern) interessiert ihn weniger als das beiläufige Palaver der Ecksteher und Fensterhocker, die Suada der Hausfrauen im Tante-Emma-Laden, das Nörgeln der Nachbarn. Er braucht keine Peter-Stuyvesant-Effekte (wie Hark Bohm in »Moritz, lieber Moritz«) oder Klein-Hollywood-Dramaturgie (wie Max Willutzki in »Die Faust in der Tasche«), um sich mit seiner Geschichte aus der jugendlichen Subkultur anzubiedern. Eins entwickelt sich aus dem anderen, der Film ist so lässig und witzig wie seine Figuren und ihre Sprüche. Der stilistische Ehrgeiz hält sich in Grenzen. Wenn Atze, Sulli und Lutz diese »Abfahrer« selbst gedreht hätten, würde der Film wohl kaum anders aussehen.
Das ist kein glattes Profi-Werk (die meisten Darsteller haben noch nie vor einer Kamera gestanden), kein Sozialreport fürs Ministerium, sondern ein Versuch über die (erzwungene) Langeweile, und wie man mit ihr umgehen kann. Das endet zwar nicht so fatal wie Alain Tanners »Messidor« (dort brechen zwei Mädchen, eine Studentin und eine Verkäuferin, zu einer Reise durch die Schweiz auf), aber hier wie dort erfährt man, wie eng die Grenzen sind, innerhalb derer sich Jungen wie Atze, Sulli und Lutz ihre Freiheiten ablisten.
Und »Die Abfahrer« sind, wie Josef Rödls fränkische Jagdszenen »Albert – warum?«, stark vom Dialekt geprägt. Man spricht ruhrgebietsdeutsch, nicht exotisch mangernd, sondern einfach nur so. Der Reichtum und der Witz dieser Sprache, von denen in den »Tatort«-Folgen des WDR aus Essen (mit Kommissar Haferkamp/Felmy) überhaupt nichts zu spüren ist, rücken in den Mittelpunkt.
Überhaupt könnte eine gewisse Regionalisierung dem deutschen Kino nicht schaden: Die Kölner Filme von Bockmayer und Bührmann (zuletzt »Jane bleibt Jane«), das Debüt von Rödl und jetzt die schöne Komödie des Dortmunder Filmemachers Adolf Winkelmann sind ein Anfang. »Provinziell«, von der Sprache der Gegend, in der sie spielten, geprägt, waren schließlich einige der besten Filme von Jean

Renoir (etwa »Toni«) und Luis Buñuel. Und während ein Teil unserer Filmemacher Richtung Hollywood entschwindet, sollten die anderen, gerade die jüngeren, ihre Heimat vor der Haustür neu entdecken: mit der Abenteuerlust der »Abfahrer«.

Nr. 25 vom 15. 6. 1979

Zum Tode von John Wayne
Ein Mann der Wildnis

Der 15. Januar 1974 war ein Tag zum Kämpfen. Der fette alte Mann, der gegen Mittag auf einem leichten Panzerwagen der US Army durch die Straßen von Cambridge, Massachusetts, fuhr, konnte nicht auf einen freundlichen Empfang hoffen. Die Studenten von Harvard bewarfen ihn mit Schneebällen und lachten ihn aus. Der fette alte Mann verzog keine Miene. Er hatte die Herausforderung, eine Einladung der satirischen Studentenzeitung *Harvard Lampoon*, angenommen, und er bewegte sich im Feindesland mit gelassener Würde.

Er repräsentierte alles, was die Harvard-Studenten in den letzten Monaten der Ära Nixon verachteten. Er war reich, und er war rechts, einer der hitzigsten Anwälte der amerikanischen Sache in Vietnam und, bis zum bitteren Ende, einer der treuesten Paladine des umzingelten Betrügers im Weißen Haus. Er hatte für Goldwater gekämpft und für Ronald Reagan, er hatte, als Präsident einer ultrarechten »Film-Allianz für die Erhaltung der amerikanischen Ideale«, gegen die Linken in Hollywood gewütet. Er hielt Schwarze und Indianer für Bürger zweiter Klasse, und die Frauen des Landes hätte er am liebsten allesamt in die Küche verbannt. Er war ein Mann von gestern. Aber was für ein Mann!

Als John Wayne an jenem 15. Januar 1974 das überfüllte Harvard Square Theatre verließ, verabschiedeten ihn die Studenten mit einer *»standing ovation«*. Er hatte sich tapfer geschlagen, mit trockenem Witz die Fragen aus dem Auditorium pariert. Hier, so schien es, hatte sich kein reaktionärer Schwachkopf vorgestellt, sondern ein verwitterter amerikanischer Pionier, ein Mann mit den schlichten, oft allzu schlichten Moralvorstellungen der *»Frontier«* des 19. Jahrhunderts. Er war kein Mann des Gartens, der das Land nach dem Willen seiner Gründer werden sollte, sondern ein Mann der Wildnis: ein Überlebender, dessen Zeit gleichwohl abgelaufen war. Er muß

das geahnt haben, manchmal wenigstens, denn in den letzten Jahren seines Lebens milderten sich seine strikten Ansichten von Gut und Böse, von Richtig und Falsch. Er, der einst gesagt hatte, man habe den Indianern ihr Land zu Recht weggenommen, unterstützte nun unversehens die Panama-Verträge des Präsidenten Carter, mit denen ein kleines, lange von den USA ausgebeutetes Land, einen Teil seiner Souveränität zurückerhalten sollte. Und er, der radikalste aller Kommunisten-Fresser, gestand plötzlich sogar den »Roten« das Recht auf ihre Meinung zu.
So ganz wohl war ihm nie bei den politischen Grabenkämpfen, auf die er sich einließ. Als in den Jahren der Hexenjagd der Schauspieler Larry Parks zugab, er sei Mitglied der Kommunistischen Partei gewesen, meinte John Wayne zu Reportern, das sei zwar eine schlimme Sache, aber er fände es doch mutig, daß Larry sich dazu bekenne. Und er hoffe sehr, daß das Geständnis seiner Karriere nicht schaden würde. So rührend – und gefährlich – naiv war der Kommunisten-Jäger John Wayne. Es hieß, er wisse überhaupt nicht, was die »*Bolshies*« eigentlich wollten, sondern nur, daß einige seiner Freunde etwas gegen sie hätten. Den »sympathischsten Reaktionär, den ich kenne«, nannte ihn der Indianer-Freund Marlon Brando.
Ein Mann extremer Widersprüche, ein Mann der Wildnis, der nicht eben vorsichtig durch den Garten stapfte, für den er nicht geschaffen war: Das war John Wayne – der Patriot, der Entrepreneur, der Schauspieler, als den man ihn erst sehr spät in seiner Karriere ernst zu nehmen begann. 1970 bekam er endlich seinen Oscar, für sein Porträt des einäugigen Rauhbeins Rooster Cogburn in Henry Hathaways schwacher Western-Komödie »Der Marshal«. Da war der Mann mit dem massigen Schädel, den breiten Schultern und dem wiegenden Cowboy-Gang längst schon ein Standbild seiner selbst. »Wenn ich früher gewußt hätte, was ich jetzt weiß, hätte ich mir schon vor 35 Jahren eine Augenklappe aufgesetzt«, scherzte er nicht ohne Bitterkeit bei der Verleihungszeremonie. Denn in seinen besten Filmen war er viel mehr als nur ein gutmütiger Haudegen, trink- und bibelfest, »*tall in the saddle*« und »*quick on the draw*«: nicht nur die überlebensgroße Karikatur amerikanischer Sehnsüchte, die er in den letzten zwanzig Jahren so oft darstellte, sondern der geniale Interpret verlorener amerikanischer Träume.
Die Wildnis und der Garten: Das blieb das beherrschende Thema seiner großen Filme. Er spielte, bewegend in seiner stoischen Entschlossenheit, doch schon gezeichnet von der Vergeblichkeit seines Handelns, immer wieder Männer, über die die Zeit erbarmungslos hinweggeht, die dennoch nicht aufgeben. Er war der Rancher Tom Dunson in Howard Hawks' »Red River«, der starrsinnig sein Reich

verliert; er war der alternde Kavallerie-Offizier Nathan Brittles in John Fords »She Wore a Yellow Ribbon« (Der Teufelshauptmann), der auf dem Friedhof innige Gespräche mit seiner toten Frau führt; er war der Indianerjäger Ethan Edwards in Fords »The Searchers« (Der schwarze Falke), der nach einer Odyssee von sieben Jahren die Unmenschlichkeit seines Hasses begreift; er war der Revolvermann Tom Doniphon in Fords »Der Mann, der Liberty Valance erschoß«, der in einem ärmlichen Holzsarg begraben wird, während sein Rivale, dem er das Leben rettete, als Senator nach Washington zieht; er war der alternde Schnellschütze Cole Thornton in Hawks' »El Dorado«, der nach dem letzten Gefecht auf Krücken die Straße hinabhumpelt.
Gerade die Westernhelden, die Wayne für John Ford und Howard Hawks, die besten seiner unzähligen Regisseure, spielte, waren eben dies nicht: Helden. Wayne selber hat den Typus einmal so beschrieben: »Er ist ein Mann an seinem Platz und in seiner Zeit, vielleicht ein Opfer der Umstände oder früherer Fehler. Aber er lebt nach seinem eigenen Moralcode, einem Code, der in seiner Art so strikt ist wie der in den Büchern.« Keinen anderen Schauspieler hat das amerikanische Publikum so lange und so hingebungsvoll geliebt wie ihn: eben weil er nicht nur die männliche Vitalität und den chevaleresken Abenteuersinn der Pionierzeit verkörperte, sondern auch deren Tragik. Er war ein Überbleibsel aus einer Epoche, die längst zu einer fernen Legende geworden ist. Er war ein Teil dieser Legende.
John Wayne hat 156 Filme gedreht, den ersten 1928, den letzten 1976. 1928 hieß er noch Marion Michael Morrison, spielte Football für die University of California in Los Angeles und arbeitete gelegentlich als Requisiteur für den Westernstar Tom Mix. John Ford gab dem jungen Athleten eine winzige Nebenrolle in seinem Film »Hangman's House«: als Zuschauer auf dem Rennplatz. 48 Jahre, drei gescheiterte Ehen und eine erfolgreich überstandene Lungenkrebsoperation später, verabschiedete sich »Duke« Wayne (so benannt nach einem Hund aus den Kindheitstagen in Winterset, Iowa) mit einer angemessenen Rolle: In Don Siegels »The Shootist« (Der Scharfschütze) spielt er einen krebskranken alten Revolvermann, der in Frieden sterben will und doch noch ein letztes Mal für *law and order* antritt. Ein Westerntod: Von unzähligen Kugeln getroffen, bricht der greise Recke zusammen.
Zwischen diesen beiden Auftritten, dem des jugendlichen Edelstatisten und dem des kranken, aufgedunsenen Superstars, liegen nicht nur Westernrollen. John Wayne, der sich selber nie für einen begnadeten Schauspieler hielt, hat einen Wochenschau-Kameramann gespielt und einen Perlentaucher (beides in unbedeutenden Filmen aus den dreißiger Jahren), einen schwedischen Seemann (in John Fords

»The Long Voyage Home«), den ersten amerikanischen Generalkonsul in Japan (in John Hustons »Der Barbar und die Geisha«), einen römischen Centurio bei der Kreuzigung Christi (in George Stevens' »Die größte Geschichte aller Zeiten«), einmal sogar einen deutschen Kapitän namens Karl Ehrlich (in John Farrows »Der Seefuchs«) und schließlich, bizarr genug, den leibhaftigen Dschingis Khan (in Dick Powells »Der Eroberer«).

Es gab viele Umwege und Sackgassen in dieser einzigartigen Karriere, professionelle und private Niederlagen. Es gab den einen Wayne, den selbst in Hollywood nicht jedermann liebte: den Säufer, den Schläger, den eitlen *macho*, das chauvinistische Großmaul, den unduldsamen Patriarchen. Er war ein Mann mit unberechenbaren Launen, in seiner unmittelbaren Umgebung duldete er in seinen letzten Jahren nur noch ergebene Ja-Sager.

Aber es gab auch den anderen John Wayne, den auf der Leinwand, den Inbegriff alter amerikanischer Tugenden: loyal zu seinen Freunden, mutig und zäh, trotz seines schweren Leibes von seltsamer Grazie, humorvoll und zärtlich, schweigsam und schnell. Man kann wohl nur ein zwiespältiges Verhältnis haben zu diesem Neandertaler aus dem Westen, man kann ihn wohl nur so zerrissen bewundern wie Jean-Luc Godard, der sich fragte: »Wie kann man John Wayne, der Goldwater unterstützt, hassen, und wie kann man ihn zärtlich lieben, wenn er Natalie Wood im vorletzten Akt von ›Der schwarze Falke‹ abrupt in die Arme nimmt?«

Vor drei Jahren schrieb Cynthia Buchanan in der *New York Times*, die viele John-Wayne-Filme gnadenlos hingerichtet hat: »Komm nach Hause, John Wayne, und sprich für uns alle ... und finde uns feigen Löwen unsere Jugend, die wir irgendwo auf dem Weg verloren haben.« Das konservativ gestimmte Amerika der späten siebziger Jahre hat den »Duke« noch einmal entdeckt: als Symbolfigur seiner für immer verlorenen Unschuld. Nicht zufällig erwies der demokratische Präsident Jimmy Carter dem sterbenden Star und langjährigen fanatischen Republikaner John Wayne persönlich seine Reverenz.

»Der Mann, den ich gespielt habe«, sagte Wayne einmal, »kann grausam, hart oder zärtlich sein, aber er war nie halbherzig oder klein. Jeder Zuschauer möchte sich mit dieser Art von Figur identifizieren. Er mag schlecht sein, aber wenn er schlecht ist, ist er wirklich schlecht. Er ist nicht bloß ein halbherziger kleiner Gewinner.«

Sprach's und ritt geradewegs in den Sonnenuntergang, in jenes Land hinter dem Horizont, wo die kleinen Jungen verzückt ihre großen Träume träumen. Bis sie aufwachen und merken, daß es einen wie John Wayne nie gegeben hat.

Nr. 26 vom 22. 6. 1979

Alan Rudolphs »Du wirst noch an mich denken!«
Vom Terror der Liebe

Die Annoncen sind – nicht zum erstenmal – irreführend: Da werben der Verleih und die Kinos für einen neuen Film von Robert Altman, dem man nach dem Erfolg seiner »Hochzeit« offenbar selbst hierzulande eine gewisse kommerzielle Zugkraft zutraut. Dabei hätte der produktivste aller amerikanischen Filmemacher beim besten Willen keine Zeit gehabt, auch noch dieses Werk seines ehemaligen Regie-Assistenten Alan Rudolph selber zu inszenieren: Seit »A Wedding« (1978) sind in den USA schon wieder zwei Altman-Filme veröffentlicht worden (»Quintet« und »A Perfect Couple«, beide recht unfreundlich rezensiert), und ein dritter (»Health«, mit Lauren Bacall und Dick Cavett) befindet sich gerade in Arbeit. Altmans Produktionstempo zeugt nicht zuletzt von einer gewissen List: Wenn der eine Film die Erwartungen der Hollywood-Finanziers nicht erfüllt, ist der nächste schon abgedreht und der dritte nicht mehr zu stoppen. So handelt ein »*maverick*«, der um fast keinen Preis bereit ist, sich mit der Industrie bequem zu arrangieren.

Von Altmans Schaffenswut, die inzwischen eine eigene Produktionsfirma (»Lion's Gate«) ernährt, profitieren auch seine ständigen Mitarbeiter (ähnlich wie bei Fassbinder, der ja ebenfalls einigen Freunden zu ihrem Regie-Debüt verhalf). Alan Rudolph, 33 Jahre alt, gehört seit 1973 zu Altmans Wanderzirkus: zunächst als »*assistant director*«, bei »Buffalo Bill und die Indianer« schon als Co-Autor und seit zwei Jahren auch als Regisseur. »Welcome to L. A.« hieß Rudolphs erster Film, von Altman produziert, eine melancholische, fragmentarisch erzählte Viel-Personen-Ballade von großstädtischer Entfremdung an einem warmen kalifornischen Weihnachtstag: geprägt von der offenen Dramaturgie von »Nashville« als auch von dem verhangenen Mystizismus der »Drei Frauen«, aber doch schon viel mehr als eine nur epigonale Fingerübung.

Auch Rudolphs neue Altman-Produktion, deren vieldeutig interpretierbarer Titel »Remember My Name« in der deutschen Version eine fatale Eindeutigkeit verpaßt bekommt – »Du wirst noch an mich denken!« –, verleugnet den Einfluß des Meisters nicht. Wie Altman hält auch der begabteste seiner Schüler wenig von den Traditionen und Konventionen des klassischen amerikanischen Erzählkinos. Er eignet sich zwar einen Stoff an, den vor dreißig oder vierzig Jahren Regisseure wie Michael Curtiz oder Irving Rapper mit einem Star wie Bette Davis oder Joan Crawford als schwerblütiges Melodram

(»*weepie*«) für die weibliche Kundschaft leicht hätten verfilmen können, aber er inszeniert ihn konsequent gegen den Strich, verwandelt eine simple Rache- in eine sehr komplizierte Liebesgeschichte, ein opulentes Melodram in eine subtile Studie über kleinbürgerlichen Reihenhaus-Terror.
Nach zwölf Jahren im Gefängnis kehrt Emily unerkannt in ihre kleine Heimatstadt zurück, um sich an ihrem Mann zu rächen. Damals hatte sie seine Freundin im Affekt getötet, jetzt schickt sie sich an, seine zweite Ehe zu zerstören. Dennoch kommt es zu einer späten Versöhnung, die Neue packt eifersüchtig die Koffer, doch nach der Liebesnacht verläßt Emily endgültig den Ort. Zerstörte Beziehungen und ein verzweifelter Mann bleiben auf der Walstatt.
So ungefähr wäre die Geschichte wohl erzählt worden, wenn sich die Warner Brothers 1945 für sie interessiert hätten. Bei Rudolph büßt sie ihre Eindeutigkeit ein. Erst sehr allmählich erfährt der Zuschauer, woher die Frau mit den seltsam gehetzten Bewegungen kommt, warum sie im Vorgarten des netten Ehepaares die Blumenbeete verwüstet, nachts einen schweren Stein durchs Schlafzimmerfenster schleudert, die Frau mit einem Messer bedroht, ein beschauliches Heim in einen Kriegsschauplatz verwandelt.
Geraldine Chaplin, auch sie seit »Nashville« ein Mitglied des Altman-Clans und eine der Darstellerinnen in Rudolphs »Welcome to L. A.«, spielt die große Wut der Emily Curry mit mühsam kontrollierter Hysterie, aber schon bald merkt man, daß es Rudolph um mehr ging als um die Beschreibung eines klinischen Falles. Emily, als Supermarkt-Kassiererin von ihren Kollegen mißtrauisch beobachtet, wütet weniger gegen Neil, ihren Mann (Anthony Perkins, noch immer so schlank und schlaksig wie in »Psycho«), als gegen die lähmende Gleichgültigkeit des Kleinstadtalltags. Während im Fernsehen immer wieder Horrorbilder von einem Erdbeben im fernen Rumänien laufen, erleidet sie die totale Indifferenz ihrer Umgebung.
In einer der besten, beiläufigsten Sequenzen fragt Emily einen Supermarktaufseher, ob das Rauchen im Laden gestattet sei. Er nickt, sie bietet ihm eine Zigarette an, er lehnt sie wortlos ab. Als sie schon ein paar Schritte weiter ist, zieht er eine Zigarettenschachtel hervor und steckt sich eine an. Es ist Eiszeit, auch in der Ehe von Neil und Barbara, die bei der geringsten Belastung sofort zerbricht. In dieser Welt eingefrorener Gefühle, deren Geschäftigkeit Rudolph schon in »Welcome to L. A.« beschrieb, werden Emilys destruktive Impulse immer deutlicher als Liebeswerben erkennbar. Mit Gewalt, mal bettelnd, mal dreinschlagend, versucht sie das Eis zu schmelzen, aber niemand ist mehr in der Lage, ihre impulsive Leidenschaftlichkeit zu

ertragen. Terror und Liebe werden eins, für die Figuren wie die Zuschauer.
»Remember My Name«, ein Film, so nervös, sprunghaft und unberechenbar wie seine Hauptfigur, voll von kleinen Irritationen und seltsamen, nie näher erklärten Randfiguren, ist alles andere als makellos. Manche der vielen symbolistischen Elemente erschienen mir etwas schwerfällig: eine Schaufensterpuppe mit verbundenen Augen und in Handschellen, reichlich viele Gitter und das allzu oft bemühte Erdbeben im Fernsehen. Da verläuft sich Rudolph gelegentlich in den metaphorischen Irrgärten Altmans, verfällt dem allegorischen Chic von Filmen wie »Images« und »Drei Frauen«. Doch als Anti-Melodram, als langsame Einkreisung einer gestörten Gefühlswelt bleibt »Remember My Name« im Gedächtnis: nicht zuletzt wegen des eisigen Feuers einer großen Schauspielerin namens Geraldine Chaplin.

Nr. 28 vom 6. 7. 1979

Über die dunklen Phantasien eines kleinen fetten Mannes
Archipel Hitchcock

Da sitzt ein kleiner fetter Mann, noch jung an Jahren, in der Londoner Untergrundbahn und liest ein Buch. Vom Nebensitz greift ein kleiner Junge nach seinem Hut. Der Mann, unversehens aus seiner Ruhe aufgestört, scheucht das Kind mit einer Geste hilfloser Empörung weg. Doch ein paar Sekunden später wiederholt sich das Spiel.
Da steht ein kleiner fetter Mann vor einem Gerichtsgebäude, einen Photoapparat in der Hand. Er will Bilder machen, aber um ihn herum herrscht ein solches Gedränge, daß er zu keinem Schuß kommt. Unwillig, resigniert schaut er dem Treiben zu.
Da wuchtet ein kleiner fetter Mann einen mächtigen Kontrabaß in einen Zug. Er macht keine glückliche Figur dabei.
Da hetzt ein kleiner fetter Mann, nun schon älter, mitten im New Yorker Verkehrsgewühl zu einer Bushaltestelle. Der Bus fährt ihm direkt vor der Nase weg. Ohnmächtig steht er einen Moment lang vor der verschlossenen Tür.
Da sitzt ein kleiner fetter Mann, nun schon ein würdiger Greis, in

einer Hotelhalle und hält ein Baby auf seinem Schoß. Plötzlich bemerkt er, daß ein kleines Malheur geschehen ist.
Fünfmal Alfred Hitchcock, fünf Mini-Dramen aus dem bürgerlichen Alltag. In seinen berühmten Kurzauftritten in seinen eigenen Filmen rafft er mitunter das beherrschende Thema der Hitchcock-Welt (oder des »Archipel Hitchcock«, wie das ein italienischer Kritiker nannte) zu einer kurzen Pointe. Der Verlust der Balance, die Gefährdung einer stabilen Befindlichkeit, die Bedrohung der Normalität: Eine winzige Geste reicht aus, um den Lauf der Dinge fatal zu verändern. Der Archipel Hitchcock ist keine Insel, auf die man bauen kann. Die Topographie dieser geschlossenen, in sechs Jahrzehnten und 53 Filmen konstruierten Kunst-Welt birgt für den sorglosen Wanderer viele Gefahren: Klippen, die zum Sprung in die Tiefe locken, Treibsand und Moore, die alles Leben verschlucken.
Hitchcocks Kino: Das ist ein langer, schwerer Traum.

*

Von Jesuiten ist er erzogen worden, der erste, als Kind schon dickliche Sohn eines Londoner Gemüsehändlers, der am 13. August 1899 in ein behäbiges, mittelständisches Milieu geboren wurde. Früh lernte er, was es auf sich hat, mit den Ritualen von Schuld und schlechtem Gewissen, von verbotenen Lüsten und Bestrafung. Als er sich entfernt hatte aus dieser beengenden Welt, als er begann, seine Phantasien in Filme zu übersetzen, blieb ihm zur Religion eine merkwürdige Haßliebe, vergleichbar der von Luis Buñuel.
Wenn Kirchen vorkommen bei Hitchcock, sind sie nie Orte der Kontemplation, Fluchtburgen, in die das Böse keinen Einlaß findet. In Kirchen schmieden Kidnapper ihre Ränke (»Der Mann, der zuviel wußte«), von Kirchtürmen stürzen Menschen in den Tod (»Mord«, »Aus dem Reich der Toten«). Küster führen ein mörderisches Doppelleben (»Ich beichte«), ein Bischof wird gar während der Messe entführt (»Familiengrab«). Die falsche Nonne mit den Stöckelschuhen in »Eine Dame verschwindet« ist da nur ein ironisches Aperçu.
Geistliche Gewänder, wie andere Uniformen auch, bedeuten keine Sicherheit. Die Agenten der Ordnung, der jenseitigen und der diesseitigen, erweisen sich immer wieder als Handlanger des Chaos. Keine von Amts wegen zuverlässigen Freunde und Helfer finden Richard Hannay in »Die 39 Stufen« und Roger Thornhill in »Der unsichtbare Dritte« bei ihrer Flucht vor Verbrechen, die sie nicht begangen haben. Nicht die Polizei exkulpiert den »Falschen Mann« Manny Balestrero, sondern einer jener aberwitzigen Zufälle, die so oft bei

Hitchcock walten. Aber es sind Polizisten, die Mörderinnen schützen (»Erpressung«, »Sabotage«). Und der Beamte von der *Highway Patrol*, dem Janet Leigh auf ihrem Weg zum »Psycho«-Motel begegnet, sieht mit seiner schwarzen Ledermontur und seiner Sonnenbrille wie ein bedrohliches Wesen von einem anderen Stern aus.

*

Wohin fliehen, wenn es keine Sicherheit gibt, nicht einmal an jenen Orten, die die Ideen von Ordnung und Gerechtigkeit symbolisieren? Auf der Freiheitsstatue spielt sich ein mörderischer Kampf ab («Saboteur«), in der Wandelhalle des UN-Gebäudes wird ein Mann erstochen (»Der unsichtbare Dritte«), vor dem Jefferson Memorial in Washington droht von ferne die Gestalt eines Wahnsinnigen (»Der Fremde im Zug«), vom Dach des British Museum stürzt ein Mann (»Erpressung«). Selbst in jenen Filmen, in denen Hitchcock seinen Figuren ein *happy-end* gestattet, ist das Finale so ironisch gebrochen, daß die Zuschauer sich gefoppt fühlen müssen: Gerade hängen Cary Grant und Eva Maria Saint in »Der unsichtbare Dritte« noch am Mount Rushmore über dem Abgrund, da zieht Grant seine Geliebte mit starker Hand und strahlendem Lächeln in das Oberbett eines Schlafwagenabteils.

Hitchcock liebt solche Tricks. Nichts, hat er gesagt, interessiert ihn weniger als die Wahrscheinlichkeit. Und: »Die Anordnung der Bilder auf der Leinwand, die etwas ausdrücken soll, darf nie von den tatsächlichen Gegebenheiten abhängig gemacht werden. Unter keinen Umständen. Die Filmtechnik erlaubt einem, alles zu bekommen, was man nur will, alle Bilder zu realisieren, die man sich vorgestellt hat. Es gibt also keinen Grund, auf etwas zu verzichten oder sich auf einen Kompromiß einzulassen zwischen dem gewünschten und dem erreichten Bild.«

Hitchcock hat immer wieder dieselbe Geschichte erzählt, das Drama eines Mannes, der unversehens aus der Normalität gerissen wird, den Boden unter den Füßen verliert, seine Identität einbüßt, in einen Sog unerklärlicher Schrecknisse gerät. »Den Sinn für das Absurde praktiziere ich wie eine Religion«, sagte er zu Truffaut. In »Der unsichtbare Dritte« soll Cary Grant als Roger O. Thornhill erklären, was sein Mittel-Initial bedeutet: »Gar nichts«, sagt er. Das O bedeutet Null, und Nullen sind fast alle Hitchcock-Figuren: so belanglos und letztlich völlig unwichtig wie die Geheimorganisationen und Spionageringe, die in Hitchcock-Filmen von »39 Stufen« und »Berüchtigt« bis zu »Der unsichtbare Dritte« und »Topaz« ihr Unwesen treiben. Man erfährt nie genau, was sie eigentlich im Schilde führen, und man muß es auch nicht wissen.

*

Emotionen mit Bildern ausdrücken: Hitchcocks Genie hat weniger

mit der Wahl seiner Themen zu tun, mit der oft zitierten Verwandtschaft zu Künstlern der Angst wie Dostojewski und Kafka, als mit der Wahl seiner erzählerischen Mittel. Für Hitchcock besteht die Kunst des Kinos darin, »das Rechteck der Leinwand mit Emotionen aufzuladen«, Formen und Farben für das Unsagbare, das mit literarischen, sprachlichen Mitteln nicht Darstellbare zu finden.
Er hat sich eingerichtet in einem extremen Widerspruch: einerseits als reklamebewußter kommerzieller Hollywood-Regisseur, Selbstdarsteller und wandelndes Markenzeichen für Grusel, Gänsehaut und makabre Mörderspiele, zum anderen als einer der radikalsten experimentellen Filmemacher überhaupt. Er hat vollbracht, was in diesem Jahrhundert außer ihm wohl nur noch Pablo Picasso gelungen ist: eine hermetische persönliche Vision von hoher Abstraktion in einen universell geliebten, populären Stil zu übertragen. So wie Picassos Harlekine inzwischen zum Bestandteil der Angestellten-Kultur geworden sind, ohne indessen dadurch ihre Poesie verloren zu haben, gehören auch die kompliziertesten, gewagtesten Hitchcock-Filme zur populären Ikonographie der Epoche.
Das Kino vor dem Wort. »Die Stummfilme waren die reinste Form des Kinos«, hat Hitchcock gesagt. Eine seiner nie realisierten Lieblingsideen weist in jene Zeit zurück: »24 Stunden aus dem Leben einer Stadt«, ein Film ohne Handlung, ohne Dialoge, »eine große zyklische Bewegung« zwischen Morgengrauen und tiefer Nacht. Hitchcock hat oft darauf hingewiesen, daß Geschichten, Inhalte ihn nur marginal faszinieren, daß er in Bildern und Empfindungen denkt, die allein deshalb immer wieder in kriminalistischen Intrigen ihren Ausdruck finden, weil für ihn »einfache Geschichten mit alltäglichen menschlichen Konflikten kein ausreichendes visuelles Interesse haben«.
In dem Hitchcock-Film »Rebecca« erzählt Joan Fontaine von ihrem Vater, einem Künstler: »Er malte nur Wiesen, zuletzt nur noch eine. Das größte Glück für ihn bestand darin, für einen Gegenstand die vollkommene Form zu finden.« Sie fragt Laurence Olivier, ob er das komisch finde. »Durchaus nicht, ich denke genau so.«
Hitchcock bemerkte zu Truffaut: »Ich bin wie jeder andere Künstler, Maler oder Schriftsteller, ich bin beschränkt auf ein ganz bestimmtes Gebiet. Natürlich kann ich mich nicht mit ihm vergleichen, aber der alte Rouault begnügte sich damit, Clowns, ein paar Frauen und Christus am Kreuz zu malen, darin besteht sein ganzes Lebenswerk. Für Cézanne waren es einige Stilleben und Waldszenen, aber wie kann ein Filmregisseur immer dasselbe Bild malen?«
Hitchcock hat sich auf wenige Motive beschränkt. Er malt Alpträume, Abgründe, Beklemmungen, er malt die Obsessionen eines furchtsamen kleinen fetten Mannes. Seine und unsere Ängste.

Die Vokabel Vertigo bezeichnet ein Schwindelgefühl, ein Schaudern vor der Leere, die sich unversehens auftut. »Vertigo« (Aus dem Reich der Toten) heißt einer von Hitchcocks besten Filmen, eine dunkle Meditation über das Schwanken des Bodens, den wir unter den Füßen verlieren. Die vertraute Ordnung löst sich auf. Feste Konturen verschwimmen, werden diffus. Hinter ihnen wird ein anderes sichtbar, eine Ahnung von der Labilität der Zustände.
»Vertigo« ist konzentriert auf die abstrakte Figur der Spirale. Sie diktiert die Form des Films, von den in vielen Farben schillernden Spiralen im Vorspann über die spiralförmige Locke der Frau, die aus dem Reich der Toten zurückkehrt, bis zur Spirale der Wendeltreppe, an deren Ende zweimal in diesem Film das Verderben wartet. Die Kamerabewegungen, lange, traumhaft langsame Fahrten, üben einen spiralhaften, halluzinatorischen Sog aus. Mit seiner Technik, die sich nie im Abbilden von vorgefundener Wirklichkeit erschöpft, sondern sie verfremdet ins Unheimliche, Unwirkliche, zieht uns Hitchcock allmählich in einen Alptraum. Wir werden zu Komplizen des unglückseligen Detektivs Scottie Ferguson (James Stewart), der zweimal die Frau verliert, die er liebt. Wir teilen den Wahnsinn, der ihn ergreift, wenn er der Vergangenheit begegnet und sie festhalten will.
Ähnlich entrückt, irreal sind viele Hitchcock-Filme, die den Zuschauer an Orte eines abstrakten, namenlosen Entsetzens entführen: die Villa mit den verbotenen Türen, in der Ingrid Bergman langsam vergiftet wird (»Berüchtigt«); das Schloß mit den riesigen, kalten Räumen und wehenden, weißen Gardinen, in dem Joan Fontaine einer toten Mörderin begegnet (»Rebecca«); das schäbige kleine Motel mit dem Loch in der Wand, das ein bizarres Geheimnis birgt (»Psycho«). Hitchcock entwirft eine abstrakte Architektur der Angst. Mit der Besessenheit eines Piranesi erfindet er Bilder und Räume, die ein absolutes Grauen nicht literarisch behaupten, sondern visuell darstellen.
Einmal hat er Dali engagiert, um eine Traum-Sequenz für ihn zu gestalten (»Spellbound«/Ich kämpfe um dich), aber er braucht keine fremde Phantasie. Seine eigene Empfindlichkeit dem Unbewußten, dem nur Geahnten und noch nicht Gedachten gegenüber weist die seltsame Schärfe jener unzähligen Messer und Scheren auf, mit denen er die Opfer seiner Tagträume am liebsten ins Jenseits befördert.

*

Marnie. Die Geschichte einer Diebin und eines Geheimnisses. Als dieser, einer der gewagtesten, experimentellsten Filme Hitchcocks vor 15 Jahren herauskam, beklagten sich viele Kritiker und Zuschauer über vermeintliche formale Unzulänglichkeiten: über den offensichtlich gemalten Hintergrund am Ende der Straße, in der Marnies Elternhaus steht, über scheinbar schlampige Rück-Projektionen, deren Künstlichkeit auf den ersten Blick zu erkennen ist. Zudem, so hieß es, sei die Story arg banal, nicht sonderlich spannend und leider auch von typisch amerikanischer Vulgär-Psychologie getrübt.

Wer »Marnie« heute sieht, ist von der Kühnheit dieses Films betroffen. Der kulissenhafte, »falsche« Charakter der Exterieurs erweist sich als vollkommener Ausdruck des Realitätsverlustes, mit dem, wie so oft bei Hitchcock, die Hauptfigur zu kämpfen hat. Natürlich hat Hitchcock nicht schlampig gearbeitet (nie überläßt er etwas dem Zufall, der letzte Passant, der kaum erkennbar durchs Bild geht, ist sorgfältig ausgesucht worden, jedes szenische Detail skrupulös arrangiert), aber er hat sich erlaubt, den psychischen Zustand der Heldin direkt in der Außenwelt zu spiegeln: die Verzerrungen, Krümmungen der Innenwelt zu visualisieren.

Er integriert das Bilder-Inventar des expressionistischen deutschen Stummfilms, des Caligari- und Mabuse-Universums, dem er 1925 und 1926 bei den Dreharbeiten zu seinen beiden ersten Filmen in München begegnete, in eine amerikanische Geschichte des Jahres 1964. Und bereichert es um die Dimension der Farbe. So wie etwas später »Topaz« weniger eine Agentengeschichte ist als ein strenger Versuch über das Verhältnis zwischen Gelb und Rot, läßt sich »Marnie« allein aus der Farb-Dramaturgie verstehen: aus der Konfrontation des in vielen Nuancen der Heldin zugeordneten Gelb (Unordnung, Instabilität, Gefahr) mit dem Grau der Bürgerwelt. Über die Farben in Hitchcocks späten Filmen (zumal die in dem weithin verkannten Meisterwerk »Topaz«) müssen irgendwann noch ein paar Dissertationen geschrieben werden.

*

Hitchcock hat immer experimentiert, nie den leichten, übersichtlichen Weg gewählt. Seine frühen akustischen Verfremdungen (in seinem ersten Tonfilm »Erpressung«) blieben ein Einzelfall, seine visuellen Versuche dagegen wurden immer subtiler und anspruchsvoller: die extrem langwierigen, Kamerabewegungen, mit denen er, in einer einzigen Einstellung, den Zuschauer suggestiv in einen Ablauf zieht (die Fahrt auf das zuckende Auge des Mörders in »Jung und unschuldig«, auf den verborgenen Schlüssel in Ingrid Bergmans Hand in »Berüchtigt«; die *Ten-Minutes-Takes*, Einstellungen, die eine ganze Filmrolle lang dauern, in »The Rope« (Cocktail für eine Leiche) und »Under Capricorn« (Sklavin des Herzens); die Einheit von Ort und Handlung in »The Rope« und »Lifeboat« (Rettungsboot).

Hitchcocks Welt ist die eines Spielers, eines Zauberers. Manchmal, in den Komödien von »Jung und unschuldig« und »Eine Dame verschwindet« bis hin zu »Familiengrab«, erscheint sie heiter und gelassen, mit jenem Augenzwinkern zelebriert, das seinen wahrscheinlich letzten Film »Familiengrab« beschließt. Abgründe indessen tun sich überall auf, selbst in den frivolsten, extravagantesten Vergnügungen, die haarscharf an der Katastrophe vorbeirutschen: »Der unsichtbare Dritte« ist das schönste Beispiel für diese Kunst der Unterhaltung am Rande des Nichts.

Auf dem Archipel Hitchcock, einem Eiland, das längst noch nicht vermessen ist, das dem wollüstig schauernden Eindringling bei jedem neuen Besuch neue Überraschungen, Fallen, doppelte Böden offenbart, ist der Gegensatz von Vergnügen und Entsetzen aufgehoben. Die Wirklichkeit erweist sich als optische Täuschung, der Tagtraum als Realität.

In »Der unsichtbare Dritte« fährt Cary Grant mit seiner Mutter und zwei bezahlten Killern zusammen in einem überfüllten Fahrstuhl. Sein Leben ist in höchster Gefahr, aber die Mutter hält das Ganze für einen aparten Scherz. Plötzlich wendet sie sich den Mördern zu und sagt freundlich: »Sie wollen also meinen Sohn umbringen.« Nach einer kurzen Schrecksekunde fangen die beiden Männer an zu lachen. Und schon füllt sich der ganze Fahrstuhl mit bebendem, hysterischem Gelächter. Nur Cary Grant bleibt todernst. Er weiß, daß er noch weit wird fliehen müssen, um diesem Alpdruck zu entkommen. Fürs erste wenigstens. Bis ihm am hellichten Tage wieder jemand eine Pistole ans Herz drückt und wieder eine Reise in das andere, das Fremde, das Unheimliche beginnt.

Nr. 33 vom 10. 8. 1979

Andrzej Wajda und »Der Mann aus Marmor«
Die Kamera lügt

»Noch ist Polen nicht verloren«, raunt es von ferne um das einsam gelegene Landhaus in der Nähe von Krakau. Nebelschwaden jagen durch den Wald, geheimnisvolle, blutige Gestalten aus Polens tragischer Geschichte brechen plötzlich in ein trunkenes, frenetisches Hochzeitsmahl im Jahre 1900 ein. Die Vermählung des Dichters mit dem Bauernmädchen, die utopische Allianz zwischen Stadt und

Land, Poesie und Natur endet in einem surrealen Gespensterreigen. Im Morgengrauen stehen die Bauern mit geschulterten Sensen zum Aufstand gegen Österreich-Ungarn, gegen Preußen und gegen Rußland bereit. Aber niemand gibt ihnen das Zeichen. Sie erstarren zu einem heroischen Tableau.

»Die Hochzeit« heißt das pathetische Versdrama von Stanislaw Wyspianski, das Andrzej Wajda 1973 verfilmte: eines der wichtigsten Stücke der polnischen Nationalliteratur, 1901 uraufgeführt, eine stilisierte, symbolschwere Einkreisung polnischer Träume und polnischer Niederlagen. Und nur Andrzej Wajda durfte es wagen, dieses schwierige, für Ausländer ohnehin kaum verständliche Stück für das Kino zu adaptieren.

Noch ist Polen nicht verloren: Dieser Satz erscheint wie das Leitmotiv des Kinos von Andrzej Wajda. Er hat viele seiner Figuren begleitet, aber nie als leichtfertiges Propagandamotto, sondern immer wieder als bitterer Nachruf für viele Generationen verlorener polnischer Helden: für die polnischen Legionen, die im Dienste Napoleons in Spanien verbluteten, von der vergeblichen Hoffnung getrieben, der französische Kaiser würde ihre Nation wieder aufrichten (»Die Legion«, 1965); für die jungen polnischen Entrepreneurs, die kurz vor der Jahrhundertwende in der barbarischen Goldgräberstadt Lodz gegen die Konkurrenz von Deutschen und Juden die Textilindustrie an sich reißen wollten (»Das gelobte Land«, 1975); für die polnischen Kavalleristen, die im Herbst 1939, nur mit Lanzen bewaffnet, gegen die Panzer der deutschen Invasoren antraten (»Lotna«, 1959); für die jungen Kämpfer des Warschauer Aufstandes von 1944, Kommunisten, aber auch andere, Angehörige der von London aus gesteuerten »Home Army« (»Der Kanal«, 1957); schließlich für den jungen antikommunistischen Partisanen, der am 8. Mai 1945, dem ersten Tag des Friedens, in einer kleinen polnischen Provinzstadt halb widerwillig einen kommunistischen Funktionär erschießt und selber auf einem riesigen Müllhaufen verendet (»Asche und Diamant«, 1958).

Nicht alle diese Figuren sind Helden für die Geschichtsbücher, am wenigsten Zbigniew Cybulski in Wajdas berühmtestem Film »Asche und Diamant«, ein existentialistischer, todessüchtiger Rebell ohne Sache. Und auch der skrupel- und maßlose Kapitalist, den Wajdas Lieblingsdarsteller Daniel Olbrychski (bei uns durch Schlöndorffs »Blechtrommel« bekannt) im »Gelobten Land« darstellte, kann nicht gerade als moralisches Vorbild dienen.

Aber das Heroische in seiner reinen Form hat Wajda nie interessiert. Er, der 1927 in Suwalki, im Nordosten Polens, geboren wurde und den Krieg als Halbwüchsiger unauffällig überstand, wollte nie der Denkmalpfleger der polnischen Vergangenheit sein, sondern ein

Andrzej Wajda

freier Chronist ihrer dramatischen Exzesse, ihrer Zerrissenheit, ihrer Herausforderungen: »Ich interessiere mich nur für groß angelegte Charaktere, konfrontiert mit den fundamentalen Alternativen der Existenz. Es gibt nur jene, die auf einem Müllhaufen sterben können, die an einem Kavallerieangriff gegen Panzer teilnehmen können, die sich durch eine stinkende Kanalisation schlagen können ... Ich interessiere mich für eine Figur, die sich großen Idealen entgegenstellt oder sie annimmt, aber nicht für eine, die in den Fußspuren anderer hinterhertrottet.«

Schon Wajdas ganz frühe Filme, zumal »Asche und Diamant« und der direkt auf Dantes »Inferno« bezogene »Kanal«, waren mit ihren schweren, langen Schatten und ihrem diffusen, unwirklichen Licht den Meisterwerken des französischen Vorkriegsfilms (etwa Marcel Carnés »Der Tag bricht an«) näher als irgendeinem sozialistischen Realismus. Seinen Sinn für starke dramatische Effekte, für überhitzte, extreme Emotionen, schulte er an Shakespeare (ein »Hamlet« für die Bühne, ein »Macbeth« fürs Fernsehen, eine »Sibirische Lady Macbeth« fürs Kino), aber in erster Linie an den Klassikern der polnischen Literatur: Stefan Zeromski, Stanislaw Wyspianski, Wladyslaw Reymont.

Denn so sehr Wajda auch westliche Einflüsse verarbeitete – von Albert Camus bis Elia Kazan –, so sehr ist seine ganze Arbeit auf polnische Zustände, polnische Traumata bezogen. Anders als für seine jüngeren Kollegen Roman Polanski und Jerzy Skolimowski, die beide bei Wajda als Darsteller und Drehbuchmitarbeiter ihre Karriere begannen, stand es für ihn nie zur Debatte, ins Ausland zu übersiedeln, gar nach Hollywood. Der »polnischste aller polnischen Regisseure« arbeitete zwar auch gelegentlich im Westen (in England verfilmte er »Die Schattenlinie« seines Landsmannes Joseph Conrad, für das ZDF drehte er 1972 den Christus-Film »Pilatus und andere« auf dem Nürnberger Reichsparteitagsgelände), aber auf die Dauer zog er es vor, sich lieber mit den oft scharfen, unfreundlichen Kritiken im eigenen Land auseinanderzusetzen.

War freilich Andrzej Wajda nicht selber längst ein Fall für das Museum, für die Filmgeschichte? Ein großer Regisseur der fünfziger Jahre, von dem man in der letzten Zeit nur noch wenig gehört hatte, dessen Filme bei uns, wenn überhaupt, nur zu später Stunde im Fernsehen liefen? Ein Mann, dessen Kino existentieller Konfrontationen, üppiger Leidenschaften und dunkler Symbole längst von der Entwicklung überholt worden war?

Wie wenig diese Einschätzung mit der Wirklichkeit zu tun hat, beweist jetzt Wajdas vorletzter Film »Der Mann aus Marmor«, schon 1976 gedreht, erst zwei Jahre später für den Westen freigegeben (in Cannes lief er 1978 am letzten Tag des Festivals unangekündigt als »*film surprise*«) und nun endlich, durch die Arbeitsgemeinschaft Kino, auch bei uns zu sehen. 13 Jahre lang mußte Wajda um eine Drehgenehmigung für den »Mann aus Marmor« kämpfen. In den er-

sten drei Monaten seiner Laufzeit sahen 2,7 Millionen Polen diesen in mehrfacher Hinsicht außerordentlichen Film.
Natürlich ist »Der Mann aus Marmor« auch ein politisches Skandalon. Denn wieder einmal besucht Andrzej Wajda die Gespenster der polnischen Geschichte, doch diesmal keine aus ferner Vorzeit, sondern solche, deren Spuren noch frisch sind. Zwar lastet Stalins Schatten nicht mehr über dem Land, aber die fünfziger Jahre, die Epoche des Terrors, der Willkür, sind längst noch nicht vergessen. Das muß auch Wajdas Protagonistin erfahren, die junge, energische Filmstudentin Agnieszka, die für ihre Diplomarbeit Recherchen unternimmt über einen der vergessenen Helden jener Jahre, dessen Marmorstatue sie in einem der Öffentlichkeit nicht zugänglichen Museumsdepot findet. Wer war er, der Mann aus Marmor, der Musterarbeiter und Rekordmaurer Birkut, der 30000 Ziegel in einer einzigen Schicht setzte, zum gefeierten Vorbild wurde und ein paar Jahre später schon wieder spurlos in der Versenkung verschwand?
Auf der Suche nach Birkut sichtet Agnieszka altes Wochenschaumaterial, spürt Zeugen auf: den inzwischen weltberühmten Filmregisseur Burski, der damals Birkuts heroische Taten für die Nachwelt festhielt und nun enthüllt, wie er Birkuts legendären Rekord für die Kamera inszeniert hat; einen Spitzel des Geheimdienstes, der Birkut überwachte, seinen Fall miterlebte und jetzt in einem Warschauer Nachtklub Striptease-Nummern arrangiert; Birkuts engsten Freund und Mitarbeiter, der ebenfalls plötzlich in Ungnade fiel, als Saboteur verurteilt wurde und jetzt einer der wichtigsten Männer im Stahlwerk von Nowa Huta ist; Birkuts erste Frau, eine gefeierte Hochleistungssportlerin, die sich damals rasch von dem Verfemten trennte und heute ein Leben als Luxus-Alkoholikerin führt.
Doch Agnieszkas Film über den Mann aus Marmor kommt nicht zustande. Die Vergangenheit soll ruhen, die Verantwortlichen bekommen Angst und verbieten die Fortsetzung der Arbeit. Agnieszka setzt ihre Recherchen auf eigene Faust fort, findet schließlich Birkuts Sohn, einen Werftarbeiter in Gdansk. Von ihm erfährt sie, daß Birkut 1970 gestorben ist, vor den Toren der Werft, vielleicht – das bleibt offen – während des Aufstandes der Werftarbeiter.
Aber nicht allein die politische Dimension, der Mut, mit dem Wajda die Tabus der Stalin-Zeit untersucht, macht den künstlerischen Rang des »Mann aus Marmor« aus: So wenig sich Orson Welles' »Citizen Kane« auf ein Pamphlet gegen den Zeitungszaren William Randolph Hearst reduzieren läßt, so wenig erschöpft sich die Bedeutung, die Sensation des »Mann aus Marmor« auf die Auseinandersetzung mit dem Stalinismus.
»Der Mann aus Marmor«, ohne Zweifel einer der großen Filme die-

ses Jahrzehnts, ist eine 163 Minuten lange Untersuchung über das Verhältnis zwischen Realität und Fiktion, Wahrheit und Legende, Leben und Film. Wie »Citizen Kane«, dessen Strukturprinzip er sich aneignet und weiterführt, beginnt »Der Mann aus Marmor« in einem Vorführraum, mit der Besichtigung alten Dokumentarmaterials, das nichts über die Vergangenheit preisgibt als ein paar flüchtige, oberflächliche Eindrücke. Und je weiter die junge Heldin eindringt in die Geschichte des Maurers Birkut, desto häufiger stößt sie auf Spuren vielfältiger Manipulationen, Verfälschungen, Lügen: wie vor vierzig Jahren der Reporter in »Citizen Kane«, der aufdecken soll, was das letzte Wort des sterbenden Tycoons bedeutet hat.

Im Leben des Maurers Birkut indessen gibt es kein »Rosebud«, keinen Schlüssel, der alle verbotenen Türen aufsperrt. Dennoch bleibt ein Geheimnis. Zeugen widersprechen sich, Dokumenten, auch und gerade filmischen, kann nicht getraut werden, der ständige Wechsel zwischen inszenierter Gegenwart (farbig) und authentischem, von Wajda benutztem Wochenschaumaterial (schwarz-weiß), inszenierter Vergangenheit (Birkut in den fünfziger Jahren, farbig) und von Wajda nachinszenierten »alten« Dokumentaraufnahmen (schwarz-weiß) reißt bald auch den Zuschauer in einen Zustand dauernder Ungewißheit.

Kein einziges der vielen Bilder verrät die Wahrheit, und wenn sich Andrzej Wajda selber im Vorspann des Pseudo-Dokumentarfilms des fiktiven Regisseurs Burski über den ganz und gar inszenierten Rekord des Maurers Birkut als Regie-Assistenten vorkommen läßt, übt er wohl auch Kritik an der eigenen filmischen Vergangenheit. Zudem wird Burski, der weltläufige Künstler, der gerade von einem Festival im Westen zurückkommt, als Agnieszka ihn am Flughafen abfängt und dazu bringt, über seine Anfänge mit dem Birkut-Film zu berichten, von Wajdas altem Freund Tadeusz Lomnicki gespielt, dem Hauptdarsteller von Wajdas allererstem Spielfilm »Eine Generation« (1955).

Solche Zusammenhänge können natürlich nur Kenner des polnischen Kinos interessieren, aber daß Wajda sich selber einbezieht in dieses komplexe Lügengeflecht, ist eine wichtige Erkenntnis. Nach dem frühen Unfalltod seines Stars Zbigniew Cybulski drehte er 1968 den Film »Alles zu verkaufen«, die Geschichte des Filmregisseurs Andrzej, der nach dem Unfalltod seines Stars anfängt, darüber nachzudenken, wie sehr sich in seinem Leben wirkliche Erlebnisse und nachinszenierte Emotionen durchdringen. Dieser autobiographische Aspekt gehört auch zum »Mann aus Marmor«.

Und das Nachdenken über das Handwerk des Filmemachers. Agnieszka benutzt die Kamera wie eine Maschinenpistole, immer im

Anschlag, immer zu einem Schuß bereit. Ihrem älteren Kameramann sagt sie: »Wir drehen ohne Stativ. Alles aus der Hand. Weitwinkel. Hast du nicht die neuen amerikanischen Filme gesehen?« Das Museumsdepot stürmt sie wie eine Partisanin der Wahrheit, mit der Kamera in der Hand. Interviews nimmt sie heimlich auf, mit einer fast unangenehmen Indiskretion. Und erst allmählich merkt sie, daß sie selber auch ein Opfer dieser »Cinéma-Verité«-Methode zu werden droht, daß sie die Recherche immer mehr mit der Sensation, mit dem vorschnellen voyeuristischen Blick verwechselt. Ihr Vater hält ihr vor: »Habt ihr nicht auch selber gelogen? Ihr Filmleute nehmt es ja nicht so genau mit der Wahrheit.«
So bleibt auch sie nicht ausgenommen von der Kritik, die Wajda an seinem Medium übt, an den unvermeidlichen Lügen der Objektive. Und so endet der Film auch damit, daß Agnieszka den Sohn des toten Helden Birkut ohne die Kamerawaffe findet. Und nun endlich, in der allerletzten Einstellung, in der die Filmemacherin ohne Film und ihr letzter Zeuge durch einen der endlos langen Korridore des Verwaltungsgebäudes rennen, um doch noch eine Revision in der Sache Birkut zu erzwingen, deutet sich entfernt die Möglichkeit einer Allianz an, deren Grundlage zum erstenmal nicht eine Lüge ist.
Alles zu verkaufen: Auch Andrzej Wajda findet die Wahrheit nicht zwischen Nowa Huta und Warschau, zwischen Stahlwerk und Vorführraum, Parteizentrale und Nachtklub, zwischen der Vergangenheit und der Gegenwart. Aber er und seine Heldin finden Spuren, sichten, ordnen, verwerfen, arrangieren sie: Spuren von »Citizen Stalin« und »Citizen Birkut«, Spuren indessen, die sich bis zum Ende nicht zu einem eindeutigen Bild fügen.
»Der Mann aus Marmor« ist auf allen seinen Ebenen ein Meisterwerk: als politischer Schlüsselfilm, als leidenschaftliches Drama einer Suche, als Reflexion über das Kino. Er ist ein Meisterwerk, weil diese Filme im Film nicht beziehungslos nebeneinander existieren, sondern sich gegenseitig bedingen und durchdringen. Für Wajda scheint dieser Film einen neuen Abschnitt seiner Arbeit eingeleitet zu haben. Auch sein jüngster Film »Ohne Betäubung«, 1979 in Cannes vorgeführt und mit derselben nervösen Energie inszeniert wie »Der Mann aus Marmor«, wenn auch etwas weniger vielschichtig, handelt von Manipulateuren und Manipulationen: die Geschichte eines berühmten Warschauer Fernseh-Journalisten, der unversehens seine Karriere und seine Ehe ruiniert vorfindet. Und anfängt, nachzudenken über die Lügen in ihm und um ihn herum. Am Ende steht eine Explosion. Unfall oder Selbstmord? So lange Andrzej Wajda Filme macht, ist Polen noch nicht verloren.

Nr. 35 vom 24. 8. 1979

Rainer Werner Fassbinders »Die dritte Generation«
Ein geisteskrankes Märchen

Eine Komödie? Auch eine Komödie.
Halten wir uns einen Moment lang an eine Figur, die P. J. Lurz heißt und in Rainer Werner Fassbinders »Komödie in 6 Teilen um Gesellschaftsspiele voll Spannung, Erregung und Logik, Grausamkeit und Wahnsinn« eine nicht unbedeutende Rolle spielt. P. J. Lurz, ausgestattet mit der Pokermiene und den lässigen Bewegungen des Darstellers Eddie Constantine, ist ein Mann mit vielen Interessen. Er handelt, von einem supermodernen Büro in der Berliner City aus, mit den allerneuesten Datenverarbeitungsmaschinen: ein Unternehmer. Er unterstützt, natürlich heimlich, eine Gruppe von Terroristen, auf daß, durch deren auffälliges Wirken, bei den Herren in Bonn ein rasendes Verlangen nach seinen auch und gerade zu Zwecken der Fahndung nützlichen Computern entstehen möge: ein Verschwörer. Er liebt, offensichtlich mehr als seinen Kommerz, die kompliziertesten Filme, betrachtet Robert Bressons »Der Teufel, möglicherweise« auf seinem Videorecorder und belehrt einen Polizeikommissar über die Qualität von Andrej Tarkowskis sowjetischem Science-fiction-Essay »Solaris« (»der beste Film, den ich je gesehen habe«): ein Ästhet.
Einen wie P. J. Lurz – der IBM-Machiavellist mit dem exquisiten Kinogeschmack des Filmemachers Fassbinder – gibt es in der Wirklichkeit nicht. P. J. Lurz ist eine Kunstfigur, konstruiert aus extremen Widersprüchen. Existieren kann ein solches Monstrum nur in einer Komödie, die sich um die Gesetze der Wahrscheinlichkeit nicht schert: in einer absurden Farce. Auf eine solche bewegt sich »Die dritte Generation« langsam zu, bis zu jenem Moment, da P. J. Lurz am Karnevals-Dienstag des Jahres 1979 von einer fröhlich bunt kostümierten Terroristenschar mit vorgehaltenen Spielzeugpistolen aus seinem Dienstwagen »entführt« wird: Das Schleyer-Drama, nachgestellt als morbider Mummenschanz.
Ist das nun geschmacklos? Eine Farce kann keine Sonntagspredigt sein, und Fassbinder wagt sich weit genug aus unserer Wirklichkeit heraus, um den naheliegenden Fallen irgendeiner »Ähnlichkeit mit lebenden oder toten Personen« zu entgehen. Nichts interessiert ihn weniger als die Messer in den Köpfen von Katharina Blum und Christa Klages und sonstige Anstrengungen, deutsche Gegenwart mit den Mitteln eines seriösen Realismus so zu »bewältigen«, daß in den Köpfen der Zuschauer kaum mehr entsteht als das Editorial einer

progressiven »Bild«-Zeitung in Braille-Schrift. P. J. Lurz weiß: »Film ist Lüge, 25mal in der Sekunde.« Fassbinder lügt riskant, immer knapp an der Wahrheit vorbei. Aus den absonderlichsten Empfindungen und versprengten Resten erkennbarer Realität entsteht die Wahrheit des Kinos und die Wahrheit der Komödie.
Terroristen? Jene Herrschaften, die in der »Dritten Generation« so genannt werden, gleichen eher dem Personal eines Stückes von Botho Strauß: spätbürgerliche Flaneurs und Schwadroneure, kulturgeile »Schaubühnen«-Abonnenten, die über die Sensibilität der letzten Botho-Strauß-Inszenierung so gedankenlos hingerissen parlieren wie über den Gelegenheitskauf einer schicken Bluse. Man spielt Monopoly, legt sich Personalausweise mit Namen wie Oskar Matzerath und Louis Ferdinand Céline zu und hantiert mit Schußwaffen wie mit den Accessoires einer mittelprächtigen Salon-Komödie. Beim Überfall auf das Einwohnermeldeamt, der so aussieht, als hätten ihn Abbott und Costello in einem ihrer weniger lichten Momente inszeniert, macht sich schon mal einer in die Hose. Eine freudlose Groteske: Die Verfolgung und Ermordung von Elisabeth van Dyck und Willy Peter Stoll, dargestellt von Margit Carstensen und Udo Kier. Wenn einem bei dieser Vorstellung übel wird, dürfte das Fassbinder nur recht sein.

*

Ein Melodram? Auch ein Melodram.
Zwischen Obergrund und Untergrund kommen die merkwürdigsten Beziehungen vor. Etwa so eine: Hanna Schygulla, die Sekretärin von Eddie Constantine und Ehefrau des Terroristen Udo Kier, unterhält ein heimliches Verhältnis mit ihrem Schwiegervater Hark Bohm, der einen Polizeikommissar darstellt (pensionsberechtigter Bogart-Verschnitt mit Hut und Trenchcoat). Man liebt sich und man versichert sich zwischendurch seines Hasses. Die Stimmung ist schwül und das Licht ist rot.
Auch kommt ein Neger vor, ein lieber Neger, dem das Schicksal so schlimm mitspielt, daß es für ein halbes Dutzend Fassbinder-Filme reichen würde: Erst bricht er weinend vor dem Arbeitsamt zusammen, als man ihm jede Anstellung verweigert, dann stirbt ihm seine heroinsüchtige Freundin weg, dann ziehen ihn seine terroristischen Gastgeber in ihre Ränke und schließlich läßt er sich verzweifelt von der Polizei auf einem winterlichen Friedhof erschießen.
Diese Passion ist durchaus ernst gemeint und mit einer ähnlich wütenden Hysterie inszeniert wie der Opfergang des Volker Spengler (»In einem Jahr mit 13 Monden«) und des unverkleideten Fassbinders Leiden in der Episode aus »Deutschland im Herbst«. Auch hier

läßt der Regisseur keinen Zweifel daran, wer der wirkliche Schmerzensmann ist: Günther Kaufmann, der Neger, führt den Rollennamen Franz Walsch, Fassbinders seit den Tagen von »Liebe ist kälter als der Tod« und »Katzelmacher« immer wieder benutztes Pseudonym als Cutter seiner eigenen Filme.
Wenn einem bei dieser Vorstellung übel wird, dürfte das Fassbinder nicht sehr recht sein.

*

Ein Dokumentarfilm? Auch ein Dokumentarfilm.
Bilder und, vor allem, Töne aus einem Winter in Berlin, November 1978 bis Februar 1979. Nachrichten vom Umsturz im Iran und vom Metallarbeiterkampf in der Bundesrepublik dringen fast pausenlos in die Kunstwelt der mondänen Intrigen ein, von niemandem beachtet, gleichwohl unüberhörbar. Dutschke und Cohn-Bendit sind kurz zu sehen (in der berühmten »Club 2«-Diskussion), auch Karsten Voigt. Die Realität jener Monate drängt sich zwischen die obszönen Umarmungen von Kapital und Terror und läßt sie um so gespensterhafter erscheinen. Aber nicht unglaubwürdig. Denn schließlich weiß man ja, wer letztlich vom Terror profitiert, wer jene Strategen der Angst sind, die jeder neue Anschlag der Macht im Staate näher bringt. Der Polizeikommissar in der »Dritten Generation« sagt: »Ich hatte da neulich einen Traum ... da hat das Kapital den Terrorismus erfunden, um den Staat zu zwingen, es besser zu schützen. Das ist sehr komisch, nicht wahr?«
German Graffiti: Fassbinder gliedert seinen Film mit Sprüchen, die er während der Dreharbeiten in öffentlichen Toiletten in Berlin gefunden hat, Dokumente einer kaputten Sexualität, so schamlos und obszön wie die Fiktion von der bizarren Allianz zwischen dem cinephilen Computerboß und den koketten Spätzeitterroristen, für die das alles nur noch »eines der letzten großen Abenteuer der Menschheit« ist. Die Peter-Stuyvesant-Generation geht ihren Weg auf schreckliche Weise zu Ende: Die dritte Terroristengeneration, die schrecklichen Kinder der Ära Schmidt, finden so wenig Fassbinders Verständnis wie ihre schießwütigen Gegenspieler. Politik: ein nihilistisches Endspiel. »Ein geisteskrankes Märchen« sei das alles, heißt es gegen Ende des Films.
Und zur dokumentarischen Ebene der »Dritten Generation« gehören auch die immer wieder, teils auf deutsch, teils auf französisch zitierten Fragmente aus den fragmentarischen Aufzeichnungen der jugendlichen Selbstmörderin Danielle Sarréra (»Arsenikblüten«).

*

Ein Tagebuch? Auch ein Tagebuch.
Fassbinder erzählt von sich. Er hat noch nie Angst davor gehabt, seine eigene Angst zu offenbaren, am deutlichsten und am entsetzlichsten in »Deutschland im Herbst«. Aber reicht das? Das Chaos in Fassbinders Kopf, das schier schwindelerregende Durcheinander von Wut, Wehleidigkeit, Zynismus und schwarzem Humor, das hier auf den Betrachter losgelassen wird, bedeutet schließlich immer wieder nur das eine: das Chaos in Fassbinders Kopf. Im besten aller Fälle ist dieser radikal konfuse Film ein Selbstbedienungsladen, in dem es – neben viel *junk food* – auch ein paar sensationelle Angebote gibt: Sequenzen wie der verbale Amoklauf des Schauspielers Vitus Zeplichal (»Verhaften Sie die Mütze, verhaften Sie die Jalousie, verhaften Sie die Bücher!«), der den Fahndungsapparat kraft seiner sich überschlagenden Worte fast vernichtet, oder das surreale Finale, in dem einer der Pseudo-Terroristen das Videodokument von der Gefangenschaft des P. J. Lurz mit den Manierismen eines schwulen Hollywood-Regisseurs inszeniert, besitzen einen schönen, vitalen Wahnsinn, der im deutschen Kino ansonsten allenfalls noch Herbert Achternbusch auszeichnet. Und daß Fassbinder ein Meister der Groteske ist, hat er ja schon mit dem leider so sang- und klanglos untergegangenen »Satansbraten« bewiesen.
Im schlimmsten aller Fälle ist diese »Dritte Generation« eine eitle Kollektion von Lesefrüchten. Da wird über Schopenhauer palavert, da wird seitenweise Bakunin vorgelesen, ohne daß man über Schopenhauer und Bakunin mehr erfährt als die nicht so maßlos interessante Tatsache, daß Fassbinder wieder mal ein paar neue Bücher gelesen hat.
Manchmal ist »Die dritte Generation« so unbeschreiblich verrückt, als hätten sich Jerry Lewis und Robert Bresson zusammengetan, um eine deutsche Wochenschau zu drehen. Dann merkt man, daß dies Fassbinders bester Film hätte werden können.
Manchmal, leider nicht so selten, ist »Die dritte Generation« so unerträglich larmoyant, so aufdringlich ästhetisierend, als hätte ein enterbter Sohn von Douglas Sirk alle, aber auch wirklich alle Manierismen Fassbinders böswillig parodieren wollen.
Ich mag diesen Film nicht. Keine Fernsehanstalt wollte mit ihm zu tun haben. Man kann ihn nur im Kino sehen. Er geht mir nicht aus dem Kopf.

Nr. 38 vom 14. 9. 1979

Alexander Kluges »Die Patriotin«
Kino der Freibeuter

Gabi Teichert gräbt, nachts, heimlich, auf einer Baustelle. Gabi Teichert, Geschichtslehrerin in Hessen, ist eine unlizensierte Archäologin. Gabi Teichert gräbt nach Überresten deutscher Geschichte. Gabi Teichert macht sich unbeliebt. »Oberschulrat Wedel sagt: Ich habe Frau Teichert schon mehrfach darauf hingewiesen, daß es ihr an Ordnungssinn mangelt. Daraufhin ließ sie sich dahingehend ein, es möge sein, daß es ihr an Ordnungssinn mangele, sie sei aber nicht kaltherzig. Auf die weitere Vorhaltung, sie sei konfus, wiederholte die Gefragte, sie sei nicht kaltherzig. Vernunftgründen erschien sie nicht zugänglich.«

Gabi Teichert, die kurz schon in dem Kollektiv-Film »Deutschland im Herbst« vorkam, ist jetzt die Titelfigur von Alexander Kluges neuem Film »Die Patriotin«. Eine »Heldin« darf man sie gewiß nicht nennen, denn ein solcher Terminus würde allenfalls auf das konventionelle Erzähl-Kino passen, dem Kluge, nach einem kurzen, durchaus nicht mißlungenen Flirt im »Starken Ferdinand«, nun wieder radikal den Rücken zugewandt hat. »Filmemachen«, schrieb Kluge gerade, »ist strikt anti-akademisch, freches Gewerbe; geschichtlich fundiert, aber unregelmäßig. Im derzeitigen Umfeld gibt es genügend gepflegte Unterhaltung, gepflegtes Problem, so als sei Kino ein Spaziergang auf Gartenwegen in einem Parkgelände. Die Einhaltung des Verbots, die Gartenwege zu verlassen, hat schon deutsche Revolutionen zum Scheitern gebracht. Das Gepflegte muß man nicht verdoppeln. Tatsächlich gehen Kinder eher ins Gebüsch, spielen im Sand oder in Schrotthaufen.«

In dem Film »Die Patriotin« vagabundiert ein seltsames Trio durch die deutsche Geschichte: die Geschichtslehrerin Gabi Teichert, die nachts in ihrem von bläulichem Dampf durchzogenen Keller-Labor Bücher zersägt, ihr leiser Komplize und Erfinder Alexander Kluge und ein am 29. Januar 1943 von seinem Besitzer, dem Obergefreiten Wieland, im Nordkessel von Stalingrad gewaltsam getrenntes Knie. Gabi Teichert redet, manchmal feurig, manchmal müde, Alexander Kluge redet, immer leise. Das Knie redet auch: »Es gibt einige Leute, die bestreiten, daß ein Knie reden und Stellung nehmen könnte. Nun, das ist durch die Tatsache widerlegt, daß ich ja hier rede ... Als deutsches Knie interessiere ich mich natürlich vor allem für deutsche Geschichte ... Ich muß nämlich mal mit einem grundsätzlichen Mißverständnis aufräumen, daß wir Toten nämlich irgendwie tot wä-

Alexander Kluge

ren. Wir sind voller Protest und Energie. Wer will schon umkommen? Wir durcheilen, durchforsten die Geschichte...«
Ich habe den Film »Die Patriotin« gerade zweimal gesehen, aber es fällt mir schwer, ihn zu beschreiben. Wenn man eine Formel erfinden müßte für diese Geschichts-Revue, die sich allen, aber auch wirklich allen Formeln und Einebnungsversuchen versperrt, könnte man mutmaßen: eine Kollaboration von Christian Morgenstern (»Ein Knie geht einsam um die Welt«) und Karl Marx, von den Brüdern Grimm (die ihre Märchen ausgraben) und dem schizophrenen Dichter Alexander Merz (»Sie haben die Zischlaute aus dem Alphabet geklopft; jetzt bauen die Barrikaden...«).
Ordnung, heißt es in Deutschland, sei das halbe Leben. Aber eben nur: das halbe Leben. Das wilde Denken des Alexander Kluge (wo bleibt da der Ordnungssinn? würde Oberschulrat Wedel fragen) war immer schon ein Akt der Rebellion gegen die Beton-Vernunft der mit ihrer sturen Wissenschaftlichkeit allseitig gepanzerten Spezialisten, die mit ihrem Spezialistentum stets in die Katastrophe rennen. In den »Neuen Geschichten« von 1977, aus denen etliche Figuren auch in der »Patriotin« vorkommen, steht der Satz: »Ich denke, weil ich davon absehen kann, daß ich bin. Ich bin nämlich keineswegs allein, sondern in mir sind die anderen, und die denken unaufhörlich, weil das ihre Notwehrform ist.« In der »Patriotin« sagt Kluge: »Die

meiste Zeit ist Gabi Teichert eher verwirrt. Das ist eine Frage des Zusammenhangs.« Auf einem Insert steht zu lesen: »Je näher man ein Wort ansieht, desto ferner sieht es zurück.« Und darunter steht das Wort: DEUTSCHLAND.
Gabi Teichert, Kluge und das Knie des Obergefreiten Wieland versuchen eine Annäherung an die deutsche Geschichte. Sie finden Trümmer, Leichen, Haupt- und Staatsfiguren, namenlose Nebendarsteller, die überleben wollen. Sie sehen sterbende preußische Ulanen, die Schlachtfelder des Ersten und die Bomben-Himmel des Zweiten Weltkriegs, sie begegnen Napoleon, Bismarck, Hindenburg, sie sind im Kessel von Stalingrad dabei, im Luftschutzbunker an der »Heimatfront«, bei der Erschießung deutscher Kriegsverbrecher, bei einer weihnachtlichen Kaufhaus-Besetzung in Frankfurt und beim Hamburger SPD-Parteitag des Jahres 1977. Eine Liebe kommt vor, die der Krieg auseinanderreißt, ein Staatsanwalt, der um sein Erbe fürchtet (nein, nicht um Möbel und Teppiche, wie Gabi Teichert annimmt, sondern um die Idee der Autorität), ein Spanner, der tagsüber für den Verfassungsschutz observiert und sich nachts als »*Peeping Tom*« in Form hält (fast ein Bruder von Ferdinand Rieche). In einer alten Wochenschau führt der Elefant Jenny Kunststücke für unsere Landser im Ersten Weltkrieg vor.
Aber sie begegnen auch einem anderen Deutschland, einer Welt der Phantasien und Wünsche, wie sie in den Grimmschen Märchen erscheint, in den Visionen von Caspar David Friedrich, in ihrer Perversion schließlich in dem gigantisch-absurden Traum der Organisation Todt, während des Zweiten Weltkriegs ein System von Kanälen über die Alpen zu bauen. »Wer über die Märchen lacht, war nie in Not«, sagt Kluge. Er hofft auf die Produktivkraft der Phantasie, die auch »Die Patriotin« antreibt: keine ordentliche Geschichtsstunde, denn so wenig wie Gabi Teichert denkt Kluge daran, sich in »Unterrichts-Einheiten« zu artikulieren. Das Stilprinzip dieses Films (wie auch der Prosa-Arbeiten Kluges) ist die Abwesenheit einer stilistischen Großform. Statt dessen: Fragmente, Partikel, optische Gegensätze und intellektuelle Widersprüche, mit den Mitteln der Montage ausgestellt. Es gibt nichts, was in diesem Film nicht vorkommt: dokumentarisches Material und inszeniertes, bunter Luxus und schwarzweiße Unschärfen, Tricks, Modelle, Zeit-Raffer, Zwischentitel, Kodak-Material von 1931 und ganz neues, Fernseh-Bilder und Comic-Collagen. Kluge ist ein Freibeuter des Kinos, er eignet sich an, was ihm unter die Augen, Ohren und Finger kommt, einschließlich eines Nachtsichtgerätes, durch dessen achthundert Meter weit reichendes Objektiv der Blick auf dieses kinderbunte, dokumentargraue deutsche Trümmermärchen besonders befremdlich erscheint.

Wie alle Filme von Kluge ist auch »Die Patriotin« sehr witzig. Er entlarvt beiläufig den gefährlichen Unsinn der Obrigkeits-Sprache (Aus dem Polizeibericht: »Sinn des Polizeieinsatzes ist die Störung des Weihnachtsfriedens im Kaufhof durch Jugendliche«), er zeigt, wie sich das Spezialistentum immer wieder selbst überlistet, er konfrontiert Märchen und Kinderverse mit den Verlautbarungen der offiziösen Vernunft, die allemal unvernünftiger klingen als die Hervorbringungen spontaner Phantasie. »Die Wünsche der Menschen sind vielgestaltig«, heißt es einmal. Darauf kann man bauen.
Kalt in Deutschland? Kluge ist nie larmoyant, kein Apostel der Resignation. Ihm und seiner »Patriotin« Hannelore Hoger mag es zwar an Ordnungssinn mangeln (und das ist gut so), aber in unserer Republik der kalten Herzen bleibt er ein Kämpfer: Alexander Kluge, der im Jahr 2000 68 Jahre alt sein wird.

Nr. 39 vom 21. 9. 1979

»Apocalypse Now« von Francis Coppola
Reise in die Finsternis

»Ich muß immerfort an all die Jungs denken, die durch siebzehn Jahre Kriegsfilme kaputtgemacht wurden, ehe sie nach Vietnam kamen, um für immer kaputtgemacht zu werden. Du weißt nicht, was ein Medienfreak ist, bis du gesehen hast, wie einige von diesen Soldaten in einem Gefecht rumrennen, wenn sie wissen, daß ein Fernsehteam in der Nähe ist. In ihren Köpfen kurbelten sie richtig Kriegsfilme runter, führten im Kugelhagel kleine Mut-und-Ehre-Ledernacken-Stepptänzchen auf, ließen sich die Rübe für den Sender runterschießen. Sie waren wahnsinnig, aber nicht der Krieg hatte ihnen das angetan ... Wir hatten allzuviele Filme gesehen, waren zu lange im Fernsehparadies gewesen ... Die ersten paar Male, in denen auf mich geschossen wurde oder ich Kriegstote sah, passierte an sich nichts, alle Reaktionen waren in meinem Kopf eingesperrt. Es war dieselbe altvertraute Gewalttätigkeit, bloß auf ein anderes Medium übertragen: 'ne Art Geländespiel mit riesenhaften Helikoptern und phantastischen Spezialeffekten, da lagen die Schauspieler in ihren Segeltuch-Leichensäcken rum und warteten, daß die Szene zu Ende war, damit sie wieder aufstehen und weggehen konnten. Aber das war 'ne Szene (fandest du raus), bei der's keinen Schnitt gab.«

Michael Herr: »Dispatches« (An die Hölle verraten), 1977

Der Krieg ist vorbei, aber wie kann man einen Film über ihn drehen, der anders aussieht als »Die Brücke am Kwai«? Einer hat es versucht, Michael Cimino, aber selbst sein großartiger »Deer Hunter« handelt weniger von der sinnlichen Erfahrung Vietnam, vom absurden Sog des ersten totalen Medien-, Drogen- und Rock 'n' Roll-Krieges, als vom bitteren Schicksal einiger Einzelner: ein Requiem wie William Wylers Klassiker »Die besten Jahre unseres Lebens«, fast vierzig Jahre nach den Schlachten von Iwo Jima, Anzio und Omaha Beach noch einmal eine Beschreibung verlorener Helden, zerbrochener Illusionen.

Vietnam muß anders gewesen sein, gespenstischer, unwirklicher: ein Vernichtungskrieg, den die reichste Nation der Welt gegen eine der ärmsten führte (und verlor), ein surreales Panorama westlicher Dekadenz in den Dschungeln Asiens, ein maßloses Wüten des Überflusses nicht mehr zu den martialischen Klängen der »Stars and Stripes«, sondern zu denen der »Rolling Stones« und der »Doors«. Vietnam war ein Krieg, den das amerikanische Fernsehen mitinszenierte, *live action* für die Heimatfront, ein Krieg, in dem es nach Napalm roch und nach den Joints der Soldaten aus Alabama, Michigan und Texas. Wer die Berichte des Kriegskorrespondenten Michael Herr (»Dispatches«, gerade auf deutsch erschienen) gelesen hat, weiß zumindest eins: daß Vietnam mit herkömmlichen Methoden nicht zu beschreiben ist.

»Einmal traf ich einen Colonel, der hatte den Plan, den Krieg damit abzukürzen, daß man Piranhas in die Reissümpfe des Nordens würfe. Er redete von Fisch, aber in seinen verträumten Augen lagen Millionen Tote.«

Für Francis Coppolas 31-Millionen-Dollar-Film »Apocalypse Now« hat Michael Herr die inneren Monologe der Hauptfigur geschrieben: jenes Captain Willard von den »Special Forces« in Saigon, der den Auftrag bekommt, jenseits der Grenze, in Kambodscha, einen amerikanischen Colonel namens Kurtz aufzuspüren und zu liquidieren, der in der Wildnis einen Krieg auf eigene Faust führt.

Coppola selber spielt in einem Kurzauftritt einen Fernseh-Reporter, der mitten im wildesten Schlachtgetümmel den vorbeistolpernden GI's Regie-Anweisungen zubrüllt, das Kämpfen und das Sterben für seine Kamera arrangiert.

»Der Pesthauch aberwitziger Raubgier schien das alles, wie Aasgeruch, zu durchdringen. Bei Gott! Ich hatte nie etwas so Unwirkliches in meinem Leben gesehen. Und draußen war die schweigende Wildnis, die dieses gerodete Fleckchen Erde umgab, wie etwas Großes und Unbesiegbares, wie das Böse oder die Wahrheit selbst geduldig darauf wartend, daß dieser spukhafte Überfall ein Ende nähme.«
       Joseph Conrad, »Herz der Finsternis«, 1899

Francis Coppola *(rechts)* mit Marlon Brando

Marlow hieß der englische Seemann, der in Conrads Erzählung »Heart of Darkness« im Auftrag seiner Handelsgesellschaft eine Expedition den Kongo hinunter wagt, um den grausamen, geheimnisvollen Elfenbein-Agenten Kurtz zu finden. Bei Coppola ist aus Marlow ein Willard geworden, aber hier wie dort meint die Flußfahrt dem sagenhaften Kurtz entgegen nicht nur eine physische Bewegung, sondern auch und besonders eine Reise in die Innenwelt des Schrekkens. Je weiter sich Marlow/Willard aus der Zivilisation entfernt, desto bizarrer, unglaublicher werden seine Erlebnisse, desto unwiderruflicher taucht er ein in eine Welt mythischen Grauens.
Conrad schreibt: »*Wir waren vom Verständnis unserer Umgebung abgeschnitten; wir glitten vorüber wie Phantome, verwundert und insgeheim erschrocken, wie es vernünftige Menschen angesichts eines Begeisterungsausbruches in einem Tollhaus wären.*«
Von diesen Sätzen scheint die Bilderwelt Francis Coppolas in »Apocalypse Now« direkt geprägt zu sein. Immer mehr entfernt sie sich aus den Konventionen einer »realistischen« Kriegs- und Reise-Beschreibung, löst sich auf in Impressionen aus dem phantomhaften, unverständlichen Tollhaus Vietnam. Von der ersten Einstellung an – flirrende Hubschrauber, kaum zu erkennen, ein ganzer Wald geht in Napalm-Flammen auf, dazu singt Jim Morrison »The End – My only

friend« – ist dieser Alptraum da. Und während manche Sequenzen noch der Tradition der filmischen Anti-Kriegs-Satire verpflichtet sind (zumal der unglaublich virtuos inszenierte Hubschrauber-Angriff auf ein vietnamesisches Dorf zu den Klängen von Wagners »Walkürenritt«), lassen andere, spätere den schieren Wahn der Unternehmung auf eine Weise sichtbar, hörbar, fühlbar werden, wie es sie im Kino nie zuvor gegeben hat.

Alles, sagt Coppola, sei bei »Apocalypse Now« auf den Stil angekommen, fast nichts auf die Figuren, die auf eigenartige Weise schemenhaft sind, die angesichts der Ungeheuerlichkeiten, die ihnen widerfahren, so blaß und gesichtslos bleiben müssen wie Martin Sheen als Willard: weniger ein Charakter als ein Katalysator. Wenn, wie ursprünglich geplant, ein Star diese Rolle gespielt hätte – im Gespräch waren Steve McQueen, Al Pacino, Jack Nicholson, James Caan –, wäre der Film vielleicht gescheitert. Den Schauspieler Harvey Keitel, einen Mann mit ausgeprägten Tricks und Manierismen, entließ Coppola nach drei Wochen Drehzeit.

Den Stil von »Apocalypse Now« prägen der italienische Kameramann Vittorio Storaro und der amerikanische Ton-Ingenieur Walter Murch. Storaros Arbeit hatte Coppola seit Bernardo Bertoluccis »Der Konformist« bewundert, einem Film mit wunderbar diffusem Licht und beinahe unwirklichen Farben. Und Walter Murch schuf die beunruhigende akustische Szenerie in Coppolas ahnungsvoller Watergate-Variation »Der Dialog«, das wichtigste Element dieses Films.

In »Apocalypse Now« schaffen sie, unter der Anleitung von Coppola, der sich selber als Konzept-Künstler versteht, der andere Talente an sich zieht und anregt, eine psychedelische Licht- und Ton-Show im Herzen der Finsternis: den Tanz der Playboy-Bunnies vor Tausenden von rasenden, geilen Soldaten in einer nächtlichen Arena am Fluß; den makabren Feuerzauber an der Brücke von Do Long, wo niemand mehr weiß, wer gegen wen kämpft; das Blutbad unter harmlosen vietnamesischen Zivilisten, als ein paar Männern »die Nerven durchgehen«; die Begegnung mit einem Tiger im Dschungel, die jähe Konfrontation mit den archaischen Mächten der Natur; den Überfall der Eingeborenen mit Pfeil und Bogen, schon von Conrad beschrieben, vollends als Fall in die Steinzeit.

»Mehr und mehr scheint es Parallelen zwischen den Charakteren von Kurtz und Francis zu geben. Da ist die Heiterkeit der Macht, während man alles zu verlieren hat. Das ist wie die Erregungen des Krieges, wenn man tötet und Gefahr läuft, selbst getötet zu werden. In der Art, wie Francis diesen Film macht, ist er das größte Risiko eingegangen.

Er fühlt die Macht des Schöpfers/Regisseurs und die Angst vor einer totalen Niederlage.«

Eleanor Coppola, »Notes«, 1976

Eine Eintragung aus einem Tagebuch über einen Film, der wie ein Krieg war: Eleanor Coppola, die Frau des Regisseurs, hat es geführt, vom November 1975 bis zum November 1978 (»Notes« erschien in diesem Jahr bei Simon and Schuster in New York). »Notes« handelt von den Ängsten, den Schwierigkeiten, den Niederlagen des Filmemachers und Ehemannes Francis Coppola während der oft desaströsen, 14 Monate dauernden Dreharbeiten auf den Philippinen, von der Hybris, mit der ein gigantisches amerikanisches Filmteam so vehement im Fernen Osten einfiel wie ein paar Jahre zuvor die Truppen des Generals Westmoreland in Vietnam.
Coppola sagt: »Ich wollte von Anfang an, daß es ein sehr teurer Film werden sollte. Dadurch paßte er zu den Ereignissen in Vietnam, das machte ihn amerikanischer, verschwenderischer.« Die Hälfte des Budgets mußte er, reich und mächtig geworden durch den Welterfolg der beiden »Paten«-Filme, aus eigener Tasche zuschießen. Er setzte alles aufs Spiel, seine Besitzungen (darunter ein Weingut, ein Filmverleih, eine Zeitung), sogar seine Ehe. Ein Taifun zerstörte seine einige Millionen Dollar teuren Bauten, ein Herzanfall raffte beinahe seinen Hauptdarsteller Martin Sheen dahin, und das amerikanische Verteidigungsministerium, das sonst gerne jeden Kriegsfilm (auch John Waynes Vietnam-Rechtfertigungs-Drama »The Green Berets«) mit Beratern und technischem Gerät unterstützt, versagte Coppola jede Hilfe. Aber Coppola, ein Besessener wie sein deutscher Freund Werner Herzog, dessen Kaspar-Hauser-Film er in Amerika lancierte und an dessen delirische Amazonas-Expedition »Aguirre, der Zorn Gottes« die Vietnam-»Apocalypse« gelegentlich erinnert, gab nie auf. So spiegeln sich die Verrücktheiten dieses Films in seiner Produktionsgeschichte.
Kurtz und Coppola, zwei Männer der Macht, absolut in ihren Ansprüchen: Kurtz, der grausame Halbgott am Ende der Reise ins Herz der Finsternis, Coppola, der letzte Tycoon der amerikanischen Filmindustrie, ein Mann, der einmal von sich gesagt hat, er habe seine Karriere nach dem Vorbild Adolf Hitlers geplant – erst in das Establishment eindringen, die wichtigsten Leute des Systems in Sicherheit wiegen und dann mit subversiver Strategie selbst die Macht erobern. John Milius, sein Freund und zugleich der Autor des ersten, später oft geänderten Drehbuchs von »Apocalypse Now«, hat ihn einmal den »Mussolini der Bay Area« (der Gegend von San Francisco) genannt, wo sich Coppola sein Imperium aufbaute.

Aber Kurtz, der bei Conrad wie bei Coppola mit den Worten »The Horror! The Horror!« auf den Lippen stirbt, ist doch eine Figur von einem anderen Kaliber: ein Mann, der im Dschungel ein Reich des Schreckens errichtet hat, die Inkarnation von amoralischer Maßlosigkeit. Marlon Brando spielt Kurtz im letzten, heftig umstrittenen Teil von Coppolas Film. Man sieht kaum mehr von ihm als einen massiven kahlen Schädel im Halbdunkel, und er spricht weder wie der Kurtz von Conrad noch wie ein amerikanischer Colonel, der in West Point zu den Besten seines Jahrgangs zählte. Er deklamiert Texte von T. S. Eliot (aus »The Waste Land« und »The Hollow Men«), und er wirkt weniger schreckenerregend als selbstgefällig theatralisch.

Coppola selbst liebt die letzten zwanzig Minuten seines Films mehr als alles zuvor, weil der Bruch in der Erzählweise den Zuschauer in der Tat verstört: nach dem wahnsinnigen, surrealen Dschungel-Trip nun ein mystisches Kostümfest, das an Hollywoods Ausstattungsorgien in den fünfziger Jahren erinnert. Coppola nennt diesen Teil ironisch »die Aufführung eines Drama-Clubs von ›Heart of Darkness‹«. Vielleicht hat er recht, vielleicht wird man die Qualität dieses Finales, dieses radikalen Bruchs, erst in ein paar Jahren erkennen. Ähnlich ging es, sagt Coppola, ja auch Stanley Kubrick mit dem anfangs belächelten, mißverstandenen Ende von »2001 – Eine Odyssee im Weltraum«.

»Ich bin aus meiner Bahn geschritten, und ich soll nicht wieder hinein. Ein feindseliger Dämon, der Macht über mich gewonnen, scheint mich von außen zu hindern, hätte ich mich auch mit mir selbst wieder zur Einigkeit gefunden.«
  Johann Wolfgang von Goethe, »Die Wahlverwandtschaften«, 1809

Nun also ist auch Coppolas Schlacht geschlagen, auch sein Krieg vorbei. Und er scheint – die mit Schlöndorff in Cannes geteilte »Palme« und die ersten Kassenergebnisse aus Amerika und Frankreich deuten es an – mit einem glanzvollen Sieg zu enden. Aber der nächste Krieg ist schon erklärt, sein – doppeltes – Ziel noch ehrgeiziger, vermessener als das von »Apocalypse Now«.

Coppola ist von San Francisco nach Los Angeles, die Höhle der Hollywood-Löwen, gezogen. Dort soll seine Produktionsfirma »American Zoetrope« wiederauferstehen. Er hat sich unabhängig gemacht von den großen Konzernen, er macht keinen Film mehr, bei dem ihm nicht auch das Negativ (also alles) gehört. Und er träumt von einer neuen *»magic box«*, vom Video, das, wenn es erst einmal technisch perfekt ist, das Filmmaterial ablösen wird: »Spätestens in zehn

Jahren«, sagt Coppola. Aber Video bedeutet nicht Fernsehen für ihn, nicht den winzigen Bildschirm, sondern das Super-Kino der Zukunft: »Damit wird man Träume herstellen können«, die optisch und akustisch noch brillanter sein sollen als das beste heute gebräuchliche Filmmaterial.

Auf diesem Instrument, prophezeit Coppola, wird man spielen können »wie auf einem riesigen Piano«. Und für einen einzigen wird dieses Instrument viel zu groß sein. So sucht Coppola Leute, die mit ihm das neue Spiel spielen wollen, Träumer, Verrückte wie er selber. Er findet sie, so scheint es, in Deutschland mehr als anderswo. Für »Hammett«, der nun doch endlich gedreht werden soll (mit traditionellen Kinomitteln noch), holte er Wim Wenders aus München. Und nun sieht es so aus, als würde auch Hans-Jürgen Syberberg für Coppola einen Film drehen: »Parzifal« und die letzten Jahre von Richard Wagner. »Der deutsche Film«, sagt Coppola, »ist das einzige intakte nationale Kino der Welt. Es ist lebendig.«

Den größten (und intimsten) aller Kriege will Coppola indessen auf eigene Faust gewinnen. Sein Lieblingsprojekt, dessen Realisierung vielleicht fünf Jahre dauern und vielleicht fünf Filme lang sein wird, heißt: »Elected Affinities«, zu deutsch: »Wahlverwandtschaften«, Goethes strenger, zeremonieller Bericht von der Walstatt des Krieges zwischen den Geschlechtern. »Verfilmen« will Coppola »Die Wahlverwandtschaften« nicht, sich ihnen eher auf unterschiedliche Weise nähern, über ihre Themen meditieren, einen Teil der Handlung ins Japan des 19. Jahrhunderts (kurz vor der Öffnung nach Westen) verlegen, einen anderen vielleicht nach Las Vegas. Ich frage Coppola: »Das wird wohl zehn Stunden lang werden.« »Eher ein ganzes Wochenende«, sagt er.

Nr. 41 vom 5. 10. 1979

Über Alain Tanner und »Messidor«
Winterreise durch den Sommer

Der Schauplatz: ein kleinbürgerliches Wohnzimmer, ausgestattet mit Erinnerungsstücken an eine lange Eisenbahnerkarriere. Drei Personen sind zu sehen: Charles, der pensionierte Lokomotivführer; Marie, die junge Supermarkt-Kassiererin, die ihre älteren Kunden immer weniger bezahlen läßt, als auf der Rechnung steht; Marco, der Geschichtslehrer, der seinen Schülern die historische Zeit er-

klärt, indem er eine riesig lange Blutwurst in viele kleine Stücke zerhackt.
Charles und Marco kennen sich noch nicht. Während Marie in die Küche geht, um das Abendessen zu bereiten, erzählt Charles von seinem Beruf, von den Lokomotiven, die er gefahren hat, vom Krieg, als die Eisenbahner für die deutschen Besatzer immer wieder »Unfälle« arrangierten. Marco hört sehr aufmerksam zu. Als Geschichtslehrer, sagt er, interessiert ihn alles. Charles erklärt einen wichtigen Unterschied: »In einem Zug zu fahren oder einen Zug zu fahren – das sind zwei völlig verschiedene Dinge. Und zwar wegen der Schienen. Sollten Sie noch ab und zu mit dem Zug verreisen, was sehen Sie dann: wie die Landschaft vorbeizieht und vorbeizieht. Das ist wie im Kino. Ich gehe nicht mehr ins Kino. Ich bin kein Freund davon. Man hat von der Lokomotive aus ein ganz anderes Bild von der Landschaft: Sie zieht nicht vorbei, man fährt hinein, man fährt hinein, man fährt hinein. Das ist wie Musik. Man fährt immer vorwärts bis zum Horizont, da wo die Gleise zusammentreffen. Aber man kann fahren, so weit man will: Zusammen kommen sie niemals.«
Zwei Möglichkeiten, eine Landschaft zu erleben, zwei Arten zu sehen: eine passive, hingegeben dem Strom der Bilder, eine aktive, bestimmt von der Lust auf Veränderung, von der sehr konkreten Sehnsucht nach einem noch fernen Ziel. In Alain Tanners fünftem Spielfilm »Jonas, der im Jahr 2000 25 Jahre alt sein wird« beschreibt der grauhaarige freundliche Charles nicht nur Eisenbahn-, sondern auch Kinoerfahrungen. In seiner Geschichte erfährt man etwas über die Ästhetik des Hollywood-Films (der überwältigte Blick aus dem Fenster). Und man erfährt etwas über die Ästhetik des Genfer Filmemachers Alain Tanner, der, sacht die Kino-Lokomotive steuernd, andere Bilder und Töne sucht als die der Unterhaltungsindustrie.
Sinnfälliger, sinnlicher noch wird der Unterschied zwischen dem üblichen Kino der Attraktionen und dem anderen, emanzipatorischen Kino des Alain Tanner in der Inszenierung dieser Sequenz: Die Szene dauert, ohne einen einzigen Schnitt, zwei Minuten und 58 Sekunden. Ruhige Schwenks und kleine Kamerabewegungen stellen die Verbindung zwischen den Figuren im Raum her. Erst sind alle drei im Bild, dann Charles und Marco, am Ende nur noch der Alte, der sich mehr und mehr in eine schwärmerische, kämpferische Rede steigert. Wo ein konventioneller Spielfilmregisseur den Ablauf in mindestens sechs oder acht Einstellungen gegliedert hätte, beläßt ihm Tanner seine Einheit. So können sich die drei Schauspieler, kaum behindert von der Aufnahmetechnik, frei im Raum bewegen, sich ganz auf ihre Rollen, die Bewegungen und die Wörter konzentrieren.

Und es entsteht das Gegenteil einer Illusion: Wo die traditionelle Spielfilminszenierung mit ihren ständig wechselnden Perspektiven und Montagetricks die Künstlichkeit des Kinos zu vertuschen trachtet, stößt Tanners bevorzugte Aufnahme, die »plan séquence« (die Sequenzeinstellung, in der eine Szene ohne Unterbrechung durch einen Schnitt bis zum Ende abläuft), den Zuschauer ohne Anstrengung auf den synthetischen Charakter des Mediums Film. Die Kamera ist nicht mehr das allgegenwärtige »Auge« (vergleichbar dem allwissenden Erzähler im klassischen Roman), sondern wird erkennbar als technisches Instrument, als Vermittler im Spiel zwischen der Fiktion auf der Leinwand und dem Zuschauer davor.

»Wenn Filmemacher die Welt verändern wollen«, sagt Alain Tanner, 1929 in Genf geboren, ein freundlicher leiser Mann mit schütterem Graubart, »dann müssen sie zuerst das Kino verändern.« Tanner, der in England in den fünfziger Jahren die dokumentarischen Anfänge der »Free Cinema«-Bewegung miterlebte und der in den sechziger Jahren rund vierzig Reportagen für das schweizerische und das französische Fernsehen drehte, war nie ein Mann der Industrie. 1968 gründete er zusammen mit Claude Goretta (»Die Spitzenklöpplerin«), Michael Soutter (»Die Landvermesser«) und zwei anderen, weniger bekannten Filmemachern die inzwischen fast schon legendäre Genfer »Groupe 5«, die zum Ausgangs- und Sammelpunkt des neuen Kinos in der französischen Schweiz wurde.

Die »Groupe 5«, aus der indirekt auch Filmemacher wie Francis Reusser (»Le Grand Soir«) und Patricia Moraz (»Die Indianer sind noch fern«) hervorgingen, existiert längst nicht mehr, aber das Jahr ihrer Gründung, 1968, blieb das bestimmende Datum in der Biographie von Alain Tanner. Sechs Filme hat er seit damals realisieren können: »Charles tot oder lebendig« (1969), »Der Salamander« (1971), »Die Rückkehr aus Afrika« (1973), »Die Mitte der Welt« (1974), »Jonas, der im Jahr 2000 25 Jahre alt sein wird« (1976) und zuletzt »Messidor«, den schweizerischen Beitrag zur Berlinale in diesem Jahr, der jetzt in unseren Kinos angelaufen ist.

Und alle sechs Filme haben, direkt oder indirekt, mit dem Mai 1968 zu tun: aber nicht als sentimentale, nostalgische Übungen eines alternden Revolutionärs, sondern als permanentes Nachdenken über mögliche, möglich gebliebene Veränderungen, die kleinen, schwierigen Schritte auf jene »konkrete Utopie« zu, die vor elf Jahren ein paar Monate lang sichtbar wurde.

In »Die Rückkehr aus Afrika« findet die Reise in den tiefen Süden, die auch eine Flucht gewesen wäre, nicht statt. Vincent und Françoise bleiben in der Schweiz, pflanzen einen Baum, der für einen herrschaftlichen Park bestimmt war, in einem armseligen Hinterhof (die

»Dritte Welt« liegt vor der Haustür) und zeugen einen Sohn, der einmal ein »Landesverräter« werden soll. Die private Geschichte ist auch eine politische, ebenso wie in »Die Mitte der Welt«: Adriana, die italienische Kellnerin, verläßt Paul, den strebsamen, auf seine Karriere bedachten Nachwuchspolitiker, als sie merkt, daß ihr seine flüchtige Liebe nicht mehr genug ist. Und in »Jonas«, Tanners bestem Film (einem der besten, die in den letzten zehn Jahren in Europa gedreht worden sind), führen acht »kleine Propheten«, Übriggebliebene jenes Mai, deren Namen auch allesamt mit den Buchstaben »Ma« beginnen, sanft und listig vor, wie die kleinen Utopien (von nicht entfremdeter Arbeit, von angstfreier Sexualität, von praktischer Solidarität) immer noch verwirklicht werden können.

Eine »didaktische Komödie« hat Tanner seinen »Jonas« genannt, der fast ein Musical geworden wäre. Wie in allen Filmen Tanners gibt es auch in diesem viele allegorische Elemente, dazu Diskurse über Philosophie, Geschichte und Literatur, über Rousseau, Calvin und Marx. Aber Tanner, darin Alexander Kluge verwandt, geht sehr spielerisch mit ihnen um. Wenn sich Mathieu, der Arbeitslose aus der Stadt, auf dem Bauernhof von Marguerite und Marcel als Hilfsarbeiter verdingen will, stellt er sich einfach als »Arbeit« vor. Marguerite fragt ihn: »Und was bin ich dann in Ihren Augen?« Mathieu stutzt einen Augenblick, dann sagt er mit verlegenem Grinsen: »Wie das Kapital sehen Sie jedenfalls nicht aus.«

Von seinem Freund Jean-Luc Godard hat Tanner einen wichtigen Unterschied gelernt: zwischen »politische Filme machen« und »Filme politisch machen«: »Ich fordere vom Publikum, daß es sich nicht mit seiner vorgegebenen Ideologie zufriedengibt (am schlimmsten: die kommerzielle Fiktion der Linken), sondern daß es versucht, ruhig hinzuschauen.« Alle Filme von Alain Tanner sind Lehrstücke, aber nicht völlig im Sinne von Brecht, dem er vorwirft, in einem falschen Realismus steckengeblieben zu sein, sondern Lehrstücke über eine neue Art zu sehen, dem Verstand und der Phantasie des Zuschauers Angebote zu machen, die das Hollywood-Kino (das ganz andere Qualitäten besitzt) nicht erfüllen kann.

Daß »ästhetische Formen nicht unschuldig in die Welt treten und ihre eigene Ideologie bewahren«, schrieben Frieda Grafe und Enno Patalas schon vor neun Jahren anläßlich des Streites um Costa-Gavras' politischen Thriller »Z«: »Ein linker Film für Axel Springer.« Und in der Bundesrepublik macht man immer noch »linke« Filme mit denselben ästhetischen Mitteln, mit denen Springer auch »rechte« Filme herstellen lassen könnte. Und so lange werden die Messer in den Köpfen von Katharina Blum und Christa Klages steckenbleiben, bis die Schlöndorff, Hauff und Peter Schneider endlich begrei-

fen, daß sie allein mit ehrenwerten Absichten, halbherzigem Realismus und ebenso halbherzigen Kommerzeffekten nur schlechtes Kino machen, aber kein politisch wichtiges.
Alain Tanner ist da (wie Godard, wie Fassbinder, wie Wenders, wie Altman) entscheidend weiter: »Wenn ich sage, der Inhalt ist in der Form, sage ich nicht, daß ich *l'art pour l'art* will: indem man mit den Formen arbeitet, das heißt letztlich mit dem Blick des Zuschauers, betreibt man eine wirkliche Arbeit. Ich glaube überhaupt nicht mehr an Filme, die schöne Geschichten in einer völlig entfremdeten Form erzählen, das heißt, indem sie die ganze Grammatik Hollywoods verwenden.«
Mit der Grammatik Hollywoods hat auch Tanners sechster Film nichts zu tun. Dabei hätte man die Geschichte von »Messidor« durchaus als schweizerisches Gegenstück zu »Easy Rider« inszenieren können: als eine einzige rauschhafte Bewegung durch attraktive Landschaften, emotional gesättigt mit auftrumpfender Musik. Aber die beiden Mädchen, die in »Messidor« zu einer Zufallsreise durch die Schweiz sich finden, suchen nur zu Beginn das große Abenteuer. Was sich anläßt als improvisiertes »Spiel des leeren Raums, der leeren Zeit«, als spontane Flucht vor dem bedrückenden Alltag, kippt allmählich um in Resignation, Verzweiflung, Gewalt. Am Ende ist nicht mehr die Bewegung, sondern der totale Stillstand. Jeanne, die Studentin, die »Stadtmaus«, und Marie, die Verkäuferin, die »Landmaus«, unternehmen, mitten im Sommer, eine Winterreise.
Mit Schuberts »Winterreise« (»Fremd bin ich eingezogen ...«) beginnt »Messidor« – dazu sieht man wunderschöne Luftaufnahmen von unzerstörten Landschaften –, aber man denkt auch an eine andere »Winterreise«, das Code-Wort der Terroristenfahndung, von der auch die Schweiz während der Schleyer-Affäre nicht unberührt blieb. Jeanne und Marie fallen einem Klima zum Opfer, in dem jeder, der sich ungewöhnlich »unvernünftig« verhält, automatisch verdächtigt wird. Allein ihre Ziel- und Planlosigkeit scheint eine Gefahr für die Gesellschaft zu bedeuten. Und bald werden sie gesucht, in einer Fernsehsendung, die sehr genau aussieht wie Zimmermanns »XY – Aktenzeichen ungelöst« (im französischen Original von »Messidor« wird an dieser Stelle deutsch gesprochen), zur Fahndung ausgeschrieben. Das Fernsehen, mit dem sich Tanner in allen seinen Filmen auseinandergesetzt hat, das er die »Bilder-Polizei« (*la police des images*) nennt, übernimmt hier sehr konkret diese Funktion.
»Messidor«: Das ist, im Kalender der Französischen Revolution, der Erntemonat. Als Jeanne und Marie von einem freundlichen jungen Polizisten angehalten werden, geben sie Messidor als Familiennamen an. Und als Vornamen: Clio und Thalia, die Muse der Ge-

schichte und die Muse des Theaters. Nie läßt Tanner einen Zweifel daran, daß er keinen realistischen »Road«-Film drehen wollte. »Messidor« bedeutet: die Erinnerung an eine historische Revolution, eine Hoffnung, die sich nicht erfüllt, aber immerhin eine Hoffnung. Nach dem verhaltenen Optimismus am Ende von »Le Retour d'Afrique«, »Le Milieu du Monde« und »Jonas« wirkt »Messidor« eher düster und ausweglos: Am Ende erschießen Jeanne und Marie einen Mann, der mit der ganzen Sache überhaupt nichts zu tun hat – ein zufälliger Tod zum Abschluß einer zufälligen Reise. Er habe, sagt Tanner, diesen Film unter dem Eindruck der Terrorhysterie und besonders der Wahlniederlage der französischen Linken im letzten Jahr gedreht: nach den vielen Reden ein Film über das Schweigen.
Dennoch verläßt man das Kino nicht in einer fatalistischen Stimmung. Denn die Freiheit, die Jeanne und Marie sich ein paar Tage lang zu nehmen versuchen, die ihnen verwehrt bleibt, ist gleichwohl in jeder Einstellung von »Messidor« zu finden: in den langen Sequenzen des Müßiggangs, in den konzentrierten, harmonischen Bewegungen der – wie immer bei Tanner – von Renato Berta geführten Kamera, im zärtlichen Zusammenspiel der beiden Mädchen Clémentine Amouroux (Jeanne) und Catherine Rétoré (Marie), die gemeinsam mit Tanner auch an den Dialogen arbeiteten. »Messidor« ist ein freier Film über den Verlust von Freiheit. Aus dieser produktiven Spannung bezieht er seine Größe.

Nr. 43 vom 19. 10. 1979

»Tess« von Roman Polanski
Ewig grasen die Kühe

Man muß wohl schon ein Genie wie Stanley Kubrick sein, um einem der üppigen, edlen englischen Großromane des 19. Jahrhunderts einen bedeutenden Film abzutrotzen: William Thackeray fand in Kubrick seinen Meister (»Barry Lyndon«), während an Thomas Hardy erst John Schlesinger (»Far from the Madding Crowd«/Die Herrin von Thornhill) und nun auch Roman Polanski scheiterten. Wo Kubrick eine eisige Vision historischer Ferne entwarf, behilft sich jetzt Polanski, wie Schlesinger vor ihm, mit jener phantasietötenden »Werktreue«, die immer nur ein Vorwand ist für kunstgewerblich glatte Klassiker-Illustrationen.
Wer also Thomas Hardys »Tess of the d'Urbervilles« aus dem Jahre

1891 nie gelesen hat, wer nie das tragische Schicksal eines stolzen, reinen Frauenherzens miterleiden durfte, kann sich durch den Erwerb einer Kinokarte auch fürderhin die Lektüre sparen. 179 Minuten lang erzählt Polanski geradezu aufreizend behäbig das viktorianische Melodrama nach. Wenn der lieblichen Tess nicht gerade mal wieder etwas Schlimmes widerfährt, schweift die Kamera von Geoffrey Unsworth (der bei den Dreharbeiten starb und durch Ghislain Cloquet ersetzt werden mußte) ausführlich über attraktive Landschaften. Immer mal wieder fährt eine Kutsche durchs Bild. Und ewig grasen die Kühe.

Während der Zuschauer bald in einen angenehmen Halbschlaf sinkt und sich vielleicht noch fragt, was um alles in der Welt den Regisseur von »Messer im Wasser« und »Ekel« an diesem Stoff interessiert haben könnte, schreckt ihn die laute Musik von Philippe Sarde (Dolby Sound) auch schon wieder unsanft auf. Und so wendet er sich interessiert den schauspielerischen Anstrengungen von Nastassja Kinski zu, die als »Tess« der sehr jungen Ingrid Bergman oft verblüffend ähnlich sieht. »Nasti« ist zwar keine große Schauspielerin, aber längst nicht so unbegabt, wie man nach dem leidigen Rummel um Klaus Kinskis Jüngste hätte befürchten können. Schön, blaß und anmutig leidend wandelt sie tapfer durch das sündhaft teure Fiasko.

Und Polanski? Er hält »Tess«, seinen zehnten Film seit 1962, auch für seinen besten, für ein erstes Werk der Reife. Mit Filmen wie »Tanz der Vampire« und zumal »Chinatown« war dieser clevere Kunsthandwerker schon immer ein notorisch überschätzter Regisseur, aber wenn er nun schon Reife mit steriler Leere verwechselt, läßt sich für seine künstlerische Zukunft kaum noch etwas hoffen.

Nr. 44 vom 26. 10. 1979

Eine neue Richtung im deutschen Kino
Dreckige kleine Filme

»Du kannst dir ruhig mal einen anderen Ton angewöhnen«: Diesen Satz spricht, in Uwe Frießners Film »Das Ende des Regenbogens«, ein Student zu einem Streuner, Stricher, Trebegänger, Kleinkriminellen. Der heißt Jimmi und hört gar nicht hin. Erziehungsversuche, Sozialisationsmaßnahmen erreichen ihn nicht mehr. Eine Einstellung später sieht man Jimmi, im grauen, schmutzigen Berliner Winter, zwischen den Betonklötzen einer Trabantenstadt. Zwei Einstel-

lungen später sitzt Jimmi in der engen Hochhaus-Wohnung seiner Eltern auf dem Sofa und schaut seinem Vater beim Fernsehen und beim Trinken zu. Gewalt liegt in der Luft an diesem trägen, trostlosen Sonntag, und kurz darauf entlädt sie sich in einer raschen, jähzornigen Schlägerei. Der Ton ist anders, als Studenten ihn gemeinhin kennen: ein rauher, ungemütlicher, ausdrucksarmer Dialekt, keine Spur von der berühmten »Berliner Schnauze«. Da reden, im Slang der Unterprivilegierten, Leute miteinander, die das Reden nie gelernt haben, denen Sprache nur in Trümmern zur Verfügung steht. Der bildungsbürgerliche Wunsch nach einem »anderen Ton« wirkt beinahe wie ein Hohn.
Denn Jimmis Ton und der seiner Freunde am Bahnhof Zoo, auf den Straßen, in der Punk-Diskothek, ist ein radikal anderer, als man ihn aus deutschen Filmen kennt: nicht die gepflegte Synchron-Sprache von Schauspielern, sondern das unverfälschte Idiom der Betroffenen. Und auch Frießners Haltung seinen Figuren gegenüber hat nichts mit der herablassenden Routine unserer Sozialschnulzen zu tun: kein pädagogischer Überbau, der die Widersprüche der Wirklichkeit erdrückt, keine erbauliche Demonstrations-Dramaturgie, die die Personen zu Marionetten in einem »gesellschaftskritisch relevanten« Kasperletheater erniedrigt. Frießners Perspektive ist keine kommentierende, sondern die seiner Hauptfigur, ungefiltert und ohne Vorbehalte. Die jugendlichen Darsteller sind Laien, sie spielen ihr eigenes Schicksal. Und kein Kunstwille prägt die Bilder, sondern ein beiläufiger, fast dokumentarischer Gestus. Nicht eine einzige Einstellung bleibt im Gedächtnis als Beispiel raffinierter Komposition. Sehr fern sind alle Kostbarkeiten des Autorenkinos. Frei nach Godard: Dieser Film sieht so aus, als hätte man ihn im Abfallkorb einer Imbißbude gefunden. Alexander Kluge würde sagen: »Ein dreckiger kleiner Film.«
Jeder Filmbewertungsstelle wäre ein solches Prädikat natürlich sehr suspekt, aber im deutschen Kino bezeichnet es, seit rund zwei Jahren, eine neue Richtung, einen neuen Ton. Der klingt den Anhängern des reichen Subventions- und Gremien-Films, der gediegenen Literaturillustration, der eingängigen, sendungsbewußten Politparabel, des wendigen Halbstarkendramas wohl noch schrill in den Ohren. Das arme Kino steht auf gegen das reiche. Seine Stoffe und seine Sprache findet es auf der Straße, seine Darsteller jedenfalls nicht im Besetzungsbüro.
»Dreckige kleine Filme«: Wer diesen Ausdruck erfunden hat, ist ungewiß. Vielleicht war es Kluge, vielleicht Laurens Straub, dessen »Filmwelt«-Verleih sich auf *»dirty little movies«* zu spezialisieren scheint, vielleicht war es der Filmemacher Roald Koller, der seinen

einzigen Spielfilm »Johnny West« so nannte. Mögliche Vorbilder jedenfalls gibt es genug: die unaufwendigen, schnell gedrehten B-Pictures des alten Hollywood, Godards »Außer Atem« (gewidmet der B-Picture-Firma »Monogram«) und andere frühe Werke der »*nouvelle vague*«, Martin Scorseses »Mean Streets«.und die »*road movies*« der jungen Amerikaner, aus Deutschland vielleicht manche Filme von Georg Tressler (»Endstation Liebe«), Will Tremper (»Playgirl«), Klaus Lemke (dessen »Brandstifter« von 1969 bis heute der einzige wichtige Film zum Thema Terrorismus ist).

»Dreckig«, das heißt: die vorgefundene Wirklichkeit auf den Straßen der Republik nicht beschönigen, sondern sich rückhaltlos auf sie einlassen. Originalton, Dialekt, oft Laiendarsteller. Raus aus den Metropolen. Zeigen statt predigen. Es geht um »Die Sache nach den vielsprachigen, disfunktionalen, unordentlichen Wünschen, Zielen, Bildern, Ereignissen, Vorstellungen der Gegenwart und das Wagnis eines offenen Ensembles von Einzelheiten. Es bedeutet den Verzicht auf authentische, abgerundete Werke, auf einheitliche, wiedererkennbare Stilbildung. Es wäre fortlaufender Prozeß des Herzeigens sich vernetzender Wirklichkeiten aus dem Haufen, den wir Realität nennen« (Michael Kötz in der Frankfurter Zeitschrift *medium*, 11/79). Oder, ein paar Nummern kleiner: Streuner-Kino statt Autoren-Kino, das Abenteuer Wirklichkeit statt akademischem Handwerk. Wäre der Begriff nicht so abgenutzt, könnte man das auch Neorealismus nennen.

»Klein«, das heißt: Budgets klar unter einer Million Mark, keine teuren Tricks, Bauten, Schauspieler, keine Fünfzig-Mann-Teams, oft 16- statt 35-Millimeter-Format. Das macht unabhängig von den bürokratisch schwerfälligen Filmförderungs-Gremien (jetzt gibt es eine neue »Low-Budget«-Kommission, die sich allerdings erst noch bewähren muß). Das Geld kommt, merkwürdig genug, meistens vom Fernsehen, wo man sich auch mehr traut, wenn die Sache offensichtlich billig wird. Man muß Heinz Ungureit vom ZDF zustimmen, wenn er die Verdienste der Sender um den »neuen Realismus« (»Offenheit, Emotion, Anteilnahme und Assoziation«) im deutschen Kino herausstreicht, aber allzu viel riskieren die Anstalten angesichts der winzigen Budgets freilich nicht. Und es sind ja auch nicht die Haus-Regisseure von ARD und ZDF (die Beauvais, Itzenplitz, Griesmayr), die da den Ruhm der Sender mehren, sondern Außenseiter. Deren (überhaupt nicht uneigennützige) Förderung sollte selbstverständlich sein. Immerhin haben die Fernsehdramaturgen viel gelernt: Zu den papiernen »Thema-Filmen« führt kaum noch ein Weg zurück.

Die »dreckigen kleinen Filme« der letzten Zeit handeln von einer einzigen Sehnsucht: abzuhauen, auszubrechen aus miesen, einengenden Verhältnissen, und sei es auch nur bei einem spontanen Trip mit einem geklauten Möbelwagen von Dortmund ins Münsterland, wie ihn die drei arbeitslosen Jugendlichen in Adolf Winkelmanns »Die Abfahrer« unternehmen. In der Beschreibung einer schäbigen Wirklichkeit bleibt immer ein Rest an utopischer Hoffnung, und der setzt sich um in eine reale, manchmal auch nur geträumte Bewegung: Für einen kurzen Moment findet Uwe Frießners Jimmi in »Das Ende des Regenbogens« zu sich selber, wenn er auf einem gestohlenen Rennrad durch das nächtliche Berlin rast; eine Art von Glück spürte der dreizehnjährige Fürsorgezögling Martin in Norbert Kückelmanns »Die letzten Jahre der Kindheit«, wenn er mit seinem älteren Bruder vorbeifahrenden Autos nachschaut, und später, wenn er mit seinem Freund »Django« übers Land zieht und sich auf die Schienen legt; dem Rausch der puren, ziellosen Bewegung verfallen die Münchner Herumtreiber Rio und Tommy auf ihrer improvisierten Schnitzeljagd quer durch Deutschland, Belgien und Frankreich in Hans Noevers »Die Nacht mit Chandler« ebenso wie die niederbayrischen Dorfburschen bei ihren nächtlichen Moped-Rallyes in Rüdiger Nüchterns »Schluchtenflitzer«.

Es ist beinahe schon ein neues Genre, das sich in diesen Filmen ankündigt: Sie alle handeln von den Beschädigungen, Phantasien und Widerstandsversuchen Jugendlicher, von einer nicht domestizierten Sprache, von kleinen Fluchten. Sie alle sehen seltsam »unprofessionell« aus, ihre Erzählweise ist voller Unebenheiten, voller Sprünge und Brüche. Und selbst wo sie noch Reste einer allzu glatten, bedeutungsträchtigen Hollywood-Dramaturgie aufweisen (»Die letzten Jahre der Kindheit«, »Schluchtenflitzer«), bewahren sie den Dialekt (der manchmal kaum zu verstehen ist) und die eckigen, unberechenbaren Bewegungen der jugendlichen Laiendarsteller vor dem Abgleiten in unverbindliche Sozialromantik. Das unterscheidet sie von den Industrieprodukten eines Max Willutzki (»Die Faust in der Tasche«) oder Hark Bohm (»Moritz, lieber Moritz«), über den Hans Noever sagt, daß er »in seinen Filmen den Kindern die Sprache klaut und ihnen dann seine altvordere Dramaturgie aufpfropft«.

Von einer solchen ist Noever in »Die Nacht mit Chandler« so weit entfernt wie seine Helden Rio (der Musiker Rio Reiser in seiner zweiten Filmrolle nach Kollers »Johnny West«) und Tommy von ihrem Traum vom raschen Reichtum. So plötzlich und sprunghaft wie ihr Einfall, das Mädchen Yvonne (Agnes Dünneisen), das per Zeitungsannonce den Mörder seines Bruders sucht, auf eine Zufallsreise zu locken, um die Belohnung zu ergattern, so fern aller Zielstrebigkeit entwickelt sich auch die Handlung: als pikareskes Abenteuer

(ähnlich wie »Die Abfahrer«), das nichts mit vertrauten Kinokonventionen zu tun hat, sondern entsteht aus dem Versuch von zwei laschen Typen, sich durch unwirtliche Zustände zu schlängeln.
Wie Kollers »Johnny West« ist »Die Nacht mit Chandler« ein kalter Nacht- und Neon-Film. Seine Schauplätze sind Durchgangsstationen: heruntergekommene Hotelzimmer, zweitklassige Bars, Tankstellen, Bahnhöfe. Dieser Realität begegnen die beiden mit coolen Sprüchen, kleinen Gesten der Zuneigung: wie Kinder, die im Dunkeln pfeifen, um sich Mut zu machen. Die Lässigkeit der Figuren verbirgt (wie bei den »Abfahrern«) eine Bitternis über die Kälte ringsum. So kommen sich die beiden, ihr Opfer und ein unverhofft in der Handlung auftauchender französischer Uhrenvertreter namens Raymond Chandler doch noch näher. Eine Art von Solidarität zwischen den Figuren deutet sich an, aber dann, nach nur 87 Minuten, ist dieser schöne Film so abrupt zu Ende, wie er angefangen hat.
Strahlen die Filme von Winkelmann und Noever noch eine gewisse Wärme, eine Art Vagabundencharme aus, ist die Hoffnung in Norbert Kückelmanns »Die letzten Jahre der Kindheit« reduziert auf ganz wenige Momente. Selbst ein kleines Glücksverlangen scheint kaum denkbar in der Hochhaussiedlung am Münchner Stadtrand, wo Martin und seine Freunde mit kleinen Diebereien, mit der Einrichtung einer klapprigen Baubude als Zufluchtsort und Beuteversteck gegen die Aussichtslosigkeit des »asozialen« Milieus aufbegehren. Auch Kückelmann hat die Rollen der Jugendlichen mit Amateuren besetzt, und in der ersten halben Stunde erinnert die lakonische Grausamkeit seines Films manchmal an die »Olvidados« von Luis Buñuel und an Pasolinis »Accatone«: keine schlechten Vorbilder für das arme Kino, für die »dreckigen kleinen Filme«.
Wenn Martin und seine Gefährten einem alten Stadtstreicher unbarmherzig zusetzen, wenn sie bei einem nächtlichen Supermarkt-Einbruch aus Versehen das Tonband mit der einschmeichelnden Berieselungsmusik und den verführerischen Sonderangebots-Durchsagen einschalten, dann erfährt man beiläufig mehr über »Randgruppen«-Problematik und Konsumterror als in jedem gutgemeinten Fernsehspiel.
Doch Kückelmann, der gelernte Jurist, traut seiner Figur und seiner Geschichte nicht genug. Anstatt sich ganz auf Martin und dessen kurzen Weg aus dem Betonsilo bis zum Selbstmord in der Gefängniszelle (ganze vierzehn Jahre alt) zu konzentrieren, schiebt er erklärende, didaktische Passagen (etwa ein Gespräch des Heimleiters mit dem Therapeuten) zwischen die Figur und den Zuschauer und zerstört so einen Teil der direkten Betroffenheit. Aus dem größten Zeigefinger-Elend indessen hat sich Kückelmann in seinem dritten Film

eindrucksvoll befreit, auch wenn »Die letzten Jahre der Kindheit« längst nicht die Qualität des berlinerischen Gegenstücks »Das Ende des Regenbogens« besitzen.

Aus einer Gegenüberstellung dieser beiden Filme, die auf den ersten Blick mit sehr ähnlichen Mitteln umgehen (bewegliche Kamera, Dialekt, Originalton und -schauplätze), läßt sich eine vorläufige Ästhetik der »dreckigen kleinen Filme« entwickeln: eine Ästhetik der Selbstverständlichkeit, die sich keine Rücksicht gestattet auf den Kausalitätenhunger des ans übliche Fernsehen gewohnten Zuschauers. Wo Kückelmann peinlich genau darauf achtet, daß auch wirklich der unachtsamste Betrachter die Ursachen für Martins Unglück begreift, vertraut Frießner auf das Assoziationsvermögen. Auch und gerade in seinen Bildern, die keine versteckten symbolischen Inhalte haben, in den harten Schnitten und dem keinesfalls »perfekten« Ton zeigt sich Frießner ganz mit der Impulsivität, der richtungslosen Energie seiner Figur solidarisch.

Der Rhythmus des Films ist identisch mit dem von Jimmis Bewegungen: sprunghaft, spontan. In keinem einzigen Moment erhebt sich die Inszenierung über die Geschichte: ein gemeinsames Kennzeichen aller »dreckigen kleinen Filme«, der alten amerikanischen ebenso wie der neuen deutschen. Nie geben Frießner, Winkelmann, Noever vor, besser Bescheid zu wissen als ihre Figuren. So sind ihre Filme letztlich alle auch Liebesgeschichten: zwischen den Außenseitern des Kinos und den Außenseitern des Lebens, zwischen Noever und Rio, zwischen Frießner und Jimmi, auch zwischen Joseph Rödl und dem tumben Koloß Albert in der fränkischen Tragödie »Albert – Warum?«, auch zwischen Walter Bockmayer/Rolf Bührmann und ihrer schwulen kölschen »Enten«-Kompagnie in »Salzstangengeflüster« und »Salzstangengeschrei«.

Überall in der Bundesrepublik gibt es sie plötzlich, die »dreckigen kleinen Filme«, und sie entstehen überwiegend fern von den Zentren der industriellen Produktion. Zumindest beim »Ende des Regenbogens« (den in Berlin in den ersten acht Wochen schon an die 50 000 Menschen gesehen haben) scheint sich eine verwegene Hoffnung zu bestätigen: daß, wenn das Kino auf die Straße geht, die Leute von der Straße ins Kino kommen.

Eine Alternative zum Autoren-Kino sind die »dreckigen kleinen Filme« nicht, aber eine höchst willkommene Ergänzung. Wenn die Stars geneigt scheinen, im internationalen Geschäft sich durchzusetzen (Wenders, Herzog, Syberberg, Schlöndorff), oder gigantische Literaturfilme fürs Fernsehen drehen (Fassbinder, Geissendörfer), dann kommt es auf die Namenlosen an: »Dreckig« ist kein Schimpfwort mehr.

Nr. 49 vom 30. 11. 1979

»Ein perfektes Paar« von Robert Altman
Spiel der Verlierer

Ein perfektes Paar? Alex Theodopoulos und Sheila Shea sind nichts weniger als das: er ein furchtsamer, leicht verfetteter Junggeselle, so um die vierzig, aber noch immer unterdrückt und zugerechtgewiesen von der vielköpfigen Familien-Bande aus Griechenland; sie eine verhuschte, auch nicht eben attraktive Pop-Sängerin, mit Mitte zwanzig fast schon ein spätes Mädchen, ständig angeraunzt vom Chef des Musiker-Clans, mit dem sie lebt. So wie Alex und Sheila sehen Verlierer aus, »*underdogs*« in der ewigen amerikanischen Glückslotterie.

Figuren wie diesen, längst beschädigt vom Zwang, etwas darstellen zu müssen, trotz aller Bitterkeit irgendwie erfolgreich und zufrieden zu erscheinen, hat schon immer Robert Altmans Sympathie gegolten. Überall tauchen sie auf, diese traurigen, verlassenen Gestalten, diese Schiffbrüchigen des amerikanischen Traums: die Spieler und die Huren in »California Split«, die mäßig talentierten Sänger in »Nashville«, viele der Gäste bei der trostlos fröhlichen »Hochzeit«.

Paul Dooley und Marta Heflin, die jetzt »A Perfect Couple« spielen, waren schon bei »A Wedding« dabei: er als Brautvater, sie als eine der Brautjungfern. Und in vieler Hinsicht erscheint der neue Film als die Fortsetzung des vorletzten (zwischendurch drehte Altman rasch noch das verunglückte futuristische Mysterien-Spiel »Quintett«): nach dem großen Tableau nun die intime Vignette zum selben Thema; wieder einmal die tragikomischen Verrenkungen beim »*pursuit of happiness*«, diesmal mit zwei Figuren statt mit 48.

Können Alex und Sheila ein Paar werden? Alles spricht dagegen, nicht zuletzt ihr musikalischer Geschmack: Durch das wohlanständige Bürgerhaus der Familie Theodopoulos dröhnen ständig gewaltige Klassikerklänge (Vater dirigiert zum Hi-Fi-Gerät, Schwesterchen spielt Cello bei den Philharmonikern), in Sheilas chaotischer Wohngemeinschaft ist Tag und Nacht nichts anderes zu hören als billiger West Coast Sound: eine enervierende Plastikmusik, die Altman allerdings sehr zu schätzen scheint, denn die Gruppe »Keepin' 'em off the Streets« (gegründet von Altmans Freund, Drehbuchautor und gelegentlichem Darsteller Allan Nichols) darf sich ausführlich produzieren.

Überhaupt fällt einem dieser Film bald heftig auf die Nerven, nicht nur wegen der fürchterlichen (auch fürchterlich lauten) Musik. Altman war schon oft in der Gefahr, sich über seine Versager und Neurotiker über Gebühr lustig zu machen. Satire mit Häme zu verwechseln. In »A Perfect Couple« bedient er sich nun ziemlich skrupellos der Mittel der Situationskomödie, hetzt Dooley und seine Partnerin durch alle Stationen einer mittelmäßigen Jack-Lemmon-Komödie: Verwechslungen, verpaßte Rendezvous, Streitereien, Versöhnungen zuhauf.

Das alles könnte leidlich reizvoll sein, wenn wenigstens das Tempo der Inszenierung stimmen würde, wenn die gnadenlose Hektik im Leben dieser Stehaufmännchen und -weibchen deutlich würde. Doch der Erzählstil ist von einer geradezu phlegmatischen Gelassenheit, ohne Witz und Schärfe. Altman erzählt schlechte Scherze in Zeitlupe, und oft fragt man sich, warum er diesen Film überhaupt gemacht hat, wenn er so übellaunig und desinteressiert mit den Figuren umgeht.

»A Perfect Couple« ist Robert Altmans 13. Film seit seinem ersten großen Erfolg mit »M.A.S.H.« vor elf Jahren. Nebenbei hat er noch anderen Regisseuren ihre Filme produziert (Alan Rudolph, Robert Benton, zuletzt Robert M. Young mit »Rich Kids«). Und zumindest »Nashville« gehört zu den wichtigsten Filmen des letzten Jahrzehnts. Aber Altman, der seit 1977 so schnell arbeitet wie Godard und Fassbinder in ihren produktivsten Zeiten, setzt mit Sachen wie »Quintett« und »Ein perfektes Paar« allmählich seine Reputation aufs Spiel. Wenn er nur noch arbeitet, um sich und den zahlreichen Mitgliedern seiner Gruppe eine (irgendeine) Beschäftigung zuzuschanzen, wenn ihn nur noch interessiert, die Maschinerie seiner »Lion's Gate«-Produktion in Gang zu halten, dann heißt es bald Abschied nehmen von einem bedeutenden Talent. Nach »A Perfect Couple« hat Altman schon wieder zwei Filme gemacht.

Nr. 4 vom 18. 1. 1980

Der neue Narzißmus: Hollywoods Wechseljahre
Stunde der schwachen Männer

Los Angeles, Dezember 1941, wenige Tage nach dem japanischen Angriff auf Pearl Harbor. Im Sturzflug rasen zwei kleine Jagdmaschinen knapp über die Lichterketten des Hollywood Boulevard hinweg und feuern aus allen Rohren. Auf den Straßen herrscht Panik. Nur der kommandierende General sitzt seelenruhig im Kino und läßt sich von Walt Disneys »Dumbo« zu unterdrückten Tränen rühren. Unterdessen lauert vor der Küste bei Santa Monica ein japanisches Unterseeboot, dessen Kommandant sich vorgenommen hat, das einzig lohnende Ziel in dieser Gegend unter Beschuß zu nehmen: Hollywood. Doch statt der »*dream factory*« wird schließlich nur ihre Peripherie demoliert. Ein ausgewachsenes Riesenrad kullert gemächlich in den Ozean, und am Schluß bricht ein ganzes Haus zusammen.

Von der Unzerstörbarkeit eines Mythos und einer Industrie handelt nicht zuletzt Steven Spielbergs neuer Film »1941«, mit knapp 40 Millionen Dollar Produktions- und Werbekosten die teuerste Slapstick-Komödie, die je gedreht wurde: ein ziel- und maßloses Rummelplatz-Spektakel, eine Destruktions-Orgie ohne Beispiel. Fast könnte man vermuten, der Regisseur des »Weißen Hai« und der »Unheimlichen Begegnung der dritten Art« habe zum Ausklang der für Hollywood so überragend erfolgreichen siebziger Jahre noch einmal beweisen wollen, welche Extravaganzen und Verrücktheiten sich diese Industrie zu leisten vermag.

Da kann sich ein knapp über dreißigjähriger Wunderknabe, nach zwei der größten Kassenschlager des vergangenen Jahrzehnts, schon einmal austoben wie ein kleiner Junge im luxuriösen Kinderzimmer. Was da zu Bruch geht, in die Luft gesprengt, überrollt und unter Wasser gesetzt wird, würde leicht für einen kleinen Krieg reichen. Inmitten der luxuriösen »special effects« gehen Spielbergs ursprüngliche Absichten allerdings teilweise unter: Statt einer höhnischen Satire auf amerikanischen Super-Patriotismus und kalifornische Paranoia gibt es mehr eine gigantische Selbstfeier der grenzenlos optimistischen Filmindustrie zu sehen. Daß »1941« in den USA so schlecht läuft, hat andere Gründe: Im Dezember platzte der Film mitten in das Drama von Teheran, und da wirkte eine Kriegs- und Krisen-Farce, so harmlos sie auch sein mochte, unversehens deplaziert.

Es sind andere Themen, andere Filme, die Amerika in diesen Monaten beschäftigen, auch wenn die extrem aufwendigen, extrem hirnlosen Horror- und Science-fiction-Materialschlachten nach wie vor ihr Publikum finden. Dabei haben Filme wie »Star Trek – The Movie« (nach der in den USA kultisch verehrten Fernseh-Serie über das »Raumschiff Enterprise«) und »The Black Hole« außer ihren Tricks und Effekten noch weniger zu bieten als vor zwei Jahren der »Krieg der Sterne«, den sie alle mehr oder weniger geschickt kopieren: hölzerne Dialoge, stereotype Intrigen, unbeholfene Schauspielerei vor grandiosen Kulissen, aber leider ganz ohne den naiven spielerischen

Charme der alten B-Pictures über den »König der Raketenmänner« und andere bizarre Kreaturen. Aber wer – wie die Paramount für Robert Wises »Star Trek« – so um die fünfzig Millionen Dollar ausgibt, ist zu Scherzen (selbst zu so fragwürdigen, dröhnenden wie denen in Spielbergs »1941«) nicht mehr aufgelegt.

Nicht die tollkühnen Weltraum-Kreuzfahrer sind die wahren Helden des allerneuesten amerikanischen Kinos, sondern eine eher unscheinbare, mickrige Spezies. Nach den prägenden Leinwandtypen der siebziger Jahre, die, einer nach dem anderen, rasch und gnadenlos ausgebeutet wurden (erst die schwarzen Supermänner à la »Shaft«, danach die »New Centurions« von der Polizei, schließlich die Frauen mit vermeintlichen Emanzipationsstücken von »Julia« bis »Wendepunkt«), stellt sich jetzt eine Figur vor, wie es sie zumindest in Hollywood noch nicht gegeben hat: der sensible, leidende Mann, zermürbt vom Krieg der Geschlechter, alleingelassen, gedemütigt, oft seltsam hilflos, aber letztlich so skrupellos wie eh und je.

Aufgegangen ist der Stern des »Stadt-Neurotikers«, einer Figur, die in erster Linie Woody Allen in seinen Filmen »Annie Hall« und »Manhattan« geprägt hat: kein souveräner Held mehr wie einst die Spencer Tracy, Clark Gable oder Gary Cooper, die noch genau wußten, wie Mann mit Frau umgeht, die stets mit dem Bewußtsein antreten konnten, daß am Ende alles seine gewohnte Ordnung finden würde. Für den Stadt-Neurotiker sind solche Gewißheiten allenfalls als Erinnerung an eben jene Stars nachvollziehbar, die sie mit unnachahmlichem Geschick vorlebten: Woody Allens Traum von Bogart etwa, in »Play it Again, Sam«.

Dem neuen Mann aus Hollywood stecken andere Erfahrungen in den Knochen: der Niedergang der Stadt-Kultur, die Verwandlung des urbanen Lebensraumes in einen Dschungel, ebenso wie die Guerilla-Aktionen der feministischen Bewegung. So strahlt er Mißtrauen mehr aus als den weltläufigen Charme eines Cary Grant oder die aggressive Energie eines James Cagney. Er muß sich allemal auf das Schlimmste gefaßt machen, und meistens kommt es schlimmer, als selbst einer wie er sich vorzustellen vermag.

»Mitleid mit den Männern« heischen, meist nicht ohne kräftige Larmoyanz, die Filme über den gemeinen Stadt-Neurotiker, und selbst jene beiden Stars, die in den siebziger Jahren die Tradition des klassischen Hollywood-*Macho* beinahe ungebrochen weiterführten, scheinen letzthin von diesem Elend angekränkelt: In seinem vorletzten Film (»Every Which Way But Loose«/Der Mann aus San Fernando) endete Clint Eastwood unverhofft als verhöhnter, sitzengelassener Gockel, und Burt Reynolds, der andere starke Mann, spielt in Alan J. Pakulas neuem Film »Starting Over« (Auf ein Neues) einen verlassenen Ehemann, der sogar Zuflucht in einer der (in jüngster Zeit nicht mehr gar so modischen) Männer-Selbsterfahrungs-Gruppen sucht. Supermann als Softie.

*

Auch die Wandlung des Hals über Kopf von seiner Frau mit einem zehnjährigen Sohn alleingelassenen Reklame-Fachmanns Ted Kramer in Robert Bentons »Kramer gegen Kramer« geht in dieselbe Richtung: Aus dem smarten, nur von seiner Karriere besessenen Aufsteiger wird allmählich ein liebevoller, aufmerksamer Vater, der dem privaten Glück schließlich sogar den Beruf opfert. Und am Ende, nach einer hochdramatischen, emotional bis an die Grenze der Erträglichkeit hochgeputschten Gerichtsszene, in der es um das Sorgerecht für den kleinen Jungen geht, erkennt auch die inzwischen heimgekehrte Mutter, daß aus Ted Kramer ein besserer Mensch, Vater und (vielleicht auch wieder) Ehemann geworden ist.
Das ungeniert gefühlvolle *»domestic drama«* über die Wechselfälle im Leben der Familie Kramer findet Zulauf und Kritikerjubel wie lange kein amerikanischer Film mehr. Dabei enden diese gelackten, jeden Rühreffekt sorgsamst kalkulierenden Szenen einer Ehe doch nur bei der Bestätigung eines uralten Musters: Der Erniedrigung des Ted Kramer, den Dustin Hoffman als melodramatischen Ableger der Woody-Allen-Figur geradezu verdächtig virtuos darstellt, folgt seine Errettung und Erhöhung. Wer früher mit Gary Cooper sehnsuchtsvoll ergriffen in den Sonnenuntergang ritt, folgt jetzt dem geläuterten Hausmann Dustin Hoffman ins intime Kleinfamilienglück.
Auf der Strecke bleiben bei dieser Formel, die Robert Benton mit so zurückhaltendem Geschick benutzt, daß man die sentimentale Lüge leicht mit Kunst verwechseln kann, wieder einmal die Frauen. Dem männlichen Zuschauer muß Meryl Streep, Hoffmans Partnerin in »Kramer gegen Kramer«, als hysterisches Biest erscheinen: So beharrlich verweilt der Film auf den Leiden des jäh entheirateten Mannes, daß der Frauenwunsch nach (einer natürlich reichlich vagen) »Selbstverwirklichung« wie eine egozentrische Bosheit wirkt.
Überhaupt fällt auf, daß jene weiblichen Stars der letzten Jahre, mit denen der unglückselige Begriff vom »Frauenfilm« in erster Linie in Verbindung gebracht wird, plötzlich nur noch als Stichwortgeberinnen in Erscheinung treten. In Sidney Pollacks anmutigem Western-Märchen »The Electric Horseman« folgt die aufgeregte Fernseh-Reporterin Jane Fonda (die fast ihre Rolle aus dem »China-Syndrom« parodiert) dem herben, attraktiv heruntergekommenen Robert Redford wie ein, bisweilen aufdringliches und lästiges, Hündchen. Redford, ein ehemaliger Rodeo-Champion, der sich als Reklame-Cow-

boy für die Haferflocken eines multinationalen Konzerns vermarkten läßt, geht mit Ms. Fonda um, wie es ihm paßt, rauh, aber nicht ohne bodenständigen Charme (ein Trinker zwar, aber kein Neurotiker), was jene mit einer Geduld erträgt, ja genießt, die man wohl erstaunlich finden muß.

Auch Jill Clayburgh, vor zwei Jahren noch »Eine entheiratete Frau« voller Tapferkeit und Selbstbewußtsein, hat als linkische Zweitfrau in Pakulas »Starting Over« wenig auszurichten gegen die narzißtischen Schmerzen von Burt Reynolds. Und Shirley MacLaine schließlich, die rebellische Hausfrau in Herbert Ross' Film »Am Wendepunkt«, ordnet sich in Hal Ashbys subtiler Komödie »Being There« dem Star Peter Sellers völlig unter.

Der stellt einen leicht debilen Gärtner dar, dessen ebenso blumige wie enigmatische Spruchweisheiten, die er sich durch jahrzehntelangen einsamen Fernsehkonsum angeeignet hat, in besseren Kreisen mit tiefen philosophischen Einsichten verwechselt werden. Der ganze Witz des Films beruht nur auf diesem einzigen Einfall (nach einem Kurzroman von Jerzy Kosinski), aber Ashby und Sellers, der ausnahmsweise ganz ohne Verkleidungen auftritt, variieren ihn mit kaltblütiger Bösartigkeit. Als Satire über die verheerenden Wirkungen des Fernsehens ist »Being There«, Ashbys bester Film seit »Shampoo«, dem aufgeregten Pamphlet »Network« weit überlegen. Nur von Shirley MacLaine sieht man wenig.

Auf einen einsamen Gipfel treibt Bob Fosse den Narzißmus der neuen amerikanischen Männerfilme (in denen das romantische Hollywood-Konzept von der Männerfreundschaft überhaupt nicht vorkommt: Stadt-Neurotiker haben keine Freunde) in einem Werk, das den direkten Vergleich mit Federico Fellinis »Achteinhalb« herausfordert. »All that Jazz« handelt von der »Midlife Crisis« (anders kann man es wohl nicht ausdrücken) eines berühmten Film- und Broadway-Regisseurs, den zwischen Schneideraum und Probenbühne, zwischen diversen Auftritten mit seiner Ex-Frau und diversen Liebschaften mit jungen, karriere-geilen Schauspielerinnen, ein Herzinfarkt ereilt. Er ist ein Opfer seines Berufes, ein Opfer der Frauen, und wenn man hört, der äußere Ablauf halte sich ziemlich präzis an Vorkommnisse im Leben des berühmten Broadway- und Film-Regisseurs Bob Fosse (»Cabaret«, »Lenny«), wird die Eitelkeit des Unternehmens vollends peinlich.

Roy Scheider gibt den Künstler, als dämonischen Schmerzensmann, auch und gerade in Traum-Sequenzen, die aussehen wie eine schlechte Fellini-Imitation. Und damit auch jeder merkt, wer und was da gemeint sein soll, hat sich Fosse auch noch Fellinis Kameramann Giuseppe Rotunno geholt.

Auf der Leinwand werden die Wechseljahre des Mannes abgehandelt, aber auch Hollywood scheint sich in den Wechseljahren zu befinden. Wie eine alternde Diva, die sich aus lauter Angst vor dem Klimakterium immer neue junge Liebhaber zulegt, kokettiert das amerikanische Kino mit dem europäischen. Wirtschaftlich steht ja alles zum besten, aber der Dame Hollywood, die sich insgeheim schon immer ihres Mangels an kontinentaler Kultur geschämt hat, geht es wie im »Römischen Frühling der Mrs. Stone«. Auch sie wirft sich, aus lauter Sehnsucht nach »Geschmack«, europäischen Charmeuren an den Hals.

Die besten Kameramänner aus Italien, Frankreich und Schweden werden importiert, um den nicht gerade lieblichen Zügen der Dame ein raffiniertes neues Make-up aufzuschminken: Rotunno arbeitet für Bob Fosse, Vittorio Storaro, der Kameramann von Bertolucci, wurde von Francis Coppola für »Apocalypse Now« eingekauft. Besonders begehrt ist Nestor Almendros, der viele der besten Filme von Truffaut und Rohmer photographiert hat. Bei Terrence Malicks »Days of Heaven« (In der Glut des Südens) und Jack Nicholsons »Goin' South« (Der Galgenstrick) führte er ebenso die Kamera wie jetzt bei Bentons »Kramer gegen Kramer«. Auch Sven Nykvist, Ingmar Bergmans Chef-Operateur (er photographierte Pakulas »Starting Over«) und der Wim-Wenders-Kameramann Robby Müller (Peter Bogdanovichs »Saint Jack«) werden von amerikanischen Regisseuren sehr geschätzt.

So gibt es im amerikanischen Kino einen neuen kunstgewerblichen Glanz. Man läßt den teuer importierten Kamera-Virtuosen freie Hand, und wo deren Licht- und Farb-Kunst in italienischen oder französischen Filmen ganz natürlich aussieht, wirkt sie in New York oder Los Angeles seltsam forciert und protzig. Die diskrete Eleganz, mit der Nestor Almendros das Melodram »Kramer gegen Kramer« ausstattete, hat auch mit Hochstapelei zu tun. Und die entfesselten Spielereien Giuseppe Rotunnos in »All that Jazz«, die in einen Fellini-Film wohl gepaßt hätten, wirken bei Bob Fosse nur plump und aufdringlich.

Vielleicht ist das amerikanische Kino dabei, sich von innen her selbst zu zerstören. Narzißmus ist eine Krankheit zum Tode, auch bei den Reichen, die es sich leisten können, die besten Maler des Verfalls aus der Fremde an ihren Hof kommen zu lassen. Die Qualität Hollywoods hatte immer mit einer gewissen barbarischen Unbefangenheit zu tun, mit der (nicht immer) naiven Lust am Geschichtenerzählen, so funktional wie möglich. Die barocken Exzesse von Steven Spielbergs »1941« deuten ebenso auf einen Verfall hin wie die larmoyanten Kunst-Anstrengungen der Bob Fosse und Robert Benton.

Die beiden besten amerikanischen Filme der letzten Zeit sind dagegen sehr unauffällig und zugleich auffällig amerikanisch: Der eine, »Breaking Away« (Die Vierer-Bande) von Peter Yates, spielt in Bloomington, Indiana, und handelt von den Anstrengungen von vier Halbwüchsigen, nicht erwachsen werden zu müssen. Ein kleiner, billiger Film, inszeniert von Peter Yates (einem seit »Bullitt« längst amerikanisierten Engländer), mit einem scharfen Blick für kleinstädtische Rituale und halbherzig unterdrückte Klassengegensätze.

Der andere Film stammt von einem Hollywood-Veteranen, Blake Edwards, und gehört in vieler Hinsicht zur Serie der Stadt-Neurotiker-Porträts. Aber »Ten« (Die Traumfrau) ist kein weinerliches Plädoyer für einen vom Schicksal und den Frauen geschlagenen Mann, sondern die böse Demontage seiner Phantasien: Stets aufs neue geschunden, gequält und lächerlich gemacht, folgt der Held, ein Schlagerkomponist aus Hollywood, seinem nur aus der Ferne bewunderten Frauen-Ideal bis nach Mexiko, nur um dann feststellen zu müssen, daß die Traumfrau, dargestellt vom Cover-Girl Bo Derek, ein langweiliges Plastik-Geschöpf ist.

Aber mit dieser zynischen Pointe läßt es Blake Edwards, der Regisseur von »Frühstück bei Tiffany«, nicht bewenden. Sein Film, der nur eine Komödie (oft eine mit leicht sadistischen Zügen) ist, und doch zugleich verstanden werden kann als komplexe Untersuchung der sexuellen Moral der kalifornischen Gesellschaft, handelt davon, wie sich einer befreit aus seinen kindlichen Obsessionen und tatsächlich eine ernsthafte Beziehung zu einer Frau findet. In »Ten« gibt es, wie in allen großen amerikanischen Filmen, keinen Bruch zwischen Oberfläche und Bedeutung, physischer und metaphysischer Realität. Nichts ist virtuos, aber jedes Bild, jede Geste sind notwendig. So also, ganz ohne den geplanten Verschleiß der Materialschlachten von »1941« und »Star Trek«, ganz ohne den kunstvoll getarnten Kitsch von »Kramer gegen Kramer«, kann amerikanisches Kino also auch noch sein: stärker hoffentlich auf die Dauer als die letzten Mode-Trends. Bislang jedenfalls haben sich die nie länger als zwei, drei Jahre gehalten.

Nr. 6 vom 1. 2. 1980

»Kleine Fluchten« von Yves Yersin
Ein Knecht lernt fliegen

Wie ein mißtrauischer alter Bär hockt Pipe auf seinem nagelneuen Moped. Und fährt auch schon in den Graben. Daß es Kurven gibt, hat ihm niemand gesagt. Aber Pipe gewinnt den Kampf mit seinem widerspenstigen »*vélo*«. Etwas später sieht man ihn, eine eigenartige Gestalt mit flachem Hut und im dunklen Feiertagsanzug, leicht verkrampft noch, aber schon sichtlich stolz auf seine neuen Künste, durch eine Waldschneise fahren. In diesem Augenblick begibt sich etwas Wundersames: Pipe, sein Moped und die Kamera heben ab vom Erdboden, fliegen über den Wald hinweg geradewegs in eine weite, sonnige Landschaft.

Das kommt fast wie ein Schock, denn begonnen hat Yves Yersins Film »Kleine Fluchten« (Les Petites Fugues) ganz anders: als ruhige, beinahe pedantisch realistische Beschreibung des alltäglichen Lebens auf einem Bauernhof im schweizerischen Canton de Vaud. Seit vierzig Jahren arbeitet der alte Pipe dort als Knecht, und nun hat er sich heimlich das allseits bestaunte Moped gekauft. Wäre dies ein amerikanischer Film, könnte man sich leicht ausrechnen, was danach passiert: Rüstiger Rentner wandelt sich zum späten »Easy Rider« und braust einem goldenen Lebensabend entgegen.

Solche Filme gibt es, doch der des einstigen Dokumentaristen Yves Yersin (»Die letzten Heimposamenter«, 1973) ist viel unspektakulärer, wahrhaftiger. Kein »Grauer Panther« schnuppert den Duft von Freiheit und Abenteuer, sondern ein ebenso sanftmütig wie entschlossen renitenter alter Mann entdeckt allmählich sich selber und seine Umgebung.

Sequenzen von Stillstand und Bewegung wechseln einander ab: vom nur auf den ersten Blick beschaulichen Leben auf dem Bauernhof und von Pipes Fahrten und Erfahrungen (»fugues«) mit seinem Moped. »Arbeit – das ist nicht alles«, sagt er einmal zum Patron und macht sich davon: Er besucht die Bauerstochter an ihrem Arbeitsplatz in einer Schokoladenfabrik, er schaut bei einem Moto-Cross-Rennen zu und lernt den Champion kennen, und einmal, in der schönsten Szene des Films, verfolgt er auf seiner kleinen Maschine ein Segelflugzeug bis auf einen steilen Berggipfel empor. »*Ça va?*«, brüllt er dem Piloten zu. Der kann ihn natürlich nicht hören.

Wenn er unterwegs ist, dieser unendlich naive, rührende, aber überhaupt nicht rührselige Alte (mit wunderbarer Zurückhaltung gespielt von Michel Robin), dann verläßt der Film fast unmerklich seinen strengen Realismus, dann bekommt er eine anarchistische Heiterkeit, die sich rasch auf den Zuschauer überträgt.

Gleichwohl stellen sich rauschhafte Zustände auf die Dauer nicht ein. Immer wieder kehrt Pipe zurück zur Familie Dupperex, zu den häuslichen Konflikten, die Yersin in sehr langen, meist starren Einstellungen beobachtet. Und je öfter und je weiter sich der alte Knecht aus dieser engen Welt entfernt, desto sichtbarer werden die Spannungen und Risse in der kleinen Gemeinschaft. Am Ende über-

gibt der müde gewordene Bauer den Hof seinem neuerungswilligen Sohn. Der italienische Gastarbeiter muß gehen, die Tochter wird mit ihrem unehelichen Kind in die Stadt ziehen.
Kein Idyll: Aber gerade aus dem Wechsel von Erstarrung und Bewegung, Alltag und magischem Abenteuer, die scheinbar anstrengungslos ineinander übergehen, beziehen die »Kleinen Fluchten« (besser wäre gewesen: »Kleine Erfahrungen«) ihr utopisches Potential. Ein Knecht lernt fliegen, und zwischen den Außenseitern auf dem Hof (dem Italiener, der Tochter und Pipe) entwickelt sich eine selbstverständliche Solidarität.
In Pipes Kammer hängt ein Bild vom Matterhorn, seinem Lieblingsberg. Mit einem Hubschrauber-Piloten fliegt er gegen Ende des Films tatsächlich zum Matterhorn. Und ist ganz enttäuscht: »Das ist schön, nicht?« sagt der Pilot. »Alles nur Steine«, sagt Pipe. »Haben Sie gedacht, das sei aus Zucker?« fragt der Pilot. Pipe will nur rasch nach Hause. Er immerhin kann sich Berge aus Zucker vorstellen. Das ist – nicht nur in der Schweiz – fast schon ein subversiver Gedanke.
Und »Kleine Fluchten« ist fast schon ein subversiver Film, 138 wunderschöne Minuten lang. Pipe, denke ich, könnte ohne weiteres der Großvater des Kindes sein, das in dem Film des Schweizers Alain Tanner »Jonas, der im Jahr 2000 25 Jahre alt sein wird« geboren wird. Das nannten sie einen »kleinen Landesverräter«.

Nr. 8 vom 15. 2. 1980

Bernardo Bertoluccis »La Luna«
Die erdabgewandte Seite des Mondes

In den Thermen von Caracalla wird geprobt: Giuseppe Verdi, »Un Ballo in maschera«, 4. Akt. Im Hause des Grafen von Boston begibt sich ein Maskenball, eine Frau schwankt zwischen zwei Männern, gleich wird einer von ihnen tot sein. »*Ei muore*«, singt Amelia, »er stirbt«.
Das musikalische Drama auf der Freilichtbühne setzt sich fort und findet seine Erfüllung in einem anderen, stummen Drama unter den wenigen Zuschauern. Die beiden Männer im Leben der Sängerin der Amelia stehen einander in der Arena gegenüber: der verlorene Sohn, auf wundersame Weise plötzlich nicht mehr heroinsüchtig und seiner Mutter inzestuös zugetan, und der verlorene Vater, auf wundersame Weise nach fünfzehn Jahren wieder aufgetaucht. Und

während sich oben das Schicksal des Grafen von Boston und seiner Amelia erfüllt, deutet sich unten die Geburt einer Familie an. Die Ohrfeige des Vaters für den Sohn ist fast schon eine Liebkosung. Kurz darauf schauen sie sich an. Der Vater lächelt. Sein Sohn ist tot. Und wiedergeboren: Das Kind hat sich in einen Erwachsenen verwandelt.

So könnte man vermutlich das Finale von Bernardo Bertoluccis achtem Spielfilm »La Luna« interpretieren. An opernhaftem Pathos fehlt es wahrlich nicht, auch nicht an den inhaltlichen Abstrusitäten der Gattung, die jede profane Vorstellung von Wahrscheinlichkeit in ihren Arien und Rezitativen ertränkt. Doch bei aller Fülle der Gefühle ist dies doch kein gemütliches, alles und alle versöhnendes Ende. Die Bilder dementieren die Einheit der Familie: Die Mutter steht auf der Bühne, der Vater und der Sohn sitzen getrennt voneinander. Jeder für sich, verbunden nur durch die Musik von Verdi: höchstens ein halbes Happy-End also, vielleicht gar keines. Die letzte Einstellung gehört dem Mond, der kalt und fern über der Szene steht.

Nur eine Seite des Mondes ist für uns sichtbar. So behält er, im poetischen Sinne, trotz Apollo und Sojut sein Geheimnis. Bertolucci liebt den Mond. In »La Luna« kommt er in vielerlei Form vor: blaß und milchig am frühen Abend, wenn, im Prolog des Films, die Sängerin Caterina mit ihrem Baby auf dem Rad in die Dämmerung fährt; silbrig stilisiert in einem Hintergrund-Prospekt zu einer Aufführung von »La Traviata«; in bunte Technicolor-Farben getaucht in einer kurzen Szene aus dem Marilyn-Monroe-Film »Niagara«, den Joe, der Sohn, und seine Freundin Arianna in einem römischen Kino anschauen, das so aussieht wie ein orientalischer Palast.

»La Luna« ist ein Film voller Wunder und Rätsel, nicht fern den Visionen Giuseppe Verdis, dessen Musik hier – wie in früheren Filmen von Bertolucci – stets gegenwärtig ist, vor dessen Haus Sant'Agata in der Nähe von Parma – der Heimat des Regisseurs und dem Schauplatz etlicher Bertolucci-Filme – Caterina in theatralische Verzückung ausbricht. Diese Bezüge sind mehr als nur Hommage und Zitat, sie stellen einen Zusammenhang her zwischen kultureller Tradition (Verdi) und individueller Obsession (Bertoluccis Erinnerung an die Orte seiner Kindheit). Man könnte sagen: die Renaissance der Oper aus dem Geist der Psychoanalyse.

Aus einem Dialog zwischen Bertolucci und seinem Analytiker entstand die Grundidee zu diesem Film, formte sich das archetypische Bild, mit dem »La Luna« beginnt: Das kleine Kind, das die Liebkosungen der Mutter erst zufrieden, dann furchtsam über sich ergehen läßt, weil es an dem Honig, mit dem es tropfenweise gefüttert wird, zu

Bernardo Bertolucci

ersticken droht. Die Mutter geht fort, beginnt mit einem fremden, nur als Silhouette erkennbaren Mann, einen erotischen Tanz. Ein Wollknäuel rollt über den Steinboden der sonnigen Terrasse: Die Nabelschnur reißt ab. In einem Spiegel am Ende der Veranda sieht sich das Kind zum ersten Mal selbst. Die Zeit der ödipalen Verwirrung hat begonnen.
»Ich will nicht«, sagt Bertolucci, »daß die Leute den Film für ein psychoanalytisches Wörterbuch halten. Es ist einfach so, daß die Psychoanalyse ein möglicher Schlüssel zu *einer* Interpretation des Films

ist.« Zu einer Interpretation, nicht zu der einzig möglichen. »La Luna« bleibt ein Labyrinth, wechselvoll illuminiert von vielen Monden, so unheimlich wie ein Bild von Magritte, und auch so undurchdringlich. Nicht zufällig heißt die Freundin des fünfzehnjährigen Joe, der mit seiner Mutter in Rom lebt, Arianna: eine moderne Ariadne, deren Faden aber keine Orientierung mehr erlaubt. Wenn Joe das Haus verläßt, markiert er seinen Weg mit Kreide an der Mauer, und wie zum Hohn erhebt sich die Kamera von Vittorio Storaro, die ihn begleitet, plötzlich auf einem Kran über die Mauer hinweg und verweilt auf einem Abbruchgelände, wo Kinder Fußball spielen.

Joe, der Junge aus New York, den seine Mutter, die Diva mit dem unvergleichlichen *Soprano Verdiano,* mit nach Italien genommen hat, erlebt Rom nicht als Touristen-Attraktion (wie einst Audrey Hepburn in »Ein Herz und eine Krone« oder die fröhlichen Yankees in »Drei Münzen im Brunnen«), sondern als eine unheimliche, bedrohliche Stadt. In dunklen Braun- und Gelb-Tönen photographiert, wirkt sie fast arabisch. Sein einziger Freund, der, der ihm das Heroin besorgt, heißt Mustafa.

Joe könnte ein Sohn sein jenes verzweifelten Amerikaners in Paris, den Marlon Brando vor acht Jahren im »Letzten Tango« für Bertolucci spielte. Oder auch eine der so naiven wie empfindsamen Figuren von Henry James, die an den korrupten Verlockungen der Alten Welt zugrundegehen. Einmal sitzt er, weinend vor Zorn und Heimweh, in einem düsteren Gemäuer: In der *Herald Tribune* hat er gelesen, daß sein Lieblings-Baseball-Trainer entlassen worden ist. Eine rührende Szene, aber zugleich auch wieder ein opernhafter Auftritt: Das Melodram – und das ist »La Luna« nicht weniger als »La Traviata« – ist ein Genre totaler emotionaler Entäußerung.

Das Rom, in dem Caterina, die Diva, die sich als Mutter entdeckt und diese Rolle so inbrünstig spielt wie ihre Verdi-Heroinen, und Joe in eine Umarmung geraten, die mehr einer Umklammerung ähnelt – diese Stadt ganz ohne folkloristische Tröstungen ist bevölkert von merkwürdigen, unwirklichen Gestalten: einem Arzt, der als einziges Honorar ein Polaroid-Photo von Caterina verlangt und es auf der Stelle schießt (das sieht aus wie ein Anschlag); einem schwulen Aufreißer, der Joe ein Eis kauft und ihn in einen traumhaft langsamen Tanz zieht (gespielt von Pasolinis bevorzugtem Hauptdarsteller Franco Citti); dem minderjährigen Heroin-Dealer Mustafa, der sich in seiner Baracke ein islamisches Idyll eingerichtet hat.

Erst wenn Mutter und Sohn die Stadt verlassen und nach Norden, nach Parma fahren, übernimmt der Film die Perspektive Caterinas. Eine kurze Episode mit einem italienischen Autofahrer, der sich der

Amerikanerin als Kommunist vorstellt und von seiner Freundschaft mit Fidel Castro schwärmt, unterbricht das Drama der inzestuösen Leidenschaft, aber nur für einen Moment. Wie ein *deus ex machina* in der besten Tradition der italienischen Oper kommt der Vater ins Spiel, von dem Joe nichts wußte, den er als Lehrer in einem Kindergarten findet. Aber noch erkennt ihn der Vater nicht. Caterina hat unterdessen vor lauter Erregtheit ihre Stimme verloren. Doch auch die kommt endlich, in den Thermen von Caracalla, zurück.

Ein Maskenball, ein Labyrinth, ein Spiel mit Gefühlen, Farben, Posen, Räumen, Bewegungen. Nach dem mißlungenen Monumentalwerk »1900« (die Geburt des Kommunismus aus dem Geist von Metro-Goldwyn-Mayer) offerieren Bertolucci und der phantastische Vittorio Storaro wiederum ein sehr widerspruchsvolles, doch ungleich artifizielleres Spektakel: so geheimnisvoll wie die erdabgewandte Seite des Mondes.

Man kann sehr unterschiedliche Erfahrungen machen mit »La Luna«. Als ich den Film zum erstenmal sah, im letzten Herbst in Paris, fand ich ihn ziemlich prätentiös und langatmig. Jetzt ist er für mich, wie für Bertolucci: ein obskures Objekt der Begierde; ein Labyrinth, in dem es sich so lustvoll zu verlaufen lohnt wie in wenigen anderen Filmen einer Zeit ohne Geheimnisse.

Und Verdi? Der hat einmal geschrieben: »In der Musik gibt es etwas, das mehr ist als Melodie, mehr als Harmonie: die Musik.«

Nr. 15 vom 4. 4. 1980

»Solo Sunny« von Konrad Wolf und Wolfgang Kohlhaase

Widerstand gegen den Alltag

Was sie nicht will, weiß Sunny genau: »Is' ohne Frühstück«, bedeutet sie dem Typ, der sich morgens in ihrem Bett rekelt. Und, als der anfängt zu meckern: »Is' auch ohne Diskussion.« Sunny ist eine, die sich wehrt gegen die Zumutungen des Alltags. Ihren Conférencier, mit dem und einer Gruppe mittelprächtiger Kleinkünstler sie singend durch die Provinz tingelt, nennt sie einen »Eckenpinkler«. Und fliegt raus. Einem zudringlichen Bargast nimmt sie, so langsam und entschlossen wie in einer Nummer von Laurel und Hardy, die Brille von der Nase, zerbricht sie und steckt sie ihm ins Jackett.

Sunny ist schmal und energisch. Wenn sie auf der Bühne steht, puppenhaft geschminkt, und (auf englisch) ihren Traum von der großen Karriere ins Mikrophon flüstert, sieht sie manchmal aus wie Liza Minnelli. Sie hat Allüren und sie hat Angst: weil eine wie sie, die mit bürgerlichem Namen Ingrid Sommer heißt und in einem »kleinen Programm mit ausgewogener Qualität« auftritt, in Thüringen und nicht in Manhattan, eben nie eine Liza Minnelli werden kann; weil der Job, die Männer, die kleinen Katastrophen sie kaum zu Atem lassen kommen.

Sunny eckt an. Sie lebt so, wie es sich nicht gehört, wird angezeigt und rausgeworfen, versucht sich, nach einer Art von Liebe, umzubringen, kommt wieder auf die Füße, macht weiter. Ihre Sehnsüchte, ihre Ansprüche sind immer ein paar Nummern größer als das Leben, das sie zu leben hat. Man weiß nicht genau, ob sie daraus etwas lernt.

Sunny alias Ingrid Sommer ist eine Bürgerin der Deutschen Demokratischen Republik. Dort hat man, wie hier, unordentliche Existenzen nie geliebt, und schon gar nicht als Kunst- und Identifikationsfiguren. Den Verirrten wies am Ende die sozialistische Moral den rechten Weg. Frauen durften, in Filmen aus der DDR, gelegentlich rebellisch sein, auf ihre Unabhängigkeit bedacht, aber keinesfalls außerhalb der Schicklichkeit. Die Figuren, die etwa Jutta Hoffmann spielte, in Egon Günthers »Der Dritte« oder Frank Beyers »Das Versteck«, verloren nie den Boden unter den Füßen, blieben strebsam und patent.

Sunny ist anders. Mit ihr kommt ein neuer Ton in das Kino der DDR. Sie hält sich am Rande der Gesellschaft auf, und der Film folgt ihr, fast ohne Vorbehalte, dorthin. Er nimmt den Traum von ihrem Solo ernst, mutet ihr zwar Niederlagen zu, aber keine Demütigungen. »Solo Sunny« handelt von einem beschädigten Leben. Reparaturversuche scheinen folgenlos. Dennoch waltet keine Düsternis, sondern ein lapidarer Witz. »Solo Sunny« ist auch, und nicht zuletzt, eine Komödie.

Wenn Sunny nicht unterwegs ist, lebt sie am Prenzlauer Berg, einer häßlichen Gegend der grauen Stadt Berlin. Hinterhofmilieu, aber ganz ohne pittoresken Charme. Einmal sieht man, ein paar Sekunden lang, durch ein Fenster im Treppenhaus eine Hochbahn vorbeifahren. Solche und andere Momente, in denen sich der Film von seiner Geschichte löst, in denen die Kamera auf dem Beiläufigen verharrt, sind wichtig. Der Blick verengt sich nicht auf einen nützlichen Ablauf, bleibt offen für die Irritationen des Alltäglichen. Ein anderes Mal bleibt Sunny, von ihrem Liebhaber (der mit einem anderen Mädchen beschäftigt ist) nicht in die Wohnung gelassen, eine Weile regungslos im Flur. Das Licht geht aus, man hört nichts als das laute Surren der elektrischen Leitung.

Oft erzählt der Film Geschichten ohne Worte: die der Sunny (und mit ihr wohl auch die der Provinzschauspielerin Renate Krößner, die hier ihre erste große Filmrolle spielt), die selbstvergessen vor ihrem Spiegel hockt, mit einer Mischung aus Narzißmus und Ratlosigkeit; auch die einer Kollegin, die am Sonntagmorgen den Platz im Bett ihres verheirateten Freundes räumt, weil dessen Familienleben stattfinden muß. Da geht eine nicht mehr ganz junge Frau allein über einen Hotelflur: ein Bild der Verzweiflung, das im Gedächtnis bleibt.

Es sind Miniaturen, die die beiden Filmemacher Konrad Wolf und Wolfgang Kohlhaase in ihrer vierten gemeinsamen Arbeit anbieten: Stücke aus einem unangepaßten Leben, die sich zu keinem Mosaik fügen; Impressionen aus einer miefigen Provinz, in der das Kulturleben aus bunten Abenden für die Arbeiter und Bauern zu bestehen scheint, wie man sie sich trostloser nicht vorstellen kann. »Haut rein, Jungs«, ermuntert der feiste Witzeerzähler seine »Tornados«, und die spielen müde ihre Nummern runter. Man begreift, daß Sunny etwas anderes will.

Von Konrad Wolf, dem Präsidenten der Akademie der Künste der DDR, dem Spezialisten für Stoffe über Faschismus und Widerstand (»Sterne«, »Professor Mamlock«, »Mama, ich lebe«), hätte man einen Film wie »Solo Sunny« kaum erwartet. Seine Filme waren nie ganz frei von Pedanterie und Temperamentlosigkeit (was ihr humanistisches Engagement nicht schmälern soll), und gerade bei »Solo Sunny« hatte er »die Befürchtung, daß der Film uns aus den Händen fließt, und wir ihn unter Umständen nicht in die Gewalt bekämen«. Glücklicherweise haben sie ihn nicht »in die Gewalt bekommen«, besitzt er eine Stärke und Offenheit, die sich auch gegen Wolfs Anspruch durchsetzt, »etwas Verallgemeinerbares vorzuführen«.

Die anarchischen Motive von »Solo Sunny« haben wohl mehr mit dem Drehbuchautor Wolfgang Kohlhaase zu tun, der hier zum erstenmal als Co-Regisseur genannt wird. Kohlhaase hatte in den fünfziger Jahren, zusammen mit dem 1970 gestorbenen Regisseur Gerhard Klein (»Eine Berliner Romanze«, »Berlin Ecke Schönhauser«), einen neuen Realismus in das Kino der DDR gebracht. Sein Talent für lakonische Dialoge und überraschende Abschweifungen zeichnete schon den von Wolf noch allein inszenierten Film »Der nackte Mann auf dem Sportplatz« (1973) aus.

Einmal liegt Sunny mit ihrem Freund, dem Diplomphilosophen Ralph, im Bett. Ralph, der sie später hintergehen wird, schreibt Traktate über den Tod, die niemand bestellt hat. Sunny betrachtet seine Füße, die unter der Decke hervorragen. Sie sagt: »Deine Füße sehen so zufrieden aus.« Er: »Wie können Füße zufrieden aussehen?« Sunny: »Aber sie sehen so aus.« Und davon, wie von anderem, will sie sich um keinen Preis abbringen lassen.

Nr. 16 vom 11. 4. 1980

Das Kino des Blake Edwards und
sein neuer Film »Die Traumfrau«

Willkommen auf der Plastik-Party

Billy Wilder zieht den Hut: »Es ist im Augenblick anscheinend so, daß es mit wenigen Ausnahmen im Film nur noch das ganz Vulgäre oder das übertrieben Intellektuelle gibt. Alles, was dazwischen liegt, scheint irgendwie nicht mehr interessant zu sein. Aber der Blake Edwards ist ein sehr guter Komödienregisseur, der hat zu Hause eine ganze Bibliothek über Filmkomödie, das hat er regelrecht studiert, wie eine Wissenschaft, und in seinem neuen Film ›Ten‹, da sind ein paar gute Lubitsch-Sachen drin. Ich freue mich wahnsinnig, daß der Edwards diesen Riesenerfolg hat, wo es doch letztlich mit ihm so auf und ab gegangen ist.« (Aus einem Interview mit Heinz-Gerhard Rasner und Reinhard Wulf im Dezember 1979.)
Das Kompliment des Meisters der Komödie gilt einem Jüngeren, der schon als abgeschrieben galt, als ausgebrannter Fall, als Opfer eines Produktionssystems, vor dessen Erfolgszwängen er kapituliert hatte. 1972 war Blake Edwards, nach mehreren kommerziellen Fehlschlägen und bitteren Fehden mit der MGM, die zwei seiner Filme im Schneideraum verstümmeln ließ, aus Hollywood geflohen. Mit seiner Ehefrau und bevorzugten Hauptdarstellerin Julie Andrews ging der einstmals gefeierte Regisseur von »Frühstück bei Tiffany« und »Der rosarote Panther« in ein komfortables Exil in der Schweiz und schwor öffentlich, nie wieder nach Kalifornien zurückzukehren.
Der athletische grauhaarige Mann vom Jahrgang 1922, Karatemeister und Yoga-Adept, schien endgültig resigniert. Das Filmemachen gab er zwar nicht auf, aber seine letzten Arbeiten, drei weitere Kapitel aus der »Pink Panther«-Saga mit Peter Sellers als enorm vertrotteltem französischen Polizeiinspektor Clouseau, zeigten nur noch die eine Seite seines Talents: Den Geschmack an oft bis ins Surreale überzogenen visuellen Gags, in denen Menschen so übel mitgespielt

wird wie Figuren in einem Comic-Strip. In »The Pink Panther Strikes Again« (»Inspektor Clouseau – der ›beste‹ Mann bei Interpol«, 1976) legt sich der Verkleidungskünstler Sellers einmal die Maske des Glöckners von Notre Dame zu, mitsamt einem heliumgefüllten Buckel aus Plastik. Der Buckel macht sich selbständig, und wie eine Rakete schießt der unglückselige Schnüffler in den nächtlichen Himmel über Paris. Aber selbst solche extremen Formen von »*physical comedy*« – mitunter geht es bei Edwards so genüßlich grausam zu wie bei Tom & Jerry – bleiben für die Figur folgenlos: Clouseau, der ewige Naive, ist, wie sein Regisseur, ein Überlebenskünstler.

Die klassischen Hollywood-Komödien, zumal die anarchischen Späße der Stummfilmzeit, hat Blake Edwards immer geliebt. Sein Film »The Great Race« (»Das große Rennen rund um die Welt«, 1965), der die längste Tortenschlacht von Hollywood enthält, trägt die Widmung: »For Mr. Laurel and Mr. Hardy«. Und wenn er nach seinen Vorbildern gefragt wird, nennt er als ersten Leo McCarey, den Regisseur vieler der besten frühen Laurel & Hardy-Filme, der auch mit den Marx Brothers (in »Duck Soup«) arbeitete.

Ein *Farceur* scheint sich da vorzustellen, ein Spezialist für angegraute Verrücktheiten, »*pratfalls*« und »*slowburns*«, schöne Relikte aus der Steinzeit des Kinos, die einer wie Mel Brooks in seinem »Silent Movie« noch einmal ausgeschlachtet hat. Dessen grobschlächtiger Frohsinn ist indessen Edwards' Sache kaum. Die Maske des Clowns verschmäht er nicht, doch, wie beim großen Stan Laurel, verbirgt sich dahinter der Schmerz des Melancholikers.

»The Party« (»Der Partyschreck«, 1967) heißt einer von Blake Edwards' Filmen: Die Geschichte eines furchtsamen, sehr höflichen indischen Kleindarstellers in Hollywood (wieder einmal Peter Sellers), der zufällig auf eine exklusive Party der besseren Leute von Beverly Hills gerät und, mit einer Mischung aus freundlicher Naivität und schierer Tölpelhaftigkeit, die träge Versammlung allmählich in ein Tollhaus verwandelt. »The Party« beginnt schläfrig und endet chaotisch: Horden von Halbstarken dringen in die Villa ein, deren Inneres zugleich unter einem gigantischen Schaumbad verschwindet. Der kleine Inder grinst nur noch hilflos dazu.

Vornehmlich auf Partys trifft man auch Holly Golightly (Audrey Hepburn), die durchaus nicht nur muntere Heldin von Edwards' Truman-Capote-Verfilmung »Breakfast at Tiffany's«: Ein unordentliches, mitunter unglückliches Mädchen, das seine Umwelt (und sich selber) halb widerwillig in diverse Verwirrungen stürzt, das seine Wohlstandsträume im Morgengrauen vor den Schaufenstern des teuersten Juweliers der Welt sucht.

Partys sind nicht unbedingt Angelegenheiten für glückliche Zeitgenossen. Man gibt sich freundlich und gelassen, man möchte gern als erfolgreich und gewandt erscheinen, doch zugleich versteckt man sich hinter ödem Small-Talk. Partygespräche sind oft die Parodien von Gesprächen, und Blake Edwards hat, wie Woody Allen, ein scharfes Ohr für falsche Töne, überspielte Ungemütlichkeiten, Dramen am Rande. Viele seiner Filme gleichen solchen Partys: Auf den ersten Blick zwanglos arrangiert, »locker« (ein wirklich bedrohliches Adjektiv) und weltgewandt, auf den zweiten Blick eher zwanghaft, starr, neurotisch. Edwards arrangiert Feste für eine amerikanische Plastikgesellschaft, Partys, deren falscher Glanz nicht von ungefähr an die Zusammenkünfte im Haus der falschen Gräfin in Ernst Lubitschs »Angel« erinnert: strahlende Oberfläche, hinter der sich dunkle Obsessionen verbergen, die, Schicht für Schicht, freigelegt werden. Zu Edwards' bevorzugten Stilmitteln gehören plötzliche Schärfenverlagerungen zwischen Vordergrund und Hintergrund des Bildes, auch enthüllende Rückfahrten der Kamera.

Wenn Blake Edwards eine Party gibt, muß man auf Überraschungen gefaßt sein. Es geben sich Verräterinnen ein Stelldichein (Julie Andrews in »Darling Lili« und »The Tamarind Seed«/»Die Frucht des Tropenbaums«) und Alkoholiker (Jack Lemmon in »Die Tage des Weins und der Rosen«), ziemlich alberne Leute und sehr kaputte (oft sind sie auch beides zusammen). Auf Stimmungen ist nie Verlaß. »Darling Lili« (1970), Edwards' Meisterwerk, das sowohl an der Kasse als auch bei der Kritik fürchterlich durchfiel, ist beides: romantische Liebesgeschichte und Burleske, Drama und Rüpelspiel. Eben noch hat man sich an der Silhouette des Paares in der Dämmerung berauscht (sie eine deutsch-französische Doppelagentin, er ein britischer Fliegerheld im Ersten Weltkrieg), da brechen, in der nächsten Sequenz, schon wieder zwei dummdreiste französische Polizisten (gallische Vettern von Laurel & Hardy) alles Pathos auf. Selbst am obligatorischen Happy-End kann man sich nicht recht freuen: Wenn sich Julie Andrews und Rock Hudson (welch eine Besetzung!) endlich finden, auf einer Bühne, vor ausverkauftem Haus, rückt Edwards ihre Umarmung in die Ferne, nimmt sie aus der distanzierten Perspektive eines Theaterbesuchers in der letzten Reihe auf.

*

»Ten« (Die Traumfrau) ist Blake Edwards' 24. Film seit 1955. Und auch »Ten« beginnt mit einer Party: also mit einem Unglück. Nichtsahnend kommt George Webber (Dudley Moore), erfolgreicher Hollywood-Komponist und vierfacher Oscar-Gewinner, eines Abends in das völlig finstere Haus seines Freundes und Texters Hugh. Der Butler empfängt ihn mit einer Kerze in der Hand (»Das ist ja wie in einer

Leichenhalle«, sagt George). Plötzlich gehen die Lichter an. Viele Bekannte haben sich zu einer »Surprise Party« für George getroffen. Es ist sein 42. Geburtstag. Aber George ist alles andere als glücklich. In Kalifornien, wo man Jugendlichkeit noch mehr fetischisiert als anderswo, neigt man dazu, das Älterwerden zu verdrängen. George fühlt sich belästigt. Seiner Freundin Samantha, genannt Sam (Julie Andrews), einer patenten, stabilen Person, vertraut er seine Ängste an.
Am nächsten Morgen scheint alles vergessen. Hughs junger Gefährte, ein muskulöser Beach Boy, taucht in der ersten Einstellung dieser Sequenz aus dem Meer auf und rennt den Strand von Malibu entlang: Ein Bild überwältigender Gesundheit und athletischer Ausgeglichenheit, vom Regisseur und Drehbuchautor Blake Edwards mit dem bösen Blick des aus Kalifornien Vertriebenen in der Art einer Sonnenölreklame präsentiert. Auf George Webber wartet sein glamouröser Alltag, aber auch auf der Fahrt in seinem Luxuscabrio nach Beverly Hills lassen ihn die Irritationen nicht mehr los. Er sieht sich umgeben von jugendlichen Joggern in kurzen Hosen, frischen Mädchen mit wippenden Brüsten, die ihn überholen, während er an einer Ampel warten muß: ein unbeachteter alter Mann von 42 Jahren.
Und dann wird George Webber von einer Vision heimgesucht: dem Bild einer jungen Braut im weißen Schleier, spröde, schön, unnahbar. Ein kurzes, vielleicht abwesendes Lächeln, bevor die Hochzeitslimousine vorbeifährt, aber um George ist es geschehen. Er, der Frauen auf einer Skala von eins bis zehn bewertet (ein »Sexist«, kein Zweifel), hat das Unmögliche gefunden: »a perfect Ten« (»Die Traumfrau« ist kein schlechter Titel für diese Geschichte einer Besessenheit). Und schon steuert George sein teures Gefährt frontal in einen Streifenwagen der Polizei von Beverly Hills. Die erste Karambolage in diesem Film, die harmloseste noch.
George Webber bricht aus, seine helle kalifornische Plastikwelt, für die er seichte kalifornische Unterhaltungsmusik schreibt (»Fahrstuhlmusik« heißt das im Film), bricht sacht zusammen. Er, der Voyeur, der die endlosen Orgien seines ebenfalls nicht mehr ganz jungen Nachbarn mit milder Gelassenheit durch ein Fernrohr zu beobachten pflegt, verliert die Fassung. Der psychischen Not gesellt sich, wie oft in den Filmen von Blake Edwards, die physische Demütigung: George wird von einer Biene in die Nase gestochen, von einem Zahnarzt mißhandelt, von seinem eigenen Fernrohr fast erschlagen. Äußerst lädiert, gelangt er schließlich in einen mexikanischen Badeort und findet sie: Jenny (Bo Derek, von den Illustrierten schon als »Sexidol« gehandelt), die Zahnarzttochter in den Flitterwochen, die makellose Zehn. Aber auch sie erweist sich nur als ein Plastikgeschöpf, von jener Indifferenz und Kälte, vor der George geflohen

ist. Die »Verführung« gelingt zwar, doch der Triumph bleibt aus: Die Zehn ist eine Null. Und reumütig kehrt unser Held zu seiner Samantha zurück. Es ist Nacht in Beverly Hills.

*

Blake Edwards' »Ten« könnte auch, analog zu Woody Allens »Manhattan«, »Malibu« oder »Beverly Hills« heißen: eine moralische Komödie über die Ängste und die Illusionen eines Mannes um die vierzig. Überlebensversuche in einer teils gleichgültigen, teils feindseligen Welt. Die Atmosphäre in »Ten« ähnelt oft zum Verwechseln der in der Kalifornien-Episode von Allens »Annie Hall« (»Der Stadtneurotiker«): Ein Goldfischbassin, in dem seltsam zerstreute, auf unheimliche Weise entspannt wirkende Kreaturen sich zeitlupenhaft bewegen. Edwards durchsetzt diesen Müßiggang mit Slapsticknummern. Wenn George, dem entfesselten Zeichentrickmännchen aus der Zigarettenreklame gleich, verzweifelt eine Böschung hochkrabbelt und immer wieder abrutscht, während oben, auf seiner Terrasse, das Telephon klingelt, waltet nicht nur ein sadistisches Vergnügen an seiner vergeblichen Anstrengung, sondern ein tieferes Unbehagen: über die Abgründe, die sich unversehens auftun in dieser scheinbar so amüsanten und blasierten Gegend.
»Ten« ist, wie alle großen Komödien, von Chaplins »Goldrausch« über Lubitschs »Sein oder Nichtsein« bis zu Billy Wilders »Das Apartment«, ein sehr grausamer Film. Wo Wilder indessen Vitriol verspritzt, vollziehen sich bei Blake Edwards die Massaker mit erschreckender Beiläufigkeit. Eine elegante Nonchalance, hinter der Verzweiflung stets gegenwärtig bleibt, dominiert die Beziehung zwischen dem homosexuellen Texter Hugh und seinem Beach Boy ebenso wie die zwischen George und einer Zufallsbekanntschaft in Mexiko, mit der er eine mißglückte Nacht verbringt. Man geht miteinander um wie auf einer Party, krampfhaft unverbindlich, aber der Katzenjammer läßt nie auf sich warten. Es sind stille Verwüstungen, die Edwards registriert, Zeichen von Alter und Verfall. Das Bild einer greisen, fast blinden, fast bewegungsunfähigen Haushälterin, die, in einer einzigen, sehr langen Einstellung durch ein Zimmer tapert und hilflos ein kleines Chaos verursacht, wirkt in diesem Zusammenhang wie ein Faustschlag in die Magengrube: geschmackloser, vulgärer Slapstick, der alle verborgenen Ängste von George verzerrt abbildet.
Spätestens in den mexikanischen Szenen wird eine Fäulnis sichtbar, an der eine ganze Zivilisation des Überflusses und der pervertierten Wertvorstellungen allmählich zugrunde geht. Die bleichen amerikanischen Touristen, eingepfercht in ihrem komfortablen Getto am

Meer, spielen ein Glück, das sie nie empfinden. Die Mexikaner gehen nachsichtig mit ihnen um, wie mit verzogenen Kindern, deren Launen man sich beugt. In seiner unwirklichen Atmosphäre erinnert das Hotel an ein Sanatorium: an jenes halluzinatorische Fluchtgebäude, in das sich einst der Held von Fellinis »Achteinhalb« verkroch.

Nur eine Figur geht unbeschädigt aus diesem Reigen kranker Gefühle hervor: Samantha alias Julie Andrews, die keimfreie Mary Poppins und Vorsteherin der Trapp-Familie (in »The Sound of Music«). Mit ihr muß George nun glücklich werden: gemischte Aussichten. Aber zum erstenmal hat Blake Edwards hier die zu einer Ikone von Süßlichkeit längst erstarrte Julie Andrews mit den Zügen einer reifen, auch sexuell emanzipierten Frau ausgestattet: vielleicht ein Monster noch, doch auch schon eine Hoffnung. Das rituelle Happy-End ist, wie in »Darling Lili«, gebrochen. Wir erleben es aus der Distanz, durch das Fernrohr des nimmermüden Playboys von gegenüber: aus der unbehaglichen Perspektive von heimlichen Zuschauern. Dem Frieden ist nicht zu trauen.

Blake Edwards ist wieder da. Es kann sein, daß das hierzulande fast niemand merkt. Denn wer hat ihn schon vermißt? »Die Traumfrau« ist, wie alle Filme von Edwards, ein ausgesprochen kommerzielles Unternehmen: anstrengungslos unterhaltsam. Und das soll Kunst sein? Die Filme von Blake Edwards lohnen einen zweiten, einen dritten Blick. Ihre Oberfläche ist trügerisch. Auch Laurel & Hardy wurden bei uns lange als Dick und Doof gehandelt: von Leuten, die es nie lernen werden, einen Film von einem Elch zu unterscheiden.

Blake Edwards hat das Problem so formuliert: »Außerdem gibt es die Annahme, daß eine Komödie trivial sein muß – wenn man über etwas lacht: wie wichtig kann das schon sein?«

Nr. 17 vom 18. 4. 1980

»Der Kandidat« von Kluge, Schlöndorff und anderen
Deutsche Ängste, deutsche Bilder

Was man erwartet hatte: ein Pamphlet zum Wahlkampf wahrscheinlich, ein filmisches Flugblatt wider den Kandidaten Franz Josef Strauß, auf jeden Fall Parteilichkeit, vielleicht sogar Wahlhilfe für den Kanzler und seine Partei. Es ist kein Geheimnis, daß Rudolf

Augstein den Film »Der Kandidat« zu wesentlichen Teilen finanziert hat (durch den Filmverlag der Autoren, der ihm zu 51 Prozent gehört), und über Augsteins Sympathien in der Sache Strauß gegen Schmidt gibt es wahrlich keinen Zweifel. Auch vier Filmemacher, die sich nach einigen Absagen in letzter Minute (Fassbinder etwa) zu dem Gemeinschaftsprojekt gefunden hatten, schienen eine klare Linie zu garantieren: Volker Schlöndorff, der Regisseur der »Katharina Blum«, wurde auf dem Höhepunkt der »Sympathisanten«-Hysterie von der CDU sogar direkt mit dem Terrorismus in Verbindung gebracht; Stefan Aust gehört der Hamburger »Panorama«-Redaktion an, die auch nicht gerade als Strauß-freundlich gilt; Alexander von Eschwege, fast unbekannt noch, war einmal Schlöndorffs Assistent und hat ein bemerkenswertes Fernsehspiel über die nicht ganz unbegründete Paranoia eines vom Berufsverbot bedrohten Lehrers gedreht (»Der Tote bin ich«); und Alexander Kluge, der Kopf des Unternehmens (der schon »Deutschland im Herbst« prägte), kann niemand mit einem Konservativen verwechseln.

Für einen Mangel an »Ausgewogenheit« schien also gründlich gesorgt, was auch die öffentlich-rechtlichen Fernsehanstalten dazu bewog, für das Projekt keinen einzigen Meter Archiv-Material über Franz Josef Strauß herauszurücken. Man weiß ja schließlich, was sich gehört, also: wem man gehört. Auch die Partei des Kandidaten suchte das Schlimmste zu verhindern, ließ die Filmemacher gar nicht erst an ihren Mann heran. Bei einer öffentlichen Veranstaltung in Passau wurde Schlöndorff vom Presse-Sprecher der CSU mit seiner Kamera des Saales verwiesen. Man hatte Angst vor diesem Film. Über Strauß sollte nur so geredet werden dürfen, wie im Fernsehen (und in fast allen Zeitungen) über Strauß geredet wird: moderat, abwiegelnd, auf eine Weise, die manche Leute staatsmännisch nennen.

*

Die Angst war überflüssig. Der Film »Der Kandidat« enthält keine neuen Tatsachen über die politische Biographie des Kandidaten Strauß. Allenfalls frischt er das Gedächtnis auf. In dem überwiegend aus Wochenschau-Material montierten Mittelteil des Films, knapp eine Stunde der insgesamt 130 Minuten in Anspruch nehmend, zeichnet Stefan Aust noch einmal die Chronologie der Affären nach, mit denen Strauß in seiner Zeit als Verteidigungsminister zu tun hatte: vom HS-30-Panzer über Onkel Aloys und Fibag bis zum Angriff auf den *Spiegel*. Das ist notwendig und nützlich (gerade für jüngere Zuschauer, denen die Ära Adenauer schon unendlich fern ist), aber auch nicht mehr als das: ordentliches Fernseh-Handwerk (im existierenden Fernsehen allerdings kaum noch möglich), fast ohne Pole-

mik, mit einem einzigen Ausrutscher ins Politik-Kabarett. Den nach seinen *Spiegel*-Lügen zurückgetretenen Minister, der auf einer Almhütte privatisiert, begleitet der fidele Schlager »Im Leben, im Leben, geht mancher Schuß daneben«. Das ist so platt, daß wahrscheinlich sogar der Kandidat darüber lachen könnte.
Auf das »Duell« (wie zum Beispiel Burdas *Bunte* und der *stern* es gern hätten) zwischen dem Herausforderer Strauß und dem amtierenden Deutschen Meister Schmidt läßt sich der Film erst gar nicht ein. Kluge und Schlöndorff verwechseln die Politik nicht mit einem Boxkampf. Sie erlauben es sich, den Champion nur zweimal kurz vorkommen zu lassen: das eine Mal als routinierten Kanzler-Darsteller, der leicht herablassend für die Photographen posiert, das andere Mal als Hamburger Innensenator, der zum Einsatz der Polizei bei der Besetzung der *Spiegel*-Redaktion zwar eine private Meinung hat, diese aber lieber nicht öffentlich preisgeben möchte. Lernen kann man aus diesem nie zuvor veröffentlichten Wochenschau-Rest nur, daß der Kanzler vor 18 Jahren sehr viel hamburgisch gefärbter sprach als heute.
Kein flammender Appell also. Die Filmemacher lassen die Konfrontation zwischen Schmidt und Strauß einfach weg; so machen sie klar, daß der Kandidat für sie keine Alternative bedeutet. Die SPD hätte es gewiß lieber etwas direkter gehabt. Andererseits kommen auch die Grünen vor: ihr chaotischer Parteitag in Karlsruhe, auf dem doch schon wieder um eine autoritäre Struktur gestritten wird. Nach dem Begräbnis von Rudi Dutschke singt Wolf Biermann vom Grün, das aus den Zweigen bricht. Sehr viel genauer wird es nicht.
Der Film »Der Kandidat« ist ein Film ist ein Film. Er ist kein politischer Leitartikel. Er läßt sich in keine Pflicht nehmen. Er macht sich viele Bilder, aber er liefert kein Bild. Würde er nur, wie in dem Dokumentationsteil von Stefan Aust, die Stationen einer Karriere nachvollziehen, könnte man ihn für ehrenwert halten und vergessen. Aber er handelt, soweit ihn Kluge und Schlöndorff gemacht haben (vor allem Kluge), von Sachen, die nicht so deutlich darstellbar sind, die den Kandidaten Strauß begleiten, mit denen er umgeht: von der Angst in Deutschland und von den Bildern der Macht, der Macht der Bilder.

*

Eine deutsche Dämmerung. Über die Postkarten-Landschaft vom Fluß und den sanften Hügeln im goldenen Abendlicht fliegt eine Hubschrauber-Formation: der Rhein bei Bonn, ein trügerisches Idyll, fast wie am Anfang von »Apocalypse Now«. Dazu erklingt das Vorspiel zum dritten Akt der »Meistersinger«: Wahn in Stadt und

Welt. Eine Ahnung kommender Katastrophen liegt in der Luft. Mit diesem Bild beginnt »Der Kandidat«. Es ist ein Kino-Bild, getränkt mit Emotionen. Aber sofort danach wird es konkreter. Wir sehen das Hotel Dreesen, wo sich Hitler und Chamberlain 1938 getroffen haben. Der Krieg war schon beschlossene Sache. Wir hören die leise, eindringliche Stimme von Alexander Kluge. Wir sehen eine Illustration aus einem Märchenbuch: ein Knusper-Häuschen. Die Stimme sagt: »Nach wie vor geht es darum, daß der Mensch ein sicheres Haus hat. Es geht um unser Leben.« Etwas später sehen wir, unscharf, vom Fernsehen abgefilmt, eine kurze Szene aus der Verfilmung von Golo Manns »Wallenstein«. Die Stimme sagt: »In diesem Winter lag Mord in der Luft. Ich hatte dringlich gewarnt.«
Wie in allen seinen Arbeiten, filmischen wie literarischen (zuletzt in der »Patriotin«), montiert Kluge disparate Eindrücke, gefundene, geraubte Bilder und Töne. Seine Welt, wie die wirkliche, besteht aus Fragmenten. Die Realität der Wünsche kommt ebenso vor wie die Illusionen der Real-Politik, die sich von den Wünschen der Menschen immer weiter entfernt. So kommt der Kandidat ins Spiel. Bei seinem ersten Auftritt, und auch später noch einige Male, sieht man ihn doppelt: vor einem Spiegel. Er stellt ein Bild von sich her.
Der Kandidat kennt die Macht der Bilder. Nach seinem Sturz begleitet ihn in den sechziger Jahren der amerikanische Dokumentarfilmer Pennebaker. Der Kandidat steigt in ein Auto, dreht sich zur Kamera hin: »Aber die schlechten Bilder nehmen Sie raus, ja?« Der Kandidat achtet auf sich. Er legt Wert darauf, keine Abgründe zu haben. Viele Jahre und viele Film-Minuten später sagt er (in einem vom Fernseh-Bildschirm abgefilmten Interview mit einem beflissenen Stichwort-Geber): »Bei mir weiß jeder, woran er ist.« Dazu zeigt Kluge Kinder- und Jugend-Photos des Kandidaten. Direkt danach führt er uns in die Werbe-Agentur, die das Bild des Kandidaten pflegt. Dort weiß man, daß er ein Mann für die großen Zusammenhänge ist. Er besitzt einen Überblick. Vor lauter Über-Blick verliert er die Kleinigkeiten aus den Augen.
Alexander Kluge ist ein Spezialist für Kleinigkeiten: »Bei der Schlacht von Jena und Auerstedt, 1806, konnte einer in drei Kilometer Entfernung vom Schlachtfeld in Frieden Mittag essen.« Es könnte sein, heißt das, daß der Spezialist für Verteidigung und Ernstfälle die Tatsache mitunter vergißt, daß dies im nächsten Krieg nicht mehr möglich sein wird.
Im Kanzleramt wird ein Saal verdunkelt. Die Lichter gehen an, eine Leinwand kommt von der Decke herunter. Der Saal ist leer, die Ruhe bedrohlich, gespenstisch fast. Man hört die Stimme von Volker Schlöndorff: »Es geht um die Sicherheit des Hauses. Die Bewohner

passen gut auf, wen sie zur Tür hereinlassen. Sie sind vorsichtig.« Es folgen bunte, naive Illustrationen zum Märchen vom Wolf und den sieben Geißlein. Alexander Kluge sagt dazu: »Der Wolf hat schlechte Tage. Er ähnelt nicht der Mutter Geiß. Kein Politiker dieser Welt ähnelt der Mutter dieser Ziegen.«
Jeder vernünftige politische Redakteur wird sich vor Entsetzen schütteln, wenn er solche Bilder sehen, solche Texte hören muß. Kluge und Schlöndorff kreisen die Figur Strauß mit vielen, eben auch unvernünftigen, phantastischen Mitteln ein. Sie montieren Gegensätze, die aberwitzig, irreal erscheinen, aber doch die Realität eines zerrissenen Landes dokumentieren: den glanzvollen Einzug des Kandidaten in den Festsaal zu Passau am Aschermittwoch (aus der Entfernung, in einer gewaltigen Totale, gefilmt) und das triste Rummelplatz-Karussell vor dieser Weihestätte; den Parteitag der Grünen und einen zur gleichen Zeit stattfindenden Luftwaffen-Ball ein paar hundert Meter weiter.
Gerade Schlöndorff erweist sich in diesen Sequenzen als ein brillanter Dokumentarist: mit einem scharfen Auge für absurde Details. Bei der Passauer Rede von Strauß richtet er seine Aufmerksamkeit auf zwei gelangweilte, abwesend wirkende Saalwächter, die hinter dem Kandidaten am Rande der Bühne stehen. Plötzlich sieht man ihn, den Riß zwischen der offiziellen Pose und der beiläufigen Privatheit: unversöhnlich. Dazwischen macht sich die Angst breit. Gegen Ende des Films ist, in grobkörnigem Schwarz-Weiß, über dem nächtlichen Rhein ein Silvester-Feuerwerk zu sehen, das man auch für die Leuchtspuren eines Bombenangriffes halten könnte. Alexander Kluge spricht dazu, ohne eine Spur von Pathos, von Ironie, von propagandistischer Häme: »Jahreswechsel 1979/80. Drei Uhr nachts. Der Kandidat denkt in Jahrhunderten. Viele Menschen denken an Weihnachten. Die Geschichte unserer Häuser liegt 2000 Jahre zurück, oder länger. Zerdeppert sind sie in zwei Nächten.« In der nächsten, der letzten Sequenz des Films »Der Kandidat« wird in der Festhalle von Passau das Deutschlandlied gesungen.

*

Natürlich ist der Film »Der Kandidat« ein Film über Franz Josef Strauß. Natürlich ist er ein Film über die Macht: die sichtbare (jene also, die Strauß immer verkörpert hat, die er noch einmal, mit 65 Jahren, genießen will), aber auch über die unsichtbare: die Macht der Wünsche (der Märchen, der Phantasie). Sie ist subversiv. In einer alten Wochenschau-Aufnahme sieht man, wie sich eine Truppe von Hochseil-Artisten an einer im Krieg zerstörten Brücke um Balance bemüht. Spielend leistet sie Widerstand gegen das Chaos.

Kurz zuvor hat Strauß, auf englisch, versichert, er wolle lieber Ananas-Farmer in Alaska werden als Kanzler in Bonn. Er wirkt seltsam verlegen in diesem Interview, halb rührend hilflos, halb tolpatschig verschmitzt. Hinterrücks kommen auch seine Wünsche, seine Phantasien ins Spiel. Für einen Moment fällt die Maske. Wenn einer sich immer so anstrengen muß, ein Bild von sich herzustellen, so ist es fast wie ein Schock, wenn er seine Deckung einmal aufgibt.
In einer anderen Szene, der intensivsten des ganzen Films, liegt Strauß (irgendwann in den sechziger Jahren) völlig erschöpft, kaum noch zum Sprechen in der Lage, in einem Sessel, während seine Frau energisch die kommenden Aktivitäten verhandelt. Einem deutschen Filmteam ist es nicht gelungen, diesen Augenblick der Schwäche, der ungeschützten Menschlichkeit zu dokumentieren. Er kommt in dem Material des Amerikaners Donn Alan Pennebaker vor. Der Titel, den Kluge ihm vorangestellt hat, lautet: Sieben Minuten aus 16 Jahren, die alle einmal Minuten waren.

*

Ein anderer Titel, von Karl Kraus, heißt: »Einen Platz an der Sonne erlangen – nicht leicht. Denn, ist er erreicht, ist sie untergegangen.« Der Kandidat strengt sich an, er ist kein Wolf, er ist kein Nationalsozialist. Er ringt mit seinem Bild. Das hält ihn in Atem. Er ist, und auch davon handelt der Film, nicht der einzige Politiker mit diesem Problem.
Alexander von Eschwege hat den Bundespräsidenten auf seiner Wanderschaft gefilmt. Der Bundespräsident trägt einen roten Rucksack. Er gibt sich leutselig. Er stellt sich für das Filmteam in Positur. Er redet vom Wetter. Er sagt »wir«, wenn er »ich« meint. Er macht ein Bild von sich als guter Landesvater. Ein Untertan (Bürger) spricht ihn an. Es geht darum, daß die Straße, auf der der Bundespräsident wandert, gerade asphaltiert worden ist. Der Bürger findet das nicht richtig. Er hat eine Meinung zum Straßenbau im Landkreis Lüneburg. Er paßt nicht ins Bild. Der Bundespräsident macht ein anderes Bild von sich. Er wandert gern auf asphaltierten Straßen. Er weist seine Begleiter an, sich zwischen ihn, den Bürger und die Kamera zu stellen. So kommt ein anderes Bild zustande: lauter Rücken. Den Bundespräsidenten und den Bürger sieht man nicht mehr. Es ist nichts geschehen.

*

Kluge und Schlöndorff haben eine Begegnung zwischen Strauß und Ernst Albrecht gefilmt: dem Kandidaten und dem Möchtegern-Kandidaten. Es ist jener Moment, der den Photographen gehört, damit es später Bilder gibt, zu denen man schreiben kann, es habe eine Zusammenkunft stattgefunden, die Atmosphäre sei sachlich gewesen, vielleicht auch freundlich, je nachdem. Die Herren sitzen nebeneinander auf einem Sofa. Sie machen gute Miene. Das Bild, das von ihnen gemacht wird, soll gefallen. Sie reden miteinander, wie zwei, die sich noch nie etwas zu sagen hatten. Das ist sehr anstrengend. Auf den Photos, in der Tagesschau wird man diese Anstrengung nicht sehen können. So entsteht Politik.

*

Der Film »Der Kandidat« besteht aus vielen Filmen. Das ist bisweilen verwirrend. So wenig die unterschiedlichen Formate (vom tiefenscharfen 35-Millimeter-Farbmaterial bis zu wackligen, schwarz-weißen Video-Aufnahmen) zueinander passen, so unversöhnlich sind letzlich auch die Stile: Kluges unberechenbare Collage-Technik, Schlöndorffs geduldiger Dokumentarismus, Austs faktenbesessener Fernseh-Journalismus. So bleiben Eindrücke von einem bunten Trümmerfeld, das ein Kandidat mit seiner durchaus schillernden Präsenz beehrt: Momentaufnahmen aus einer chaotischen deutschen Realität, Analytisches neben Wunderlichem. Man kann sich nach Herzenslust bedienen, aber man wünscht sich oft, man sei woanders.
Es hätte dem Film gutgetan, wenn man noch länger an ihm gearbeitet hätte. Vielleicht wäre es besser gewesen, zwei oder drei Filme zu machen. Den von Kluge würde ich am liebsten sehen. Der von Schlöndorff wäre vielleicht einen Oscar wert. Den von Aust würde ich dem Fernsehen wünschen, um Viertel nach acht. So, wie es ist, ist es zuwenig. Und, für 130 Minuten, auch zuviel. Man kann aber ruhig hingehen. Und sich selber viele Bilder machen.

Nr. 18 vom 25. 4. 1980

Verzeichnis der Regisseure

Achternbusch, Herbert 50, 183, 202, 234
Aldrich, Robert 26
Allen, Woody 82f., 108, 133, 156, 163–166, 259f., 274, 276
Altman, Robert 12f., 15, 24, 91, 95–100, 129, 131, 176ff., 188, 193, 216ff., 248, 256f.
Antonioni, Michelangelo 10, 38
Ashby, Hal 129f., 194, 261
Avildsen, John G. 73f.

Beatt, Cynthia 189f.
Beauvais, Peter 252
Bellocchio, Marco 38, 42f., 45
Benton, Robert 96–100, 257, 260, 262
Bergman, Ingmar 10, 36, 81, 83, 98, 104–109, 111, 132f., 154ff., 165, 262
Bertolucci, Bernardo 21, 26, 37–42, 45, 162, 241, 262, 266f., 269
Bertram, Hans 150
Beyer, Frank 270
Bockmayer, Walter 119, 211, 255
Bogdanovich, Peter 63, 68, 76, 176, 198, 201, 262
Bohm, Hark 120f., 136, 171, 211, 253
Brandner, Uwe 126f.
Brass, Tinto 39
Bresson, Robert 81, 231, 234
Brooks, Mel 273
Brustellin, Alf 112, 125
Bührmann, Rolf 119, 211, 255
Buñuel, Luis 12, 31f., 51, 83, 93, 160–163, 207, 212, 254

Carné, Marcel 185, 227
Carpenter, John 196–199
Cassavetes, John 12, 192
Chabrol, Claude 22, 51f., 129, 145, 179f.
Chaplin, Charles 82, 140, 165, 181, 185, 188, 276
Cimino, Michael 193ff., 239
Civirani, Osvaldo 9f.
Cocteau, Jean 93, 186
Comencini, Luigi 65
Coppola, Francis Ford 195, 239–244, 262

Corman, Roger 176
Costa-Gavras, Constantin 34, 247
Costard, Hellmuth 12, 134–139, 171
Cottafavi, Vittorio 10
Curtiz, Michael 216

Daves, Delmer 10
DeMille, Cecil B. 71, 100
De Palma, Brian 75–78, 198
Deppe, Hans 150f.
Donen, Stanley 186
Doniol-Valcroze, Jacques 24
Donner, Richard 176
Dowshenko, Alexander 41
Dreyer, Carl Theodor 150
Duvivier, Julien 162, 185

Eastwood, Clint 195
Edwards, Blake 263, 272–277
Eisenstein, Sergej Michailowitsch 10
Emmerich, Klaus 126
Eschwege, Alexander von 278, 282
Eustache, Jean 89

Farrow, John 215
Fassbinder, Rainer Werner 12, 27–33, 50, 124, 126, 136, 157–160, 169, 171f., 201, 205, 216, 231–234, 248, 255, 257, 278
Fellini, Federico 12, 38, 42, 44, 57–62, 105, 127, 131, 137, 186f., 205, 207f., 261f., 277
Feuillade, Louis 26, 60
Fisher, Terence 169
Fleischmann, Peter 64
Ford, John 47f., 76, 105, 194, 197f., 214
Forman, Miloš 14
Fosse, Bob 108, 261f.
Freda, Riccardo 10
Friedkin, William 77
Frießner, Uwe 250f., 253, 255

Geissendörfer, Hans W. 115, 201, 255
Genée, Heidi 112
Germi, Pietro 38
Gloos, Hans-Peter 125

Godard, Jean-Luc 22f., 26, 41, 76, 90, 117, 120, 135, 138, 181, 215, 247f., 251f., 257
Goretta, Claude 128f., 180, 246
Gremm, Wolf 112, 114f.
Gries, Tom 75
Griesmayr, Hajo 252
Günther, Egon 270

Handke, Peter 176
Harlan, Veit 150ff.
Hathaway, Henry 213
Hauff, Reinhard 170–173, 187, 247
Hawks, Howard 47, 50, 76, 196, 198, 213f.
Herzog, Werner 12, 20, 46, 48ff., 79ff., 123, 151, 167–171, 208ff., 242, 255
Hitchcock, Alfred 12, 21, 76f., 87, 198f., 206, 219–224
Huston, John 215

Itzenplitz, Eberhard 252

Jugert, Rudolf 150
Jutzi, Piel 169

Kazan, Elia 67–72, 227
Kershner, Irving 199
Keusch, Erwin 63f.
Klein, Gerhard 271
Klopfenstein, Clemens 188
Kluge, Alexander 12, 41, 121–124, 126, 172, 235–238, 247, 251, 278–283
Kohlhaase, Wolfgang 271
Koller, Roald 251, 253f.
Kortner, Fritz 203
Kotulla, Theodor 109ff.
Kubrick, Stanley 12, 16–22, 41, 61, 131, 243, 249
Kückelmann, Norbert 253ff.
Kurosawa, Akira 12, 45–48

Lang, Fritz 92, 102, 108, 141, 150
Lean, David 207
Lelouch, Claude 51, 90
Lemke, Klaus 12, 103, 151, 200–203, 252
Leone, Sergio 46, 197, 206
Lester, Richard 44
Lilienthal, Peter 191f.
Lubitsch, Ernst 150, 272, 274, 276
Lucas, George 118, 131, 198

Malle, Louis 145–149, 205

Malick, Terence 177, 262
Mazursky, Paul 131ff.
McCarey, Leo 273
McLaglen, Andrew V. 99
Melville, Jean-Pierre 205
Miehe, Ulf 112
Mingozzi, Gianfranco 39
Minnelli, Vincente 199
Mizoguchi, Kenji 10, 105
Molinaro, Edouard 21
Moraz, Patricia 128, 180, 246
Murnau, Friedrich Wilhelm 152, 167–170

Nicholson, Jack 177, 262
Noever, Hans 253ff.
Nüchtern, Rüdiger 253
Nykvist, Sven 262

Olmi, Ermanno 12
Ophüls, Max 155

Pakula, Alan J. 21, 259, 261f.
Pasolini, Pier Paolo 38, 168, 254, 268
Peckinpah, Sam 46, 53–56, 99, 142–145
Pennebaker, Donn Alan 280, 282
Pewas, Peter 150
Pialat, Maurice 157, 159
Polanski, Roman 198f., 227, 249f.
Pollack, Sidney 260
Powell, Dick 215

Rapper, Irving 216
Ray, Nicholas 85, 87
Reitz, Edgar 125
Renoir, Jean 12, 22, 50, 117, 150, 181–185, 188, 212
Reusser, Francis 246
Risi, Dino 21
Ritt, Martin 75, 82
Rivette, Jacques 12, 20–26, 91–94, 102, 117, 181, 190
Robson, Mark 74
Rödl, Josef 211, 255
Rohmer, Eric 126, 177, 181, 262
Rosi, Francesco 38, 45, 171
Ross, Herbert 261
Rossellini, Robert 38
Rossen, Robert 74
Rudolph, Alan 96, 216ff., 257
Russell, Ken 44, 68, 77

Sanders, Helma 89, 112
Sautet, Claude 51f.

Scavolini, Romano 39
Schamoni, Ulrich 64
Schilling, Niklaus 12, 101–104, 150–154, 169
Schlesinger, John 249
Schlöndorff, Volker 34ff., 122f., 124, 171, 205ff., 225, 243, 247, 255, 278–283
Schrader, Paul 77, 187f.
Scorsese, Martin 74f., 85ff., 119, 131, 188, 195, 252
Seitz, Franz 112
Serreau, Coline 173
Sica, Vittorio de 38
Siegel, Don 214
Sinkel, Bernhard 112–115, 125
Sirk, Douglas 234
Skolimowski, Jerzy 227
Soutter, Michael 246
Spielberg, Steven 131, 258f., 262
Steinhoff, Hans 150
Stemmle, Robert Adolf 150
Sternberg, Josef von 161
Steven, George 215
Stroheim, Erich von 182
Sturges, John 53f.
Straub, Jean-Marie 41, 103, 151, 204
Syberberg, Hans-Jürgen 139–142, 244, 255

Tahimik, Kidlat 115ff.
Tanner, Alain 12, 88–91, 127f., 188, 190f., 211, 245–249, 265
Tarkowski, Andrej 231
Tati, Jacques 207
Taviani, Paolo 39, 45, 89
Taviani, Vittorio 39, 45, 89

Thome, Rudolf 103, 151, 188ff.
Tourneur, Jacques 92
Tremper, Will 252
Tressler, Georg 252
Troell, Jan 79
Trotta, Margarethe von 35f., 126
Truffaut, François 22, 129, 145, 177, 181, 183, 220f., 262

Vento, Giovanni 39
Visconti, Luchino 38, 64ff., 103, 204

Wajda, Andrzej 225–230
Walsh, Raoul 74
Weidenmann, Alfred 112
Welles, Orson 185, 228
Wellmann, William A. 47
Wenders, Wim 12, 63, 85ff., 89, 116, 126, 169, 171f., 176, 201, 244, 248, 255, 262
Wertmüller, Lina 44f., 66
Wicki, Bernhard 113
Wilder, Billy 276
Willutzki, Max 187, 211, 253
Winkelmann, Adolf 188, 191, 210f., 253ff.
Wisbar, Frank 150
Wise, Robert 73, 259
Wolf, Konrad 271
Wyler, William 185, 192, 239

Yates, Peter 263
Yersin, Yves 264
Young, Robert M. 257

Zadek, Peter 120

Bildnachweis

Wilfried Reichart, Seite 21
Ulla Reimer, Seite 46
Sammlung Menningen, Seite 59, 69
Visual KW Film- und Fernsehproduktion, Seite 101
Viktoria Dunning, Seite 134
Foto-Bavaria, Seite 158
Twentieth Century-Fox, Seite 175
Scotia, Seite 200
Mina Kindl, Seite 236
Tobis Filmkunst, Seite 240

Die Rechte an den Fotos
auf den Seiten 86, 89, 161, 226 und 267
liegen beim jeweiligen Filmverleih.

›Reihe Film‹ bei Hanser

Herausgegeben von Peter W. Jansen und Wolfram Schütte in Zusammenarbeit mit der Stiftung Deutsche Kinemathek

Bereits erschienen

François Truffaut · Rainer Werner Fassbinder · Buster Keaton · Luchino Visconti · Claude Chabrol · Luis Buñuel · Fritz Lang · Humphrey Bogart · Herzog/Kluge/Straub · New Hollywood · Joseph Losey · Pier Paolo Pasolini · Film in der DDR · Orson Welles · Robert Bresson · Mae West/Greta Garbo · Film in der Schweiz · Jean-Luc Godard · Werner Schroeter · Woody Allen/Mel Brooks · Werner Herzog

Im Herbst 1980 erscheint
Reihe Film 23
Andrzej Wajda
ca. 272 Seiten
mit Zahlr. Abbildungen
Broschur

In Vorbereitung
Bernardo Bertolucci
Stanley Kubrick
Robert Altmann
Carlos Saura
Jean-Pierre Melville

»...Etwas qualitativ Vergleichbares existiert in der internationalen Filmliteratur nicht!« (Vorwärts)

Bitte fordern Sie unseren ausführlichen kostenlosen Sonderprospekt über die Hanser-Filmbücher an!

Carl Hanser Verlag
Kolbergerstr. 22 · 8000 München 80 · Tel. 089/982511